흑해로 항하는 곡물의 관문, 러시아 KSK 곡물 터미널
러시아 노보로시스크 항에 위치한 KSK 곡물 터미널의 대형 사일로. 이곳은 흑해를 거쳐 전 세계로 수출되는 러시아산 밀과 옥수수, 보리를 집적·저장·선적하는 핵심 기지다. 2006년부터 운영되고 있고, 저장 능력은 22만 톤에 달한다.

세계의 식탁을 지탱하는 농부들
베트남 중부 달랏 지역의 감자 재배 현장. 해발 1500m의 고원지대인 이곳은 연중 온화한 기후 덕분에 대표적인 고랭지 농업 중심지가 되었다. 사진 속 농부들은 감자 재배에서 가장 중요한 과정 중 하나인 배토 작업을 하고 있다.

한국 농업의 현대화·집약화

한국전쟁 이후 우리나라는 만성적인 식량 부족에 시달렸고, 정부는 식량 자급을 위해 농업 현대화·집약화 정책을 추진했다. 이 과정에서 비료·개량종자·농약을 집중적으로 보급하여 단위 면적당 생산량을 높이려 했다.
(위) 1970년대부터 우리 농업 현장에 본격적으로 도입된 트랙터.
(아래) 1960년대 충주비료공장의 화학 플랜트 시설.

녹색혁명의 빛과 그림자
(위) 1960~1970년대 녹색혁명의 주역인 노먼 볼로그(왼쪽). 그는 병충해에 강하고 수확량이 높은 밀 품종을 개발하여 개발도상국에 보급했고 이 공로로 1970년 노벨평화상을 수상했다.
(아래) 항공기로 살포되는 DDT(미국, 1955). 녹색혁명기 화학농업은 생산성을 높였지만, 동시에 환경오염과 생태위기를 초래했다.

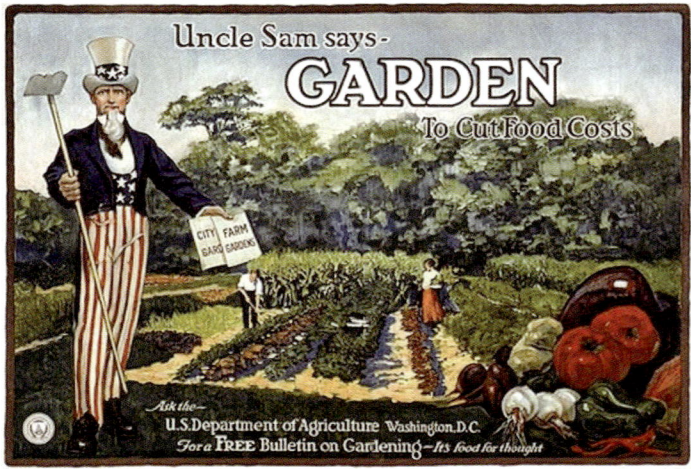

역사 속 대기근과 전시 자급 정책

(위) 1840년대 아일랜드 대기근을 묘사한 판화. 지주에게 쫓겨난 소작농의 밭에 남은 감자를 이웃 농민들이 거둬가고 있다.
(아래) 미국 정부가 만든 '승리의 정원' 홍보물. 제2차 세계대전 중 미국 정부는 전쟁 배급 기간에 식량 비용을 줄이기 위해 국민들이 자신의 텃밭에서 작물을 재배하도록 장려했다.

기후재난과 물 전쟁

(위) 2009년 6월, 아프가니스탄 카불의 무사히에서 발생한 홍수. 강의 제방이 무너져 농작물이 침수되었으며, 많은 주민들이 집을 잃었다. 기후변화로 인해 빈번해진 홍수는 가난한 아시아 국가들의 농업 생산 기반을 붕괴시킨다.

(아래) 세계 최대 수력 발전소인 중국의 싼샤댐. 중국은 식량 전략의 일환으로 히말라야 수자원을 확보하기 위해 티베트, 네팔, 인도 국경 지역에 싼샤댐을 능가하는 초대형 수력발전소를 건설 중이다.

WTO 창설과 농산물 시장 개방 반대 시위

농산물 시장 개방을 둘러싼 협상은 각국의 농업 보호 정책에 중대한 변화를 가져왔으며, 오늘날 식량 안보 논의의 전환점이 되었다.

(위) 1994년 마라케시 협정 조약식. 우루과이라운드(1986~1994)라는 다자무역협상의 최종 타결문서가 1994년 4월 모로코 마라케시에서 서명되었다. 이 협정을 통해 세계무역기구 WTO가 창설되었고 한국 농업은 처음으로 국제 무역 규범에 직접 적용받는 대상이 되었다.

(아래) 2005년, 홍콩 코즈웨이베이 빅토리아 공원에서 한국인 원정대의 WTO 반대 시위. 한국 농민들은 WTO 체제가 우리의 농업 기반을 붕괴시킬 것이라며 거세게 항의했다.

농업 기계화와 태양광

(위) 미국 중서부의 광활한 밀밭에서 존 디어사의 콤바인 수확기와 트랙터가 곡물을 수확하고 있다. 기계화와 대형화를 기반으로 한 현대의 곡물 생산 방식은 농업의 생산성을 비약적으로 높이고 있다.

(아래) 미국 한 농장에 설치된 태양광 패널. 농업과 재생에너지를 결합하는 농업 형태는 농지 활용과 농가 소득 다변화라는 양 측면에서 현재 새로운 농업 모델로 주목받고 있다.

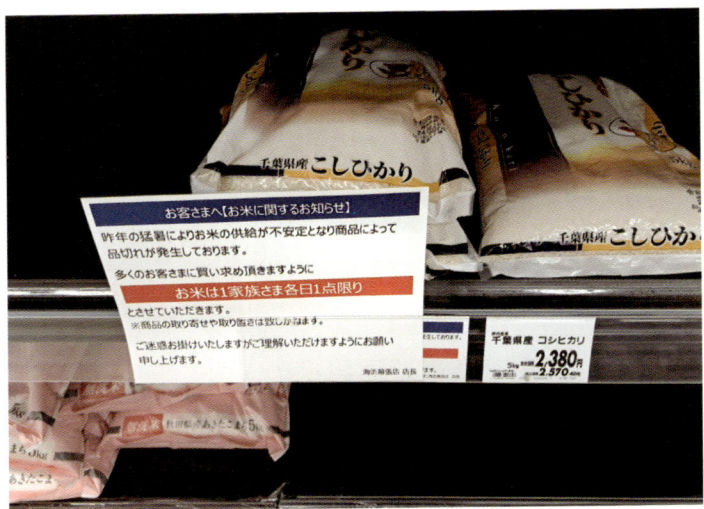

일본 쌀 품귀 소동과 아프리카의 식량위기

(위) 2024년 일본 지바현의 한 슈퍼마켓 매대의 "쌀은 1가구당 1일 1포대 한정"이라고 적힌 문구. 2023년 폭염으로 쌀 수확량이 감소하자 일본 내 쌀값이 폭등하고 품절 사태가 일어났다.

(아래) 2019년 4월 8일, 사이클론 '이다이' 피해 복구를 위해 세계식량계획WFP 헬리콥터에서 구호품을 하역하는 모잠비크의 현지 여성들. 사이클론과 가뭄 등 ７ 후위기의 충격으로 아프리카 남동부는 지속적으로 식량위기를 겪고 있다.

육식의 딜레마

육류 소비가 증가할수록 글로벌 식량안보에는 부정적 영향을 미칠 수밖에 없다. 축산업은 온실가스 배출의 주요 원인이기도 하다. 전 세계 경작 가능한 토지의 약 50%가 농업에 사용되는데, 이 중 77%가 축산업을 위한 사료 재배지와 방목지다.

파나마 운하의 미라플로레스 갑문
대서양과 태평양을 잇는 파나마 운하에서는, 해수면 높이가 다른 수역 사이를 오가기 위해 선박을 물로 들어 올리고 내리는 갑문식 수로가 사용된다. 이 거대한 인공 수로망은 세계 해상 물류의 핵심 경로로, 전 세계 곡물·원자재·에너지 운송의 생명선 역할을 한다.

글로벌 도매시장과 로컬 직거래

(위) 독일 프랑크푸르트에 있는 대형 도매시장 '프리셰첸트룸 프랑크푸르트 암 마인'. 이곳 진열대에는 세계 각지에서 들여온 신선한 과일이 매일 전시되어 상인들에게 판매된다.

(아래) 지역 농부들이 직접 재배한 신선한 채소와 과일을 판매하는 농부마켓. 소비자는 생산자와 신뢰와 유대감을 형성하고, 농부들은 유통 단계를 줄여 더 높은 수익을 얻는다. 이런 직거래 장터는 지역경제 활성화, 식문화 다양성, 지속 가능한 농업에 기여한다.

(위) 세계적인 브랜드가 된 제스프리 키위
제스프리는 뉴질랜드에서 키위를 생산하는 농민들이 직접 설립한 기업이다. 연 매출 25억 달러를 기록하며 세계 키위 시장의 약 30%를 점유하고 있다. 농민이 주인이고, 농민이 운영하는 협동조합형 주식회사의 성공 모델이 되고 있다.

(아래) 첨단 딸기 스마트팜
경상북도 상주의 최첨단 딸기 스마트팜. 행잉베드(공중재배) 방식의 농장에서 작업자가 수확을 앞두고 줄기를 정리하고 있다. 이 방식은 작업자의 키에 맞게 높이를 조절할 수 있어 노동 효율을 높일 뿐 아니라, 공간 활용성도 극대화한다.

스발바르 국제 종자 저장고
노르웨이 스발바르 제도에 위치한 세계 최대의 종자 저장고. 전 세계 각국의 종자들을 영구 보존해 전쟁·기후재난·전염병 등으로 인한 식량 위기 시 복원 자원으로 활용하기 위해 2008년 설립되었다. '씨앗을 실은 노아의 방주'라는 별명을 얻고 있다.

(위) **멸종위기에 처한 제왕나비**
세대를 거쳐 장거리 여행을 하는 제왕나비는 서식지 파괴와 기후변화로 급격히 개체 수가 줄고 있다. 제왕나비의 급감은 한 종의 멸종을 넘어 생물다양성 위기의 상징이자, 생물군계의 균형이 무너지고 있음을 알리는 경고이다.

(아래) **한국의 대표 사과 품종 부사**
저장성과 당도가 뛰어난 부사는 유통에는 유리하지만, 기후변화에 취약하고 재배 환경에도 민감하다. 그 결과 기후가 조금만 달라져도 사과 산업 전체가 흔들릴 수 있으며, 이는 단일 품종에 지나치게 의존해온 우리 농업 구조의 한계를 드러낸다.

대한민국 식량의 미래

대한민국 식량의 미래

1판 1쇄 인쇄 2025. 10. 17.
1판 1쇄 발행 2025. 10. 28.

지은이 남재작

발행인 박강휘
편집 김태권 | **디자인** 유상현 | **마케팅** 고은미 | **홍보** 박은경
발행처 김영사
등록 1979년 5월 17일(제406-2003-036호)
주소 경기도 파주시 문발로 197(문발동) 우편번호 10881
전화 마케팅부 031)955-3100, 편집부 031)955-3200 | 팩스 031)955-3111

저작권자 ⓒ 남재작, 2025
이 책은 저작권법에 의해 보호를 받는 저작물이므로
저자와 출판사의 허락 없이 내용의 일부를 인용하거나 발췌하는 것을 금합니다.

값은 뒤표지에 있습니다.
ISBN 979-11-7332-334-8 03300

홈페이지 www.gimmyoung.com   블로그 blog.naver.com/gybook
인스타그램 instagram.com/gimmyoung   이메일 bestbook@gimmyoung.com

좋은 독자가 좋은 책을 만듭니다.
김영사는 독자 여러분의 의견에 항상 귀 기울이고 있습니다.

남재작

대한민국 식량의 미래

기후플레이션부터 식량안보까지,
우리는 무엇을 준비해야 하는가

김영사

일러두기

- 본문의 온도 단위는 별도의 표시가 없는 한 모두 섭씨(℃)이다.
- 본문은 국립국어원의 외래어 표기법을 따랐으나, 일부 상호명과 브랜드명은 해당 기업의 표기를 사용하였다.

머리말

몇 해 전 나는 《식량위기 대한민국》을 세상에 내놓았다. 뜻밖에도 많은 독자들이 찾아주었고, 예상치 못한 호평에 마음이 들뜨기도 했다. 그 책에서 나는 농업과학자의 시선으로 기후와 토양, 곡물과 인간, 그리고 국가의 식탁을 짚어보았다. 그러나 글을 마치고 난 뒤에도 질문은 남았다.

"그래서 우리는 무엇을 해야 하는가."

문제의 뿌리를 드러냈을 뿐, 길을 열지 못했다는 아쉬움이 오래도록 따라왔다. 이 책은 그 아쉬움에서 비롯되었다.

오늘 우리가 직면한 가장 큰 과제는 기후위기와 식량안보다. 두 문제는 긴밀히 연결되어 있지만, 해결책에서는 종종 충돌한다. 기후위기는 인류 전체가 함께 대응해야 하는 초국가적 과제이지만, 식량안보는 각 나라가 자국민의 밥상을 지켜야 하는 과제로 귀결된다.

　기후를 위해 '작게, 느리게, 덜 쓰는' 길을 요구하는 목소리와, 국가의 식량 기반인 농업의 생존을 위해 '더 크게, 더 효율적으로, 더 체계적으로' 나아가야 한다는 요구 사이에서 긴장이 불가피하다. 한국 농업은 소농들의 헌신으로 여기까지 버텨왔지만, 앞으로는 규모화와 기술 혁신을 외면할 수 없다.

　이 책은 그 모순을 회피하지 않는다. 기후와 식량이 충돌하는 지점을 정직하게 바라보고, 그 안에서 우리가 선택할 수 있는 길을 함께 모색한다.

　이 책에서 내가 전하고 싶은 것은 해답이 아니라 물음이다.

　"우리는 어떻게 기후위기에 대처하면서 동시에 우리의 식량을 지켜낼 수 있을까? 그리고 우리 농업을 대한민국의 미래를 책임질 수 있는 지속 가능한 산업으로 만들 수 있을까?"

　완벽한 정답은 아직 없다. 그러나 이 물음을 붙들고 숙고하는 과정이야말로 대한민국 농업의 길을 열고, 우리의 밥상을 지키며, 더 넓게는 인류의 미래를 준비하는 출발점이 될 것이라 믿는다. 이 책이 그 논의를 이어가는 마중물이 되기를 바란다.

차례

머리말 • 5
프롤로그: 질문은 식탁 위에서 시작된다 • 10

1 식량위기의 시작

1 성장의 한계에서 행성의 경계까지 ——— 36

농업의 기원 • 36 | 녹색혁명의 빛과 그림자 • 41 | 침묵의 봄 • 44 | 성장의 한계 • 46 | 과속하는 문명 • 49 | 작은 변화, 큰 붕괴: 티핑 포인트 • 53

2 맹렬해진 기후위기 ——— 56

기후 둔감성 • 56 | 예상보다 빠른 변화 • 58 | 뉴노멀 • 61 | 지구가 보내는 경고음 • 63 | 물 위기의 시대 • 66 | 물 전쟁의 서막 • 70 | 죄수의 딜레마: 국경을 넘는 물 분쟁 • 73 | 산불, 폭우, 가뭄 • 79 | 이미 늦어버린 기후위기 대응? • 84

3 생물다양성 위기 ——— 87

생물다양성과 식량 생산 • 87 | 제왕나비, 생태계의 경고등 • 90 | 사라지는 꿀벌, 사라지는 세계 • 93 | 생태계의 리듬이 어긋날 때 • 97 | 위태로운 균형 • 100 | 소비자와 생물다양성 • 103 | 토종의 다양성 문제 • 106 | 생물다양성 공시 • 109 | 세상은 연결되어 있다 • 114

2 위태로운 식량안보

4 기후플레이션 ──────────── 118

식량위기의 새로운 얼굴 • 118 | 여름 배추 • 121 | 사과는 수입될까? • 127 | 영국의 스파클링 와인 • 133 | 기후와 물가 • 140 | 기후가 작물에 미치는 영향 • 143 | 식단 변화와 건강 • 145 | 지속 가능성을 위한 식단 • 149 | 카르텔이 필요한 농업 • 152

5 다시 커지는 식량위기 ──────── 159

식량 시스템의 이해 • 159 | 글로벌 식량위기 • 166 | 심각해지는 식량 불안정 지표 • 170 | 2050년, 얼마의 식량이 더 필요한가? • 173 | 필리핀의 쌀 위기 • 176 | 일본, 레이와 쌀 소동 • 180 | 식량안보의 4대 전략 축 • 187

6 식량의 지정학 ──────────── 193

기후가 만든 토양, 토양이 결정한 농업 • 193 | 토양과 문명 • 200 | 식량의 불균형 • 202 | 중국의 식량 딜레마 • 207 | 멕시코: 식량안보의 복잡성 • 214 | 싱가포르의 식량산업 • 216 | 일본 농업의 변신 • 221 | 한국의 위치는? • 226

3 한국의 식량안보

7 식량위기의 그림자 ─────────── 232

녹색혁명과 쌀 과잉 • 232 | 식량자급률은 높아질 수 없다 • 237 | 붕괴하는 농촌 • 242 | 취약성을 드러낸 공급망 • 246 | 식량위기의 복합성 • 249

8 토지와 농지 제도 ─────────── 253

농지 확장의 시대와 한계 • 253 | 인클로저 운동과 농업의 근대화 • 256 | 과전에서 '경자유전' 헌법까지 • 259 | 동아시아의 농지개혁 • 261 | 일본의 농지 규모화 • 267 | 유럽의 농지 통합 • 270 | 농지 규모와 생산성 • 272 | 한국 농업 규모화 정책의 역사 • 275 | [잠깐 읽기_한국 농업의 변천사] • 281 | 세계에서 가장 비싼 농경지 • 283 | 농지에 막힌 혁신 • 285

9 대한민국의 식량안보 — 289

사과는 시작일 뿐 • 289 | 쌀의 딜레마 • 294 | [잠깐 읽기_양봉의 불편한 진실] • 298 | 식량자급률과 식량안보의 비용 • 301 | 통계의 왜곡 • 305 | 유통은 결과일 뿐! • 308 | 거꾸로 간 한국 농업 • 311 | 스마트한 농업은 없다 • 314 | 좋은 의도가 좋은 결과를 만들지 않는다 • 317 | 미래를 잃은 통계, 방향을 잃은 농업 • 320

4 한국의 식량산업 그리고 미래

10 농업은 미래산업 — 324

70년의 구조, K-농업의 착시 • 324 | 종자 산업: 미래 농업의 씨앗 • 326 | 쌀 품종의 다양성과 전략 • 330 | 고시히카리, 80년 왕좌의 비밀 • 333 | 신동진, 한국 쌀의 미래를 묻다 • 336 | 로열티 프리에 멈춰 선 종자 산업 • 340 | 글로벌 농업 혁신 사례 • 345 | 농민 통합 조직, 가능성과 한계 • 352 | 한국 농업의 미래? • 356 | 한국 농업은 성장할 것인가? • 359

11 식량의 미래 — 362

한국 농업, 다시 성장할 수 있을까? • 362 | 농업 혁신의 과제들 • 371 | 세대 간 지속 가능성을 높이려면 • 384 | 새로운 입법이 필요한 식량안보 • 390 | 세 번째 웨이브, 수출 • 393 | 문샷 씽킹: 식품 산업의 새로운 전환점 • 397 | 농민의 농업, 산업으로서의 농업 • 402 | 소농, 도시와 농촌을 잇는 가교 • 402 | 어떤 미래를 만들어갈 것인가? • 404 | 마지막 질문 • 412

에필로그 • 413
감사의 말씀 • 419
주 • 421
화보 도판 출처 • 450
찾아보기 • 452

프롤로그

질문은
식탁 위에서
시작된다

　우리는 인류 역사상 가장 풍요로운 식탁 앞에 앉아 있다. 냉장고는 가득 차 있고, 세계의 온갖 맛있는 음식들이 식탁 위에 오른다. 기술은 경계를 허물었고, 시장은 선택지를 넘치게 했다. 모두가 충분히 먹고 쉽게 버린다.
　그러나 묻고 싶다. 이 식탁은 과연 지속 가능한가?
　오늘의 풍요는 분명 축복이다. 하지만 동시에 착각일 수 있다. 기후는 점점 불안정해지고, 토양은 지쳐가며, 물은 마른다. 세계 곳곳에서 흔들리는 농업과 식량 공급망은 우리 식탁에도 균열을 만든다. 그 균열은 천천히, 그러나 깊게 번지고 있다.
　우리는 너무 많은 것을 당연하게 여겨왔다. '먹는 일'은 생존이 아닌 소비가 되었고, '식량'은 생태계가 아닌 시장의 문제가 되었다. 하지만 그 당연함이 무너지는 순간 위기는 시작된다.

이 책은 익숙한 상식의 너머를 본다. '무엇을 먹을 것인가'라는 물음에서 멈추지 않고 '그 음식을 우리는 어떻게 지켜낼 것인가?', '이 풍성한 식탁은 어떻게 가능해졌으며 언제까지 지속될 수 있는가'를 묻는다. 기후변화, 지정학, 공급망 리스크, 기술 격차, 사회 불평등, 그 모든 문제가 지금 우리 식탁 위에 놓여 있다.

특히 이 책은 '한국 농업'이라는 고립된 섬을 들여다본다. 표면적 수치는 선진국에 가까워졌지만, 그 아래에는 녹색혁명 이후로 방치된 농업 기반시설, 스마트 기술로 가려진 구조적 취약성, 그리고 여전히 소농 중심으로 짜인 비효율적인 정부 지원 체계가 있다.

그럼에도 우리는 "식량자급률을 높이자"라는 구호를 반복한다. 하지만 식량안보는 자급률의 문제가 아니다. 식량 수입이 불안정하다고 해서 모든 것을 국내에서 해결할 수는 없다. 식량안보는 수치가 아니라 '공급망'이라 불리는 시스템의 유연성에 달려 있다.

이 책은 그 시스템의 실체를 묻는다. 정책이 외면한 불편한 진실, 기술이 미처 도달하지 못한 현장, 사회가 떠넘긴 책임을 되짚는다.

이 여정은 열 개의 질문에서 시작된다. 그 질문들은 해답이라기보다 더 나은 식탁과 더 지혜로운 미래로 가기 위한 나침반이다. 질문은 변화의 시작이다.

이제 그 질문을 던질 때다.

1. 맬서스의 저주는 정말 끝났는가?

"식량은 늘 부족할 것이다. 인구는 기하급수로 늘고 식량은 산술급수로 늘어난다. 언젠가는 균형이 무너지고 굶주림이 찾아올 것이다."

200년 전, 토머스 맬서스는 《인구론》에서 이렇게 예언했다. 그는 같은 책에서 "인류는 스스로 욕망을 조절하지 않는 한 기아와 질병, 전쟁 같은 자연의 방식으로 통제당할 수밖에 없다"라고 경고했다. 당시 18세기 후반의 영국은 농업 생산성이 낮았고 전염병이 흔했다. 그의 주장은 곧 맞이할 현실처럼 들렸고, 곧 이론이 아닌 정책이 되었다.

1834년, 영국은 빈민법을 폐지하고 신빈민법을 도입하면서 빈민 구호의 범위를 대폭 축소했다. "가난한 이에게 지원을 하면 더 많은 아이를 낳는다"라고 한 맬서스의 논리가 정부를 움직였다. 1845년부터 1852년까지 이어진 아일랜드 감자 기근 당시, 영국 정부는 "기근은 잉여 인구를 줄이는 자연적 조절 수단"이라며 구호 조치를 외면했다. 이 재앙으로 아일랜드 인구의 약 100만 명이 사망하고, 200만 명이 이주했다. 굶주림은 재앙이었고, 정책은 냉담했다. 맬서스의 유령은 시대와 지역을 바꿔가며 살아남았다. 20세기에는 중국의 '한 자녀 정책'으로, 한국에서도 '아들 딸 구별 말고 하나만 낳자'라는 구호 아래 인구는 계획의 대상이 되었다.

맬서스의 논리는 단순했다. 식량은 한정되어 있고, 인간은 욕망을 통제하지 못한다. 결국, 식량 부족과 공동체 붕괴는 피할 수 없다. 그의 주장은 인류가 자연의 제약을 인정하지 않으면 재앙을 맞게 된다는 경고였으며, 이후 근대 사회가 자연을 통제하고 정복하려는 과학·기술적 대응을 정당화하는 논리로 활용되었다.

그 결과는 파괴였다. 기후변화, 생물다양성 붕괴, 자원 고갈…. 맬서스가 직접 언급하지 않았던 방식으로, 그의 저주는 다시 고개를 들고 있다.

물론, 맬서스는 틀렸다. 그는 산업혁명과 기술 혁신을 예측하지 못했다. 하버와 보슈는 공기 중 질소를 비료로 바꾸었고, 품종 개량, 관개 시스템, 농기계의 혁신은 식량 생산성을 폭발적으로 끌어올렸다. 녹색혁명은 그의 경고처럼 다가오던 기근의 시계를 잠시 멈춰 세웠다. 인류는 기술로 한 번, 제도로 또 한 번 그의 저주를 우회했다.

하지만 지금, 질문은 다시 제기된다. "맬서스가 틀리지 않았을 수도 있다."

2020년 다보스 포럼부터 유엔 세계식량계획WFP 보고서, 브렉시트 논쟁, 그레타 툰베리의 연설까지, 맬서스의 이름이 다시 소환되고 있다. 기후변화, 물 부족, 토양 유실, 해양 산성화로 인해 식량 생산 시스템은 다시금 근본적인 위기를 맞고 있다.

식량안보 수준이 높은 국가는 인구가 줄고, 식량안보가 불안정한 국가는 인구가 빠르게 증가하고 있다. 이 불균형은 단순한 공급의 문제가 아니라 구조와 시스템 자체의 균열이다.

우리는 이제 더 적은 자원으로 더 많은 인구를 먹일 수 있는 기술을 가졌지만, 이 기술이 기후변화라는 새로운 위기 앞에서도 유효할까?

우리는 한 번 맬서스를 이겼다. 하지만 두 번째는 다를 수 있다. 그의 예언은 빗나갔지만, 그의 질문은 여전히 유효하다. 맬서스의 저주는 과거에 묻히지 않았다. 지금, 다른 이름과 다른 얼굴로 우리의 식탁을 위협하고 있다.

2. 전 세계는 같은 식량 문제를 겪고 있을까?

세상이 훨씬 단순하다면 얼마나 좋을까? 모든 나라가 똑같은 이유로 식량위기를 겪는다면 해결책도 한 가지로 모였을 것이다. 하지만 현실은 다르다. 어떤 나라에서는 곡물이 부족하고, 어떤 나라에서는 식량을 구매할 경제력이 부족하며, 또 어떤 나라에서는 식품이 넘쳐나지만 영양이 부족하다.

이른바 '안나 카레니나 법칙'이 여기에도 적용된다. 톨스토이는 그의 소설 《안나 카레니나》에서 이렇게 썼다. "행복한 가정은 비슷한 이유로 행복하지만, 불행한 가정은 모두 제각각의 이유로 불행하다." 식량안보도 마찬가지다. 위기의 이유는 나라마다 다르다.

그렇다면, 이상적인 식량안보 상태는 무엇인가? 〈이코노미스트〉가 발표하는 식량안보지수 GFSI는 네 가지 조건을 제시한다.

1) 가용성 – 식량이 충분한가?
2) 경제성 – 구매할 수 있는가?
3) 품질과 안전성 – 건강하고 안전한가?
4) 지속 가능성 – 위기에도 버틸 수 있는가?

    2022년 기준, 한국의 식량안보 점수는 70.2점으로 113개국 중 39위다. 일부 언론은 이 수치를 인용하며 "OECD 최하위권"이라고 보도했고, 농민단체는 쌀 산업 보호의 근거로 활용했다. 하지만 순위만 보면 중요한 사실을 놓친다. 한국은 가용성 부문에서 11위를 기록했다. 식량 자체는 충분하다는 뜻이다.
    문제는 경제성(51위)과, 품질 및 안전성(50위)이다. 식량은 부족하지 않지만 가격이 높고, 영양과 식품 안전에 대한 국가 차원의 정책은 미흡하다는 의미다.[1]
    왜 이런 결과가 나왔을까? 정부의 정책은 여전히 공급 중심에 머물러 있다. 식량자급률을 지키기 위해 수입을 억제하면서 국내 가격은 높아졌고, 영양 관리나 공공 식생활 교육은 상대적으로 소홀했다. 식량이 많다는 것만으로 식량안보가 보장되지 않는 이유다.
    동아시아 국가들도 사정은 비슷하다. 일본은 전체 순위 6위이지만, 해양 생물다양성과 미량 영양소 섭취에서 약점을 보인다. 중국은 25위로, 수질오염과 농업 지속 가능성 지표가 낮다. 싱가포르는 구매력과 공급망은 우수하지만, 좁은 국토 면적으로 인해 지속 가능성 점수가 낮다. 순위는 높지만 모두 저마다의 취약성을 안고 있다.

  식량안보는 단순히 식량의 '양'으로만 설명되지 않는다. 구매력, 영양의 균형, 정책 대응력이 모두 중요하며 이 중 하나만 어긋나도 시스템은 흔들린다. 아프리카 사헬 지역은 생산량 자체가 부족해 기근에 시달리고, 미국은 식량이 넘쳐도 저소득층의 접근성이 충분치 못하다. 지중해 국가들은 기후변화로 인한 가뭄과 해수면 상승에 직면해 있다.

  한국은 어떤가? 농업 R&D와 생산 기반은 튼튼하다. 그러나 기후 리스크, 인구구조 변화, 무역 환경 변화에 대응할 시스템의 재설계가 절실하다. 〈이코노미스트〉의 순위도 참고할 수 있겠지만, 궁극적으로 우리의 식량 시스템은 우리가 가장 잘 이해하고 있어야 한다.

  이제 점수에 일희일비할 때가 아니다. 진짜 중요한 질문은 이것이다.

  '국민 모두가 언제나 안전하고 영양가 있는 식량을 공급받을 수 있는가?'

3. 식량위기는 수요의 문제다?

강의 중 종종 받는 질문이 있다.
"전 세계에 식량이 얼마나 부족한가요?"
나는 질문하신 분들께 되묻는다.

"정말 부족한 건 식량일까요, 아니면 수요일까요?"

여기서 말하는 '수요'란 단순히 먹고 싶은 사람의 수가 아니다. 값을 지불할 수 있는 사람, 즉 돈을 낼 수 있는 사람의 수다. 식량은 생산할 수 있다. 하지만 그 비용을 누가 감당하느냐가 문제다. 시장에서 식량은 필요한 사람들의 수요가 아니라 지불 능력이 있는 사람들의 수요를 따른다.

아프리카의 기아 문제를 떠올려보자. 우리는 영상을 통해 굶주린 아이들의 참담한 현실을 접하지만, 그렇다고 우리 세계가 식량이 절대적으로 부족한 상황은 아니다. 단순한 분배의 문제도 아니다. 진짜 원인은 '경제적 접근성'이다. 가장 잔인한 진실은 이것이다.

"돈이 없으면, 식량도 없다."

식량이 있어도 가난한 사람은 살 수 없다.

그럼 사람들은 다시 궁금해진다.

"남는 식량을 왜 가난한 나라에 보내지 않죠?"

나는 이렇게 말한다.

"식량을 보내는 것보다 돈을 보내는 게 훨씬 쉽기 때문입니다."

물론 긴급구호에는 식량이 필요하다. 하지만 지속 가능한 해법은 아니다. 식량은 그냥 '있는' 것이 아니라, 만들어야 하는 것이다. 씨앗, 물, 비료, 노동, 운송, 유통, 그 모든 과정은 비용이다. 누군가는 그 비용을 지불해야 한다.

그렇다면 이렇게 반문할 수도 있다.

"어쨌거나 생산이 가능하다면 식량 문제를 너무 걱정할 필요는 없지 않나요?"

20세기라면 그럴 수도 있었다. 기후는 안정적이었고 기술은 빠르게 발전했다. 하지만 지금은 상황이 달라졌다. 기후변화가 농업의 모든 조건을 바꾸고 있다. 극심한 고온, 변덕스러운 강수량, 늘어나는 재해. 그로 인해 작물의 생육 주기는 흔들리고, 병해충의 발생 시기와 분포가 달라지고 종류도 다양해진다. 기술은 여전히 진보하고 있지만 자연의 변화 속도를 따라가지 못할 수 있다.

식량 생산은 결국 '가격'이 결정한다. 가격이 충분하면 농가는 휴경지를 다시 경작할 수 있고, 생산을 늘릴 동기도 생긴다. 하지만 그것도 생태적 회복력이 뒷받침될 때 얘기다. 무분별한 개발은 결국 생산 기반 자체를 파괴한다.

20세기는 예외적인 시대였다. 경지면적은 크게 늘지 않았지만, 녹색혁명, 농기계, 화학비료 덕분에 세계 곡물 생산량은 여섯 배 가까이 뛰었다. 그런데 그 황금기는 저물어가고 있다.

이제는 곡물 수출국도 더 많은 생산을 위해 더 큰 비용을 치러야 한다. 더 많은 산림을 베고, 더 많은 물을 끌어다 쓰고, 더 많은 토양을 소진해야 한다. 단기적 증산은 장기적으로 지속 불가능한 방식에 의존하고 있다.

지금의 풍요는 빚이다. 그 빚은 오늘의 우리만이 아니라 내일의 세대가 함께 갚아야 한다.

4. 부유한 나라의 국민은 배고플 걱정이 없을까?

한국의 경우, 가난한 가정은 소득이 생기면 가장 먼저 쌀을 산다. 밥을 지어 굶주린 배를 채우는 것이 생존의 최우선순위다. 중간 소득 가정은 고기나 과일을 더해 식탁을 넉넉히 꾸린다. 하지만 부유한 사람들은 소득이 늘어도 식비 지출이 눈에 띄게 증가하지 않는다. 아무리 고급 식재료를 사더라도 먹는 데는 한계가 있기 때문이다.

이처럼 고소득층은 소득이 올라갈수록 식비는 늘지 않고, 전체 지출에서 차지하는 비중은 오히려 줄어든다. 반대로, 저소득층은 비용 규모 자체는 작아도 가계비의 상당 부분을 식비에 써야 한다. 이를 설명하는 개념이 바로 '엥겔의 법칙Engel's Law'이다.[2] 19세기 독일의 통계학자 에른스트 엥겔은 "가난할수록 식비 부담이 크다"라는 사실을 통계로 증명했고, 이 법칙은 지금도 한 나라의 사회경제적 취약성을 측정하는 중요한 지표로 쓰인다.

엥겔지수는 가계 소득 중 식비가 차지하는 비율이다. 보통 이 수치가 낮을수록 생활의 여유가 있다는 뜻이다. 한국의 평균 엥겔지수는 약 12%이다. 겉보기에는 충분히 안정적인 것 같지만 여기에도 평균의 함정이 있다. 하위 계층의 지출 구조를 들여다보면 한국은 결코 안전한 나라가 아니다.

2022년, 한국의 하위 20% 가구는 소득의 40.6%를 식비로 썼다. 국제 기준에서 이는 '식량위기' 상태에 해당한다. 같은

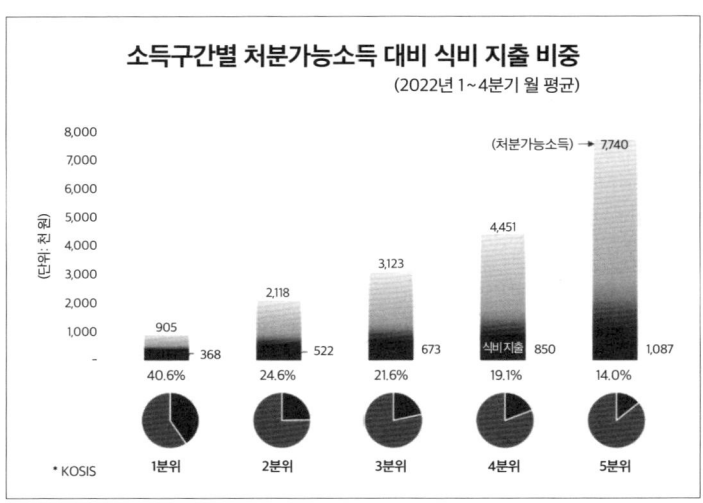

해, 상위 20%의 엥겔지수는 14%에 불과했다. 같은 나라, 다른 식탁. 나라가 부유해도 모든 국민이 안전한 건 아니다.

게다가 식품 가격이 오르면 상황은 더욱 악화된다. 저소득층은 이미 소득 대부분을 식비에 쓰고 있기에 더 줄일 여지가 없다. 결국 값비싼 채소와 육류 대신 값싼 탄수화물 위주의 식단으로 대체된다. 그 결과, 영양 불균형과 건강 악화로 이어지며 나아가 존엄성까지 위협받을 수 있다.

엥겔지수가 높아지는 원인은 복합적이다. 물가 상승, 기후위기, 에너지 비용 증가, 농업 경쟁력 저하, 그리고 무엇보다 심화되는 소득 격차가 그 배경에 있다. 따라서 우리는 농업 정책을 단지 농민만을 위한 것이 아니라, 국민 전체의 '식량 접근권'을 보장하는 사회안전망으로 바라보고 접근해야 한다.

엥겔지수는 경제 지표이자, 사회의 가장 약한 고리를 비추는 거울이다. 이 지표가 가파르게 상승한다는 건 생계의 불균형이 심화되고 있음을 뜻한다. 여기에 외부 충격이 더해지면 사회 시스템 전체가 흔들릴 수 있다. 2010년 튀니지에서 시작된 '아랍의 봄'이 대표적이다. 곡물 가격 폭등과 빵값 인상은 대규모 시위로 번졌고 결국 정권을 무너뜨렸다. 굶주림은 조용히 시작되지만 때로는 역사의 판을 뒤흔든다.

5. 곡물을 연료로 태우는 것은 부도덕한가?

전 세계 인구의 10%가 굶주리는 시대에 곡물을 연료로 태운다는 것은 불편한 현실이다. 한쪽에서는 생존을 갈망하는 사람들이 있는 반면, 다른 한쪽에서는 자동차를 움직이기 위해 귀한 식량을 소모하고 있다. 유엔식량권 특별보고관이었던 장 지글러는 이를 "인류에 대한 범죄"라며 강하게 비판했고, 액션에이드ActionAid 같은 국제 비정부기구들도 바이오연료가 식량 가격을 상승시켜 빈곤층의 고통을 가중시킨다고 주장한다.

이런 비판은 언뜻 설득력 있어 보인다. "곡식을 먹을 것인가, 태울 것인가"라는 도덕적 선택의 문제로 접근하면 답은 명확해 보인다. 하지만 현실은 그렇게 단순하지 않다.

바이오연료에 사용되는 작물을 살펴보면, 옥수수, 사탕수수,

팜유, 유채 등이 주를 이룬다. 이 중 실제 주식 곡물로 분류되는 것은 옥수수뿐이다. 전 세계 옥수수 생산량은 연간 약 11억 톤이며, 그중 30%를 미국이 생산한다.

미국의 바이오에탄올 산업은 1970년대 오일쇼크라는 위기에서 출발했다. 에너지 안보 확보와 농산물 과잉 해결이라는 두 가지 목표를 동시에 추구하며 성장해왔다. 2005년 에너지정책법, 2007년 에너지독립법, 2022년 인플레이션 감축법에 이르기까지 지속적인 정책 지원을 받으며 미국 에너지 및 농산업의 핵심 축으로 자리 잡았다.

이는 미국만의 현상이 아니다. 브라질은 사탕수수 기반 바이오에탄올로, EU는 바이오디젤로, 인도네시아는 팜유를 활용한 바이오연료로 각각 자국의 농업과 에너지 전략을 연결하고 있다.[3] 한국과 일본도 일정 부분 바이오연료를 도입했다.

그렇다면 바이오연료를 줄이면 식량위기가 완화될까? 이런 기대는 과도할 수 있다. 식량도 시장 논리 안에서 움직인다. 다시 강조하지만, 누구든 비용을 지불해야만 식량을 확보할 수 있다. 연료든 식량이든 곡물의 최종 목적지는 결국 '구매력이 있는 곳'이다. 바이오연료 수요를 없앤들, 그 곡물이 아프리카나 남아시아의 빈곤층에게 무상으로 제공되지는 않는다.

더 나아가 바이오연료는 곡물 수출국 입장에서 생산 기반을 유지하는 완충 장치 역할을 한다. 농산물 과잉 생산 시 수요처가 없으면 가격이 폭락하고, 이는 농가 경영 악화로 이어진다. 이런 구조에서 바이오연료 수요는 가격 방어선이자 농업 생산 기반을 유지하는 안전장치로 기능한다.

물론 현재 시스템을 무조건 옹호하자는 것은 아니다. 핵심은 곡물의 용도 전환이 아니라 구조적 문제 해결에 집중해야 한다는 것이다. 식량을 더 많이, 더 효율적으로, 더 안정적으로 생산하고 필요한 곳에 전달할 수 있는 체계, 바로 지속 가능한 식량안보 시스템을 구축하는 것이다.

아이러니하게도 이런 구조적 개혁을 가장 강하게 반대하는 세력이 인도주의를 내세우는 경우가 많다. 하지만 감성적 접근만으로는 복잡한 식량위기를 해결할 수 없다. 인류의 식량문제는 단순한 윤리적 논쟁의 영역을 넘어선다. 이는 생산, 유통, 소비가 얽힌 복합적 시스템의 문제다. 비난과 이상론보다는 구조적 이해와 현실적 해법이 필요하다. 진정으로 굶주리는 사람들을 돕고 싶다면, 도덕적 분노에 머무르지 말고 시스템을 바꾸는 일에 더 많은 관심을 기울여야 한다.

6. 식량안보와 식량자급률은 같은 말일까?

식량안보와 식량자급률은 언뜻 비슷한 말로 들리지만 두 개념은 다르다. 식량자급률은 한 나라가 소비하는 식량을 얼마나 자국에서 생산하는지를 보여주는 지표다. 숫자로 나타나는 '자립성'이다.

반면 식량안보는 훨씬 넓은 개념이다. 국민 모두가 언제 어디서나 충분하고 안전한 식량에 접근할 수 있는 능력과 권리를 뜻한다. 자급률뿐 아니라, 수입력, 유통망, 가격 안정성, 식품 안전성까지 모두 포함하는 개념이다.

우리는 흔히 "식량안보를 강화하려면 자급률을 높여야 한다"고 말한다. 마치 모든 물건을 집에서 만들어야 안전하다고 믿는 것처럼. 하지만 현실은 그렇게 단순하지 않다.

쌀의 경우, 국내 생산량이 많다고 해서 기후재난이나 병충해로부터 안전한 것은 아니다. 특정 작물에 편중된 높은 자급률은 오히려 리스크를 키우기도 한다. 한국의 쌀 자급률은 높지만, 이상기후가 한 차례라도 찾아오면 공급 전체가 흔들릴 수 있다.

국제 무역은 식량안보의 또 다른 축이다. 국내에서 생산하기 어려운 식재료를 해외에서 수입함으로써 식단은 다양해지고, 소비자는 더 나은 품질을 더 저렴한 가격에 만날 수 있다. 그러나 지나친 의존은 위기를 부른다. 코로나19, 우크라이나 전쟁이 보여준 것처럼, 한 번 꼬인 공급망은 쉽게 회복되지 않는다. '수입은 언제나 가능하다'는 믿음이 얼마나 취약한지 우리는 이미 경험했다.

한국의 식량 시장은 이중적이다. 쌀이나 배추처럼 자급률이 높은 품목은 기상이변이 닥칠 때마다 가격이 출렁이고, 축산물처럼 자급률이 낮은 품목은 으히려 가격이 안정적이다. 일정 수준의 수입은 공급을 조절하고 시장을 안정시키는 역할을 한다.

그렇다고 자급률을 간과할 수는 없다. 국내 생산 기반은 식량주권의 근간이며, 위기 시 공급망이 마비될 때 최후의 방어선이 된다. 하지만 자급률만 바라보면 혁신이 멈춘다. 보호에만 안주하면, 국내 농업은 경쟁력을 잃고 소비자는 값비싼 식품을 선택할 수밖에 없다. 이는 장기적으로 농업 자체의 존립을 위태롭게 만든다.

해법은 곧 균형을 찾는 것이다. 지속 가능한 국내 생산 기반을 유지하면서도, 글로벌 공급망과 연결된 '이중 안전망'을 갖추는 것. 국내 생산은 자립성을, 국제 무역은 유연성을 보장한다. 이 두 축이 함께 맞물려 돌아갈 때 진정한 식량안보가 가능하다.

농업은 보호의 울타리에 머무는 산업이 아니다. 스스로 경쟁력을 갖추어 성장해야 할 산업이다. 정부의 일방적 보호가 아니라 글로벌 시장에서 버텨낼 수 있는 구조. 바로 그것이 미래의 식량안보를 지키는 가장 현실적인 힘이다.

7. 소농이 식량안보에 더 중요한 역할을 할까?

"전 세계 식량의 70% 이상을 소농이 생산한다"는 주장은 여러 국제 기관과 보고서에서 흔히 인용된다. 마치 작은 농부들이 인류를 먹여 살린다는 듯한 느낌을 준다. 유엔 식량농업기구FAO도 한때 그런 수치를 제시했지만, 최근 연구들은 그 수치

가 '소농'과 '가족농'을 혼동한 결과임을 지적한다.[4]

소농small farms은 대체로 2헥타르(약 6천 평) 미만의 농지를 경작하는 농가를 뜻한다. 반면 가족농family farms은 규모와 상관없이 가족 단위로 운영되는 모든 농장을 의미한다. 통계는 이 두 개념을 섞어 쓰면서 마치 대부분의 식량이 소농에서 나오는 것처럼 오인하게 했다.

전 세계 농장의 80% 이상이 소농이지만, 그만큼 세계 빈곤층의 대부분도 소농이다. 그래서 많은 국제기구가 인류애적 차원에서 소농의 생산성을 높이려 애쓴다. 물론 소농은 단위면적당 노동 투입량이 많고 집약적 경작이 가능하지만, 전체 생산성이나 노동 효율로 보면 한계가 뚜렷하다. 노동집약적인 방식만으로는 가난의 굴레를 벗어나기 어렵다.

한국도 예외는 아니다. 우리는 소농이 식량주권을 지키고 농촌 공동체를 유지한다는 믿음이 강하다. 반대로 '기업농'이나 '대농'은 자본에 종속된 것으로 종종 오해되며, 나쁜 이미지가 씌워져 있다.

그러나 대농은 말 그대로 규모가 큰 농장일 뿐이고, 기업농은 외부 인력을 절반 이상 사용하는 법인 형태의 경영체일 뿐이다. 가족이 운영하는 농장도 규모가 커지면 자연스럽게 외부의 손을 빌리고, 경영의 틀을 바꾸게 된다. 최근 등장한 공동경영체 역시 이런 흐름의 연장선에 있다. 그럼에도 '농사는 혼자 짓는 것'이라는 정서적 저항이 구조 전환을 더디게 만든다.

한편, 소농을 옹호하는 근거로 언급되는 대표적인 예가 "소농은 친환경적"이라는 믿음이다.

그러나 현실은 단순하지 않다. 한국과 일본처럼 소농 비중이 높은 나라는 오히려 비료와 농약 사용량이 가장 많은 그룹에 속한다. 소득을 늘리기 위해 좁은 땅에 더 많은 농자재를 투입할 수밖에 없는 구조이기 때문이다. 반대로 대농은 단일 작물 중심의 경작으로 인해 생물다양성을 해칠 위험이 있다. 어느 쪽도 완벽한 해답은 될 수 없다.

또 하나, "농민은 자기 땅을 직접 경작해야 한다"는 믿음은 동아시아 특유의 역사에서 비롯됐다. 한국과 일본, 대만은 제2차 세계대전 이후 농지개혁을 통해 '경자유전' 원칙을 세웠다. 당시에는 이 원칙이 사회 안정에 기여했지만, 농업 인구가 전체의 4%도 안 되는 지금은 변화의 발목을 잡는 신화가 되고 있다.

소농은 여전히 지역 사회 유지와 생태계 보전에 기여할 수 있다. 그러나 지금은 기후위기, 노동력 부족, 기술 격차 등 새로운 도전에 직면한 시대다. 낭만에 기대기보다, 소농의 한계를 인정하고 적정한 규모화와 기술 혁신을 통해 지속 가능한 구조를 만들어야 한다. 그래야 다음 세대의 식량안보도 지킬 수 있다.

8. 굳이 사라진 재래종에 관심을 가져야 할까?

이 질문은 지극히 현실적이다. 당장 먹고사는 문제가 급한데, 이미 사라져버린 옛날 씨앗에 왜 관심을 둬야 하는지 의문을 가질 법도 하다. 지금은 더 많은 식량을 더 빠르게 생산할 수 있는 기술이 필요한 때 아닌가?

맞는 말이다. 생산의 효율과 수확량은 여전히 중요하다. 하지만 눈에 보이는 수치만 중시하고 눈에 보이지 않는 가치를 무시해서는 안 된다.

재래종은 그저 옛날 씨앗이 아니다. 수천 년 동안 특정 지역의 기후와 토양, 병해충과 상호작용하며 진화한 유전자의 보물창고다. 이 씨앗 안에는 적응력, 다양성, 기억(우리가 잊은 생태적 지혜)이 담겨 있다. 어떤 품종은 척박한 땅에서, 어떤 품종은 해충이 득실거리는 밭에서 살아남았다. 바로 그 회복력이 앞으로 다가올 기후위기 시대의 핵심 자산이 된다.

환경 저널리스트 주디스 슈워츠는 자신의 책《순록 연대기 The Reindeer Chronicles》에서 "씨앗은 유전정보가 아니라, 기억을 품는다. 그 기억이야말로 우리가 다시 회복해야 할 생존력이다"라고 말한다. 나도 그녀의 말에 동의한다. 바로 씨앗에 담긴 기억이야말로 우리가 기후변화라는 위협 속에서 다시 회복해야 할 중요한 생존력의 핵심이다.[5]

물론 재래종만으로 미래를 대비할 수는 없다. 우리는 유전자편집 Gene Editing 같은 새로운 도구도 필요하다. 기존의 유전자변형작물GMO 개발 방법과 달리, 유전자편집은 외부 유전자를 삽입하지 않고 작물 고유의 유전자를 정밀하게 조절하는 기술이다. 자연돌연변이와 유사한 방식이기 때문에 예측 가능성이 높고, 안전성 우려도 적다. 또한 기후와 환경 변화에도 신속히 대응할 수 있다는 점에서도 유리하다. 미국, 일본, EU는 이미 유전자편집작물을 상업화 단계로까지 올려놓았다. 반면 한국은 여전히 비과학적인 우려에 발목 잡혀 있다. 위험한 건 기술이 아니라, 기술을 바라보는 사회의 인식이다.

중요한 건 이 둘을 대립 구도로 보지 않는 일이다. 재래종은 뿌리이고, 유전자편집 기술은 가지다. 전통은 토대가 되고, 기술은 확장성이 된다. 생물다양성과 복원력은 다양성에서 비롯하고, 정밀한 대응력은 과학에서 나온다.

농업은 과거의 지혜와 미래의 기술이 한 밭에서 자라는 분야다. 박물관이 아닌 들판에서 살아 숨 쉬는 재래종, 실험실에 머무는 연구가 아니라 현실의 문제를 해결하는 유전자 기술. 이 둘을 균형 있게 활용할 때 우리는 진짜 식량안보에 한 걸음 다가설 수 있다.

9. 농업은 성장산업이 될 수 있을까?

모든 국가에게 농업은 오랫동안 '지켜야 할 것'이었다. 식량안보라는 명분을 위해 보조금이 지급되고, 가격을 지지하고,

세금을 감면했다. 한국도 예외는 아니었다.

"농업은 보호받아야 한다"는 말은 옳다. 하지만 보호는 목적이 아니라 수단이다. 잘못된 방식의 보호는 미래를 가로막는 족쇄가 된다. 많은 이들이 이렇게 믿는다. "예산을 늘리면 농촌이 살아날 것이다." 하지만 일본은 세 배 넓은 농지에 비슷한 예산으로 더 높은 소득과 생산성을 달성하고 있다. 차이는 전략에 있다.

한국 농업은 이중성 위에 서 있다. 간섭은 싫다면서도 위기 땐 정부를 찾는다. 보조금은 원하면서 경쟁은 꺼린다. 그 결과는 정체다. 보조금은 늘었지만 혁신은 줄었다. 시장은 외면당했으며, 기술보다 정서가 앞선다. R&D 예산은 충분했지만, 국산 종자와 농기계는 세계 시장에서 존재감을 드러내지 못했다. 2023년 농식품 무역적자 350억 달러는 그 결과다.

농업 기반 정비도 멈췄다. 경지정리는 중단됐고, 관배수는 낡았다. 스마트농업은 요란한 구호에 비해 결과는 실망스럽다. 기술은 정체되었고, 농업은 점점 은퇴자의 소일거리로 변해간다. 그런데 우리는 묻지 않는다. 왜 농업은 진화하지 못하는가?

문제는 통계다. 정책은 정확한 농업 데이터 위에 세워져야 하지만, 우리가 가진 수치는 낡았고 단편적이다. 그 결과, 국민의 농업 이해도는 낮고 진단은 부실하다. 위기의 실체조차 제대로 파악하지 못하는데 구조를 어떻게 바꿀 수 있을까.

"농업을 지킨다"는 말은 쉽다. 하지만 어떻게 지킬 것인가?

네덜란드는 전쟁 이후 농지를 통합하고 기술과 교육에 집중했다. 농가는 줄었지만 세계 2위의 농업 수출국으로 성장했다. 전략과 혁신의 결과였다. 반면 한국은 여전히 농가의 70%가 1헥타르 이하의 소농이다. 보조금에 의존한 정책은 구조개혁을 지연시키고 기술 혁신을 정체시킨다. 지금도 우리는 기후변화 탓만 하며 미래를 놓치고 있다.

보호에도 두 종류가 있다. 생명을 연장하는 산소 마스크, 변화를 준비하는 방호복. 우리는 오랫동안 전자에 머물렀다. 이제는 후자로 나아가야 한다. 보호만으로는 미래를 지킬 수 없다.

뉴질랜드는 1980년대 보조금을 줄였다. 현재는 초기의 혼란을 딛고 회복력 있는 농업 시스템으로 진화했다. 알프스에선 눈이 쌓이기 전에 일부러 작은 눈사태를 일으킨다. 더 큰 재앙을 막기 위해서다. 농업개혁도 마찬가지다. 구조를 무너뜨릴 용기가 필요하다.

농정의 질문도 바뀌어야 한다. '얼마를 지원할까?'가 아니라, '어떤 구조를 만들까?'로. 청년이 뛰어들고, 기업이 성장하며, 데이터로 설계되고, 세계로 뻗어나가는 산업. 농업은 보호의 대상이 아니라 성장하는 산업이 되어야 한다.

지키기 위해선 변화해야 한다. 지금은 붙잡을 때가 아니라 놓아줄 때다. 그래야 비로소 지켜낼 수 있다.

10. 한국 농업, 다음 10년을 바꿀 열쇠는?

지금 우리가 서 있는 농업의 좌표는 더 이상 과거에 기대어 설계할 수 없는 지점이다. 농업은 '기억의 산업'이 아니라 '가능성의 산업'이다. 그러나 여전히 자급자족의 관념, 소농 중심의 정책, 정체된 인프라에 발이 묶여 있다.

기술은 변했고 소비자는 달라졌지만, 정책은 어제에 머물러 있다. 청년농 유입은 소농 구조 안에 갇혔고, 자금과 기술은 정작 필요한 곳에 닿지 못한다. 그 사이 기후위기와 인구 붕괴가 동시에 밀려온다.

농업의 미래는 새로운 기술이 작동할 수 있는 구조에서 시작된다. 규모화 없는 기술은 지속 불가능하고, 농지 집적 없는 투자는 공허하다. 스마트농업, 자율주행 농기계, 농업 로봇, AI, 이 모든 기술은 경제성을 확보할 수 있는 규모 없이는 작동하지 않는다. 농지 정리, 용수 확보, 관개 인프라는 단순한 예산 항목이 아니다. 농업 혁신은 이 기반 위에서 시작된다.

이제 농업을 '지원 대상'이 아니라 '투자 대상'으로 인식해야 한다. 정부가 끌고 가는 방식에서 벗어나 선도 경영체와 기업 생태계를 키워야 한다. 농업을 산업으로, 식량을 전략 자원으로 바라보아야 한다. 수출 유망 품목과 글로벌 공급망, 기업을 함께 키우지 않으면 한국 농업은 국내 수요 감소에 갇힌 채, 점차 쇠락의 길로 들어설 수밖에 없다.

그렇다면 정책은 어디로 가야 하는가?

첫째, **'전환의 사다리'를 세워야 한다.** 지속 불가능한 소농 구조를 붙들려는 집착에서 벗어나야 한다. 이제는 규모화를 선택한 농가가 실질적으로 성장할 수 있도록 제도와 재정을 그 방향에 맞게 설계해야 한다.

둘째, **농업의 주체를 다시 정의해야 한다.** 정부가 끌고 농민이 따르던 방식은 더 이상 작동하기 어렵다. 이제 기업이 동반자가 되고, 정부는 생태계를 설계하는 조력자가 되어야 한다. 법인경영체와 공동경영체가 우리 농업의 중심축으로 성장할 수 있도록 지원해야 한다.

셋째, **농업 교육의 패러다임을 바꿔야 한다.** 단순히 젊은 인력을 늘리는 것이 아니라, AI와 로봇, 데이터와 스마트농업을 이해하고 활용할 수 있는 리더를 길러야 한다. 기술을 다루고, 경영을 설계할 수 있는 사람이 있어야 농업도 진화할 수 있다.

농업은 더 이상 생존에 머물 수 없다. 감성적 보호 대신 경쟁력, 단편적 지원 대신 전략, 낡은 전통 대신 새로운 시스템이 필요하다. 핵심은 예산이 아니다. 다가올 식량위기를 대비하고 농업의 미래를 바꿀 구조개혁의 방향이다.

1

식량위기의 시작

식량위기는 어떻게 시작되었나: 전 지구적 위기

1 성장의 한계에서
   행성의 경계까지

농업의 기원

식물과 탄소 순환의 시작

약 4억 7000만 년 전, 최초의 식물이 물을 떠나 땅 위로 진출했다. 이들은 이끼 같은 작은 식물에서 시작해 관다발 식물로, 다시 목질을 갖춘 거대한 나무로 진화하며 지구의 환경을 바꾸었다.[1]

그러나 나무의 몸체를 지탱하던 리그닌은 너무 단단해, 당시 어떤 생명체도 이를 분해할 수 없었다. 쓰러진 나무는 땅속에 차곡차곡 쌓여 석탄이 되었고, 대기 속 이산화탄소는 급격히 줄었다. 그 결과 지구는 거대한 얼음의 감옥, 곧 대빙하기로 접어들었다.

2억 9000만 년 전, 백색부후균이 나타나 리그닌을 분해하기 시작하면서 상황이 바뀌었다. 멈추었던 탄소 흐름이 빨라지면서, 지구의 생명 순환은 새로운 속도를 얻었다.

2억 5000만 년 전 이후 다양한 초본류가 퍼져나갔고, 약 1억 4000만 년 전에는 꽃을 피우는 현화식물이 출현했다.[2] 이 변화는 생태계를 다시 설계했다. 풍부한 식물 덕분에 초식 동물이 번성했고, 그들은 다시 포식 동물의 먹잇감이 되었다. 그렇게 짜인 거대한 먹이사슬 끝에서 인류의 조상이 무대로 걸어 나왔다.

농업의 기원

마지막 빙하기가 끝나고 약 1만 2000년 전, 인류는 자연에서 먹거리를 채집하는 데서 멈추지 않고 씨앗을 심고 작물을 재배하기 시작했다. 비옥한 초승달 지대, 양쯔강 유역, 메소아메리카 고원 같은 곳에서 각기 다른 농경이 뿌리를 내렸다. 기후와 토양에 맞춰 독립적으로 시작된 농업은 인류 문명의 기원이 되었다.[3]

그러나 농업은 문명의 기반인 동시에 위험이었다. 토양 염류화, 흙의 유실, 전염병의 확산, 사회의 계층화와 같은 새로운 부담을 인류에게 안겼다. 특히 메소포타미아는 물 관리 실패와 토양 황폐화로 인해 문명이 붕괴하는 비극을 맞았다.[4]

농업 기술의 진화

농업은 단순히 씨앗을 뿌리는 행위에서 출발했지만, 인류 문명의 진화와 함께 끊임없이 새로운 도구와 지식을 흡수하며 변해왔다. 고대 메소포타미아의 인류는 관개 시설과 쟁기를 사용해 건조한 땅을 옥토로 바꾸었고, 이집트는 나일강의 범람을 정밀하게 이용해 곡창지대를 일구었다. 로마 제국은 도로와 수로망을 농업과 연결해 곡물 저장과 유통의 효율을 높였고, 이로써 대도시와 군대를 먹여 살릴 수 있었다.

중세 유럽에 이르러 농업 기술은 한 단계 더 도약했다. 삼포제, 중형 쟁기, 마구, 풍차와 같은 기술 혁신이 농업 생산성을 크게 끌어올렸다. 이는 단순히 더 많은 수확을 보장하는 차원을 넘어 유럽 사회의 인구 증가와 도시 성장, 그리고 봉건 경제 체제의 안정을 뒷받침했다. 같은 시기 동아시아에서는 참파벼와 이모작, 철제 농기구와 수차의 활용을 통해 농업 생산성을 높였다. 특히 참파벼는 가뭄에 강하고 생육 기간이 짧아 중국 남부 지역을 세계적 곡창지대로 탈바꿈시켰다.

15세기 이후 대항해 시대는 농업의 지리적 경계를 무너뜨렸다. 콜럼버스 교환*을 통해 신대륙과 구대륙의 작물이 서로 뒤섞였다. 감자, 옥수수, 고구마, 토마토, 고추 같은 작물은 유럽과 아시아, 아프리카에 전파되어 새로운 식단과 재배 체계를

---

* 1492년 콜럼버스의 신대륙 발견 이후 있었던 신구대륙 간의 동식물, 인구, 문화, 기술, 질병 등의 광범위한 교환과 그로 인한 생태학적, 문화적 변화를 일컫는다.

만들어냈다. 특히 감자와 옥수수의 보급으로 값싸고 영양가 높은 식량이 대규모로 공급되었고, 이는 인구 폭발을 일으킨 결정적인 요인이 되었다.

18세기 후반, 산업혁명은 농업의 풍경을 근본적으로 바꾸었다. 오랫동안 사람과 가축의 힘에 의존하던 농경은 점차 기계의 시대를 맞이했다. 기계식 파종기가 등장하면서 노동 효율은 비약적으로 높아졌고, 증기기관을 장착한 펌프와 탈곡기는 농작업 속도를 완전히 바꾸어놓았다. 이어 19세기 말에는 내연기관과 트랙터가 보급되면서 농업 현장으로 본격적인 기계화의 물결이 밀려왔다. 땅을 갈고, 씨를 뿌리고, 작물을 거두는 전 과정에서 기계가 사람을 대체하기 시작한 것이다.

동시에 과학은 농업에 새로운 지평을 열었다. 독일의 화학자 유스투스 리비히는 식물 영양학을 정립하여, 작물이 성장하기 위해 필요한 필수 원소와 비료의 원리를 밝혀냈다. 그의 연구는 '토양은 무한하지 않다'는 사실을 각인시켰고, 이후 농업은 더 이상 경험과 전통에만 기대는 기술이 아니라 실험과 과학에 근거한 체계적인 산업으로 나아갔다. 20세기 초에는 하버-보슈 공정이 확립되며 공장에서 암모니아를 대량 생산할 수 있게 되었다. 이는 질소 비료의 혁명을 불러왔으며, 인류는 처음으로 지구의 자연적 질소 순환을 넘어서는 방식으로 토양을 비옥하게 만들 수 있게 되었다.

이 변화는 단순히 농업 생산성을 끌어올리는 데서 멈추지 않았다. 더 많은 식량은 인구 증가를 뒷받침했고, 값싼 곡물과 원료는 도시 산업을 키워냈다. 산업혁명은 농업을 소박한 생계의 수단에서 거대한 과학·공업의 영역으로 확장시켰으며, 인류와 자연의 관계를 전혀 다른 궤도로 옮겨놓았다.

농업과 인구의 대폭발

농경 이전, 인류의 수는 고작 400만 명에 불과했다. 그러나 씨앗을 뿌리고 땅을 경작하기 시작하면서 인류는 전례 없는 성장 궤도에 올랐다. 기원전 3000년에는 1400만 명, 로마 제국 시대에는 2억 명을 넘어섰다.[5] 흑사병으로 주춤했던 인구수는 다시 중세 농업혁명으로 반등했다.

콜럼버스 교환과 산업혁명, 그리고 20세기의 녹색혁명은 인류 역사상 유례없는 인구 폭발을 이끌어냈다. 세계 인구는 1950년에 25억, 2000년에 61억, 2024년에 80억 명을 돌파했다. 그리고 2050년이 되면 98억 명에 이를 것이라고 추정한다.[6]

그러나 인류의 성장을 이끌었던 농업은 이제 기후위기, 수자원 고갈, 경작지 부족이라는 도전을 맞닥뜨리고 있다. 농업 생산성이 둔화되고 기상이변은 잦아지고 있으며, 특히 아프리카를 중심으로 식량 불균형이 심화되고 있다. 현재도 1억 5000만 명이 굶주림 시달리고 있는데,[7] 앞으로 98억 인구를 먹여 살리기 위해서는 최소 30% 이상의 생산성 향상이 필요하다.

지구의 역사는 생명의 실험실이자 인류의 시험장이었다. 농업은 생존의 도구이자 동시에 문명의 출발점이었다. 이제 우리는 다시 그 출발선 위에 서 있다. 특히 20세기 '녹색혁명'은 식량의 한계를 돌파하기 위해 시도한 거대한 실험이었다. 이 성공과 실패가 교차한 실험은 농업을 어떻게 다시 정의하고 어떤 미래를 그려낼지 우리에게 중요한 물음을 던졌다.

녹색혁명의 빛과 그림자

제2차 세계대전이 끝난 뒤, 인류는 새로운 번영의 시대로 접어들었다. 경제학자들은 이 시기를 '황금기'라 불렀다. 미국은 전쟁 승리의 최대 수혜자였다. 연평균 4%에 가까운 성장률을 기록했고, 세계 산업 생산의 40%를 장악하며 명실상부한 패권국으로 떠올랐다.[8]

전쟁으로 폐허가 된 서유럽은 미국의 마셜 플랜이라는 대규모 경제 원조를 발판으로 놀라운 속도로 재건되었다. 독일과 프랑스, 이탈리아는 무너진 산업 기반을 다시 일으켰고, '유럽의 기적'이라 불릴 만큼 빠른 성장을 이뤘다. 태평양 건너 일본은 더욱 극적인 반전을 보여주었다. 1950년대부터 시작된 고도성장은 연평균 9%에 달했고, 1960년대 말에는 세계 2위의 경제 대국으로 올라섰다.[9]

기적의 밀, 녹색혁명의 시작

농업에서도 눈부신 혁명이 시작되었다. '녹색혁명'이라 불리는 이 변화의 중심에는 미국의 농학자 노먼 볼로그가 있었다. 그는 멕시코에서 키는 작지만 수확량이 월등히 높은 밀 품종을 개발했다. 이 품종은 식량위기를 겪던 나라들에 희망의 씨앗이 되었다. 농업 생산성의 급격한 향상은 '기적'처럼 여겨졌고, 세계는 새로운 농업 시대의 문을 열었다.[10]

1940년대부터 록펠러 재단과 포드 재단은 녹색혁명의 성공을 개발도상국에 확산시키고자 막대한 연구 자금을 지원했다. 특히 1960~1970년대는 국제 농업 연구의 황금기였다. 필리핀 로스바뇨스의 국제미작연구소IRRI, 멕시코의 국제밀옥수수연구소CIMMYT, 나이지리아의 국제열대농업연구소IITA, 인도의 국제건조지대농업연구소ICRISAT, 그리고 미국 워싱턴 D.C.의 국제식량정책연구소IFPRI가 잇달아 설립되었다. 유엔 식량농업기구와 유엔개발계획UNDP도 이 흐름을 적극적으로 뒷받침했다. 국제농업은 이제 하나의 거대한 네트워크가 되었다.

흥미롭게도, 이 농업혁명의 핵심 기술은 전쟁에서 유래했다. 제2차 세계대전 중 폭탄 제조에 사용된 질산암모늄 공장은 전후 질소비료 공장으로 전환되었다. 전쟁 중 군인의 생명을 구하던 살충제 DDT는 곧 농업용으로 쓰이기 시작했고, 독일에서 화학무기로 연구되던 파라티온은 효과가 뛰어난 농업용 살충제로 각광받았다. 전쟁 기술이 평화를 위한 농업으로 전환된 것이다. 인류는 전쟁의 유산을 식탁 위의 혁신으로 바꾸는 데 성공한 듯 보였다.

산업화가 만든 풍요와 새로운 위기

성과는 뚜렷했다. 1950년 25억 명이던 세계 인구는 1960년 30억, 1970년에는 37억 명을 돌파했다. 특히 개발도상국의 인구는 높은 출산율과 의료 기술의 발전이 겹치며 폭발적으로 증가했다. 인구만 늘어난 것이 아니었다. 생활수준도 비약적으로 향상되었다.

냉장 기술과 산업화된 농업은 이 변화의 중심에 있었다. 인류는 처음으로 계절에 상관없이 과일과 채소, 고기와 생선을 먹을 수 있게 되었다. 예전에는 귀족만 누릴 수 있었던 음식이 슈퍼마켓의 진열대를 채웠고, 고기와 쌀은 더 이상 사치스러운 음식이 아니었다. 합성섬유와 산업화된 생산 방식은 의복의 대중화를 불러왔고, 자동차와 가전제품은 생활의 표준이 되었다. 냉장고, 텔레비전, 에어컨, 세탁기가 보급되었고, 이제는 누구나 '작은 왕'처럼 살 수 있는 시대가 열렸다. 1950년대에서 1970년대 초까지, 이 짧은 시기는 인류 역사상 생활수준이 가장 비약적으로 향상된 절정기였다.

그러나 그 풍요 뒤에는 어두운 그림자가 드리워지고 있었다.[11] 토양은 황폐해졌고, 물은 오염되었으며, 살충제는 생물 다양성을 파괴했다. 새로운 병충해를 막기 위해 더 많은 농약이 뿌려졌고, 그 악순환은 멈출 줄 몰랐다. 농민은 독립적 생산보다 외부 투입재에 의존하게 되었고, 씨앗은 기술 특허의 이름으로 독점되기 시작했다.

녹색혁명은 분명 수많은 생명을 구했다. 하지만 동시에, 그것은 우리가 지금 마주하고 있는 또 다른 위기의 출발점이기도 했다.

침묵의 봄

침묵을 깨운 목소리

1960년대 초반, 경제적 번영과 과학기술에 대한 낙관이 절정에 이르렀을 무렵, 한 권의 책이 세상을 뒤흔들었다. 해양생물학자 레이철 카슨의 《침묵의 봄》(1962)이었다.

카슨은 방대한 과학적 자료와 생생한 문체로 인류가 무분별하게 뿌려온 농약과 화학물질이 생태계를 파괴하고 인간의 건강까지 위협하고 있음을 고발했다. 특히, DDT가 먹이사슬을 따라 동물과 인간의 체내에 축적되어 어떤 결과를 초래하는지 그 '소리 없는 파괴'의 실체를 드러내며, 인류에게 환경 보호의 시급함을 호소했다. 책은 출간되자마자 〈뉴욕 타임스〉 베스트셀러에 올랐고, 같은 해 미국 전역에서는 화학물질 남용과 환경문제를 둘러싼 논쟁이 불붙었다.[12]

정치권도 움직였다. 존 F. 케네디 대통령은 대통령 과학자문위원회에 카슨의 주장을 철저히 조사하라고 지시했고, 위원회는 농약의 위해성을 인정하는 보고서를 내놓았다. 이는 미국 정부가 처음으로 농약 사용 규제를 검토하게 된 전환점이 되었다.

하지만 반발도 만만치 않았다. 몬산토, 벨시콜 같은 농약 제조사들은 카슨의 주장이 과장되었다고 비판했다.[13] 농약을 쓰지 않으면 곡물 생산량이 줄고 질병이 확산된다는 논리를 들며 카운터 캠페인을 벌였다.[14] 기업들은 카슨을 '감성적인 과학자'로 몰아세우며, 농약의 긍정적인 측면을 강조하는 홍보물을 대대적으로 퍼뜨렸다.

그러나 이들의 저항에도 불구하고 흐름은 바뀌지 않았다. 1970년, 미국은 환경보호청EPA을 신설했고, 이어 청정대기법 Clean Air Act, 청정수질법Clean Water Act 등 환경 보호를 위한 역사적인 법들이 잇달아 제정되었다. 마침내 1972년, 미국은 DDT의 사용을 전면 금지했다. 이후 유럽과 다른 나라들도 이 조치에 동참했다. 현재 DDT는 말라리아 방역 목적 등 일부 예외적 상황을 제외하고는 대부분의 국가에서 금지되어 있다.

침묵은 끝나지 않았다

그렇다고 '침묵의 봄'이 완전히 끝난 것은 아니었다. 유해 농약들은 덜 유해한 것으로 대체되었을 뿐, 농약에 대한 대중의 불신과 생태계 파괴에 대한 우려는 사라지지 않았다. 오히려 환경문제는 더 광범위하고 복잡한 형태로 세계 곳곳에서 나타나기 시작했다.

특히 열대우림이 집중된 남미와 동남아시아에서는 사료 작물과 팜유, 고무나무 플랜테이션을 위한 무분별한 벌채가 이어졌다. 수천 년간 유지되어온 생태계가 파괴되었고, 일부 지역은 회복이 불가능한 지경에 이르렀다.

플라스틱 폐기물은 또 하나의 세계적 재앙이 되었다. 가난한 국가들의 강과 바다로 흘러든 폐기물은 거대한 '플라스틱 섬'을 형성했고, 이 쓰레기들은 바다 생태계를 뒤흔들고 있다.[15] 미세플라스틱은 이제 바닷물과 토양을 넘어 인체의 혈액에서도 발견되고 있다.

대기의 질도 나빠졌다. 산업 활동과 교통, 농업에서 발생하는 미세먼지는 전 세계적으로 사람들의 건강을 위협하고 있으며, 만성질환과 조기 사망의 주요 원인으로 지목되고 있다. 한편, 농업 및 산업용 지하수의 과도한 사용은 수자원 고갈을 불러왔고, 이는 식량 생산과 생태계 유지를 위협하는 또 다른 위기가 되었다.

'침묵의 봄'은 끝나지 않았다. 오히려 더 넓어지고, 더 깊어졌다. 카슨이 예고했던 파국은 형태를 바꿔 여전히 우리 곁에 머물고 있다.

성장의 한계

1960년대 후반, 인류는 유례없는 풍요를 누렸다. 전쟁이 끝나고 경제가 성장했으며, 과학 기술은 낙관적인 미래를 제시하는 듯했다. 하지만 이 번영의 뒤편에서는 어두운 그림자가 드리워지고 있었다. 멈추지 않는 산업화, 가속화되는 자원 소비, 폭발적인 인구 증가가 지구의 한계를 시험하고 있었다. 인류는 질주했고, 지구는 점차 그 한계점에 다다르고 있었다.

지구를 위한 질문

바로 그 시기, 이탈리아의 기업가 아우렐리오 페체이가 질문을 던졌다. "인류는 이대로 계속 성장할 수 있는가? 지구는 어디까지 견딜 수 있는가?" 그는 스코틀랜드 출신의 과학자 알렉산더 킹과 함께 1968년에 로마 클럽The Club of Rome을 창립했다. 두 사람은 인류의 미래를 단기 경제 지표나 국가 간 경쟁이 아닌, 지구 전체의 지속 가능성이라는 관점에서 바라보기 시작했다.[16]

로마 클럽은 단순한 환경 경고를 넘어 세계를 바라보는 틀 자체를 바꾸라고 요구했다. 첫째, 지구의 문제는 국경 안에서 풀 수 없다. 기후변화, 자원 고갈, 인구 폭발, 환경 오염은 서로 얽혀 있으며, 세계적인 관점에서 해답을 찾아야 한다. 둘째, 오늘의 이익이 내일을 파괴하지 않도록 단기적인 이익보다 장기적인 관점을 가져야 한다. 셋째, 현대 사회는 복잡한 문제의 시대이며, 위기는 하나가 아니라 서로 얽혀 있다. 따라서 해결책 또한 분절적인 대응이 아니라 통합적 접근을 통해 찾아야 한다. 페체이는 이렇게 강조했다. "지구는 하나의 유기체이며, 우리는 그 일부다."[17]

세계를 향한 경고

1970년, 로마 클럽은 MIT 시스템 다이내믹스 연구팀에 지구의 미래를 수치로 예측해달라고 요청했다. 연구를 이끈 도넬라 메도즈와 데니스 메도즈는 '월드3World3'라는 컴퓨터 시뮬레이션 모델을 만들었다. 이 모델은 인구, 식량, 자원, 산업 생산, 오염이라는 다섯 가지 핵심 요소를 중심으로 지구 시스템의 미래를 분석했다.[18] 그 결과는 명확했다. "현재와 같은 속도로 성장한다면, 인류 문명은 21세기 중반에 자원 고갈과 환경 파괴로 인해 무너질 것이다."

이 충격적인 결과는 1972년 《성장의 한계The Limits to Growth》라는 책으로 공개되었다. 책은 30여 개 언어로 번역되어 1200만 부 이상 팔렸고, 단숨에 세계 지성계를 뒤흔들었다. 《성장의 한계》는 단순한 학술 보고서가 아니었다. 그것은 산업 문명에 던져진 최초의 과학적 경고이자, 동시에 '지속 가능한 발전'이라는 새로운 문명의 가능성을 보여준 예언서였다. 인류는 처음으로 성장이라는 신화가 영원하지 않다는 사실과 정면으로 마주하게 된 것이다.

성장의 신화를 넘어서

로마 클럽은 거기서 멈추지 않았다. 《인류의 진정한 부》, 《2052: 미래 예측 보고서》 등 연속된 출판 활동을 통해 메시지를 확장해나갔다. 그리고 그 비전은 마침내 제도 속에 스며들었다. 1987년, 브룬틀란 보고서는 지속 가능한 발전을 "미래 세대가 그들의 필요를 충족할 수 있는 능력을 훼손하지 않으면서, 현재 세대의 필요를 충족시키는 것"이라고 정의했다.[19] 이 정의는 곧 국제 환경 협약의 기본 원칙이 되었고, 1992년 리우 환경 회의, 1997년 교토 의정서, 2015년 파리 기후 협정으로 이어졌다. 그 출발점에는 언제나 '성장의 한계'라는 문제의식이 자리하고 있었다.

로마 클럽의 경고는 단순한 미래 예측이 아니었다. 그것은 인류가 현재 어디를 향하고 있는지에 대한 근본적인 질문이었다. 자원은 무한하지 않고 지구의 생태계는 깨지기 쉬우며, 인류는 지구의 주인이 아니라 그 안에서 살아가는 하나의 존재일 뿐이라는 사실을 일깨워주었다. 이 설명대로라면, 지속 가능한 발전은 여러 선택지 중 하나가 아니라 인류가 살아남기 위해 반드시 걸어야 하는 길이다.

과속하는 문명

로마 클럽의 경고에도 불구하고 세계는 멈추지 않았다. 성장을 위한 질주는 계속됐고 소비는 끝없이 팽창했다. 1970년대 두 차례 오일쇼크가 세계 경제를 뒤흔들었지만, 산업화의 시계는 멈출 줄을 몰랐다. 열대우림은 플랜테이션 농업을 위해 베어졌고, 강은 플라스틱 쓰레기로 오염됐으며, 하늘은 온실가스로 채워졌다. 1990년대 세계화의 가속은 인류의 발자국을 지구 전역으로 확장시켰다. 특히 중국과 인도의 산업화는 자원 고갈을 앞당겼고, 기후변화와 생물다양성 손실은 더 이상 먼 미래의 그림자가 아니라 현재의 병증으로 눈앞에 나타났다.

그리고 인류는 다시 묻는다. "우리는 아직 안전한가?"

2009년, 스웨덴의 지구시스템 과학자 요한 록스트룀은 이 질문에 답하기 위해 새로운 개념을 제시했다. 그는 지구가 더는 무한한 수용체가 아니라 단언하며, 인류가 지켜야 할 경계선을 '행성경계Planetary Boundaries'라고 명명했다. 행성경계란, 단순한 환경지표가 아니라 지구라는 유기체의 '건강 검진표', 우리가 넘지 말아야 할 붉은 선이었다.[20]

록스트룀과 그의 연구진은 '행성경계'라는 개념 아래 지구가 지켜야 할 아홉 가지 핵심 경계를 제시했다. 첫째, 지구의 평균 기온 상승, 기상 이변 등 기후 시스템의 불안정성을 일으키는 '기후변화', 둘째, 생태계의 다양성과 복원력을 유지하는 '생물권 무결성biosphere integrity', 셋째, 비료 사용으로 인한 질소와 인 순환의 붕괴를 막는 '생지화학적 순환', 넷째, 해양 생태계를 위협하는 '해양 산성화', 다섯째, 지구를 자외선으로부터 지키는 '오존층의 안정성', 여섯째, 산림 파괴와 토지 전환을 포함하는 '토지 시스템 변화', 일곱째, 생태계와 인간 생존에 필수적인 '담수 자원 사용', 여덟째, 대기를 흐리게 하는 미세입자와 먼지, 즉 '대기 에어로졸 부하', 그리고 아홉째, 플라스틱, 산업화학물, 미세플라스틱 같은 '신합성 화학물질'이다.

이 경계들은 서로 고립된 항목이 아니다. 하나가 무너지면 다른 축도 연쇄적으로 흔들린다. 마치 도미노가 쓰러지듯 하나의 경계 붕괴가 지구 시스템 전체의 균형을 무너뜨릴 수 있다. 록스트룀은 이를 "지구 시스템의 연쇄 붕괴 가능성"이라 불렀다.

2015년에 개정된 행성경계 기준

경계	임계값
기후변화	CO_2 농도 < 350ppm, 복사 강제력 < 1 W/m^2
생물권 무결성 (유전적 다양성)	멸종률 < 연간 100만 종당 10종
생물권 무결성 (기능적 다양성)	생태계 기능 유지 (정량적 경계 없음)
생지화학적 흐름(질소)	질소 고정량 < 연간 62테라그램(Tg/year)
생지화학적 흐름(인)	해양으로 유입되는 인 흐름 < 연간 11테라그램(Tg/year)
해양 산성화	평균 해양 표면 pH가 산업화 이전 수준보다 0.1 단위 이상 높게 유지
성층권 오존 감소	오존 농도 > 276 도브슨단위
토지 시스템 변화	전 세계 얼음 없는 육지 중 농경지로 전환된 비율 < 15%
담수 사용	전 세계 담수 사용량 < 연간 4000km^3
대기 어어로졸 부하	전 세계적 임계값 없음 (지역별 기준 적용)
새로운 물질 도입	전 세계적 임계값 없음 (합성 화학물질, 플라스틱 등)

* Stockholm Resilience Centre 제공

2015년, 행성경계의 틀은 더욱 정밀하게 다듬어졌다. 생물다양성 손실은 '종 수의 감소'를 넘어 생태계의 기능적 무결성이라는 개념으로 확장되었다. 이는 지구 위기의 본질이 숫자의 감소가 아니라, 생명 체계 전체의 동력이 꺼져가는 과정임을 보여주는 인식의 전환이었다.

그리고 2024년, 독일 포츠담기후영향연구소PIK는 전 세계를 충격에 빠뜨리는 보고서를 발표한다. 아홉 개의 행성경계 중 여섯 개가 이미 붕괴선을 넘었다는 내용이 담긴 보고서였다.[21] 기후변화, 생물다양성 손실, 질소와 인의 부영양화, 신합성 화학물질, 담수 사용, 토지 시스템 변화, 이 모두가 이미 위험 구역에 진입했다. 해양 산성화 역시 경계선에 근접했고, 오직 두 항목만이 아직 안전지대에 남아 있다. 그것은 오존층 회복과 일부 지역의 대기질뿐이다.[22]

록스트룀은 이렇게 말했다. "우리는 지구라는 복잡한 시스템을 단순한 자원 창고처럼 다루어왔다. 이제 그 대가를 치를 시간이다."[23]

행성경계는 단지 학문적 개념이 아니다. 그것은 인류 문명이라는 거대한 기계에 달린 마지막 브레이크 시스템이다. 그러나 지금, 이 기계는 경고등이 울려도 멈추지 않는다. 가속 페달은 여전히 밟힌 채 끝을 향해 질주하고 있다.

작은 변화, 큰 붕괴: 티핑 포인트

 2000년, 맬컴 글래드웰은 《티핑 포인트》를 통해 세상에 강렬한 메세지를 던졌다. 그는 작은 변화가 축적되다 어느 순간 폭발적인 확산으로 이어지는 현상을 설명하며, "작은 것이 큰 변화를 만든다"는 통찰을 제시했다. 패션의 유행, 기술의 도약, 사회운동의 확산, 이 모든 것이 티핑 포인트라는 임계선을 넘는 순간, 산비탈을 구르는 눈덩이처럼 세상을 바꾼다는 것이었다.[24]

 '티핑 포인트'란 말은 원래 역학epidemiology에서 감염병이 폭발적으로 확산되는 순간을 가리키는 용어였지만, 오늘날은 기후변화를 포함한 지구 시스템의 균열을 설명하는 은유로 더 자주 쓰인다. 특히 행성경계 개념을 설명할 때 활용된다. 티핑 포인트는 인류가 지구 생태계의 임계선을 넘어서고 있음을 경고하며, 우리가 그 경계의 가장자리에 있다는 과학적 증거를 제시한다.

지구의 임계점, 느린 재난

 지구의 붕괴는 요란한 굉음으로 다가오지 않는다. 영화 〈투모로우〉(2004)에서처럼 하루아침에 빙하기로 전환되는 극적인 장면이 아니라 수십 년, 수백 년에 걸쳐 진행되는 '느린 재난Slow Disaster'의 형태로 나타난다.

 그러나 느리다고 해서 덜 위험한 것은 아니다. 방글라데시

순다르반스 지역에서는 해수면 상승과 염수 침투로 농지를 포기한 주민들이 도시 빈민으로 전락했다. 풍요로운 곡창지대로 알려진 미얀마의 이라와디 델타와 베트남의 메콩 델타는 반복되는 홍수와 염해로 인해 그 명성을 잃었다.[25] 태평양의 섬나라 키리바시와 투발루는 해수면 상승으로 국가 자체가 사라질 위기에 놓였다. 거주민들은 '기후 난민'이라는 새로운 정체성을 안고 다른 나라로의 이주를 준비하고 있다.

다음 장에서 다루겠지만, 아프리카 사헬 지역에서는 사막화와 물 부족이 주민들의 생존을 위협하고 있다. 니제르, 차드, 말리, 수단 등지에서는 수백만 명이 기후변화로 인해 삶의 터전을 잃었고, 이는 새로운 분쟁의 불씨가 되고 있다. 기후위기는 단지 자연의 문제가 아니라, 우리의 식량과 물, 인간 사회의 안전과 평화를 위협하는 문명의 총체적 위기다.[26]

2025년 5월 28일, 스위스 남서부 발리스주의 블라텐 마을에서 발생한 대규모 재해는 선진국이라도 기후위기의 영향을 피할 수 없음을 보여준다. 비츠호른산의 비르히 빙하가 붕괴하면서 수백만 톤의 얼음과 암석, 진흙이 마을을 덮쳤고, 론강이 막히며 홍수로 이어졌다. 주민 300명은 사전에 대피했지만 다수의 주택이 파괴되었고, 산사태의 잔해는 계곡을 따라 2.5km를 흘러 반대쪽 절벽 240m 높이까지 뒤덮었다. 기후변화로 인한 빙하의 불안정성과 영구동토층의 해빙이 주요 원인으로 지목된다.[27]

복합 티핑 포인트의 시대

지구 시스템의 아홉 가지 행성경계 중 가장 결정적인 두 축은 기후변화와 생물다양성 손실이다. 이 둘은 독립적인 위협이 아니라 서로 맞물린 복합위기다. 기후변화는 숲과 바다 서식지를 파괴해 생물종에 타격을 입히고, 이로 인해 붕괴된 생물다양성은 생태계의 복원력을 약화시키고 탄소 흡수 능력을 저해하여 다시 기후를 악화시킨다.[28]

한계는 이미 임박했다. 극지방의 빙하는 녹아내리고, 아마존은 산불과 산림 파괴로 탄소를 흡수하던 '지구의 허파'에서 오히려 탄소를 내뿜는 굴뚝으로 변하고 있다. 북극 영구동토층이 녹으며 대량의 메탄이 방출되고 있다. 이 현상들은 독립된 사건이라기보다는 연쇄 반응의 전조로 읽힌다. 과학자들은 이것이 '복합 티핑 포인트'일 수 있다고 경고한다. 도미노처럼 무너지는 경계 속에서 인류 문명은 점점 더 위험한 문턱으로 내몰리고 있다.

2   맹렬해진 기후위기

기후 둔감성

"이상한 날씨네"라는 말로는 부족한 시대

2023년 세계는 유난히 더웠다. 기록상, 인류 역사에서 가장 더운 해였다. 하지만 그 타이틀은 오래가지 않았다. 지구열탕화global boiling 시대는 이제 막 시작되었기 때문이다. 그해 4월부터 세계 일부 지역의 체감 온도는 섭씨 50도를 넘었다. 낮에는 숨 쉬기조차 버거웠고, 밤에는 더워서 잠들기 어려웠다.[1] 여기에 2015년 이후 8년 만에 다시 찾아온 슈퍼 엘니뇨까지 겹쳤다. 지구의 기온은 경고선을 넘어 위험 수위로 치솟았다. 그러나 그 무렵, 우리는 한 가지 기이한 광경을 목격하게 된다.

생존이 된 야영: 새만금 잼버리

2023년 8월 1일, 170여 개국에서 온 약 4만 명의 청소년들이 새만금 간척지에 모였다. 세계스카우트잼버리 행사가 열린 것이다. 그들은 갯벌을 메운 광활한 벌판 위에서 캠프를 시작했다. 하지만 그곳엔 나무 한 그루 없었다. 습하고 뜨거운 공기, 살인적인 체감 온도, 뜨거운 땅, 부족한 대피소. 모든 조건이 '야영'이 아니라 '생존'에 걸맞은 상황이었다. 결국 행사는 제대로 진행되지 못했고, 언론은 조직위원회의 미숙함을 비판했다. 하지만 진짜 원인은 따로 있었다.

그해 8월의 한반도는 '그럭저럭 견딜 만한 여름'이 아니었다. 슈퍼 엘니뇨와 지구열탕화. 그 두 겹의 기후재난 앞에서 새만금은 야영장이 아닌 생존의 시험장이 되었다.

한반도는 기후 급변 지역

우리는 기후변화를 오랫동안 '그래프'로, '숫자'로, '뉴스 그래픽'으로만 받아들여왔다. 그것이 실제로 우리의 삶을 어떻게 바꿀지 피부로 느끼기 전까진 상상하지 못했다. 하지만 한반도는 세계에서도 손꼽히는 기후 급변 지역이다. 여름엔 아프리카만큼 덥고(물론 아프리카라고 모든 지역이 더운 것은 아니다. 아프리카는 하나의 기후대로 규정할 수 없을 만큼 거대한 대륙이다), 겨울엔 시베리아만큼 춥다. 연교차는 70도에 달한다.

2000년대 초, 영국의 런던탑 전시실에서 본 한 문장이 떠오른다. "영국군은 열사의 사막에서도, 북극의 동토에서도 싸웠다. 하지만 그 두 기후를 한 곳에서 겪은 적은 단 한 번, 한국전쟁뿐이었다." 이런 가혹한 기후 속에서 살아온 우리는 적응의 달인이 되었다. 하지만 그 적응력이 언제나 장점인 것은 아니다. 지나친 익숙함은 둔감성으로 변한다.

예상보다 빠른 변화

예견된 미래, 그러나 너무 빠른 변화

IPCC[2] 과학자들이 수십 년 전부터 경고해온 기후변화는 더 이상 먼 미래의 그림자가 아니다. 기온은 그들이 예측한 방향으로, 그러나 예상보다 훨씬 빠른 속도로 상승하고 있으며, 그로 인한 피해 또한 과학자들의 시나리오를 따라 현실로 나타나고 있다.

2024년 5월, 코페르니쿠스 기후변화 서비스C3S[3]는 "역사상 가장 뜨거운 5월"이라는 공식 발표를 했다. 이로써 지구는 12개월 연속으로 월별 기온 최고치를 경신했다.[4] 2024년 5월의 지구 평균기온은 1991~2020년 평균보다 섭씨 0.65도 높았고, 산업화 이전 대비로는 무려 1.52도 상승했다. 2023년 7월 이후 11개월 연속 산업화 이전 대비 1.5도를 넘었고, 1년 평균으로 따지면 1.63도에 달했다.[5] 지구는 이미 우리가 정했던 1.5도의 마지노선을 넘어섰다.

문제는 단순한 수치의 변화가 아니다. 그 변화의 '속도'다.

C3S는 인간 활동으로 인한 지구 온난화가 10년마다 0.26도씩 진행되고 있다고 경고한다. 지금의 추세라면 2024~2028년 사이에 적어도 1년은 1.5도를 넘을 확률이 80%에 달한다. 심지어 그 5년 평균 전체가 1.5도를 넘을 가능성도 47%나 된다.[6]

한국도 예외가 아니다

독일 포츠담기후영향연구소는 지금 추세가 이어질 경우 2050년까지 전 세계 GDP가 평균 19% 감소할 것이라고 경고했다. 충격적인 수치다.[7] 그러나 이 타격은 균등하지 않다. 기후 적응력이 약한 나라, 경제적으로 취약한 저위도 국가일수록 더 큰 충격을 받을 것이다. "목마른 자에게서 물을, 배고픈 자에게서 쌀을 빼앗는" 시대가 다가오고 있다.

한국도 예외는 아니다. 높은 곡물과 에너지 수입 의존, 수출 주도형 산업 구조는 글로벌 파동에 쉽게 흔들린다. 세계 경기 침체, 곡물 수급 불안, 에너지 비용 상승, 이 세 가지 악재가 한꺼번에 몰아칠 가능성은 더 이상 가정에 그치지 않는다.

그런데도 한국 사회에서 기후위기는 여전히 정책의 후순위에 머물러 있다. "지금 중요한 일이 너무 많다"라는 말은, 결국 중요한 것을 놓치게 만든다.

기후는 숫자가 아닌 전략이다

기후변화는 단순한 환경 이슈가 아니라 산업과 사회, 국가의 지속 가능성을 뒤흔드는 구조적 위기다.

2022년, 한국의 주식시장은 이차전지 광풍에 휩싸였다. 전기차, 배터리 등 모두가 기술력과 성장만을 외쳤다. 그러나 그 이면에 깔린 기후위기 대응이라는 본질적인 맥락은 관심 밖이었다. 세계는 이미 ESG* 경영, 기후 공시 의무화, 재생농업으로 기업의 책임을 공급망 전체로 확장하고 있지만, 한국 사회에서 '친환경'은 여전히 이미지 마케팅에 머물러 있다. 재생에너지 보급률도 OECD 최하위권이다. 우리는 '점진적 전환'을 말하지만, 세계는 '긴급한 전환'을 실행 중이다. 우리가 놓치고 있는 건 단지 '더운 날씨'가 아니다. 산업의 미래이고, 국가의 생존 전략이다.

기후위기를 넘어설 해법은 개인의 실천만으로는 부족하다. 에너지 체계, 농업, 도시 계획, 소비 구조까지 사회 시스템 전체의 대전환과 재설계가 필요하다. 하지만 우리는 아직 단기 처방에 급급하고 장기 전략에는 인색하다. 예측은 소홀하고 설계에는 자원을 아낀다. 기후는 정책의 중심이 아니라 늘 몇 걸음 뒤에 서 있다.

"이번에도 별일 없겠지, 예전에도 잘 버텼잖아." 이런 생각은 착각일 수 있다. 우리가 '잘' 버틴 것이 아니라, 운이 좋았던 것뿐이다. 준비 없는 국가는 가장 먼저 대가를 치른다. 반면, 잘 준비된 국가는 위기 속에서 도약의 기회를 잡을 수 있다. 쇼트

---

* 기업 활동에서 환경Environmental, 사회Social, 지배구조Governance 세 가지 요소를 중심으로 지속 가능성과 윤리적 책임을 평가하는 개념.

트랙 경기에서 승부는 직선이 아니라 곡선 코스에서 주로 갈린다. 지금 우리는 그 코너를 돌고 있다.**

뉴노멀

겨울의 몰락

2024년 2월, 한반도에는 낯선 겨울이 찾아왔다. 난방비는 줄었지만 농작물은 고통받았다. 평년보다 따뜻한 기온, 잦은 비구름, 흐린 날씨. 그로 인해 광합성량이 급감했고, 딸기와 상추 같은 겨울 작물은 제대로 자라지 못했다. 녹색이 옅어진 하우스 작물은 활력을 잃었고, 그 틈을 비집고 곰팡이병이 번졌다. 농민들은 "햇볕이 부족해 농사가 안 된다"며 한탄했고, 일부 농가는 농업용 LED 설치를 진지하게 검토하기 시작했다.

이상한 풍경은 더 있었다. 2월 중순, 고향 청송의 하천은 마치 장마철처럼 많은 물이 흘렀다. 평소 같으면 얼어붙거나 하천 바닥이 드러나 있어야 할 시기다. 계절의 시계가 틀어졌다. 그리고 그 틀어짐은 점점 더 자주, 점점 더 강한 형태로 반복되고 있다.

기후가 변했다는 사실은 이제 누구도 부인하지 않는다. 기

** 다행히 변화의 조짐도 있다. 좀더 지켜볼 필요는 있겠지만, 2025년 10월 출범을 앞둔 기후에너지환경부는 우리 정부가 국가 차원의 탄소중립과 에너지 전환을 체계적으로 추진할 기반을 마련했다는 점에서 의미가 있다.

후 회의론자들조차 "예전과는 달라졌다"고 인정한다. 기후변화는 차별하지 않는다. 동의하든 부정하든, 준비되어 있든 없든 모두에게 영향을 미친다.

불과 물, 모두가 극단이 되다

2023년은 그 경고가 현실로 터져 나온 해였다. 모로코의 온도계는 섭씨 50도를 넘었고, 플로리다는 체감 온도 43도, 중국 투르판은 52.2도를 기록했다.[8] 한 달 사이 세 차례나 역대 최고 더위 기록이 갱신됐다. 전 세계 해수면 온도는 20.96도를 기록하며 역대 최고치를 갈아치웠다.

그해 여름, 산불이 북반구를 집어삼켰다. 캐나다에서만 500건이 넘는 산불이 동시다발적으로 발생했고, 900만 헥타르의 숲이 불탔다. 이는 지난 10년 평균의 열 배 이상이었다. 하와이 마우이섬 대화재로는 100명이 넘는 사망자가 발생했다.

한쪽에선 불의 재앙이 벌어지고 있다면, 또 다른 쪽에선 물의 재앙이 일어나고 있다. 미국 뉴잉글랜드, 인도 델리, 중국 북부에는 큰 홍수가 일어났고, 폭우가 도시를 통째로 삼켜버렸다. 일본 기상청 관계자는 이렇게 말했다.[9]

"이렇게 퍼붓는 비는 난생처음이야."

이 말은 시대의 목격담이자, 지구가 바뀌고 있다는 선언이었다. 세계기상기구는 이 모든 현상을 한 단어로 정리했다. 뉴노멀. "기후가 이상한 게 아닙니다. 이제 이것이 정상입니다."

제주에서 맞은 가장 더운 가을

대한민국도 예외는 아니었다. 2023년 4월, 봄날의 기온은 섭씨 30도를 넘었다. 11월 늦가을에도 반팔 차림이 어색하지 않았다. 나는 그해 11월, 제주에 있었다. 생애 처음으로 11월에 반팔 티셔츠를 입고 거리를 걸었다. 바람막이를 챙겨 나왔지만, 너무 더워 허리에 묶을 수밖에 없었다. 2023년 11월은 1973년 기상 관측 이래 가장 더운 11월로 기록되었다.[10]

그리고 슈퍼 엘니뇨가 덮친 2024년, 그해 기온은 산업화 이전보다 1.55도 상승하며 마침내 파리협정의 1.5도 임계선을 넘어섰다. "기후변화는 더 이상 경고가 아니다. 그것은 뉴스가 되었고, 이제는 삶이 되었다."[11]

시간은 되돌릴 수 없다. 우리는 더 이상 20세기의 기후 속에 살지 않는다. 새로운 기후 체제 속에서 사는 법을 배워야 한다.

지구가 보내는 경고음

기후변화의 실재 여부를 따지는 것은 이미 의미가 없다. 논쟁은 끝났고, 변화는 현실이 되었다. 이제 우리에게 남은 질문은 하나다.

"우리는 이 변화에 얼마나 준비되어 있는가?"

기후변화의 직격탄을 가장 먼저 맞고 있는 산업은 농업이다. 기상학자 조천호 박사는 《파란하늘 빨간지구》에서 이렇게 경고한다. "한반도가 직면할 가장 심각한 기상 재해는 식량위기가 될 것이다."

고도비만의 시대, 넘쳐나는 먹방 콘텐츠 속에 사는 우리에게 '식량 부족'은 먼 얘기처럼 느껴질 수 있다. 하지만 현실은 냉혹하다. 영국의 싱크탱크 채텀하우스Chatham House는 한국과 일본이 선진국 중에서도 식량 공급망 위기에 가장 취약하다고 지적한다.[12] 국제 지정학 전략가 피터 자이한은 더 나아가 이렇게 경고한다.[13] "세계화는 달콤한 설탕 같았다. 그 끝에는 굶주림이 기다리고 있다." 오늘의 풍요가 영원할 것이라는 믿음은 허상일 뿐이다.

한국의 기회와 도전

기후위기의 충격은 모든 나라에 동일하지 않다. 어떤 국가는 농업 생산량이 늘어날 수도 있다. 그러나 어떤 국가는 극심한 가뭄과 홍수로 농경지를 잃게 될 것이다. 이 격차는 각국의 생존력을 가늠하는 기준이 될 것이다.

한국은 다시 격변의 한가운데에 서 있다. 근대사에서 우리는 세계의 격동을 제때 읽지 못한 대가로 나라를 잃었다. 지금은 세계 정세, 기후변화, 인구 고령화라는 세 겹의 파도가 우리를 덮쳐오고 있다. 이미 한국은 84세 이상 고령 인구가 1세 미만 영아보다 많은 초고령 사회다. 이 구조적 인구 변화는 생산성 저하, 복지 재정 압박, 사회 분열이라는 삼중고를 불러올 것이다.

한편 미국 중심의 국제 질서도 균열을 보이고 있다. 트럼프 행정부의 재등장은 보호무역주의로의 회귀를 알리는 신호탄이다. 이는 대외 의존도가 높은 한국 경제의 뿌리를 흔들 수 있는 심각한 위협이다. 더 이상 과거의 성장 관성에 의존할 수 없다. 우리는 새로운 생존 모델을 찾아야 한다. 피터 자이한은 단호하게 말한다.[14]

"앞으로 50년간, 각국이 식량위기에 어떻게 대응하느냐에 따라 그 나라의 생존이 결정될 것이다."

세 개의 쓰나미, 하나의 생존 전략

기후변화, 에너지 전환, 식량위기. 이 거대한 변화는 한 세대 안에 인류 문명의 방향을 송두리째 바꾸게 될 것이다. 그러나 한국 사회는 여전히 닫힌 창문 너머의 태풍을 실감하지 못하고 있다. 에너지 전환은 구호에 그치고 실질적인 식량 전략은 부재하다. 위기의 시계는 빠르게 돌고 있지만 대응은 느리고 불명확하다.

에너지 전환은 단순히 원자력 대신 태양광을 택하는 문제가 아니다. 산업 구조 전체, 도시 설계, 일상생활의 작동 방식을 바꾸는 총체적 혁신이다. 그럼에도 우리는 여전히 화석연료 시대의 낡은 관성에 갇혀 있다. 전력망은 노후했고, 신재생에너지의 간헐성*은 해결되지 않았으며, 탄소중립을 향한 로

---

* 날씨 등 자연 조건에 따라 전력 생산이 불규칙하게 변동하는 특성.

드맵은 여전히 흐릿하다. 변화의 의지는 있지만, 실행은 부진하다.

식량위기도 마찬가지다. 예측 불가능한 기상이변과 지정학적 충격이 중첩되며 글로벌 공급망은 불안정해지고 있다. 한국의 식량자급률은 OECD 국가 중 최하위권이며, 그런데도 해외 곡물 확보 전략도 미흡한 수준이다.

이제 우리는 자문해야 한다. "이 쓰나미를 우리는 돌파할 수 있는가?" 이 과제는 특정 정치세력의 몫이 아니다. 모든 시민, 기업, 농민, 연구자가 함께 풀어야 할 공동 과제다. 지금 내리는 결정이 다음 세대의 생존을 좌우할 것이다.

물 위기의 시대

기후변화, 생명의 기반을 흔들다

마다가스카르. 거대한 바오바브나무가 하늘을 향해 뻗은 이국적인 풍경이 먼저 떠오르는 섬나라다. 아프리카 대륙 동남쪽 인도양에 위치한 세계에서 네 번째로 큰 섬으로, 면적은 한반도의 약 2.6배에 달한다. 이 나라는 아열대 기후권에 속해 우기(11~4월)와 건기(5~10월)가 뚜렷하게 나뉘며, 동쪽의 울창한 열대우림, 중앙 고원의 온화한 기후, 서부와 남부의 건조한 반사막 기후가 공존한다. 이 독특한 기후와 지형 덕분에, 마다가스카르는 전 세계 생물 종의 약 5%가 서식하는 '생명의 섬'

으로 불려왔다.

그러나 최근 마다가스카르는 '절망의 섬'으로 불리고 있다. 바로 가뭄 때문이다. 이 섬의 남부 지역은 2018년 이후 극심한 가뭄에 시달리고 있다.[15] 우기임에도 비는 오지 않았고, 작물과 가축이 모두 쓰러졌다. 주민들은 진흙과 선인장, 곤충으로 연명했고, 시장의 식량 가격은 치솟았다. 영양실조에 시달리는 아이들은 힘없이 쓰러졌고, 주민들은 마지막 살림살이를 처분하고 고향을 떠났다. 2021년, 마다가스카르의 가뭄은 마침내 국제 언론의 주목을 받았지만, 이 끔찍한 현실은 이미 수년 전부터 이어져온 일이었다.

이 상황은 마다가스카르만의 문제가 아니다. 에티오피아, 소말리아, 케냐 등 동아프리카 일대는 지속적인 가뭄에 시달리고 있으며, 사헬 지대 전역, 남아시아의 아프가니스탄, 파키스탄, 인도 등지 역시 점점 더 불규칙해지는 강수 패턴과 식량위기의 소용돌이에 휩싸여 있다.[16]

가뭄과 홍수, 두 얼굴의 재난

반면, 지구의 다른 쪽에서는 물이 넘쳤다. 2022년 파키스탄은 전체 국토의 3분의 1이 물에 잠겼고, 2023년에는 중국 허베이성,[17] 인도 히마찰프라데시, 이탈리아 에밀리아로마냐, 슬로베니아, 그리스 중부 등에서 기록적인 홍수가 연달아 발생했다. 리비아 동부의 도시 데르나에서는 폭우로 댐이 붕괴되며 수천 명이 목숨을 잃는 비극이 벌어졌다.[18] 기후변화와 부실한 인프라가 결합될 때 재난은 예외 없이 인명 피해로 이어진다.

세계기상기구는 2021년 보고서에서 "지난 50년 동안 기후 및 날씨 관련 재난이 다섯 배 증가했고, 이로 인해 200만 명 이상이 사망하고 3조 6400억 달러의 경제적 피해가 발생했다"고 지적했다.[19]

기후변화는 단순히 날씨를 극단적으로 바꾸는 것에 그치지 않는다. 그것은 지구의 물 순환 자체를 재편하고 있다. 특정 지역은 극심한 가뭄으로 메말라가고, 다른 지역은 기록적인 폭우에 잠기면서 전례 없는 물의 불균형이 반복되고 있다. 지구 전체의 강수량은 증가하고 있지만, 그 분포는 더욱 극단적이고 예측 불가능하게 바뀌고 있다.

식량위기의 서막, 물의 불균형

이러한 변화는 농업에 직접적인 타격을 가한다. 제때 비가 오지 않으면 파종 시기를 놓치고 집중호우가 작물을 쓸어버린다. 가축은 마실 물을 구하지 못하고, 가뭄 때문에 시든 풀을 먹다 질병에 걸린다. 염수 침투로 인해 삼각주 지역의 토양 염분 농도는 높아지고, 이는 작물 재배는 물론 식수 확보까지 어렵게 만든다. 결국 기후위기의 1차 피해는 '물'의 형태로 나타난다. 그리고 그것은 가장 원초적인 생존의 기반을 위협한다.[20]

현재 전 세계 20억 명이 깨끗한 물을 공급받지 못하고 있으며,[21] 인류의 절반은 해마다 몇 주씩 물 부족을 겪는다. 지구 전체의 물 가운데 인류가 실제로 사용할 수 있는 담수는 고작 0.5%에 불과한데,[22] 그마저도 빙하와 눈의 형태로 묶여 있다. 최근 20년간 토양 수분, 눈, 얼음을 포함한 지표 저장수가 매년 약 1cm 깊이에 해당하는 양(지표면 전체 평균으로 환산)만큼 줄어들었으며,[23] 특히 전 세계 인구의 6분의 1이 거주하는 산악지대는 빙하 감소로 인해 물 부족이 심화되고 있다.[24]

농업은 전체 담수의 70%를 사용하며,[25] 한 사람의 하루치 식량을 생산하는 데 2000~5000리터의 물이 필요하다.[26] 물 부족은 곧 식량 부족으로 이어진다.

대비가 전혀 없는 것은 아니다. 일부 국가에서는 자연습지를 복원하고, 홍수·가뭄 조기경보 시스템을 구축하고, 기후충격에 견디는 인프라를 설치하고 있다. 농업 분야에서는 점적관개* 같은 정밀 관개 기술이나 기후스마트농업도 점차 도입되고 있다. 그러나 이 역시 선진국 중심이다. 기후위기에 몰린 가난한 국가는 기술도, 예산도, 정치적 여유도 없다. 손발이 묶인 채 위기의 파고를 온몸으로 맞고 있을 뿐이다. 심지어 같은 수계를 공유하면서도 지리적으로 하류에 위치한 나라들은 상류국의 눈치도 봐야 한다. 이는 심각한 물 분쟁으로 비화되기도 한다.

---

* 호스나 튜브를 통해 물을 작물 뿌리 근처에 소량씩 천천히 공급하는 방식으로, 물 사용 효율이 높은 정밀 관개 기술.

맹렬해진 기후위기

물 전쟁의 서막

기후전쟁은 물에서 시작되어 식량에서 끝난다. 물 없는 생명은 없고, 물 없는 농업도 없다. 비는 곧 물이 되고, 물은 곧 식량이 된다. 이 단순하면서도 절박한 진실 앞에서 세계는 이미 '물'을 둘러싼 보이지 않는 전쟁의 소용돌이 속으로 빨려들어가고 있다.

'제3극'의 붕괴

힌두쿠시 히말라야 지역은 남극과 북극에 이어 지구에서 세 번째로 큰 담수 저장고다. '제3극 The Third Pole'이라는 이름으로 불리는 이 고산 지대는 아시아 대륙의 젖줄이자 생명선이다.[27] 이곳에서 발원하는 황허강, 양쯔강, 메콩강, 갠지스강, 인더스강, 아무다리야강 등은 아시아 16개국, 약 16억 명의 생존을 책임지고 있다.

히말라야의 빙하는 아시아 문명의 뿌리를 이루는 이 강들의 수원지이자, 농경지와 산업지대에 생명을 공급하는 순환 고리의 시작점이다. 이 빙하가 형성하고 공급하는 수자원은 비옥한 삼각주를 만들고, 해양 생태계까지 연결되는 생명의 사슬이다. 그러나 지구온난화는 이 체계를 무너뜨리고 있다. 빙하는 점점 더 빠른 속도로 녹아내리고 있으며, 그 결과 빙하호가 범람하거나 예측 불가능한 홍수가 발생해 마을을 덮치고 기반 시설을 파괴하는 사례가 빈발하고 있다.[28] 심지어 수력발전을

위해 건설된 댐들조차 빙하 융해로 인한 갑작스러운 물폭탄 앞에 속수무책으로 무너지고 있다.[29]

상류의 권력, 하류의 고통

더 큰 문제는 이 빙하 수계에 위치한 국가들이 앞다투어 수력발전소를 건설하며 자국의 에너지 수요를 채우려 한다는 점이다. 그 결과 하류 국가들은 아이러니하게도, 우기에도 물 부족에 시달리는 인위적 가뭄을 겪고 있다.

가장 극적인 사례는 메콩강에서 나타난다. 미국의 싱크탱크 스팀슨 센터에 따르면, 중국이 메콩강 상류에 건설한 11개의 댐은 2019년 이후 하류 6000만 명의 삶을 위협하고 있다. 2019년, 상류에 충분한 강수량이 있었음에도 하류 지역은 극심한 가뭄을 겪었다. 그 이유는 단순했다. 중국이 상반기에는 전력을 생산하기 위해 댐을 열고 물을 대규모로 방류했지만, 우기에는 수문을 닫아버렸기 때문이다.[30]

태국은 국가적 비상사태를 선포하고 군을 동원해 급수지원을 했고, 캄보디아의 식량 창고인 톤레사프 호수의 어획량은 90% 급감했다. 베트남 메콩 삼각주는 염수 침투와 식수 부족으로 고통받았고, 국가 단위의 식량안보가 흔들렸다.

더욱 심각한 것은 이 사태가 일회성이 아니라는 점이다. 주요 가뭄 열 차례 중 여덟 차례가 중국의 댐 건설 이후에 발생했으며, 이미 건설된 댐을 철거할 수도 없는 상황에서 국제사회는 중국의 '책임 있는 운영'을 기대할 수밖에 없는 처지에 놓여 있다.

물은 무기가 되었다

이제 댐은 단순한 수력발전 시설이 아니다. 댐은 물의 흐름을 조절할 수 있는 전략적 무기이며, 아시아의 지정학을 바꿀 수 있는 레버리지가 되었다. 중국은 이미 히말라야 발원 수계를 포함해 10개국에 걸친 16개 주요 강 상류에 대한 실질적 통제력을 확보한 상태다.

물은 곧 권력이다. 물의 흐름을 통제하는 자는 농업과 산업, 인구와 식량, 심지어 정치적 안정을 통제할 수 있다. 기후위기는 이러한 '물 권력'의 성격을 더욱 날카롭고 치명적으로 만든다. 실제로 중국은 세계 경작지의 10%, 식수의 7%만으로 전 세계 인구의 20%를 부양해야 하는 구조적 취약성을 안고 있으며, 수도 베이징을 비롯한 주요 도시권은 이미 '물 스트레스' 기준에 근접해 있다.[31]

이러한 상황에서 중국의 생존 전략은 인접국의 생존을 위협하는 구조로 작동하고 있다.[32] 이는 곧 동남아시아와 남아시아 전체의 불안정성으로 연결되며, 미국과의 패권 경쟁을 앞둔 중국의 또 다른 약점으로 작용할 수 있다.

보이지 않는 전쟁, 준비되지 않은 자의 몰락

물 전쟁은 이미 시작되었다. 그리고 이 전쟁은 미사일이나 탱크가 아니라, 댐의 수문과 강의 수위, 홍수와 가뭄이라는 비군사적 도구로 진행된다. 전면전은 아닐지라도, 생존을 건 다자간 갈등은 이미 현실이다. 메콩강 위원회MRC*나 유엔 산하 협의체들은 이를 완화할 수 있는 유력한 기구이지만 강대국의 힘은 여전히 협력을 압도하고 있다.

기후변화는 물의 희소성과 불균형을 가속화하며, '물'을 둘러싼 국제 질서를 재편하고 있다. 이 흐름을 외면한 채 방치하면, 결국 가장 먼저 무너지는 것은 준비되지 않은 국가들이다.

죄수의 딜레마: 국경을 넘는 물 분쟁

물을 둘러싼 갈등은 역사가 길고 골도 깊다. 약 4500년 전, 고대 수메르의 도시국가 라가시와 움마가 벌인 최초의 물 전쟁 기록이 지금도 이라크 남부의 점토판과 석회암 유물에 남아 있다.

그러나 고대의 물 분쟁이 단검을 쥔 사람들이 흙으로 만든 수로 위에서 벌이는 싸움이었다면, 오늘날의 물 전쟁은 댐과 위성, 국제법, 군사력이 결합된 고도의 지정학적 충돌이다.

1990년부터 2023년까지 전 세계에서 발생한 물 관련 분

---

* 캄보디아, 라오스, 태국, 베트남이 참여하는 정부 간 기구로, 1995년 메콩강 유역 지속개발 협정에 따라 설립되었다. 중국과 미얀마는 협력 파트너로 참여하며, 수자원 관리, 수력발전, 홍수 대응, 수질 및 생태 보호 등 유역 전반의 공동 관리를 수행한다.

쟁·갈등 사건은 1673건에 달한다. 그중 72%는 최근 10년 사이에 발생했다.[33] 특히 인도는 아시아 전체 물 갈등의 43%를 차지하며 물 분쟁의 중심에 서 있다. 2019년 기준으로 인도 전체의 40% 이상이 심각한 가뭄에 시달렸고, 5억 명이 직접적으로 물 부족 고통을 겪었다.[34]

국경을 넘는 물 분쟁은 단순한 환경 문제가 아니다. 이는 국가의 생존과 경제 성장, 에너지 안보가 뒤엉킨 다차원적 갈등이며, 그 근본에는 '죄수의 딜레마'라는 고전적인 딜레마 구조가 자리하고 있다.

하나의 강을 공유하는 국가들, 국제 강 유역의 상류국과 하류국은 '물의 흐름'이라는 운명적 연결로 묶여 있다. 협력하면 모두가 혜택을 누릴 수 있다. 하지만 신뢰가 부족한 상황에서 상류국은 먼저 자국의 이익을 극대화하려는 유혹을 느끼게 된다. 댐을 세우거나 수로를 전환하고, 강물의 흐름을 장악하려 한다. 이에 반해 하류국은 정보 부족과 예측 불가능한 상황 속에서 불신과 위기의식을 키운다.

'죄수의 딜레마'처럼, 모두가 협력하면 가장 좋은 결과가 가능하지만, 한 국가라도 협정을 어기면 전체 시스템이 붕괴된다. 이러한 상황에서 분쟁이 혼실로 비화되기까지는 그리 오래 걸리지 않는다.

이러한 물 갈등의 대표적인 사례들을 살펴보자.[35]

1. 브라마푸트라강: 중국, 인도, 방글라데시의 삼각 갈등

브라마푸트라강*(길이 약 2900km)은 티베트에서 발원해 인도 아루나찰프라데시주와 방글라데시를 지나 벵골만으로 흘러가는데, 중국·인도·방글라데시 모두에게 귀중한 자원이다. 중국은 이 강에서 수력발전을 추진하고, 인도는 아삼 평야의 2700만 인구가 이 강을 농업용수로 사용하며, 방글라데시는 이 강을 식수로 삼고 농업 생계를 이어간다.

하지만 브라마푸트라강의 물도 무한하지 않다. 인구 증가와 산업화로 물 수요가 급증하면서, 하류 국가들은 상류 변화에 점점 민감해지고 있다. 특히 중국이 티베트 고원에 다수의 수력발전소를 건설하면서, 의도치 않게 하류 유량에 영향을 미치고 있다는 우려가 커졌다.

2002년 중국과 인도는 유량 정보를 공유하기로 합의했지만, 2017년 도클람 국경 충돌 이후 중국은 정보 제공을 일방적으로 중단했다. 이후 협정이 몇 차례 재개되었지만 실질적인 협력은 이뤄지지 못하고 있다.

2020년 중국은 강의 하류인 '그레이트 벤드Great Bend' 구간에 세계 최대 규모의 50GW급 수력발전소 건설 계획을 발표했다. 이 지역은 고도 차가 큰 협곡으로, 발전 효율이 탁월한 '수력의 금광'으로 불린다. 중국은 이 건설 계획의 목적을 탄소중립을 위한 친환경 에너지 확보라고 주장하지만,[36] 인도와

---

* 중국에서 이 강을 부르는 이름은 야를룽 창포Yarlung Tsangpo이다.

방글라데시는 강 하류의 농업, 생태계, 식수에 미칠 영향에 깊은 우려를 표하고 있다.[37]

브라마푸트라강은 이제 단순한 수원이 아니라, 아시아의 기후, 생존, 지정학이 얽힌 갈등의 축이 되어가고 있다.

2. 나일강: 이집트와 에티오피아의 충돌

나일강은 이집트 문명의 젖줄이다. 물의 90%를 이 강에 의존하는 이집트는 하류국으로서 상류의 변화에 극도로 민감하다. 그런데 2011년, 에티오피아가 청나일강 상류에 '그랜드 에티오피아 르네상스 댐GERD' 건설을 선언하면서 갈등이 본격화됐다. 총 41억 달러가 투입된 5000MW급 초대형 수력발전 프로젝트였다.

이집트는 1929년과 1959년 조약을 근거로 나일강 유량의 66%를 사용할 권리를 주장했지만, 에티오피아는 해당 조약에 서명한 적이 없다며 이를 인정하지 않았다.[38] GERD는 2020년 물 채우기를 시작했고, 2022년 전력 생산을 개시해 2024년 말 1550MW에 도달했다. 그러나 양극 간 물 배분에 대한 근본적인 합의는 아직 이뤄지지 않았고, 수단 내전과 맞물려 협상은 더욱 난항을 겪고 있다.

3. 티그리스강과 유프라테스강: 터키, 시리아, 이라크의 불안정

2018년, 터키는 티그리스강 상류에 일리수 댐을 완공했다. 이는 동부 아나톨리아 지역의 경제 개발과 전력 생산을 위한

'동부 아나톨리아 프로젝트GAP'의 일환으로, 총 22개의 댐과 19개의 수력 발전소를 짓는 초대형 수자원 인프라 계획의 일부였다. 그러나 이 댐의 건설은 하류국인 이라크와 시리아에 치명적인 타격을 입혔다.

티그리스강과 유프라테스강은 메소포타미아 문명의 발상지이자, 오늘날까지 이라크와 시리아 농업의 생명줄이다. 터키의 댐 건설 이후 강 유량이 크게 줄면서 농업 기반이 붕괴되었고, 식량난과 생계 악화가 민심의 불안을 증폭시켰다. 특히 2014년의 극심한 가뭄은 이라크 북부와 시리아 지역에서 극단주의 무장세력 이슬람국가IS의 확산을 부추긴 원인 중 하나로 분석되기도 한다.[39] 기후위기와 물 부족, 정치 불안이 복합적으로 작용한 결과였다.

유엔은 이라크를 기후변화 취약국 상위 5개국 중 하나로 지정했으며, 일부 연구는 현재의 추세가 지속될 경우 2040년경 유프라테스강이 완전히 마를 수 있다고 경고한다.[40] 이러한 전망은 댐 건설을 둘러싼 물 분쟁이 단순한 환경 문제가 아니라 식량안보·난민·지역 안보까지 연결된 복합 위기임을 시사한다. 강 상류 국가인 터키의 댐 전략은 단순한 에너지 정책이 아니라, 물을 둘러싼 지정학적 패권의 수단으로 작용하고 있는 것이다.

4. 헬만드강: 이란과 아프가니스탄의 국경 충돌

이란과 아프가니스탄의 물을 둘러싼 갈등은 무려 150년 전,

아프가니스탄이 영국의 보호령이었던 시절까지 거슬러 올라간다.[41] 분쟁의 핵심에는 길이가 1150km에 달하는 헬만드강이 자리하고 있다. 이 강은 힌두쿠시산맥의 상라크산에서 발원하여 아프가니스탄의 헬만드주를 굽이굽이 가로지르며 남서쪽으로 흐른 뒤, 이란 남동부의 귀중한 습지대로 흘러들어간다.

아프가니스탄의 헬만드주는 이 젖줄과 같은 강물을 주로 농업 용수로 사용한다.[42] 양국은 헬만드강의 물 사용에 관한 협정을 체결했지만, 그 내용이 제대로 이행되지 않으면서 갈등의 불씨는 끊임없이 이어져왔다. 최근 심각한 가뭄이 연이어 발생하고[43] 상류 지역에 여러 개의 댐이 잇따라 건설되면서, 이란은 아프가니스탄이 의도적으로 물의 흐름을 막고 있다고 강하게 비난하고 있다. 심지어 국경 경비대 간의 무력 충돌이 발생하는 등 양국 간의 갈등은 날이 갈수록 격화되고 있어, 두 나라가 평화적으로 물 분쟁을 해결하기는 더욱 어려워 보인다.[44]

우리에게 중요한 질문은 이것이다. 우리는 준비되어 있는가? 한국 역시 북한과 임진강 수계를 공유하고 있으며, 상류에 위치한 북한의 댐 운영에 직접적인 영향을 받는다. 기후위기가 가져올 물 재난 앞에서 우리는 충분한 예측 시스템과 유연한 대응력을 갖추고 있는가?

산불, 폭우, 가뭄

지구 기온이 1도 오르면 대기는 약 7% 더 많은 수증기를 품을 수 있다. 그 결과 비가 내릴 때 더 짧은 시간에 더 많은 양이 집중되며 예전보다 훨씬 큰 피해를 유발한다.[45] 2022년 IPCC는 인간 활동에 따른 기후변화가 이런 극한 기상의 주요 원인이라는 점을 명확히 했다. 특히 '폭염+가뭄'이라는 복합재해는 인류가 직면한 가장 파괴적인 위험이다. 가장 먼저 무너지는 것은 취약 계층과 농업 지역이다.

산불, 불타는 경고

특히, 지구를 가둔 열기는 산불이라는 형태로 나타나 지구 곳곳을 불태우고 있다. 2023년 캐나다에서는 7100건이 넘는 산불이 발생해 1720만 헥타르, 즉 한반도 면적의 80%에 달하는 산림이 잿더미로 변했다. 이는 10년 평균 피해 면적의 여섯 배를 넘는 수치다. 연기는 미국 동부 도시까지 퍼졌고, 뉴욕과 워싱턴 D.C.의 하늘을 스모그가 덮었다.

산불 위험도는 '증기압 결핍VPD'이라는 지표로 예측할 수 있다. 온도가 오르고 습도가 낮을수록 식물은 더 쉽게 말라붙어 불쏘시개가 된다. 연구에 따르면, 평균 기온이 1도 상승하면 산불 피해 면적은 최대 여섯 배까지 증가할 수 있다.[46]

유럽 역시 예외가 아니다. 2023년, 그리스·이탈리아·스페인 등 지중해 연안에서 9만 헥타르 이상의 숲이 불탔고, 러시아에서는 산불 건수는 줄었지만 피해 면적은 50% 이상 증가했다.[47] 한국도 예외는 아니었다. 2022년 울진·삼척 산불은 9일간 지속되어 산림 1만 6000헥타르를 불태웠고, 2025년 3월 발생한 경북 대형 산불은 산림 4만 5000헥타르를 불태우고 23명의 목숨을 앗아갔다. 의성의 고운사는 불에 타 사라졌고, 병산서원과 하회마을, 주왕산 국립공원까지 위협받았다.[48]

산불은 단지 발생 지역에만 피해를 남기지 않는다. 산림은 탄소를 흡수 및 저장하는 '탄소 싱크'이지만, 대형 산불이 반복되면 거대한 온실가스를 내뿜는 '탄소 배출원'으로 바뀐다. 산불은 기후위기의 결과이자 그 원인이 되는 악순환의 불씨다.

폭우, 예외가 아닌 일상

한편, 기후변화는 강우 패턴까지 바꾸고 있다. 예전처럼 며칠에 걸쳐 고르게 내리던 비는 이제 단 몇 시간 만에 폭발적으로 쏟아진다. 짧고 강한 폭우는 배수 시스템을 순식간에 무력화하고 도심을 마비시킨다. 온난화로 인해 대기는 더 많은 수분을 품게 되었고, 한 번 내릴 때마다 예전보다 훨씬 많은 강수량이 집중된다.

2024년 10월, 스페인 발렌시아주는 문자 그대로 물바다가 되었다. 지중해의 뜨거운 수증기와 찬 공기가 부딪혀 '고타프리아gota fría' 현상이 발생했고, 치바 마을엔 단 8시간 만에 1년치 강우가 쏟아졌다. 도로는 끊기고 철도는 침수됐으며, 210명이 사망하고 수십 명이 실종됐다.[49] 이 지역은 불과 2년 전까

지만 해도 극심한 가뭄에 시달렸던 곳이다.[50]

나는 그 직전 해 발렌시아의 벼농사 지대를 찾은 적이 있다. 아랍 시대부터 이어져온 전통 관개 농업, 알부페라 호수 주변의 저녁 노을, 보트 위에서 마신 포도주. 그 모든 장면이 아직도 눈에 선하다. 하지만 홍수가 휩쓸고 지나간 뒤, 그때 만났던 산토스에게서 연락이 왔다. "수백 년의 농업 전통이 이번 홍수로 무너졌습니다." 그는 망연자실한 목소리로 말했다.

극한 강우는 특정 국가만의 일이 아니다. 2022년 파키스탄에서는 국토의 3분의 1이 물에 잠겼고,[51] 2020년 중국에서는 5500만 명의 이재민이 발생했다.[52] 2024년에는 양쯔강 유역에 '100년 만의 홍수'가 찾아왔고, 싼샤댐조차 수위를 감당하지 못해 긴급 방류에 나서야 했다.[53]

한국도 안심할 수 없다. 지난 60년간 여름철 강수량은 꾸준히 증가했고, 하루 70mm 이상 또는 200mm가 넘는 폭우는 두 배 이상 잦아졌다.[54] 세계적으로도 하루 강수량 80mm 이상 집중호우는 1970년대에 비해 두 배 이상 늘었고,[55] 이는 동아시아 몬순과 대기 순환 구조 자체가 변하고 있음을 시사한다.[56]

이제 폭우는 더 이상 '예외적인 사건'이 아니다. 오늘 우리가 겪는 기상이 '뉴노멀'이라면, 과거의 기준은 더 이상 기준이 될 수 없다. 낡은 배수 시스템, 오래된 도시계획, 비효율적인 수리 시설로는 이 변화를 감당할 수 없다. 저류지 확충, 도심 침수 대비책, 농촌의 수리 인프라 현대화는 이제 선택이 아니라 생존을 위한 전략이다. 기후의 리듬이 바뀌고 있다면, 우리 사회의 기준도 거기에 맞게 바뀌어야 한다.

가뭄, 조용하지만 치명적인 재앙

기후변화가 불러온 가장 치명적인 현상 중 하나가 가뭄이다. 전체 자연재해의 15%를 차지할 뿐이지만, 그 피해는 어떤 재난보다도 깊고 넓다.[57] 가뭄은 폭풍처럼 요란하지 않다. 대신 소리 없이 다가와 천천히, 그러나 집요하게 우리의 삶을 마르게 한다. 단번에 모든 것을 앗아가지는 않지만, 오랜 시간에 걸쳐 모든 것을 서서히 파괴한다.

저명한 영장류 학자 제인 구달은 이렇게 말했다. "가뭄은 자연이 우리에게 보내는 긴급한 경고이며, 우리가 지구를 얼마나 무분별하게 다뤄왔는지 보여주는 거울과 같다." 이 조용한 재앙은 우리가 만들어낸 미래다.

이제 가뭄은 예전과 다르다. 건기는 길어지고, 비는 짧고 거칠게 내린다. 토양은 마르기만 하고, 내린 비마저도 스며들지 못한 채 흘러가버린다. 물이 있어도 쓰지 못하고, 땅은 메말라간다. '가뭄'이라는 말이 점점 더 현실적인 공포로 다가온다.

유엔 사막화방지협약UNCCD의 2022년 보고서는 충격적인 경고를 담고 있다. 가뭄은 더 자주, 더 길게, 더 넓게 퍼지고 있다. 2000년 이후 가뭄의 빈도와 지속 기간은 29% 증가했고, 1970년부터 2019년까지 가뭄으로 사망한 인구는 65만 명에 이른다. 경제적 손실은 1998년부터 2017년 사이에만 1240억

달러에 달했다.[58]

앞으로의 전망은 더욱 어둡다. 지금과 같은 추세가 계속된다면, 2050년에는 전 세계 인구의 75% 이상이 가뭄의 영향을 받을 것으로 예상된다.[59] 연중 한 달 이상 물 부족을 겪는 인구가 50억 명을 넘고, 가뭄으로 삶의 터전을 떠나야 하는 '기후난민'은 2억 명에 달할 것이라는 예측도 나왔다.[60]

가뭄은 단지 물 부족의 문제가 아니다. 식량위기, 공급망 붕괴, 경제적 불안정, 그리고 분쟁과 이주, 그야말로 복합 위기의 도화선이다. 또한 가뭄은 일부 국가나 지역만의 문제가 아니다.* 지구 전체의 위기다. 예측 가능한 조기경보 시스템, 사막화된 토지의 복원, 효율적인 둘 관리 시스템, 이 모든 대책이 시급하다.

이 대책들은 더 이상 선택이 아니라 필수이고, 절박하게 해결할 과제다. 그러나 무엇보다 중요한 건 바로 기후변화 자체에 대한 대응이다. 지구의 온도를 낮추지 않으면 가뭄은 더 길고 깊어질 것이며, 언젠가 이 조용한 재앙은 문명의 뿌리까지 말려버릴지 모른다.

---

* 2025년 여름, 오봉저수지가 기록적인 가뭄으로 저수율이 20% 아래로 떨어지며 강릉 주민들은 심각한 물 부족 사태를 겪었다. 저수율 하락으로 농업용수 공급이 중단되고, 일부 지역에서는 생활용수 제한급수 조치가 시행되었다. 강릉시는 대형 숙박시설과 아파트 단지를 중심으로 시간제 급수를 실시하며 물 사용을 통제했고, 주민들은 세탁·청소 등 일상적인 물 사용을 줄여야 했다. 평소 물이 풍부하던 동해안 지역에서조차 '물 관리'가 생존의 문제가 된 사례였다.

이미 늦어버린 기후위기 대응?

지구는 오랜 시간 스스로를 치유해왔다. 대기로 방출된 이산화탄소의 상당 부분을 숲과 바다, 토양이 흡수하면서 탄소순환의 균형을 이루어왔다. 그러나 산업혁명 이후 화석연료의 사용량은 자연의 정화 능력을 초과했고 이 균형은 결국 무너졌다. 대기 중 탄소는 계속 축적되었고, 그 결과가 바로 지금 우리가 마주한 기후위기다.

기후변화를 막기 위해 인류는 두 가지 과제를 동시에 달성해야 한다. 첫째는 탄소중립, 즉 인간이 배출하는 온실가스를 자연이 감당할 수 있는 범위로 줄이는 일이다. 둘째는 지구 자체의 탄소순환 시스템을 지키는 것이다. 즉, 숲과 해양, 토양이 제 역할을 하며 균형을 유지하도록 만드는 일이다. 감축과 유지, 둘 다 놓쳐서는 안 되는 숙제다.

그러나 우리는 지금 이 두 목표에서 점점 멀어지고 있다. 탄소중립을 달성하더라도 지구 시스템 자체가 무너진다면 기후변화는 멈추지 않는다. 되돌릴 수 없는 경계선, 그것이 바로 1장에서 설명한 '티핑 포인트'다. 이 선을 넘으면, 지구는 스스로를 가속하며 변화하기 시작한다. 우리가 아무리 탄소 배출량을 줄여도 기후변화는 멈추지 않는다.

이 티핑 포인트를 유발하는 핵심 메커니즘은 세 가지다. 첫째, 산림과 토양, 해양이 이산화탄소를 흡수하면서 지구의 탄소 균형을 유지하는 탄소 대순환, 둘째, 적도에서 발생한 열을 극지방으로 순환시키며 기후의 안정성을 조절하는 해양 대순환, 셋째, 얼음과 눈이 햇빛을 반사하여 지구의 온도를 낮추는 역할을 하는 알베도 효과다. 이 세 가지 시스템이 흔들릴 경우, 지구는 되돌릴 수 없는 변화의 문턱을 넘게 된다.

안타깝게도 지금, 이 세 가지 모두에서 이상 징후가 나타나고 있다. 북극과 남극의 빙하는 빠르게 녹고 북대서양 난류는 점점 약화되고 있으며, 마지막 남은 탄소 흡수원들마저 불안정해지고 있다.

2025년 초, 과학 저널 〈네이처 클라이밋 체인지Nature Climate Change〉에 실린 논문은 충격적인 사실을 전했다. 북극 툰드라의 영구동토층이 더 이상 '탄소 저장고'가 아니라 '탄소 배출원'으로 전환되었다는 것이다. 이 지역에는 전 지구 대기에 있는 것보다 더 많은 탄소가 얼어붙어 있다. 하지만 기온 상승으로 동토층이 녹으면서 미생물 활동이 활발해지고 있고, 그 결과 수천 년간 갇혀 있던 유기물이 분해되며 대기 중으로 이산화탄소와 메탄을 내뿜기 시작했다.[61]

연구를 이끈 안나 비르깔라 박사는 "북극의 탄소 흡수원 중 3분의 1 이상이 이미 배출원으로 변했다"며 이렇게 덧붙였다. "지구의 안전장치들이 하나둘 무너지고 있다."

이런 변화는 북극에만 머무르지 않는다. 호주의 대산호초는 백화 현상으로 인해 탄소 흡수 능력이 현저히 감소했고,[62] 앞서 언급한 대로 아마존 밀림은 벌채와 산불로 더 이상 '지구의 허파'라 부르기 어려울 정도로 훼손되었다. 일부 지역은 실제로 탄소를 내뿜는 배출원으로 전환되고 있다.[63] 그리고 이제, 마지막 남은 툰드라 지대마저 무너지고 있는 것이다.

이제 탄소중립은 필요조건일 뿐 충분조건이 아니다. 기후위기 대응은 단순한 '감축'만으로는 부족하다. 이미 시작된 변화에 적응할 전략이 필요하며, 무너져가는 지구 시스템을 복원할 수 있는 회복력도 함께 준비해야 한다. 우리는 너무 늦었는지도 모른다. 하지만 지금 손을 놓는다면, 그 늦음은 영구적인 상실로 이어진다. 지금 할 수 있는 모든 일을 다 해야 한다. 그것만이 우리가 다음 세대를 위해 져야 할 최소한의 책임이다.

3 생물다양성 위기

생물다양성과 식량 생산

인류의 생존은 생물다양성이라는 거대한 생명의 그물망 위에 세워져 있다. 식물은 이산화탄소를 흡수해 산소를 내보내고, 대기의 순환을 조절하여 비를 불러온다. 보이지 않는 미생물은 유기물을 분해해 건강한 토양을 만들고, 곤충은 식물의 수분을 도와 열매를 맺게 한다. 이 모든 자연의 작용은 우리가 매일 소비하는 식량을 생산하는 데 결정적인 역할을 한다. 자연은 단순한 배경이 아니라, 살아 숨 쉬는 생산 체계이자 정교한 조율자다.

식량 생산이 불러온 역설

그러나 지금 우리는 스스로의 생존 기반을 파괴하고 있다. 세계자연기금WWF의 〈지구생명보고서 2022〉에 따르면 지난 50년간 전 세계 야생동물 개체군은 평균 69% 감소했고, 담수 생물은 무려 83%나 사라졌다. 특히 라틴아메리카와 카리브해 지역에서는 개체군의 94%가 감소했다.[1]

유엔 생물다양성과학기구IPBES는 약 100만 종의 동식물이 멸종위기에 처해 있으며, 이 속도가 계속된다면 수십 년 안에 상당수가 지구에서 완전히 사라질 것이라고 경고한다.[2]

가장 아이러니한 사실은 생물다양성 파괴의 주된 원인이 바로 식량 생산이라는 점이다. 인구 증가에 맞춰 농지를 확장하는 과정에서 숲과 습지는 파괴되고, 효율성을 추구한 단일 작물 재배는 생태계를 단순하고 취약하게 만들었다. 과도하게 뿌려진 비료와 농약은 토양과 하천을 오염시키고 생물의 서식 환경을 악화시켰다. 현재 전 세계 육지의 약 40%, 담수 자원의 75%가 농업에 사용되고 있으며, 지구상의 포유류 바이오매스 중 60%는 인간이 사육하는 가축이 차지한다. 인간은 36%, 야생동물은 고작 4%에 불과하다.[3]

가해자이자 피해자인 농업

농업은 환경 파괴의 가해자인 동시에 기후위기의 직접적인 피해자다. 기상이변은 작물의 수확 시기를 교란하고, 수분 매개 곤충의 개체 수는 급감하고 있으며, 병해충의 확산은 갈수록 빈번하고 광범위해지고 있다. 지속 가능한 생산 체계로 자리 잡지 못한 농업은 생물다양성 상실과 기후위기라는 두 개의 악순환 속에서 스스로의 존립 기반을 무너뜨리는 아이러니한 상황에 처해 있다.

그러나 바로 이 지점에서 전환의 가능성이 열린다. 농업은 문제의 원인이자, 동시에 해결의 열쇠를 쥐고 있는 핵심 영역이다. 학술지 〈사이언스〉는 지구 육지의 44%가 생물다양성 보전을 위한 조치를 시급히 필요로 하며, 그 상당 부분이 농업과 식량 시스템의 근본적인 재설계를 통해서만 가능하다고 지적한다.[4]

회복을 위한 두 개의 길

해결의 길은 두 방향으로 열려 있다. 하나는 이미 훼손된 생태계를 회복하는 것이고, 다른 하나는 농업 시스템을 지속 가능한 방식으로 전환하는 일이다. 혼작과 유기농 중심의 조방농업, 작물과 가축을 순환시키는 경축순환 시스템, 그리고 첨단기술을 활용한 정밀농업은 생물다양성 손실을 줄이면서도 생산성을 유지할 수 있는 대표적인 대안들이다.

특히 자연 생태계가 제공하는 서비스를 농업에 통합하는 방식은 단순한 환경 보호를 넘어 해충 방제, 수분 매개, 토양 회복 같은 영역에서 실질적인 경제적 가치를 창출할 수 있다. 지속 가능한 농업은 기술의 진보와 생태적 감수성이 만나는 지점에서 비로소 실현 가능하다. 핵심은 관점의 전환이다. 생물다양성과 식량 생산은 상충하는 개념이 아니다. 오히려 건강하고 다양한 생태계는 안정적인 식량 공급을 가능케 하는 가장 근본적인 기반이다.

생물다양성 위기는 단지 환경의 문제가 아니다. 그것은 인류 문명이 지속 가능할 수 있는가를 가늠하는 시험대다. 안정적으로 식량을 확보하면서도, 풍요로운 자연과 공존할 수 있는 지혜. 그것이야말로 인류가 오래전에 맺었으나 잊고 지낸, 반드시 회복해야 할 '자연과의 계약'이다.

제왕나비, 생태계의 경고등

제왕나비Monarch Butterfly는 단순한 곤충 그 이상이다. 날개를 펼쳐도 고작 10cm, 몸무게는 0.5g도 되지 않지만, 이 작은 생명체는 매년 북미 대륙을 횡단하는 4000~8000km의 여정을 반복한다.[5] 이는 곤충 중에서도 유례없는 장거리 계절 이동으로 지구상에서 가장 극적인 생애 주기 중 하나로 꼽힌다.

제왕나비의 이동은 한 마리가 왕복을 완수하는 방식이 아니다. 네 세대에 걸쳐 번식과 이동을 이어가는 '세대 간 이어달리기'다.[6] 1세대는 멕시코 중부 고산지대에서 월동한 뒤 북상하여 미국 남부에 도달하고, 아름다운 꽃과 우유 같은 수액을 지닌 밀크위드Milkweed에 알을 낳고 생을 마친다. 이어서 부화한 2세대와 3세대는 미국 중부와 캐나다 남부까지 차례로 북상해 번식한다. 여름 끝자락에 태어나는 4세대는 번식을 하지 않고, 체내에 지방을 저장한 채 남하를 시작하는 이주 세대다. 이 마지막 세대는 최대 8개월까지 생존하며, 수천 킬로미터를 이동해 멕시코에 도착한다.

항해 본능, 풀리지 않은 신비

이들의 이주 비행 능력은 과학적으로도 깊은 관심의 대상이다. 제왕나비는 태양의 위치, 생체 시계, 지구 자기장 감지와 같은 생리·신경학적 메커니즘을 활용해 방향을 인식하는 것으로 알려져 있다.[7] 하지만 이 복잡한 시스템이 어떻게 작동하여 한 번도 가본 적 없는 앞 세대의 경로를 정확히 따라가며 정밀한 비행을 이어가는지는 아직 완전히 밝혀지지 않았다.

이들의 최종 목적지는 멕시코 미초아칸주 해발 3000m 고지대에 위치한 오야멜 전나무 숲이다. 연평균 기온 0~15도, 높은 습도, 안정된 기후는 군체 생존에 이상적인 조건이다. 겨울이 깊어지면 수백만 마리의 나비가 나무에 층층이 매달려 겨울잠을 자고, 기온이 10도를 넘는 순간 날개를 펴고 일제히 비행을 시작한다. 자연의 경이와 질서가 압축된 장면이다.

사라지는 숲, 끊어지는 고리

이 아름다운 순환은 지금 위기에 놓여 있다. 2022년, 국제자연보전연맹IUCN은 제왕나비를 멸종위기종으로 공식 지정했다.[8] 최근 10년간 개체 수는 최대 72%까지 감소한 것으로 추정되며,[9] 이는 기후변화, 서식지 단절, 제초제 사용, 불법 개발이 복합적으로 작용한 결과다.

가장 심각한 변화는 밀크위드의 급감이다. 제왕나비 애벌레의 유일한 먹이식물이며 산란처인 이 식물은 GMO 작물 확대와 함께 사용된 글리포세이트 제초제의 영향으로 북미 전역에서 급감했다. 서식지 상실은 단지 땅의 문제가 아니라 생애 주기 전체의 붕괴를 의미한다.

멕시코 월동지의 숲도 더 이상 안전하지 않다. 불법 벌목과 아보카도 농장의 확장은 숲의 구조를 뒤흔들고 있으며, 마약 카르텔과 결탁한 이권 다툼은 환경운동가들의 생명까지 위협하고 있다. 2020년, 제왕나비 보호구역 관리인이었던 호메로 곤살레스가 암살당했고, 2024년 넷플릭스 다큐멘터리 〈제왕나비의 수호자 The Guardian of the Monarchs〉는 그의 삶과 죽음을 통해 이 문제가 단순한 생태 보호를 넘어 사회정의와 직결되어 있음을 드러냈다.[10]

기후변화는 제왕나비의 생존을 더욱 위태롭게 한다. 월동지의 기온 상승, 이주 경로상 폭염과 가뭄, 산불과 폭우 같은 극단적 기후는 제왕나비의 생애 주기 전체에 영향을 미친다. 특히 장거리 비행을 수행하는 4세대 이주 세대는 생존율이 낮기 때문에, 작은 환경 변화도 전체 개체군의 지속 가능성을 흔들 수 있다.[11]

생태계의 경고

제왕나비는 한 종의 생존을 넘어 생물다양성 위기의 상징이다. 그들의 급감은 생물군계의 균형이 무너지고 있음을 알리는 경고이며, 결국 인간이 마주할 미래의 전조다. 제왕나비를 지키는 일은 생태계의 회복력, 탄소순환의 안정, 인간 생존 조건을 지키는 일이기도 하다.

해답은 명확하다. 밀크위드를 되살리고, 농약 사용을 줄이며, 월동지 숲을 보호하는 것. 이 모든 조치는 단지 나비를 위한 일이 아니다. 생명의 연결고리를 지키는, 인류 스스로를 위한 최소한의 의무이다.

사라지는 꿀벌, 사라지는 세계

계절의 시간표, 벌의 리듬

계절은 어김없이 돌아온다. 하지만 봄은 언제나 새롭다. 산수유, 벚나무, 복숭아처럼 꽃이 잎보다 먼저 피는 나무들은 자연의 정밀한 시간표를 따른다. 그 순간을 놓치지 않고 찾아오는 꿀벌이 꽃가루를 옮긴다. 겨울이 없다면 우리는 봄을 느끼지 못할 것이고, 여름이 없다면 가을을 기다리는 설렘도 없을 것이다.

그러나 요즘 봄의 또 다른 풍경이 거듭 화제가 되고 있다. 해마다 꿀벌 수십억 마리가 사라졌다는 뉴스가 계절처럼 되풀이되는 것이다. 왜 이 작고 평범한 곤충의 실종이 반복해서 주목받을까? 첫째, 꿀벌은 기후위기의 직접적 희생자로 직관적으로 인식되기 쉽고, 둘째, 양봉 농가의 생계와 연결되며, 셋째, 꿀벌의 부재가 인류 전체의 운명과도 직결되기 때문이다.

"벌이 멸종하면 인류는 4년밖에 더 못 산다."

이 말은 흔히 아인슈타인의 경고로 알려졌지만, 정확한 출처는 불분명하다. 그러나 그 주장의 핵심은 진실에 가깝다. 꿀벌은 단지 꿀을 모으는 곤충이 아니다. 생물다양성의 중추이며, 인류의 식량 시스템을 지탱해온 조용한 엔진이다. 오늘날 우리가 먹는 음식 중 상당수는 꿀벌의 날갯짓에 빚지고 있다.

벌의 경제와 생태적 가치

지구상 식량 작물의 약 75%는 꿀벌이나 다른 화분매개 곤충의 도움으로 열매를 맺는다. 유럽에서는 야생화의 78%, 농작물의 84%가 곤충 수분에 의존하며,[12] 그중 꿀벌이 핵심 매개체다.

이러한 중요성을 알리기 위해 UN은 2018년부터 매년 5월 20일을 '세계 벌의 날'로 지정했다. 이날은 18세기 슬로베니아의 양봉 선구자 안톤 얀사의 생일이기도 하다. 유엔 식량농업기구는 이를 기념해 《꿀벌이 중요한 이유Why Bees Matter》라는 보고서를 발간하며, 꿀벌이 식량안보와 생물다양성 유지에 필수불가결한 존재임을 강조했다.[13]

오하이오주립대 곤충학자 리드 존슨 교수는 전 세계 화분

매개 생물이 매년 약 5000억 달러의 농업 가치를 만들어낸다고 추산했다. 이 중 꿀벌의 수분 서비스만 미국 내에서 150억~200억 달러에 이른다.[14] 이 가치는 대체 불가능하다. 꿀벌만이 제공할 수 있는 독보적인 서비스다.

초콜릿, 커피, 복숭아, 아몬드, 토마토, 블루베리, 사과, 멜론, 바닐라… 이 모두는 꿀벌 없이는 생산될 수 없다. 식품뿐 아니라 향신료, 의약품, 섬유에 이르기까지 꿀벌의 영향을 받지 않는 분야는 거의 없다.[15]

꿀벌 군집 붕괴의 현실

그렇다면 꿀벌 개체 수는 실제로 얼마나 줄어들었을까? 답은 간단치 않다. 전 세계적으로 꿀벌을 포함한 수분매개 곤충의 감소는 명확하지만, 이를 장기적으로 추적하는 체계적인 국제 모니터링 시스템은 부족하다.

그럼에도 불구하고 현재까지의 자료는 우려를 뒷받침한다. 2006년 이후 미국에서 매년 꿀벌 군집의 30~40%가 사라지고 있다는 연구가 보고되었다. 이는 과거의 10~15% 수준에 비해 두 배 이상 높아진 수치이며, '군집 붕괴 현상 Colony Collapse Disorder'이라는 이름으로 알려져 있다. 여왕벌과 식량이 남아있는 벌통을 꿀벌들이 갑자기 떠나는 기이한 현상이다.[16]

유럽에서도 1985년 이후 25%의 꿀벌 군집이 소멸한 것으로 보이며, 영국에서는 무려 54%가 치명적 손실을 겪었다. 미국 토종 호박벌 Rusty Patched Bumblebee은 2017년 멸종위기종으로 지정되었다.[17] 국제자연보전연맹이 유럽의 멸종위기에 처한 1만 5000여 종을 평가한 결과, 벌은 10종 중 1종꼴로 멸종 위험에 처해 있었다.[18]

누가 벌을 사라지게 하는가

꿀벌 감소의 원인은 단일하지 않다. 도시화와 농업 확장은 꿀벌의 서식지를 줄이고, 밀원蜜源의 다양성을 파괴해 영양결핍을 초래한다.

또한 양봉 산업은 특정 품종만을 선택적으로 번식시켜 꿀벌의 유전적 다양성을 약화시켰다. 그 결과 병해충, 바이러스, 환경 스트레스에 대한 꿀벌의 저항력이 떨어졌다. 여기에 농약이 사태를 악화시켰다. 제초제 글리포세이트, 살충제 네오니코티노이드가 꿀벌의 신경계를 손상시켜 길 찾기, 의사소통, 생존력을 떨어뜨렸다.

기후변화도 무시할 수 없다. 계절의 변화와 꽃의 개화 리듬이 어긋나면 꿀벌은 활동 시기를 놓치고, 생애 주기의 안정성도 무너진다. 이 모든 요인은 서로 얽혀 복합 스트레스를 일으키고, 결국 꿀벌 군집 시스템의 회복 탄력성을 무너뜨린다.

생태계의 리듬이 어긋날 때

정교했던 생물시계의 파열음

기후변화는 단지 폭우나 가뭄을 불러오는 재난에 그치지 않는다. 그것은 생태계 깊은 곳에서 오랜 시간 축적되어온 생물의 리듬, '자연의 시간표'를 교란시킨다. 식물과 곤충 사이, 특히 꿀벌과 꽃 사이에 수십만 년 동안 형성된 정교한 동기화가 어긋나기 시작했다. 이른바 '시기적 불일치temporal mismatch' 현상이다.

2023년 서울의 벚꽃은 관측 사상 두 번째로 빠르게 개화했다. 평년보다 최대 16일 빨랐고, 진해와 여의도의 벚꽃이 동시에 만개하는 진풍경이 벌어졌다.[19] 언뜻 보면 꽃구경 일정이 겹치는 해프닝처럼 보일 수 있지만, 생태계에는 심각한 위기 신호다. 꽃은 피었지만 그 꽃가루를 옮길 꿀벌은 아직 땅속에서 나오지 못한 경우가 실제로 발생하고 있기 때문이다.

야생벌의 대부분은 겨울을 땅속에서 보내며, 서서히 따뜻해지는 토양 온도에 반응해 활동을 시작한다. 반면 식물은 대기 온도 변화에 민감하게 반응해 더 빠르게 개화한다. 그 결과, 꿀벌이 활동을 시작하기 전에 꽃이 피고 지는 현상이 나타난다.

연구에 따르면, 기온이 1도 상승할 때마다 야생벌은 평균 6.5일 일찍 겨울잠에서 깨어난다.[20] 그러나 식물과의 리듬이 맞지 않으면 수분이 이뤄지지 못하고, 꿀벌은 먹이를 찾지 못해 개체 수가 감소하게 된다. 캐나다와 북유럽의 연구에서는

이러한 시기적 불일치가 뒤영벌Bumblebee의 급감과 직접 연관되어 있음이 확인되었다.[21]

꿀벌의 적응과 한계

꿀벌은 야생벌보다 비교적 유연한 대응을 보인다. 일부 연구에서는 꿀벌이 성비 조정, 일벌의 활동량 조절, 방어 행동 축소 등을 통해 환경 변화에 적응한다고 보고한다. 그러나 이러한 적응에도 한계가 있다. 불일치가 3~6일 이상 벌어질 경우 꿀벌의 생존율은 급격히 떨어진다.[22]

특히 이른 봄이나 늦봄에 태어나는 꿀벌은 환경 변화에 더 민감하다. 계절의 섬세한 리듬이 무너질 때, 그 피해는 가장 작고 연약한 생물부터 시작된다. 결국 시기적 불일치는 꿀벌이라는 생태 시스템의 핵심 축을 흔들며, 수분을 기반으로 하는 식물군계 전체에 연쇄적 영향을 미친다.

꿀벌과 살충제

기후변화 외에도 꿀벌의 생존을 위협하는 요인은 많다. 그중에서도 인간이 사용해온 화학물질, 특히 농약은 복잡하고 치열한 논쟁을 불러일으켜왔다.

1990년대 이후 널리 사용된 네오니코티노이드계 살충제는 꿀벌 건강에 악영향을 미치는 주요 원인 중 하나로 지목된다. 이 물질은 담배 속 니코틴과 유사한 화학 구조를 지닌 합성 화합물로, 곤충의 신경계를 선택적으로 공격한다. 포유류에 대한 독성은 낮지만 꿀벌에겐 치명적이다.

독일의 바이엘사는 1985년 이 물질의 특허를 등록했고, 이후 네오니코티노이드계 살충제는 1990년대 중반부터 농업 현장에서 광범위하게 사용되기 시작했다. 잔류성이 낮고 침투력이 뛰어나 기존 농약보다 해충 방제 효과가 탁월하다는 평가를 받았다. 2000년대 중반, 네오니코티노이드는 전 세계 살충제 시장의 25%를 차지할 정도로 성장했다.[23]

이 살충제는 '침투이행성' 특성이 있어 잎 뒷면이나 종자 속까지 작용하며, 해충뿐 아니라 수분을 위해 찾아온 꿀벌에도 영향을 미친다. 꿀벌이 흡입하거나 접촉할 경우, 방향 감각 상실, 귀소 실패, 기억력 저하 등의 신경학적 장애를 일으킬 수 있다.

네오니코티노이드계 살충제 금지를 둘러싼 논란

2013년, 유럽식품안전청EFSA은 네오니코티노이드가 꿀벌에게 광범위한 위험을 초래한다는 평가를 내렸다. 이에 따라 유럽연합 집행위원회는 꿀벌이 선호하는 작물에 대해 해당 농약의 사용을 금지했고, 이 농약으로 처리된 종자의 시장 출시도 막았다.

그러나 농약 제조사인 바이엘은 '책임 있는 사용'을 전제로 안전성이 확보된다는 입장을 고수했다. 이에 대한 논쟁은 수년간 이어졌다. 2018년, EU는 결국 실외에서의 네오니코티노이드 사용

> 을 전면 금지했다. 다만 일부 회원국은 작물 피해를 이유로 예외 허가를 발급했는데, 2023년 유럽연합 최고법원은 이 임시 면제조차 위법이라는 판결을 내렸다.[24]
>
> 한국과 일본도 이 농약의 사용을 두고 논란을 겪었다. 그러나 전면 금지 대신 안전사용 기준을 강화하는 데 그쳤다. 서울시는 공원과 가로수 병해충 방제에 이 농약을 금지한다고 밝혔고, 최근 빈대 방제 논의에서도 전문 방역업체만 사용을 허용하는 방식으로 제한하고 있다.

위태로운 균형

자연과 인간 사이의 오래된 합의

인류는 아주 오래전부터 자연과 암묵적인 약속을 맺어왔다. 식물을 돌보면 열매를 내어주었고, 짐승을 기르면 젖과 힘을 내어주었다. 숲과 강, 바다를 보호하면, 자연은 생명과 자원을 아낌없이 나누어주었다.

문서로 남기거나 서명한 적은 없지만, 오랜 세월 삶의 방식으로 이어져온 이 약속은 '생물다양성'이라는 이름으로 지금도 우리 곁에 있다. 그러나 우리는 점점 그 약속을 잊고 있다. 너무 익숙해진 풍요와 편리함 속에서, 생태계의 조화와 질서를 당연하게 여겨왔기 때문이다.

생물다양성은 단지 '동식물의 종류가 얼마나 많은가'에 대한 이야기가 아니다. 그것은 식물, 동물, 곤충, 미생물, 토양이 서로 얽히고 연결된 생명의 그물망이다.

우리가 숨 쉬는 공기, 마시는 물, 먹는 음식, 병을 치료하는 약, 이 모든 것은 생태계의 균형 속에서 비롯된다. 아침에 먹는 사과는 꿀벌의 수분 활동과 토양 미생물의 도움 없이는 열매를 맺을 수 없고, 열대우림의 기후 조절 기능이 무너지면 커피 한 잔조차 마시기 힘들어질 수 있다.

도시의 가로수 한 그루도 열섬 현상을 완화하고 대기 중 미세먼지를 줄이는 데 기여한다. 우리가 무심코 누리는 일상은 실은 복잡한 생물다양성의 결과다.

무너지는 세 기둥

생물다양성은 유전적 다양성, 종 다양성, 생태계 다양성이라는 세 가지 핵심 축 위에 서 있다.[25]

유전적 다양성은 같은 종 안에서도 다양한 유전자가 존재하는 것으로, 이를 통해 개체군은 예측 불가능한 환경 변화나 병해에 대한 저항력을 갖게 된다. 종 다양성은 하나의 생태계 안에 다양한 생물 종이 균형 있게 공존하는 것으로, 이 다양성이 높을수록 생태계 전체가 안정적이고 회복력 있게 유지될 수 있다. 그리고 생태계 다양성은 숲, 습지, 갯벌, 해양처럼 서로 다른 유형의 생태계가 서로 연결되고 상호작용하는 것을 말하며, 이러한 연결망이 촘촘할수록 지구 차원의 생명 유지 시스템이 더욱 탄탄하고 안정적으로 작동한다.

그럼에도 우리는 효율과 생산성이라는 이름 아래 생태계를 점점 더 단순하고 취약한 구조로 바꾸고 있다. 농업의 단작화, 무분별한 도시 확장, 기후변화, 외래종의 유입, 해양의 산성화와 오염, 이 모든 요소가 생물다양성의 근간을 이루는 세 축을 하나씩 무너뜨린다. 그 결과는 점점 더 명확해지고 있으며, 오늘날 수많은 종의 멸종, 유전적 다양성의 축소, 생태계의 회복 탄력성 상실로 나타나고 있다.

장기적인 공존의 지혜

문제는 이러한 생물다양성의 위기가 너무도 조용하게 진행된다는 데 있다. 폭우나 지진처럼 우리의 일상을 직접적으로 위협하지 않기에 그 심각성이 체감되지 않는다. 그러나 '아직 괜찮다'고 생각하는 이 순간, 어쩌면 우리는 이미 위험한 문턱을 넘고 있는지도 모른다.

생물다양성의 위기는 단순히 생물학의 문제가 아니다. 그것은 우리의 농업 방식, 도시 설계, 소비 패턴, 정책 결정 방식, 그리고 인간이 자연과 맺고 있는 관계 전체를 되묻는 윤리적 질문이다. 자연은 우리가 정복하거나 지배할 대상이 아니다. 그것은 우리가 의존하며 함께 살아가야 할 터전이다.

인류는 오랜 세월 자연과 함께 관계를 맺어왔고, 그 관계는 지금도 유효하다. 우리는 다시 묻고, 선택해야 한다. 단기적인 생산을 위해 다양성을 포기할 것인가, 아니면 장기적인 공존을 위한 지혜로운 길을 선택할 것인가? 보호구역의 면적을 늘리는 데 만족할 것인가, 아니면 도시의 공원과 학교 급식에서부터 생물다양성을 존중하는 삶의 방식을 선택할 것인가?

 기술은 인류에게 강력한 도구다. 그러나 그 기술이 해답이 되기 위해서는 자연에 대한 깊은 이해와 존중이 바탕이 되어야 한다. 우리는 여전히 자연과 약속을 맺고 있다. 우리는 그 약속을 기억해내고, 실천할 용기를 낼 수 있어야 한다.

소비자와 생물다양성

 "15년 전부터 프랑스 시장에서 조금씩 변화가 시작됐어요."
 파리에 거주하는 김정연 씨는 프랑스에서 일어나고 있는 소비의 변화를 다음과 같이 설명한다. 획일화된 농산물 시장에 다양한 토종 토마토가 등장한 것은 단순한 유행이 아니었다. 그 전부터 시민들은 직접 텃밭을 가꾸고, 토종 씨앗을 나누며 생물다양성 보전을 실천하는 풀뿌리 운동을 해왔고, 그 운동이 꾸준히 확산되었기에 가능한 변화였다.

 그러나 지속 가능한 농업으로 가는 길은 여전히 쉽지 않다. 김 씨는 말을 이었다.

 "친구가 올해 토종 토마토 재배를 접었어요. 찾는 사람이 너무 줄어서 더는 버틸 수가 없대요."

 이 이야기는 중요한 사실을 보여준다. 생물다양성 보전은 단지 '생산의 문제'가 아니다. 아무리 가치 있는 품종이라도 소비자가 외면하면 농부는 그 품종을 계속 재배할 수 없다. 생물다양성이 시장 논리 속에서 보존되려면 생산자만이 아니라, 더 많은 소비자의 관심과 선택, 그리고 이를 뒷받침하는 정책의 지원이 함께 작동해야 한다.

'맛의 다양성'은 미래의 농업을 지킨다

마켓컬리의 '취향찾기 샘플러'는 농업 다양성을 지키는 또 다른 실험이었다. 서로 다른 9종의 사과 품종을 묶어 판매한 이 상품은 소비자의 다양한 취향을 만족시키고자 했다.[26] 서울대학교 문정훈 교수는 이러한 '미식 소비자'가 농업의 다양성을 유지하는 데 결정적인 역할을 한다고 말한다. 품종 간의 차이를 인식하고, 그 가치에 기꺼이 비용을 지불하는 소비자. 바로 그런 존재가 있어야 다양성은 시장에서 지속될 수 있다.

프랑스 브르타뉴의 케르마오 농장은 그 원리를 실천하는 곳이다. 이 농장은 수확 시기가 제각각인 15개 사과 품종을 동시에 재배하며, 최근에는 80여 개의 전통 품종도 보존하고 있다.[27] 단순히 전통을 지키기 위한 목적이 아니다. 품종마다 다른 특성을 가진 나무를 함께 키우는 일은 기후변화나 병해충에 대한 '생물학적 보험'이 되기 때문이다.

반면 우리는 수년째 '사과 재배지가 북상하고 있다'는 뉴스를 반복해서 듣고 있다. 대구와 경북의 대표 산지는 더 이상 사과 재배의 적지가 아니며, 정선과 양구 같은 고랭지가 새로운 재배지로 떠오른다. 이런 변화의 원인으로 늘 '기후변화'가 지목되지만, 사실 그것만이 문제인 것도 아니다. 해방 이전부터 사과는 북한 지역에서 더 많이 재배되어왔다.

진짜 문제는 '부사'라는 단일 품종에 지나치게 의존해온 구조일 수 있다. 저장성과 당도가 뛰어난 부사는 유통에는 유리했지만, 기후변화에 취약하고 재배 환경에도 민감하다. 그 결과 기후가 조금만 달라져도 사과 산업 전체가 흔들리는 불안정한 구조가 된 것이다.

게다가 유통 시장은 특정 외형과 높은 당도만을 선호하며 품종의 다양성을 오랫동안 제한해왔다. 새로운 품종이나 지역 적응형 품종을 선택할 기회 자체가 사라진 셈이다. 기후 탓만 하며 손을 놓은 사이 우리는 가능성을 스스로 좁혀왔다. 생물다양성은 기후위기 시대의 가장 확실한 생존 전략이다. 다양한 품종은 병해충과 이상기후에 대응할 수 있는 자연스러운 '보험'이기 때문이다.

바나나, 단일 품종의 경고?

바나나 사례도 중요한 시사점을 준다. 전 세계적으로 유통되는 '캐번디시' 품종에 대한 과도한 의존은 바나나 멸종위기에 대한 우려를 낳았다. 하지만 태국이나 라오스에서는 '남와 Nam Wah' 같은 다양한 품종이 여전히 재배되고 있다. 작고 찰진 식감에 진한 향을 지닌 이 바나나는, 식품 다양성의 가치를 여실히 보여준다. 이런 지역 품종은 단지 미각의 차이를 넘어서

각 지역 식량 체계의 회복력을 높이는 생명선이다.

우리가 매일 마주하는 농산물의 다양성은 단순한 '선택의 폭'을 넓히는 일이 아니다. 그것은 곧 인류의 미래를 위한 유산이다. 식량위기, 기후변화, 생태계 붕괴가 동시에 진행되는 시대에, 이 작고 다양한 맛의 세계는 더 넓고 오래 지속될 수 있는 농업의 미래를 약속해준다.

한국의 작은 실천들

국내에서도 다양한 움직임이 일어나고 있다. 토종벼 보급과 확산에 힘쓰는 단체와 농민들이 있으며, 국립농업박물관의 야외 전시 포장圃場에서는 가을마다 다양한 색과 모양의 벼 품종이 자라난다. 한편 강원도 영월의 '그래도팜'은 세계 각국의 토종 토마토 품종을 한 농장에서 키우는 시도를 통해 많은 이들의 관심을 끌고 있다. 이 모든 실천은 '토종이냐 아니냐'라는 단순한 구분을 넘어, '다양성' 그 자체의 가치를 되새기게 한다.

토종의 다양성

산업의 표준이 된 돼지, 그리고 사라진 품종들

1955년, 영국 정부는 침체된 돼지고기 산업을 되살리기 위해 '라지 화이트Large White'라는 품종을 '개량된 베이컨 돼지'로 공식 지정했다. 체중 증가가 빠르고 실내 사육에 적합했던 이

품종은 빠르게 산업의 표준이 되었고, 오늘날 요크셔Yorkshire 돼지의 기원이 되었다.[28]

생산성은 높아졌지만, 이 결정은 되돌릴 수 없는 유전적 손실을 불러왔다. 도싯 골드 팁Dorset Gold Tip, 링컨셔 컬리코트Lincolnshire Curlycoat 같은 토종 품종은 사라졌고, 라지 화이트의 형제 품종인 미들 화이트Middle White는 2022년 기준 모돈이 단 56마리만 남아 자이언트 판다보다도 희귀한 처지가 되었다.[29]

소비가 만든 회복, '보존을 위한 소비'

'한 품종 돼지one-pig' 전략은 산업적으로는 성공이었지만 생물다양성 측면에서는 매우 위험한 선택이었다. 오늘날 영국 토종 가축 품종의 80% 이상이 멸종위기에 처해 있다는 사실은 그 대가가 얼마나 컸는지를 보여준다.[30]

품종 다양성의 결핍이 초래할 수 있는 위험은 2019년 중국에서 발생한 아프리카돼지열병 사태에서 명확히 드러났다. 당시 전 세계 돼지의 4분의 1이 살처분되었고,[31] 단일 품종 중심의 유전적 취약성이 재앙을 키웠다는 평가가 나왔다. 이는 전 세계 축산업에 던지는 강력한 경고였다.[32] 다양성의 부재는 곧 취약성이다.

더욱 역설적인 사실은, 이런 토종 품종의 생존을 위해서는 오히려 '소비'가 필요하다는 점이다. 희소성과 가치를 인정하고 소비자가 기꺼이 비용을 지불할 때 품종 보존도 가능해진다. 영국의 롱혼Longhorn 소는 '최고의 스테이크용 소'라는 명성을 얻으며 개체 수가 다시 증가했다. 이는 '보존을 위한 소비'라는 새로운 전략을 보여주는 대표 사례다. 물론 그 이면에는 영국 희귀가축보존협회RBST와 같은 전문 기관의 체계적 지원이 있다.

토종을 지키는 사람들

우리나라에서도 토종 가축을 지키기 위한 노력이 묵묵히 이어지고 있다. 충북대학교 김관석 교수는 세계 토종 가축의 계통을 연구하며 우리 토종 품종의 유전적 특성과 가치를 과학적으로 증명해왔다. 단순히 '우리 것'이라는 감성적 접근이 아니라 유전자원으로서의 실질적인 가능성과 전략적 가치를 조명한 것이다.

경북 포항에서 양돈농장을 운영하는 이한보름 대표는 선대의 뜻을 이어 토종 흑돼지를 고집하고 있다. 성장 속도는 느리고 사육은 어렵지만, 흑돼지는 맛과 영양, 병 저항성, 기후 적응력에서 충분한 경쟁력을 가진다고 그는 말한다.[33]

전통을 넘어, 전략이 된 보존

이러한 개인들의 실천은 단순한 전통 보존이 아니다. 토종 가축의 보존은 미래 식량안보를 위한 전략이며, 생물다양성을 유지하기 위한 핵심 수단이다. 특정 품종에 지나치게 의존할 경우, 예상치 못한 질병이나 환경 변화에 시스템 전체가 무너질 수 있다. 반면, 다양한 유전자원은 위기 상황에서도 복원력과 유연성을 제공하는 '생존 보험'이 된다.

 수백 년에 걸쳐 자연선택과 인간의 선발을 통해 적응력을 키워온 토종 품종은 단순한 과거의 유산이 아니다. 그것은 미래 세대를 위한 필수적인 자산이다.

생물다양성 공시

 1992년 브라질 리우데자네이루에서 열린 지구 정상회의에서는 '생물다양성협약CBD'이 채택되었다. 이 협약은 단순히 멸종위기종을 보호하는 수준을 넘어, 지구상의 모든 생명체와 이들이 이루는 생태계 전반을 보전 대상으로 삼은 최초의 국제적 약속이었다.

 CBD는 생물다양성을 세 차원으로 정의했다. 하나는 종 안에서 나타나는 유전적 다양성, 종과 종 사이의 종 다양성, 그리고 다양한 환경이 어우러져 이루는 생태계 다양성이다(앞에서 설명한 '생물다양성의 핵심 축'). 협약은 이를 바탕으로 세 가지 목표를 내세웠다. 보전, 지속 가능한 이용, 그리고 이익의 공정한 분배. 생물다양성을 단순한 보호의 대상이 아니라 인류 공동의 자산으로 바라보게 된 것이다.

 30년이 흐른 지금, 국제 사회는 일정한 성과를 쌓아왔다. 보호구역은 확대되었고, 멸종위기종에 대한 보호도 강화되었다. 2010년 일본 아이치현에서 열린 제10차 당사국총회에서는

'아이치 목표'라 불리는 20개 실천과제가 채택되었다. 생물다양성 인식을 높이고, 그 가치를 국가 정책에 통합하며, 지속 가능한 생산과 소비, 서식지 손실의 감축까지 담은 종합계획이었다. 이어 2022년에는 '2030 글로벌 생물다양성 프레임워크'가 마련되어 보전 노력은 한층 정교해졌다.

우리나라는 1994년 생물다양성협약에 가입한 이후 꾸준히 참여해왔으며, 최근에는 '나고야 의정서'를 통해 생물자원 이용에 따른 이익을 공정하게 공유하는 국제 규범에도 동참하고 있다. 그러나 2020년까지 계획된 '아이치 목표'를 완전히 달성한 국가는 없었다. 침입 외래종 관리나 육상·해양 보호 지역 확대 등 일부 목표만 제한적으로 이행되었을 뿐이다.

나고야 의정서와 식물신품종보호협약: 권리 보호와 다양성 사이

2010년 일본 나고야에서 열린 제10차 생물다양성협약 당사국총회는 나고야 의정서라는 새로운 규범을 세상에 내놓았다. 2014년부터 발효된 이 의정서는 생물다양성협약이 내세운 세 가지 핵심 목표 중 하나인 '유전자원의 접근과 이익 공유ABS'를 구체화한 제도이다.

그 원칙은 명확하다. 어떤 나라가 다른 나라의 생물자원을 활용하고자 한다면, 먼저 그 원산지 국가로부터 사전통보승인PIC을 받아야 하고, 이용을 통해 얻은 이익은 상호합의조건MAT에 따라 공정하게 나누어야 한다. 이는 단순한 절차상의 규정이 아니다. 생물자원에 대한 주권을 인정하고, 토착민과 지역 공동체의 전통지식까지 법적 보호의 대상으로 확장시킨 진일보한 접근이었다.

이 체계는 자원 공여국에게 실질적인 경제적 보상을 가능케 하고, 결과적으로 자원의 보전과 지속 가능한 이용에 대한 유인을 높인다. 자원 이용국은 확보한 유전자원을 기반으로 품종 개량, 신약 개발 등 생물산업의 응용 분야를 확대할 수 있으며, 이는 종 내 유전적 다양성을 증진하는 데도 기여한다. 나고야 의정서는 이처럼 유전자원의 공정한 이용을 통해 생물다양성의 보전과 기술 혁신, 그리고 글로벌 정의를 동시에 추구하는 국제적 틀로 기능하고 있다.

이러한 국제적 틀이 실제로 어떻게 작동하는지는 여러 사례를 통해 확인할 수 있다. 프랑스의 화장품 기업 이브로쉐Yves Rocher는 서아프리카 부르키나파소의 여성 협동조합과 이익 공유 계약을 체결하고, 이 지역에서 생산된 시어버터(시어나무 열매의 씨앗에 들어 있는 식물성 유지)를 원료로 한 제품을 개발해왔다.[34] 이는 단순한 자원 이용을 넘어 지역 사회의 경제적 자립에 기여한 사례로 평가된다. 에티오피아 정부 역시 자국의 고유 커피 품종을 외국 기업이 활용할 경우, 이익 공유 협정을 의무화함으로써 유전자원에 대한 국가 주권을 실질적으로 행사하고 있다. 이러한 사례들은 생물자원은 풍부하지만 기술과 자본이 부족한 국가가 나고야 의정서의 이행을 통해 지속 가능한 발전 모델을 모색할 수 있음을 보여준다.

반면, 식물신품종보호협약UPOV은 다른 목표를 지닌다. 나고야 의정서가 자원의 원천 보호와 이익 공유에 중점을 둔다면, UPOV는 신품종을 개발한 육종가의 권리를 보호하는 데 초점을 맞춘 제도다. 1961년 유럽 6개국이 주도하여 시작된 UPOV는 이후 개정을 거듭하며 육종가의 권리를 점차 강화해 왔다.[35] 한국은 2002년 WTO 가입 이후 국제 무역 질서에 따라 UPOV에 가입했으며, 이는 국내 종자 기업의 품종 개발을 촉진하는 계기가 되었다.

하지만 다른 측면도 있다. UPOV 체제는 자가채종이나 씨앗 교환과 같은 오랜 농업 관행을 제약하고, 균일한 품종 중심의 대규모 농업 체계를 고착화하는 데 일조했다. 그 결과 전통 품종의 소멸이 가속화되고 있다. 기후변화가 심화되는 지금 다양한 품종의 확보는 하나의 선택이 아니라 생존 전략이다. 따라서 향후에는 육종가의 권리를 보호하면서도 유전자원의 다양성을 유지할 수 있는 균형점을 찾는 노력이 중요해질 것이다.

TNFD: 기업의 자연환경 공시제도

기후변화와 생물다양성 손실이 현실의 위협으로 다가오면서 이제 기업들도 환경 문제를 외면할 수 없게 되었다. 이에 따라 2021년, 국제사회는 기업이 자연환경에 미치는 영향을 체계적으로 공개하도록 유도하는 제도인 자연 관련 재무정보 공개 제도Taskforce on Nature-related Financial Disclosures, TNFD를 출범시켰다. 이는 기존의 기후 관련 재무정보 공개 제도Task Force on

Climate-related Financial Disclosures, TCFD를 자연환경 영역으로 확장한 버전이라 할 수 있다.

TNFD는 두 가지 질문을 기업에 던진다. '우리 회사는 자연에 어떤 영향을 주고 있는가?' 그리고 '자연의 변화는 우리에게 어떤 리스크를 초래하는가?' 예컨대 커피 회사라면 자사가 열대우림 파괴에 미치는 영향을 평가함과 동시에, 기후변화로 인해 커피 재배지가 축소되는 위험성도 분석해야 한다.

이를 위해 TNFD는 'LEAP'이라는 네 단계 접근법을 제시한다. 사업장의 자연환경을 파악Locate하고, 영향과 의존도를 평가Evaluate하며, 관련 위험과 기회를 분석Assess한 후, 마지막으로 대응 전략을 준비Prepare해야 한다. 이는 마치 기업의 '자연 건강검진'과도 같은 과정이다.[36]

현재는 자발적 참여 방식이지만, G7 국가들의 지지와 글로벌 기업들의 동참으로 조만간 의무화될 가능성이 높다. 자연환경을 고려하지 않는 기업은 투자자와 소비자로부터 외면받는 시대가 이미 시작되고 있다.

제도는 자연과의 약속이다

일부 기업에게 TNFD는 복잡하고 부담스러운 규제로 느껴질 수 있다. 하지만 한편으로는 자연환경에 따른 위험을 미리 파악하고 대비할 수 있는 기회이기도 하다. 또한 환경을 생각하는 기업이라는 이미지를 획득함으로써 소비자와 투자자의 신뢰를 얻을 수 있다.

앞으로 이런 공시 제도가 본격적으로 도입되면, 기업은 자신이 생태계에 어떤 영향을 주고 있는지를 더 이상 외면할 수 없게 된다. 그렇게 되면 점점 환경을 해치는 산업 구조도 변화할 수밖에 없다.

하지만 이 변화가 기업만의 책임은 아니다. 지금 이 순간에도 수많은 생물 종이 지구에서 사라지고 있다.[37] 생물다양성 보전은 협약 몇 개나 공시 제도로 끝낼 수 있는 문제가 아니다. 그것은 인류 전체가 함께 맺고 지켜야 할 새로운 약속이다.

세상은 연결되어 있다

2009년 개봉한 영화 〈아바타〉에는 나비족이 사는 마을 공동체가 온통 하얀 균사체로 연결된 장면이 등장한다. 판타지처럼 보일 수도 있지만, 그 장면은 실제 과학적 발견에 기반한 것이었다.

1990년대 중반 이후, 생태학자들은 식물과 곰팡이가 지하에서 서로 연결되어 있다는 사실을 확인했고, 이를 '우드와이드웹wood-wide web', '균근 네트워크mycorrhizal network', 혹은 '곰팡이 고속도로fungal highway'라고 부르기 시작했다. 이 개념은 생물학과 생태학은 물론, 농업과 문화예술 전반에도 깊은 영향을 미쳤다.

보이지 않는 생명의 인터넷

2019년, 이 지하 네트워크를 본격적으로 조명한 연구 결과가 〈네이처〉에 발표되었다. BBC는 이 연구를 다음과 같이 소개했다.[38]

"모든 숲의 땅 아래에는 나무와 식물을 서로 연결하는 곰팡이, 뿌리, 박테리아로 구성된 복잡한 지하 그물망이 존재한다. 약 5억 년 전부터 형성된 이 '우드와이드웹'은 오늘날 생태계의 보이지 않는 기반이다."

이 연구는 스탠퍼드대와 취리히공대의 '크라우더 랩Crowther Lab'이 주도했으며, 70개국 120만 건의 숲 표본을 기계학습으로 분석해 세계 최초의 곰팡이 네트워크 지도를 완성했다.

전 세계 2만 8000여 종의 나무 데이터를 통해 과학자들은 한 가지 중요한 사실을 확인했다. 나무는 단지 경쟁자가 아니다. 곰팡이 균사를 매개로 양분을 공유하고 서로 도우며 살아간다. 이 네트워크가 잘 발달할수록 숲의 생물다양성과 생태 안정성은 더 높아졌다.[39]

곰팡이 균사가 단순한 영양의 통로를 넘어 '소통의 매개'가 된다는 주장도 있다. 병해충에 감염된 나무가 곰팡이 균사를 통해 이웃 나무에게 화학 신호를 전달하고, 이에 반응한 나무가 미리 면역 반응을 준비한다는 것이다.

그러나 이 '경고 신호'가 의도된 정보 전달인지, 단순한 생리적 부산물인지에 대해 학계는 아직 논쟁 중이다. 자연이 서로 대화한다는 생각은 매혹적이지만, 현재로서는 과학과 상상이

교차하는 지점에 머물러 있다.[40]

보이지 않지만, 살아 있는 연결망

곰팡이는 낙엽을 분해하는 '청소부' 역할만 하는 것은 아니다. 균근 곰팡이는 식물 뿌리에 공생하며 양분과 수분의 흡수를 돕고, 토양에 탄소를 저장해 기후 조절에 기여한다. 동시에 다양한 생물종 간의 상호작용을 매개하며 생태계를 연결하는 매듭이 된다.[41]

곰팡이는 작가들의 상상력에도 깊은 영향을 주었다. 미국 SF 시리즈 〈스타트렉: 디스커버리〉에서는 곰팡이 네트워크를 모티프로 한 '스포어 드라이브Spore Drive'라는 기술이 등장한다. 은하계의 모든 지점을 순간 이동할 수 있는 이 장치는 상상 속의 과학기술이지만, '모든 것을 연결하는 생명망'이라는 상징성에서 보면, 현실의 균사체가 가진 생태적 의미와 맞닿아 있다.

이 지하의 생명망은 눈에 보이지 않는다. 그러나 그 영향은 지표 위의 모든 생명체에 스며들어 있다.

나무는 혼자 살 수 없다. 숲이 있어야 하고, 그 숲은 곰팡이와 연결되어 있다. 그리고 곰팡이는 우리가 사는 세상과도 연결되어 있다. 세상은 그렇게 조용하고 단단한 방식으로 하나로 이어져 있다.

2

위태로운
식량안보

기후플레이션부터 식량의 지정학까지

4   기후플레이션

식량위기의 새로운 얼굴

《식량위기 대한민국》 출간 이후, 여러 기관과 단체로부터 강연 요청을 받고 있다. 모두 응할 수는 없지만, 식량의 미래에 대한 국가 정책과 여론 형성에 기여할 수 있는 자리라면 가능한 한 함께하려 한다.

강연에서 가장 자주 듣는 질문이 있다. "정말 먹을 것이 부족해지는 시대가 오는 건가요?" 그러나 이 단순해 보이는 질문에 대한 답은 결코 단순하지 않다. 지구 한편에서는 식량 과잉과 낭비가 벌어지는 반면, 다른 한편에서는 여전히 굶주림이 이어진다. 그래서 이렇게 되묻게 된다. "도대체 누구에게 부족하다는 것인가요?"

자급에서 시장으로

예전에는 인류의 대부분이 농민이었고 자급자족이 기본 삶의 방식이었다. 농사는 시장을 위한 것이 아니라, 가족이 한 해 동안 먹을 양식을 마련하기 위한 수단이었다. 흉작은 곧바로 가족의 생존 위기로 이어졌다. 그러나 시장이 형성되어 식량을 사고팔게 되면서 식량위기의 본질도 달라졌다. 물리적 부족에서 경제적 접근성의 결여, 즉 '식량을 살 수 있는 능력'의 문제로 바뀌었다. 그래서 식량이 넘쳐나는 시대에도 누군가는 굶주린다.

식량 공급이 줄어들면 가격은 치솟는다. 부유한 가정의 식탁은 여전히 유지되지만, 식비를 줄여야 하는 가난한 가정의 식탁은 흔들린다. 과일, 육류, 유제품부터 식탁에서 사라지고, 결국 저렴한 탄수화물 위주의 식단으로 변해간다. 선진국에서는 영양 불균형이, 개도국에서는 영양결핍이 심화된다. 국가 차원에서 식량위기의 본질은 생산량이 아니라 외환 보유고의 문제로 드러난다.

우리가 흔히 떠올리는 식량위기는 '먹을 것이 아예 사라지는' 풍경이다. 하지만 현실은 훨씬 복잡하다. 오늘날 굶주림의 근본 원인은 대개 먹을 것이 부족해서가 아니라, 식량을 살 돈이 없기 때문이다.

기후가 가격을 흔든다

식량 공급망은 기후변화, 물류 지연, 지정학적 충돌에 매우 민감하게 반응한다. 최근 식량 가격의 급등은 특히 기후에서 기인한다. 가뭄, 홍수, 폭염, 병해충 증가 등이 작황을 불안정하게 한다. 이러한 기후 기반 인플레이션을 '기후플레이션 Climateflation'이라고 부른다. 2010년대 중반부터 등장한 이 개념은 팬데믹과 전쟁, 공급망 위기 등과 함께 식량 가격을 자극하는 주요 요인으로 간주되고 있다.

문제는 단순한 물가 상승이 아니다. 기후플레이션은 불평등을 심화시킨다. 한국의 하위 20% 가구는 가처분소득의 40%를, 최하위 10%는 가처분소득의 절반 이상을 식비에 지출한다.[1] 아프리카의 식량위기 국가들과 비슷한 수준에 있는 국민이 이 나라에만 500만 명에 이른다는 이야기다.

누군가는 '사과 한 봉지를 살지 말지'를 두고 고민하고, 누군가에게는 학교 급식이 하루 중 유일한 식사일 수 있다. 기후위기와 식량위기는 언제나 가장 취약한 이들에게 가장 먼저 다가온다.

기후플레이션, 은밀한 위기의 얼굴

현대 사회의 식량위기는 과거처럼 눈에 띄게 오지 않는다. 더 이상 빵집 앞에 분노한 군중이 몰려들지도 않고, 굶어 쓰러지는 사람들이 거리에 널려 있지도 않다. 그러나 위기는 조용히, 깊숙이 스며든다. 가계의 식비 부담은 커지고, 저소득층은 영양보다 가격을 기준으로 음식을 고른다. 그 식탁에서 사라지는 건 과일과 고기만이 아니다. 균형 잡힌 성장, 건강한 내일, 삶의 기회가 함께 지워진다. 공공 급식에 의존하는 아이들은 늘어나고, 영양 불균형과 건강 격차는 더욱 벌어진다. 식량은 존재하지만, 그것에 접근할 권리는 점점 더 불평등해진다.

이 조용한 위기의 기폭제가 바로 기후플레이션이다. 앞으로 기후에 영향을 받는 대표적인 작물들을 살펴보겠지만, 기후는 가격을 흔들고 가격은 사람들의 식량 접근을 어렵게 만든다. 계층 간 격차는 건강과 생존의 격차로 번지고, 지역 간 격차는 정치·경제적 갈등으로 비화된다. 특히 한국은 높은 식량 수입 의존도, 낮은 자급률, 지정학적 불안정성, 영세한 농업 구조가 겹치면서 그 충격에 더 민감하다.

다시 강조하지만, 우리가 마주한 식량위기의 본질은 '없어서'가 아니라 '살 수 없어서' 발생한다. 풍요 속의 기아, 이것이 현대 식량위기의 새로운 얼굴이다.

여름 배추

한국에서 배추는 가장 중요하고 기본적인 식재료 중 하나였다. 알싸한 맛과 아삭한 식감은 각종 절임과 전, 특히 김치를 만드는 데 최적이었다. 배추가 있었기에 김치가 태어났고, 김치가 있었기에 한국의 밥상이 완성될 수 있었다.

사계절 내내 김치를 먹는 문화는 이제 한국인의 정체성이 되었다. 김치가 일상이 되자 김치를 위한 냉장고까지 따로 만들어졌다. 오늘날 한국 가정의 90%가 보유한 김치냉장고는 '김치 없는 한국은 없다'는 사실을 보여주는 생활의 증거다. 그래서 배추는 여러 채소 중 하나일 수 없다. 배춧값이 폭락하면 농민은 눈물을 흘리고, 폭등하면 소비자는 한숨을 내쉰다. 금보다 귀한 '금추'라는 말은 우스갯소리가 아니다.

그런데 이 '국민 채소'의 자리가 흔들리고 있다. 짧아진 봄과 가을, 폭염과 가뭄, 폭우와 잦은 비가 배추 농사를 도박으로 만들었고, 김치와 함께 이어온 한국의 식문화를 시험대에 올렸다.

변화하는 재배 환경

원래 한국의 봄과 가을은 배추 재배에 적합했다. 하지만 기후변화로 인해 여름이 길어지고 봄가을이 짧아지면서 재배환경이 나빠졌다. 온도가 높아지면서 병해충 피해가 늘어났고, 배추의 속이 차는 과정인 결구가 부실해지면서 전반적으로 배추의 품질이 떨어졌다. 특히 여름철 폭염과 집중호우, 가뭄 등 극한 기상이 잦아지고 있는데, 이제 여름 배추 가격이 폭등했다는 소식은 점차 흔한 뉴스가 되어가고 있다. 2024년 여름에는 배추 한 포기의 가격이 1만 원을 훌쩍 넘기도 했다.[2]

사실 한국에서 여름 배추가 널리 보급된 것은 1960년대 후반의 일이다. 고랭지 농업이 도입된 뒤, 강원도 평창과 정선 등 고랭지 지역에서 여름 배추 재배가 본격화되면서 비로소 사계절 내내 배추김치를 먹을 수 있게 되었다.

그 전까지만 해도 배추김치는 겨울 한철의 음식이었다. 신선 채소를 구하기 어려운 시기에 먹는 절임 음식이었다. 봄이면 들에서 채취한 나물로, 여름이면 '푸성귀'라 불리던 다양한 채소로 식탁을 채웠다. 엄밀히 말하면, 여름 동안에는 갖가지 채소들이 식탁을 풍성하게 했고, 겨울이 되면 김장김치 하나에 의존하는 식생활 구조였다.

하지만 현대에 들어 배추김치를 사계절 먹는 것이 당연시됐다. 자연스럽게 여름 배추에 대한 수요가 늘었고, 고랭지 농업의 중요성이 크게 부각됐다.

지속 불가능한 여름 배추

이제 여름 배추는 더는 지속 가능하지 않다. 애초에 한반도 기후에 맞지 않는 부자연스러운 재배 방식이었는데, 최근에는 기후변화로 재배 실패 위험이 더욱 커졌다. 게다가 평창 안반데기나 정선 고랭지처럼 경사진 산지를 개간한 밭은 집중호우 때마다 토양 유실이 심각하다.

고랭지 토양도 과거에는 부드러운 흙이 표토를 두껍게 덮고 있었다. 지금은 대부분의 표토가 유실되어 자갈밭으로 변해버린 곳이 많다. 이런 환경에서 농사를 계속하려면 비료와 농약 사용량을 늘릴 수밖에 없다. 1990년대 말부터 토양 보전을 위한 다양한 농업 기술을 적용해왔지만, 기후변화로 이마저도 힘에 부치는 상황이다

대안은 없을까? 한 가지 방법으로 배추를 외국에서 재배해 들여오는 방안을 생각해볼 수 있다. 실제로 국내 배추 가격이

급등할 때마다 중국산 배추를 수입하는 사례가 늘고 있다. 앞으로 동남아시아 고산지대에서 배추를 재배하는 방안도 충분히 상상할 수 있다.

하지만 이런 방식이 최선이라고 보기는 어렵다. 배추는 재배 자체보다는 운송과 보관에 더 많은 에너지와 비용이 든다. 가격 급등을 완화하기 위해 어느 정도 수입이 불가피할 때도 있겠지만, 이것을 주된 기후변화 적응 전략으로 삼는 것은 바람직하지 않다. 결국 식문화의 변화까지 포함한 다양한 방안을 모색할 필요가 있다.

승리의 정원

가령, 과거처럼 여름이면 다양한 푸성귀, 곧 채소들을 식탁에 올리는 것이다. 원래 한국 식단은 여러 종류의 채소를 활용해 김치를 담그고, 각종 작물의 잎을 쪄서 무쳐 먹는 등 채소 위주의 다채로운 식문화로 유명했다. 사실 이런 다양한 채소 활용은 역사적으로도 위기 극복의 수단이었다. 제2차 세계대전 당시 미국에서는 '승리의 정원Victory Garden' 프로그램이 전개됐다.[3] 정부가 국민들에게 집 앞마당이나 빈 땅에 채소를 기르도록 독려한 것이다. 전쟁으로 인한 식량 부족을 해결하고, 전선에 보낼 통조림 생산에 집중하기 위해서였다. 놀랍게도 1943년에는 미국 채소 생산량의 40%가 이런 가정원예에서 나왔다. 작은 텃밭들이 모여 국가적 위기를 극복한 셈이다.

물론 이는 결코 쉬운 일이 아니다. 여러 종류의 채소를 자주 수확해야 하므로 대규모로 재배하기가 어렵다. 자연히 소규모 농사가 주가 된다. 이런 작물들을 '소면적 작물'이라 부르는데, 보통 소농이 재배해 농민시장 같은 직거래 시장에서 소비자에게 직접 판매한다. 이런 구조가 가능하려면 도시에 농민시장이 충분히 마련되어야 한다.

작물 생산의 효율성도 높여야 한다. 우리 농촌은 배추, 무, 대파, 풋고추 같은 대규모 상업 재배가 가능한 채소는 주로 외국인 노동자를 고용해 생산하고 있다. 외국인 노동자를 고용할 수 있을 만큼의 농지와 자본이 필요한 셈인데, 고령화가 심화되면 이런 추세가 더욱 가속화될 수밖에 없다. 곧, 대량 재배가 가능한 소수의 작물만이 시장에 주로 공급되는 구조로 바뀌어갈 가능성이 높다. 결국 시장에 유통되는 채소의 종류가 점차 단순해지는 쪽으로 바뀌어갈 것이다. 우리가 이 문제에 별다른 노력을 하지 않는다면 말이다.

농민시장의 가능성

현재 우리나라에도 농민 직거래 장터가 여러 곳에서 열리고 있다. 과천의 경마장 공터, 성수동의 마르쉐 채소시장 등이 그 대표적인 예다. 한국마사회에서 과천의 농민시장을 지원하고 있고, 세계적인 의류기업인 파타고니아 등이 마르쉐를 후원하고 있다. 일부 지역의 농협과 공공기관에서도 농민장터를 열고 있다. 아직까지는 이런 농민시장들이 어려운 농가를 돕는 일 정도로 인식되는 경우가 많지만, 이런 시장들이 더 많은 도시로 확산되면, 우리는 기후변화에 적응하는 새로운 식문화를 만들어낼 수 있다.

유럽의 어느 도시를 방문하더라도 주말이면 광장에서 농민장터가 열리는 걸 심심찮게 볼 수 있다. 이 시장을 통해서 도시와 농촌은 다시 이어진다. 이 시장에서는 대형유통업체에서는 볼 수 없는 다양한 소품목 채소와 농가가 직접 생산한 가공식품이 판매된다. 주로 소농이 생산하는 품목들이다. 지금도 성수동의 마르쉐에 가면 대형 슈퍼마켓으로 유통하기는 어려운 다양한 소면적 신선채소를 만날 수 있다. 이런 시장이 활성화되면 불안정한 여름채소의 가격 변동성을 완충해줄 수 있고, 농촌지역 소농 커뮤니티의 유지에도 중요한 역할을 할 수 있다. 물론 대형 슈퍼마켓이 차지하는 비중이 줄어드는 것은 아니다. 하지만 둘이 상호보완적으로 기능하면서 사회적 다양성은 한층 확대된다.

유럽의 농민시장의 경우, 도시와 농촌이 서로 협력함으로써 지속 가능한 미래에 한발 더 다가갈 수 있다는 걸 보여준다. 국내에서 많은 지자체가 새로운 도시를 만들기 위해 야심 찬 청사진을 그린다. 그 청사진 속에 농촌과의 연결 고리를 어떻게 만들지에 대한 고민도 함께 들어가면 좋을 것이다.

기후위기 시대, 농업은 더 이상 농민만의 힘으로 헤쳐 나아가기 어렵다. 식문화를 바꾸는 일은 도시 소비자들의 적극적인 동참이 필수다. 결국, 자연과 기후에 맞서 싸우기보다는 기후변화에 맞춰 유연하게 적응해나가야 한다. 기후 자체를 바꿀 수는 없지만, 우리의 습관과 인식은 바꿀 수 있다. 이를 위해서는 도시 소비자들은 물론, 도시를 디자인하는 전문가와 정책 결정자들의 각별한 관심과 협력이 꼭 필요하다. 기후변화 시대에는 유연하고 신속한 적응이 생존의 열쇠가 될 것이다.

사과는 수입될까?

김천구미역에 내렸다. 식물검역원에 근무하는 대학 시절 친구를 만나기 위해서였다. 혁신도시가 들어선 지도 벌써 10년이 넘었지만, 역 주변은 여전히 미완의 도시처럼 보였다. 건물마다 빈 점포와 비어 있는 공간이 눈에 띄었다. 그 풍경을 보며 문득 생각했다. 도시의 '완성'이란 과연 무엇일까. 애초에 완성이라는 것이 가능한 일이긴 한 걸까.

역을 나와 조용한 혁신도시의 길을 걸었다. 인적 드문 길을 따라 걷다 보면 어느 순간 눈앞에 들판이 펼쳐진다. 볕이 잘 드는 밭에는 작물들이 고요히 자라고, 밭둑길은 이방인을 천천히 초대한다. 그렇게 한참을 걸어 올라가면 완만한 구릉 위로 식물검역원이 모습을 드러낸다. 유리 외벽으로 지어진 높은 건물은 주변 풍경과 묘하게 어울리면서도 묵직한 존재감을 뿜어낸다.

커피 한 잔을 놓고 앉은 자리에서 사과 수입 이야기를 꺼냈다. 예상한 대로 친구는 말을 멈추지 않았다. "우리는 대한민국

과일 산업의 최후 보루야." 자못 진지한 그 말에는 자부심이 실려 있었고, 이야기는 두 시간 넘게 이어졌다.

그날 내가 또렷하게 기억하는 말은 이것이었다.

"우리나라 과일 산업을 지키는 건 다름 아닌 과실파리야."

수십 년간 농업 연구를 해왔지만, 이런 새로운 사실을 접할 때마다 내가 아는 것이 얼마나 제한적인지 깨닫게 된다.

비관세 장벽 과실파리

과일 검역에서 가장 중요한 것은 바로 파리다. 과실파리는 어느 나라에나 있지만, 과일 수입 시에는 매우 까다로운 검역 대상이 된다. 우리나라에 없는 종의 파리가 발견되면 수입이 제한되는데, 이는 파리가 과일에 낳은 알이 운송 과정에서 부화해 구더기로 자랄 수 있기 때문이다. 이런 위험을 막기 위해 모든 수입 과일은 파리 알이 있다고 가정하고 방역 처리를 해야 한다.

과일 속에 낳은 알은 농약 처리만으로 제거할 수 없어 저온 혹은 증열처리*를 하게 되는데, 이 과정에서 과일의 맛이 떨어진다. 또한 과일이 너무 크면 열처리가 불완전할 수 있어 수입 과일에는 크기 제한도 있다. 이것이 수입 망고가 작고 맛이 없는 이유이며, 하우스에서 자란 제주 애플망고가 높은 가격을

---

* 고온·고습의 증기를 이용해 과일 등 농산물의 병해충을 물리적으로 제거하는 방법. 과실 중심부의 온도를 47℃ 이상으로 20분간 유지해 해충과 병원균을 멸균 처리한다.

받을 수 있는 배경이다.

캘리포니아산 오렌지는 우리나라에서 금지하는 과실파리가 없어 별다른 열처리 없이 수입된다. 반면, 남아프리카공화국 등 다른 나라의 오렌지는 과실파리 발생 지역으로 분류되어 수입 전에 열처리를 거쳐야 한다. 이 과정에서 과일의 맛과 식감이 크게 떨어진다. 그래서 우리 시장에서는 맛과 식감에서 훨씬 경쟁력을 지닌 미국산 오렌지만 쉽게 볼 수 있는 것이다.

그러고 보면 과실파리는 단순한 해충이 아니다. 국제 과일 무역의 흐름을 좌우하는, 비관세 장벽의 최전선에 선 '가장 귀찮고도 중요한 존재'다.

우리나라 역시 과일을 수출할 때 이 과정을 똑같이 거쳐야 한다. 외래 병해충이 유입되어 자국의 농업에 얼마나 큰 피해가 발생하는지를 고려하면 충분히 이해할 만한 조치다. 친구의 이야기를 듣고 나니 사과 수입이 당분간은 쉽지 않을 것이라는 안도감이 들었다.

수입의 어려움과 공급망의 딜레마

최근 농산물 가격의 급등락은 사과, 배추, 대파 등 주로 폐쇄형 시장 구조에 속한 품목에서 발생한다. 개방형 구조를 가진 품목의 경우 가격이 오르면 자연스럽게 수입이 늘어나면서 시장이 안정되지만, 폐쇄형 구조를 가진 품목은 국내 생산에 전적으로 의존해야 하기 때문에 그만큼 가격 변동성이 클 수밖에 없다.

또한 수출국의 입장도 고려해야 한다. 예를 들어, 수입국인 한국의 수입 물량이 지속적이고 안정적이라면 자국의 생산 기반을 유지할 수 있겠지만, 그 물량이 들쭉날쭉하면 공급망을 유지하기 어렵다. 또한 특정 품목의 수출량이 자국 내 생산량에 비해 과도하게 커지면 수출국의 물가가 상승하게 되고, 이에 따라 수출국은 자국의 물가를 안정시키기 위해 수출 제한 조치를 취할 가능성도 높아진다.

지리적 조건으로 인해 한국이 신선 채소를 안정적으로 수입할 수 있는 국가는 사실상 중국뿐이다. 이는 또 다른 위험을 내포하고 있다. 수입량이 많지 않더라도 중국이 수출 제한 조치를 취하면, 요소수 사태에서 보았듯이 채소 가격이 단기간에 폭등할 수 있다.

공급망의 다변화 전략은 이러한 위험을 줄이는 핵심 대안이다. 그러나 이 역시 말처럼 쉬운 일은 아니다. 기후 조건, 지리적 거리, 검역 기준 등 여러 장벽이 존재하기 때문이다.

수출 없는 수입 전략의 한계

수입 사과도 장기적으로 보면 검역을 통과해 우리나라로 들어올 가능성이 있다. 그 점을 염두에 두고 지금부터 대안을 마련해야 한다. 과실파리를 구실 삼아 수입을 차단하는 전략이 언제까지나 통할 것이라고 가정하는 것은 지나치게 위험하다. 국제 통상 환경이 바뀌거나 검역 장벽이 무너지면, 국내 사과 산업은 수입 사과와 직접적인 경쟁에 직면하게 된다.

예전에는 농가 보호의 관점에서 농산물 수입 전략을 구사해 왔다면 향후에는 식량안보 차원에서 공급망 안정에 더 많은 관심을 기울일 필요가 있다. 물론 여기에서 가장 중요한 전제는 국내 생산 기반을 안정적으로 유지하는 것이다.

결국 이런 전략이 작동하기 위해서는 우리도 농산물을 수출할 수 있어야 한다. 일방적인 수입 조건에서 공급망을 안정화하면서 국내 생산 기반을 유지할 수는 없기 때문이다. 이건 마치 따뜻한 아이스아메리카노와 같다. 마시고 싶긴 하지만 가능하진 않다.

한국 농산물의 수출 가능성

결국, 농산물 수출입을 통한 공급망 완충이 가능하려면 먼저 수출 경쟁력을 확보하는 일이 필수다. 수출 경쟁력이 없는 상태에서 시장을 계속 개방하게 되면 국내 농업의 붕괴는 피하기 어렵기 때문이다.

모든 농산물을 수출할 필요는 없지만, 핵심 품목만큼은 반드시 경쟁력을 갖춰야 한다. 95%까지도 가능한 자급률을 유지하면서 5~20%는 수출입이 가능하도록 하는 것이 이상적이다. 원물 형태로의 수출이 어려운 경우라도, 가공식품을 통해 부가가치를 높여 해외 시장을 개척하는 전략이 필요하다. 특히 가공품으로 수출할 경우, 원물 가격의 영향력은 상대적으로 줄어들어 성공 기회를 높일 수 있다.

한국처럼 생산비가 높은 나라는 농산물 수출에서 불리할 수밖에 없다. 그러나 농산물 시장은 단일한 가격이 아니라 다양한 가격대로 구성되어 있다. 고급 농산물 시장을 목표로 수출 경쟁력을 높이려는 노력이 필요하다.

쌀의 경우, 세계 시장에서 일반적인 평균 가격은 톤당 400~700달러 수준이다.[4] 하지만 톤당 1000달러가 넘는 프리미엄 시장도 존재하며, 이 시장을 공략하면 한국산 쌀도 충분한 경쟁력을 가질 수 있다. 실제로 해남의 땅끝친환경황토영농조합법인에서 생산된 유기농 쌀은 미국으로 수출되고 있으며, 수출량도 해마다 증가하고 있다.

일본 역시 2010년대 들어 쌀 수출 전략을 본격적으로 추진하고 있다. 2030년까지 쌀 수출량을 35만 톤까지 확대하겠다는 목표를 설정했다. 국내 수요의 5% 수준이다. 이는 단순히 수요와 공급을 맞추는 방식만으로는 쌀 수급 불안을 해소할 수 없고, 국내 농업의 침체 또한 극복하기 어렵다는 판단에 따른 것이다. 결국 쌀 산업도 내수에 갇힌 구조에서 벗어나 수출과 연계된 고부가가치 전략으로 전환할 필요가 있다. 품종, 가공, 유통, 수출이 연결된 통합 모델 구축이 이제는 선택이 아니라 필수다.

과수 품목은 품종에 따라 시장 가격이 크게 달라진다. 현재 배는 연간 약 2만 5000톤이 수출되지만, 사과는 여전히 국내 소비 중심에 머물러 있다. 반면, 국내에서 재배된 샤인머스켓 포도는 베트남과 홍콩 시장에서 고급 과일로 자리 잡으며, 프리미엄 수출 품목으로 성공적인 사례를 만들었다.

이처럼 단일 품종이라도 명확한 타깃 시장 설정과 철저한 품질 관리가 뒷받침되면 수출 경쟁력을 충분히 확보할 수 있다. 사과 역시 품종 개발에 그치지 않고, 시장 특화형 수출 전략으로 전환해야 할 시점이다.

채소류도 마찬가지다. 배추는 김치 수출을 염두에 둔 계약 재배와 해외 산지 분산 전략이 현실적이다. 예컨대, 동남아 고산지대나 중국 북부 지역 등 기후 조건이 적합한 지역에 현지 기업과 협력해 위성 산지를 조성하고, 이를 기반으로 김치 원료 수급의 계절적 공백을 해소할 수 있다. 이러한 구조를 통해 국내 생산 기반의 수급 불안정성도 완화하면서, 수출형 김치 산업의 안정적 성장을 도모할 수 있다. '해외 산지 – 가공 – 글로벌 유통'을 잇는 일관된 수출 체계가 지금 필요한 전략이다.

결국, 한국 농산물이 국제 시장에서 경쟁력을 갖기 위해서는 단순한 보호 중심 정책을 넘어선 체계적인 수출 전략이 필요하다. 이것은 수출을 통한 수익 확대만을 의미하지 않는다. 글로벌 시장과 연결되는 구조를 갖추는 일은 앞으로의 식량안보를 위한 필수 선택이기도 하다. 국내 농업이 지속 가능하려면, 국경을 넘는 전략과 내부의 개혁이 동시에 작동해야 한다.

영국의 스파클링 와인

과거에는 상상할 수 없었던 일이 지금 영국에서 벌어지고 있다. 2020년 기준 영국은 세계 5위의 와인 소비국이었지만, 생산량 기준으로는 20위에도 들지 못했다. 수 세기 동안 영국인들은 와인을 즐기기만 했을 뿐, 직접 생산하는 데에는 큰 관심이 없었다. 영국의 서늘한 기후가 포도 재배와 와인 생산에 적합하지 않았기 때문이다.

하지만 최근 국제 와인 대회에서 영국 와인들이 두각을 나타내며 새로운 흐름을 만들어가고 있다. 특히 샴페인 스타일의 스파클링 와인이 주목받고 있다. 주요 국제 와인 대회에서 연이어 수상하며 명성을 쌓아가고 있다.

2022년 세계 최대 규모의 와인 품평회인 디캔터 월드 와인 어워즈Decanter World Wine Awards에서 영국 와인이 151개의 메달을 획득하며 기록적인 성과를 거뒀다. 특히 에식스 지역에서 사상 처음으로 플래티넘 메달을 수상하며 큰 주목을 받았다. 이 상은 전 세계에서 출품된 수천 종의 와인 중에서도 극소수의 뛰어난 와인에게만 주어지는 최고 등급의 영예다.[5] 2023년 국제 와인 챌린지International Wine Challenge에서도 전 세계 6000개 이상의 와인과 경쟁하며 다양한 부문에서 금·은·동메달을 수상했다.[6]

기원후 43년 로마의 클라우디우스 황제가 브리타니아(지금의 영국 섬)를 점령하면서 포도 재배와 와인 양조 기술이 전해진 이후, 영국의 포도원과 와이너리는 지금 최고의 중흥기를 맞고 있다.[7]

기후변화가 만든 새로운 기회

영국이 와인 산지로 주목받기 시작한 것은 기후변화가 농업에 미치는 영향을 극명하게 보여주는 사례다. 과거에는 포도 재배에 적합하지 않다고 여겨졌던 영국 남부 지역이 지구온난화로 인해 점점 따뜻해지고 있다. 고품질 포도를 재배할 수 있는 이상적인 환경으로 변하고 있는 것이다.

특히 세계적인 포도주 산지인 프랑스의 샹파뉴 지역과 유사한 기후 조건과 석회암 토양은 피노누아와 샤도네이 같은 포도 품종이 잘 자랄 수 있는 최적의 조건을 제공했다. 이는 영국을 스파클링 와인의 강국으로 떠오르게 만들었다.

브렉시트 이후 자국산 제품에 대한 선호 증가와 와인 소비 변화도 영국 와인의 성장을 촉진했다. 이런 흐름은 기후변화가 기존의 농업 지형을 재편하면서 동시에 새로운 경제적 기회를 창출할 수 있음을 보여주는 대표적인 사례다. 영국 와인은 자연 변화와 인간의 적응 능력이 결합하여 만들어낸 결과물로 기후변화 시대 농업 혁신의 가능성을 보여주었다.

반면, 샹파뉴 지역의 와인 생산은 기후변화로 인해 큰 혼란을 겪고 있다. 최근 몇 년 동안 평균 기온 상승으로 인해 여름철 폭염과 가뭄이 찾아왔고, 예상치 못한 봄철 서리가 포도 재배에 악영향을 미쳤다. 샹파뉴 지역의 평균 기온은 지난 50년 동안 약 1도 상승했다. 이로 인해 포도의 생장 속도가 빨라지고 수확 시기가 앞당겨지는 변화가 나타나고 있다.

이런 기온 상승은 포도의 당도와 산도에 직접적인 영향을 미쳐 와인 맛의 균형과 품질을 유지하는 데 어려움을 겪고 있다. 기후변화로 인해 새로운 와인 산지가 부상하는 동시에, 전통적인 와인 명산지는 생존 전략을 모색해야 하는 시대가 도래한 것이다.

올리브 산업의 위기와 기회

기후변화는 세계 올리브 산업에도 심대한 영향을 끼치고 있다. 스페인은 세계 올리브유 생산량의 50% 이상을 차지하는 최대 생산국이다. 하지만 최근 몇 년간 가뭄과 극심한 더위로 인해 생산량이 급감했다. 2022년 가을 수확기부터 이듬해 9월 말까지 생산량이 68만 톤으로 줄어들며 직전 시즌의 150만 톤 대비 절반 이하로 감소했다.[8] 특히 스페인 최남단의 안달루시아와 같은 주요 재배 지역에 큰 타격을 입혔고, 그 영향으로 국제 올리브유 가격이 치솟았다. 2022년 톤당 4000달러였던 것이 2023년에 톤당 9000달러를 넘어섰다.[9]

그 결과 스페인에서 식당 테이블에 올리브유를 기본적으로 제공하던 오랜 전통이 변화를 맞고 있다. 이제는 올리브유가 고급 식재료가 되면서 식당들은 더 이상 이를 자유롭게 제공하지 않는다. 손님이 별도로 요청할 때만 종지에 담아주는 방식으로 바뀌고 있다.

그리스 역시 올리브 농업에 대한 의존도가 높아 기후변화의 영향을 크게 받고 있다. 그리스에서는 경작지의 약 20%에서 올리브를 재배하며, 45만 가구가 올리브 농업에 생계를 의존하고 있다. 하지만 기온 상승과 강수량 감소로 인해 생산량이 줄어들면서 올리브유 가격이 급등했다. 이로 인해 마트에서 올리브유 도난 사건이 빈번해지고 있다.

올리브 나무는 기본적으로 고온 건조한 환경에서도 잘 자란다. 하지만 극단적인 무더위와 가뭄이 동시에 발생하면 열매를 맺기 어려워진다. 남부 유럽에서는 기온 상승뿐만 아니라 강수량 감소까지 겹쳐 올리브 생육이 심각한 타격을 받고 있는 상황이다.

반면, 기후변화로 인해 올리브 재배가 어려워지는 전통적인 산지와는 달리 새로운 지역들이 올리브 생산지로 부상하고 있다. 대표적인 사례가 크로아티아의 이스트리아반도와 달마티아 지역이다. 이 지역에서 생산된 올리브유는 국제 대회에서 수상할 정도로 높은 품질을 인정받고 있다.[10] 크로아티아뿐만 아니라 북동부 므라즈 지역에서도 올리브 나무를 새롭게 심고 있으며, 이탈리아 북부에서도 올리브 재배가 늘어나고 있다.[11]

기후변화는 전통적인 농업 강국에는 위기를 초래하지만, 새로운 대체 지역에는 기회를 제공하고 있다. 하지만 수천 년 동안 형성된 농업 기반을 단기간에 새로운 지역으로 이전하는 것은 쉽지 않다. 이런 변화는 느리게 진행될 가능성이 크며, 어쩌면 기존 생산지를 완전히 대체하는 것은 불가능할 수도 있다.

비단 올리브 산업만의 문제가 아니다. 가나와 코트디부아르의 카카오, 에티오피아의 커피, 한국의 사과 등 주요 농산물 산지에서도 기후변화의 영향이 동시다발적으로 나타나고 있다.

기후플레이션 **137**

이는 단순한 작물 재배의 변화가 아니라 세계 식량 체계 전반에 걸친 구조적 변화를 예고하는 신호일지도 모른다.

사과 재배지 북상, 그 이면의 진짜 이야기

사과 재배지가 북상하고 있다는 뉴스는 이제 기후변화 보도의 단골 소재다. 대구에서는 더 이상 사과가 재배되지 않고, 재배지는 청송을 거쳐 영주와 봉화를 지나 정선 고랭지를 넘어 양구까지 올라갔다는 보도다. 십 년 넘게 반복되는 이 뉴스에는 종종 화려한 그래픽이 곁들여지고, '기후위기의 증거'라는 제목이 붙는다.

데이터만 살펴도 이러한 변화는 확실해 보인다. 지난 30년간 대구 지역의 사과 재배 면적은 623헥타르에서 157헥타르로 75% 줄었다. 반면, 북쪽에 위치한 청송은 같은 기간 802헥타르에서 2479헥타르로 210% 늘었다.[12] 의성 지역 일부에서는 이미 사과 대신 다른 작물이 자리 잡고 있다. 이쯤 되면 '이제는 남쪽에서 사과 재배가 불가능한 게 아닐까?'라는 우려도 나온다.

하지만 이 논의에서 자주 놓치는 질문이 있다. '품종'으로는 이런 변화를 극복할 수 없는 걸까? 한반도 전체가 사과 재배에 부적합해지는 것이 과연 불가피한 일일까? 기후가 바뀌면 품종도 바뀌어야 하지 않을까?

지금 우리나라의 사과는 한 품종에 지나치게 의존하고 있다. 전국 재배 면적의 70%가량이 '부사'다. 이 품종은 저장성이 뛰어나고 단맛이 강해 시장의 선택을 받아왔지만, 성숙기가 늦고 착색에 민감해 고온에 특히 취약하다. 만약 사과 재배가 점차 어려워지고 있다면 그 원인은 '기후'일 수도 있지만, 동시에 '품종 편중'일 가능성도 있다.

 일반 대중을 대상으로 강연을 하며 "북한에서도 사과를 재배할까요?"라고 질문을 던지면, 대개 머뭇거리는 반응이 돌아온다. 이제 겨우 양구까지 올라갔는데 북한에서 가능하겠느냐는 눈치다. 그러나 놀랍게도 과거 북한은 오히려 사과 재배의 중심지였다. 1941년 통계에 따르면, 황해도는 약 9401천관(약 3만 3567톤), 평안남도는 8283천관(약 2만 9569톤), 함경남도는 5161천관(약 1만 8434톤)의 사과를 생산했다.[13] 이는 같은 해 경상북도(5287천관, 약 1만 8873톤)보다도 많은 수치다.

 최근 통계에서도 북한은 한국보다 약 두 배 많은 사과를 생산하고 있다. 결국 '사과의 북상'이라는 표현보다는, 부사 품종의 북상이라는 표현이 더 정확하다. 사과는 이미 북쪽에 있었다.

 그렇다면, 우리는 왜 지금처럼 사과를 쉽게 포기하려 할까? 경북의 사과가 기후에 밀려난다면, 그다음은 강원도의 고랭지일 수 있다. 기후를 탓하기 전에 우리가 할 수 있는 일부터 찾아야 한다.

 다행히 희망의 조짐도 있다. 최근에는 품종 다변화 가능성을 보여주는 성과들이 하나둘 등장하고 있다. 농촌진흥청 사과연구소에서는 '썸머킹', '썸머프린스', '홍로', '아리수', '감홍'

기후플레이션   **139**

등 다양한 품종을 육성해왔다. 그중에서도 '골든볼'은 황색과 피를 지닌 품종으로, 고온의 환경에서도 안정적인 착색이 가능해 기후변화에 대응할 수 있는 유망한 대안으로 주목받고 있다.[14]

기후변화는 농업 지도를 새로 그리고 있다. 어떤 곳에서는 새로운 기회가, 어떤 곳에서는 생존의 위협이 동시에 펼쳐진다. 이 변화 속에서 우리는 포기의 언어가 아니라, 적응의 지혜를 더 적극적으로 찾아내야 한다.

기후와 물가

도시인들의 농업 인식은 크게 두 가지 경로로 형성된다. 하나는 〈삼시세끼〉 같은 예능 프로그램에서 보여주는 낭만적 텃밭 농사이고, 다른 하나는 농산물 가격 폭등 뉴스다. 그런 영향 때문인지 대부분의 소비자는 농업을 '가격 폭등'이라는 키워드와 함께 연상하기 쉽다.

2020년 54일간 이어진 최장 장마는 기후변화의 파괴력을 여실히 드러냈다. 쌀 생산량이 15% 줄고 가격은 30%나 뛰었으며,[15] 장마철 내내 쏟아진 비 때문에 여름 배추 작황도 최악을 기록해 식당들조차 김치 인심이 사나워졌다.

그해의 극한 기상은 이듬해까지도 영향을 미쳤다. 쌀값이 오르자 다음 해 벼 재배 면적이 늘어났고, 마침 기상 조건까지 좋아 풍년이 들었다. 문제는 그 이후였다. 쌀 가격 지지 정책이 기존의 '변동직불제'에서 '시장격리제' 중심으로 전환되면서 시장에 혼란이 커졌다.

'변동직불제'는 쌀 가격이 정부가 정한 목표 가격보다 떨어질 경우, 그 차액의 일부를 정부가 현금으로 농가에 직접 보전해주는 제도다. 반면, '시장격리제'는 쌀값이 지나치게 하락할 때 정부가 일정 물량을 매입해 시장에서 격리(비축)함으로써 공급량을 줄여 가격을 지지하는 방식이다.

두 제도는 일정 부분 병행되고 있었지만, 2020년대 들어 공익직불제 도입과 함께 정책의 중심축은 점차 시장 조절 중심의 격리 정책으로 이동하고 있었다. 마침 이러한 전환기에 수급 불균형이 겹치면서 쌀 시장의 혼란은 피할 수 없었다.

결국 쌀 가격은 대통령의 거부권이라는 정치적 소용돌이 속으로 빨려들어갔다. 쌀이 농림업 총생산액에서 차지하는 비중은 13%에 불과하지만, 그 파급력은 모든 농업 개혁 이슈를 잠식할 정도로 강력했다.

슈퍼 엘니뇨의 충격

2023년 '슈퍼 엘니뇨'로 인한 충격은 그야말로 극적이었다. 3월의 이상 기온과 여름철 폭염, 잦은 비가 겹치면서 사과·배 등 주요 과일 생산량이 30~40% 줄어드는 심각한 타격을 입었다. 정부가 시장에 적극 개입했음에도 불구하고, 2024년 2월 사과 가격은 전년 대비 76% 상승했고 3월에는 80%까지 치솟았다.[16] 여기에 한반도 주변의 해수면 온도가 상승하면서 흐린 겨울 날씨가 지속되었고, 그 결과 동절기 하우스 작물과 대파 작황까지 악화되면서 상황은 더욱 나빠졌다.

한국의 생활물가, 특히 식품 가격은 세계 최고 수준에 속한다. 예전에는 일본에 출장을 갈 때 식당에 가는 게 두려울 정도로 일본 물가가 높게 느껴졌지만, 어느 순간부터 오히려 일본 식당이 상대적으로 '싸게' 느껴지기 시작했다. 실제로 통계를 살펴보면, 이 체감이 근거 없는 이야기가 아님을 알 수 있다.

세계 최고 수준의 식품 물가

국가별 생활물가 자료를 제공하는 넘베오Numbeo는 세계 유명 언론사들도 자주 인용하는 플랫폼이다. 이 사이트에 따르면, 2025년 초 기준 한국의 종합 생활물가는 146개국 중 25위로 비교적 높은 수준을 나타낸다. 하지만 식료품 분야에 국한하면 세계 6위까지 상승한다. 우리보다 더 비싼 식료품 물가는 스위스, 버뮤다, 아이슬란드 등 인구 소국들뿐이다.

품목별로는 사과, 바나나, 오렌지, 감자가 세계 1위, 소고기와 양파가 2위, 토마토가 3위를 기록했다. 대부분의 농축산물이 세계 최고가 수준이며, 계란(35위)과 수입 맥주(32위)만이 예외적으로 중위권에 머물렀다.[17]

농림축산식품부는 높은 식품물가에 대한 여론의 비난이 거세지자 넘베오 자료의 신뢰성에 의문을 제기하는 방식으로 대응했다.[18] 그렇지만 다른 국제기관의 국가 간 비교 역시 유사한 경향이 나타났고, 그에 대해 별다른 입장 표명은 없었다.

세계은행이 발표하는 '건강식단 비용' 조사에서 한국은 1인당 일일 영양 요구량을 충족하기 위한 최저 비용이 5.34달러로 전 세계에서 다섯 번째로 높았다.[19] 한국보다 더 높은 국가는 자메이카, 일본, 몽골, 그라나다뿐이었다.

이처럼 높은 식품물가는 저소득층의 영양 섭취에 비용 부담을 초래한다. 특히 과일과 채소처럼 건강에 필수적인 식품이 지나치게 비싸지면, 개인은 물론 사회 전체의 건강과 영양 불평등 문제로까지 이어지게 된다. 기후변화가 만드는 새로운 사회문제다.

예측 불가능한 날씨가 농업을 흔들고, 그 충격은 고스란히 우리 식탁의 물가로 전해진다. 이제 우리는 기후와 물가가 하나로 연결된 시대를 살아가고 있다. 날씨 뉴스를 볼 때마다 지갑을 걱정해야 하는 시대 말이다.

기후가 작물에 미치는 영향

기후변화의 영향을 다룰 때 주로 곡물류에 대해서만 이야기한다. 인간의 칼로리 섭취에서 곡물이 차지하는 비중이 가장 크기 때문이다. 하지만 주식작물 staple crops이 아니어도 중요한 것들이 있다. 건강한 식단을 유지하는 데 필수적인 미량 영양소, 지방, 단백질을 공급하는 작물들이다.

문제는 기후변화가 과일, 채소, 콩과식물, 씨앗 등에 미치는 영향에 대한 연구가 상대적으로 부족하다는 점이다. 곡물에 비해 관심도 적고 연구도 적다.

최근 연구 결과에 따르면, 대기 중 이산화탄소 농도가 250ppm 증가할 경우, 이들 작물의 수확량은 평균적으로 약 22% 증가하는 것으로 나타났다. 특히 콩류와 같은 작물은 잎 채소보다 더 큰 증가 폭을 보였다. 반면 기온 상승의 영향은 상반된다. 예를 들어, 평균 기온이 섭씨 4도 상승할 경우, 주요 작물의 수확량은 평균 5%가량 감소할 것으로 예측되었다.[20]

그런데 기온 상승에 따른 수확량 변화는 작물의 종류에 따라 차이가 크다. 48% 감소에서 38% 증가까지 다양한 결과가 나타났다. 지역별로도 차이가 있다. 현재 기온이 20도 미만인 지역에서는 수확량이 35% 증가했다. 반면 20도 이상인 지역에서는 32% 감소했다. 과일과 견과류도 마찬가지다. 이산화탄소 농도 증가로 수확량이 늘어날 수 있지만, 더운 지역에서는 기온 상승으로 인한 감소 효과가 더 크게 나타났다.[21]

이런 연구 결과는 두 가지 중요한 사실을 알려준다. 첫째, 채소나 과일 같은 비곡물류 작물이 기후변화에 어떤 영향을 받을지에 대한 연구가 아직 충분하지 않다. 둘째, 기후변화의 영향은 지역과 작물에 따라 크게 달라질 수 있다.

다만, 한 가지 사실은 분명하다. 채소와 과일, 그리고 유지작물(콩, 깨, 땅콩, 유채처럼 식용유를 얻기 위해 재배하는 작물들)은 이미 수확량뿐 아니라 품질과 맛에서도 변화를 겪고 있다. 쌀이나 밀 같은 작물은 비교적 안정적인 반면, 기후변화에 더 민감한 작물들은 수확량이 줄고 품질이 저하되고 있다. 이러한 변화는 각국의 소비자물가에도 영향을 미치고 있으며, 그 결과 '기후플레이션' 현상이 점점 더 뚜렷해지고 있다.

식단 변화와 건강

성인 한 사람이 하루에 필요한 칼로리는 단순한 숫자가 아니다. 그것은 우리 몸이 생존하고, 움직이고, 생각하며, 감정을 느끼는 데 필요한 에너지의 총합이다. 한국인의 경우 성인 하루 권장 칼로리는 약 2000~2500kcal 정도다. 하지만 이 숫자는 고정된 것이 아니다. 사무직 직장인과 육체 노동자, 도시 거주자와 농업 종사자는 각기 다른 칼로리를 필요로 한다.[22]

칼로리 그 자체로는 의미가 크지 않다. 중요한 것은 그 칼로리가 어디에서 오는가다. 예전 한국인들은 밥 중심의 탄수화물 식단을 유지해왔다. 이제는 단백질과 지방의 균형 잡힌 섭취가 더 중요해졌다. 이상적으로는 하루 에너지의 45~65%를 탄수화물에서, 10~35%를 단백질에서, 20~35%를 지방에서 얻어야 한다. 물론 이 비율도 개인 차가 있다.

영양소의 균형은 탄수화물, 단백질, 지방만으로 설명되지 않는다. 신체 기능을 원활하게 유지하려면 비타민과 미네랄 같은 미량 영양소도 필수다. 전통적으로 한국인은 채소와 해조류를 통해 다양한 비타민과 미네랄을 섭취했다. 비교적 균형 잡힌 식단이었다.

하지만 현대 사회는 다르다. 바쁜 일상을 때문에 가공식품과 패스트푸드 의존도가 높아졌다. 영양 균형이 무너지고 있다. 우리 몸은 매일 일정한 칼슘, 철분, 비타민 D, 섬유질을 요구한다. 하지만 우리는 종종 그 신호를 무시한다. 단순한 칼로리 계산이 아니라, 몸이 필요로 하는 영양소를 어떻게 채울 것인가를 고민해야 할 시대다.

우리는 우리가 먹는 것이다

먹는다는 것은 단순히 배를 채우는 행위가 아니다. 인간의 본질을 형성하는 가장 근본적인 요소 중 하나다. 독일 철학자 루트비히 포이어바흐가 남긴 명언이 있다. "우리는 우리가 먹는 것이다." 이는 음식이 단순한 생리적 욕구 충족을 넘어 인간 존재의 물질적·정신적 기반을 형성하는 핵심 요소임을 의미한다.

먹는 행위는 개인의 신체뿐 아니라 사회의 가치, 환경, 경제 구조까지 반영한다. 유발 하라리는 《사피엔스》에서 인간이 먹는 방식을 통해 문명과 사회를 형성했다고 말한다. 인간이 생태계의 정점에 선 것도 식단과 식량 생산 방식 덕분이라는 것이다.

결국 우리가 무엇을 먹느냐는 개인의 욕구를 넘어선다. 지구 환경, 지속 가능성, 사회적 정의와 밀접하게 연결된다. 식단 선택은 단순한 개인 결정이 아니다. 우리의 미래, 환경, 사회의 건강을 좌우하는 중요한 요소다.

인류의 식량 소비는 시대에 따라 변해왔다. 1950년대 이후 세계 인구가 증가하고 산업화가 진행되면서 평균 칼로리 섭취량도 크게 늘었다. 1960년대 전 세계 평균치는 하루 2200~2300kcal였다. 2010년대에는 2800kcal 이상으로 늘어났다.[23]

특히 고소득 국가에서 칼로리 섭취량이 급증했다. 고지방, 고칼로리 식품 소비가 확대되면서 비만 같은 건강 문제가 심화됐다. 식단 구성도 크게 바뀌었다. 과거 곡물 중심이던 식단에서 육류, 유제품, 가공식품 비중이 늘어났다.

육류 소비는 폭발적으로 증가했다. 1960년대 이후 축산업의 대규모 발전과 맞물린 결과다. 1961년 이후 세계 육류 생산량은 네 배 이상, 아시아에서는 열다섯 배나 증가했다.[24] 동시에 정제된 곡물, 설탕, 기름 소비는 늘고 채소와 과일 소비는 줄었다. 이런 식단 변화는 오늘날 비만과 심혈관 질환 같은 만성 질환이 증가한 주요 원인으로 지목되고 있다.

육식의 딜레마

식단 변화가 초래한 영향은 건강 문제에 국한되지 않는다. 육류 소비 증가는 환경에 미치는 부담도 키우고 있다. 현재 전 세계 곡물의 약 3분의 1이 가축 사료로 사용된다. 하지만 이 중 단 12%만 인간이 섭취할 수 있는 동물성 식품으로 전환된

다. 효율성이 떨어진다는 뜻이다.[25]

육류 소비가 증가할수록 글로벌 식량안보에는 부정적 영향을 미칠 수밖에 없다. 축산업은 온실가스 배출의 주요 원인이기도 하다. 전 세계 온실가스 배출량의 14.5%가 축산업, 사료 생산, 연관 산업에서 나온다.[26]

더 놀라운 사실이 있다. 전 세계 경작 가능한 토지의 약 50%가 농업에 사용되는데, 이 중 77%가 축산업을 위한 사료 재배와 방목지다. 그런데 축산업이 공급하는 전체 칼로리는 인류가 소비하는 총 칼로리의 18%에 불과하다. 농업용 물의 41%도 사료 작물 생산에 쓰인다.

하지만 축산업의 중요성을 간과할 수는 없다. 한국에서도 축산업은 농업 GDP에서 가장 큰 비중을 차지한다. 수많은 농가의 생계를 책임진다. 세계적으로도 축산업은 단순한 식량 공급을 넘어 빈곤 감소, 식량안보, 농업 개발에 기여한다.

FAO에 따르면 축산업은 세계 농업 생산액의 40%를 차지하며, 전 세계 13억 명 이상에게 생계, 식량, 영양 공급원이 된다. 지속 가능한 식량 시스템에서도 중요한 역할을 한다. 가축 분뇨는 천연 비료가 되고, 짐을 나르는 가축은 기계화가 낮은 지역의 생산성을 높인다. 특히 산악지대나 건조지대 같은 척박한 환경에서는 더욱 그렇다. 전 세계 약 5억 명의 유목민이 가축을 통해 생계를 이어간다. 가축은 천연자원을 식량, 섬유, 노동력으로 전환하는 유일한 수단이다.

축산인들도 이런 딜레마를 알고 있다. 가축이 주는 혜택을 얻고 있지만, 이 산업이 환경에 미치는 부정적 영향도 이해한다. 그래서 환경부하를 줄이고, 지속 가능한 축산 시스템을 만들려는 시도를 끊임없이 하고 있다. 육류 소비와 축산업을 둘러싼 논쟁은 인간의 식문화, 경제, 환경 사이에서 균형을 맞추려는 복잡한 도전의 한가운데 서 있다.[27]

지속 가능성을 위한 식단

현재의 식량 생산 방식은 지구 생태계에 과도한 부담을 준다. 기후를 바꾸고, 생물다양성을 파괴하며, 질소와 인의 자연 순환을 교란시킨다. 토지는 황폐화되고, 물은 고갈된다. 지속 가능하지 않다. 이런 흐름을 되돌리려면 농업 생산성 향상만으로는 부족하다. 소비자의 식단도 바뀌어야 한다. 자본주의 체제에서 계속 늘어나는 수요를 외면한 채 생산을 멈출 수는 없기 때문이다.

육류 소비 저감을 위한 글로벌 움직임은 1970년대 환경운동과 함께 시작됐다. 초기에는 동물권과 환경 보호라는 윤리적 관점이 주를 이뤘다. 1990년대 들어 기후변화 대응이라는 과학적 필요성이 더해졌다. 전환점은 2006년 FAO의 〈축산업의 긴 그림자〉라는 보고서였다. 이 보고서는 축산업계의 강력한 반발에도 불구하고 축산업이 온실가스 배출의 주요 배출원임을 밝혔고, 전환의 시급성을 환기시켰다.[28]

이후 다양한 식단 개선 운동이 전개됐다. '고기 없는 월요일 Meatless Monday'은 2003년 존스홉킨스 보건대학원에서 시작되어 현재는 전 세계 40개국 이상으로 확산되었다. 또한 '플렉시테리언flexitarian' 식단은 완전한 채식이 아닌, 필요에 따라 육류나 생선을 유연하게 섭취하는 방식의 저육식 식단을 제안했다. 극단적인 채식보다 실천 가능성이 높았고, 많은 사람들의 일상적인 식습관을 바꾸는 데에도 유리했다.

성과도 나타나고 있다. 유럽과 북미를 중심으로 대체육 시장이 급성장 중이다. Z세대를 중심으로 환경을 고려한 식품 선택이 새로운 트렌드가 됐다. 이런 변화가 더 이상 윤리적 선택이 아니라 기후위기 대응을 위한 필수적 전환으로 인식되기 시작했다는 점이 주목할 만하다.

채식주의 확산은 사회문화적 현상으로 자리 잡았다. 영국 비건 소사이어티에 따르면 2014년부터 2019년 사이 전 세계 비건 인구는 네 배 이상 증가했다. 밀레니얼 세대와 Z세대에서 증가세가 두드러졌다. 채식주의가 단순한 식습관 변화를 넘어 새로운 생활양식으로 진화하고 있다.

채식의 스펙트럼도 다양해졌다. 완전 채식(비건)부터 페스코 베지테리언(해산물만 섭취), 플렉시테리언까지 개인의 상황과 신념에 따라 유연한 선택이 가능하다. 한국에서도 비건 인구가 2022년 250만 명까지 증가했다. 채식의 주된 이유는 '건강'이었고, 환경 보호가 그 뒤를 이었다.[29]

이런 흐름에 시장도 반응하고 있다. 글로벌 식품 기업들은 식물성 대체육 개발에 대규모 투자를 진행 중이다. 패스트푸드 체인들도 채식 메뉴를 확대하고 있다. 비욘드미트, 임파서블푸즈 같은 대체육 전문 기업의 성장이 이런 변화를 보여준다.

여기서 주목할 점이 있다. 이 기업들이 단순히 채식주의자만을 타깃으로 삼지 않았다는 점이다. 환경과 건강을 고려하는 일반 소비자들도 주요 고객층으로 포함시켰다. 이들은 채식을 하나의 메가트렌드로 발전시키고 있다.

하지만 역설적인 상황도 나타나고 있다. 선진국들이 과다한 육류 소비를 줄이려 노력하는 동안, 개발도상국에서는 소득 증가와 함께 육류 소비가 급격히 늘어날 것으로 예상된다. 한쪽에서 지속 가능한 식단으로 전환하는 동안 다른 한쪽에서는 정반대의 움직임이 나타나는 것이다.

이런 상황이 건강한 식단으로의 전환이 무의미하다는 뜻은 아니다. 오히려 전 지구적 차원의 새로운 식단 패러다임이 그 어느 때보다 절실하다는 것을 보여준다. 선진국들이 쌓아온 경험과 기술, 실천 사례들은 개발도상국들의 시행착오를 줄이는 데 도움이 될 수 있다. 영양 균형과 환경적 지속 가능성을 함께 달성하는 '현명한 전환'의 길을 제시할 수 있다.

미래의 식단은 우리에게 전례 없는 도전을 제시한다. 단순히 '무엇을 먹을까'라는 개인적 선택을 넘어 '어떻게 먹어야 지구와 인류가 공존할 수 있을까'라는 근본적인 질문을 던지고 있다. 이는 전 지구적 형평성, 생태계의 지속 가능성, 인류의 건강이라는 세 가지 과제를 동시에 해결해야 하는 복잡한 방정식이다. 하지만 우리는 기술 혁신과 소비자 의식 변화, 그리고 글로벌 협력이 만나는 지점에서 그 답을 찾을 수 있을 것이다. 우리의 일상적인 식단 선택이 지구의 미래를 결정짓는 시대, 그것이 바로 우리가 살아가는 현재다.

카르텔이 필요한 농업

농산물 가격은 안정적으로 유지되는 것이 바람직하지만, 그 흐름을 예측하는 일은 매우 어렵다. 기후, 병해충, 국제 시장, 수요 변화 등 수많은 변수들이 갖물리기 때문이다. 공산품 시장에서는 생산량이 감소해서 제품의 가격이 오르면, 즉각 생산량을 늘려 수요와 공급의 균형을 맞출 수 있다. 하지만 농업은 이런 경제 원리가 그대로 적용되지 않는다. 생산 주기가 길고, 환경의 영향을 크게 받기 때문이다.

농산물은 씨를 뿌리고 수확하기까지 최소 한 달에서 길게는 수년이 걸린다. 상추 같은 잎채소는 약 30일, 배추와 토마토는 약 60일, 쌀은 대체로 100일 이상의 시간이 필요하다. 사과와 복숭아 같은 과수는 묘목을 심은 후 최소 3년은 있어야 첫 수확이 가능하다. 특히 많은 노지작물은 기후 조건에 의해 1년에 한 번만 경작이 가능하기 때문에 공급 조절이 더욱 어렵다.

기후의 영향으로 농산물 가격이 폭등하면 농민은 생산량을 늘리려 하지만, 공산품과 달리 농산물 가격은 쉽게 안정되지 않는다. 양파를 예로 들어보자.

첫해에 작황 부진으로 양파 공급이 줄어들면서 양파의 시장 가격이 상승했다. 높은 양파 가격을 경험한 농민들은 다음 해에 양파 생산량을 늘린다. 이로 인해 과잉 생산이 발생하고 양파 가격은 다시 급락한다. 가격 폭락을 경험한 농민들은 다시 양파 재배를 줄이고, 그 결과 공급 부족과 가격 폭등이 반복된다. 이와 같이 가격과 공급의 변동이 주기적으로 반복되는 현상을 경제학에서는 '코브웹 이론'으로 설명한다.

코브웹 이론과 농산물 시장의 불확실성

코브웹 이론은 수요와 공급이 시차를 두고 반응하는 시장에서 가격과 생산량이 어떻게 변동하는지를 설명하는 경제학 모델이다. 특히 생산에 일정 시간이 소요되는 농산물 시장을 이해하는 데 유용하다.

이 이론에 따르면, 수요의 가격탄력성이 공급의 가격탄력성보다 큰 경우 가격과 생산량은 점차 균형점에 가까워진다. 이를 수렴형cobweb convergence이라고 한다. 반대로 수요의 가격탄력성이 공급의 가격탄력성보다 더 작다면, 가격과 생산량의 진폭은 점차 확대되어 균형에서 멀어진다. 이를 발산형cobweb divergence이라고 한다. 두 탄력성이 비슷할 경우에는 일정한 진폭으로 가격과 생산량이 등락을 반복하는 순환형 패턴이 나타난다.

이 이론은 배추 가격의 계절별 변동을 설명하는 데도 적용할 수 있다. 여름철에는 기온과 기후 조건으로 인해 배추 공급량이 급감하지만 수요는 일정하게 유지된다. 이로 인해 여름 배추 가격은 급등하는 경향을 보인다. 농민들은 높은 가격을 보고 다음 작기인 가을 배추의 가격도 높을 것이라 기대하며 재배 면적을 확대한다.

하지만 그 결과 가을에는 배추 공급이 과잉 상태가 되고, 수요는 이에 미치지 못해 가격은 다시 급락한다. 배추의 경우 수요의 가격탄력성이 낮기 때문에 공급이 증가해도 소비가 늘어나지 않는다. 이처럼 농가는 이전 작기의 가격에 따라 다음 작기의 생산을 결정하고, 소비는 가격에 둔감하게 반응하는 구조 속에서 배추 가격은 여름의 폭등과 가을의 폭락을 반복하는 순환형 패턴을 띠게 된다.

하지만 현실의 농산물 시장은 이 이론만으로 설명되기 어렵다. 농민들은 단지 이전 가격만을 참고하지 않는다. 정부의 수급 조절 정책, 기후 전망, 수입 동향, 국제 가격, 언론 보도 등 다양한 요소를 고려하여 의사 결정을 내린다. 또한, 정보가 시장에 완전히 공유되지 않기 때문에 정보의 비대칭성이 존재한다. 농민마다 의사 결정이 다르고, 생산 규모와 유통망, 지역 사정도 다르다.

비축 시스템도 코브웹 이론의 단순한 순환 공식을 깨뜨리는 요소다. 국가나 민간 유통업체가 수확량의 일부를 저장함으로써 공급의 일시적 과잉이나 부족을 어느 정도 완충할 수 있다. 기후 재해나 국제 정세 등 외부 충격이 공급과 수요의 패턴을 갑작스럽게 바꾸는 요인이 되기도 한다.

농업은 예측 불가능성의 예술

이처럼 농산물 시장은 단순한 경제모형으로는 설명하기 어려운 복합성과 불확실성을 안고 있다. 유발 하라리는《사피엔스》에서 예측의 어려움을 '카오스 이론'으로 설명한 바 있다. 기후처럼 인간의 통제가 거의 불가능한 변수는 1단계 카오스 영역에 속한다. 농산물 생산량은 이런 물리적 조건에 좌우되므로 예측이 매우 어렵다.

반면, 농산물 가격은 인간의 기대와 판단, 즉 농민의 행동이 개입한다. 이 경우는 2단계 카오스에 해당한다. 특정 품목의 가격이 오를 것이라는 예측이 보도되면 실제로 그 품목의 재배 면적이 늘어나고, 오히려 가격이 하락하는 결과를 낳는다. 예측이 예측 자체를 무효화하는 자기부정적 순환이 발생하는 것이다. 이처럼 농업은 단지 과학이나 경제뿐 아니라 심리와 문화, 제도가 얽힌 복합계다.

농산물의 가격 변동성과 카르텔의 역할

농산물은 가격탄력성이 낮은 특성을 가진다. 가격이 오른다고 해서 소비가 크게 줄지 않고, 가격이 내린다고 해서 소비가 급격히 증가하지 않는다. 또한 수요가 증가해도 공급을 단기간에 확대하기는 어렵다. 특히 신선 농산물은 저장성이 낮아 제때 판매되지 않으면 폐기해야 한다. 이런 구조적 제약 때문에 농산물 가격은 폭등과 폭락을 반복하기 쉽다.

농산물 가격의 불안정성을 완화하기 위해, 농업 분야에서는 비시장적 대응 메커니즘이 발전해왔다. 단순히 카르텔을 허용하는 수준을 넘어 정부는 이를 제도적으로 장려하고 있다. 예를 들어, 협동조합은 생산자들이 공동으로 가격을 조절하고 유통을 통합하는 조직 형태이며, 자조금 제도는 생산자가 자발적으로 기금을 조성해 홍보, 판촉, 수급 조절 등을 함께 수행하는 체계이다.

대표적인 사례로는 협동조합을 통한 공동출하, 자조금을 활용한 생산 조절, 특정 기업에 대한 독점 수출 허용 같은 정책적 조치들이 있다. 이러한 방식은 공급을 조절하고 가격 변동폭을 줄이며, 결과적으로 농민의 소득을 안정화하는 데 기여한다. 즉, 농산물 시장에서는 일정 수준의 경쟁 제한이 오히려 시장의 예측 가능성과 지속 가능성을 높이는 수단이 되고 있는 것이다.

유럽의 협동조합들은 이 원리를 바탕으로 성장해왔다. 덴마크의 아르라 푸드Arla Foods는 유럽 최대의 유제품 협동조합으로, 덴마크·스웨덴·독일 등 약 9000여 개 낙농가가 조합원으로 참여하고 있다. 프랑스의 라벨 루즈Label Rouge는 품질 중심의 육류 브랜드를 중심으로 협동조합형 유통 체계를 구축했다. 스페인의 코바프COVAP 협동조합은 안달루시아 지역의 축산 농가들이 협력해 이베리코 돼지고기와 유제품을 공동 생산하고 가공과 유통까지 함께 운영한다.

이러한 협동조합 시스템은 단순한 생산 공동체를 넘어 농업의 지속 가능성과 가격 안정성을 보장하는 핵심 축으로 작동한다. 잘 운영되는 카르텔 구조는 시장의 변동성을 줄이고 수요와 공급의 균형을 유지하며, 보다 예측 가능한 환경을 제공한다.

한국도 유사한 제도를 갖추고 있다. 농협 산하 품목농협*이나 APC(농산물산지유통센터), 자조금 제도 등이 대표적이다. 특히 사과·배·감귤·배추·무 같은 주요 품목은 공동출하 비중이 높고, 일부 작목은 수급조절 명령을 통해 정부가 생산을 조절하기도 한다. 예를 들어, 배추와 무는 일정 수급 기준을 초과할 경우 정부와 농협이 공동으로 출하를 조절하거나 산지 폐기를 유도한다. 자조금은 한우·한돈·계란·양파 등에서 시행되고 있으며, 홍보·수급관리·수출 촉진에 쓰이고 있다.

하지만 한국의 카르텔 구조는 여전히 불안정하다. 조합원 간 이해관계의 차이, 생산자 단체의 약한 결속력, 정권에 따라 바뀌는 정책 방향 등으로 인해 공동행동이 일관되게 유지되기 어렵다. 자조금도 실질적인 생산 조절보다는 홍보나 전시성 행사에 치중되는 경우가 많다. 품목별 수급조절 협의체가 존재하더라도 법적 강제력이 약해 실질적인 가격 안정 효과는 제한적이다.

---

* 지역농협이 지리적 구역을 기반으로 설립된 농협이라면, 품목농협은 산물 품목별로 조직된 협동조합이다. 현재 1100여 개의 지역농협과 45개의 품목농협이 있다.

흥미로운 점은 이러한 카르텔이 단순한 경제 기제가 아니라 사회적 합의와 역사적 맥락 속에서 형성된 제도라는 것이다. 성공적인 카르텔은 구성원 간의 신뢰를 기반으로 작동한다. 제도적 규율과 자율적 조절이 조화를 이뤄야 하며, 위반에 대한 공정한 제재도 필요하다. 협동의 문화가 뿌리 내린 사회일수록 이 시스템은 더 안정적으로 정착된다.

　결국 농업에서의 카르텔은 시장 실패를 보완하는 제도적 장치다. 농업은 자유 시장만으로 설명할 수 없는 특수한 영역이며, 이 특수성은 협력과 연대, 제도적 조율을 통해 보완되어야 한다.

5 다시 커지는 식량위기

식량 시스템의 이해

식량안보를 이해하려면 먼저 '식량 시스템'에 대해 알아야 한다. 식량 시스템은 농산물의 생산부터 소비까지 이어지는 모든 과정과 관련된 복잡한 네트워크다. 이는 농업, 축산업, 수산업 등의 1차 생산에서 시작해 식품 가공, 유통, 소비에 이르기까지 단계마다 서로 긴밀하게 연결되어 있다.

생산 단계에서는 종자, 비료, 농약, 농기계 등의 투입재 산업과 토지 및 수자원 관리가 중요한 역할을 한다. 가공 및 유통 단계에서는 가공업, 포장, 보관, 물류가 뼈대를 이룬다. 그러나 식량안보를 논할 때 우리는 대체로 생산에만 주목하고 소비의 중요성은 간과하는 경향이 있다.

소비자의 선택은 생산 방식과 유통 구조를 바꾸는 힘을 지닌다. 소비자가 유기농이나 지역 농산물을 고르면 농부들은 화학비료와 농약 사용을 줄이고, 친환경적 농법이나 기후 적응형 재배를 도입할 유인을 갖게 된다. 제철 먹거리를 소비하는 사람이 늘면 농부들은 에너지 집약적 시설 재배를 줄이고 자연 순환에 맞는 농업 방식을 확대한다. 다양한 품목에 대한 수요는 생물다양성 보존을 촉진하고, 농민시장 같은 직거래는 소규모 농가의 안정적 생계와 지역 공동체의 지속성을 뒷받침한다.

결국 소비자가 어떤 가치관으로 무슨 물건을 사느냐는 단순한 구매를 넘어, 전체 농업 생태계가 나아가는 방향을 좌우하는 중요한 동력으로 작용한다.

글로벌 식량 시스템의 두 얼굴

한 국가의 식량 시스템을 이해하려면 단순히 국내 생산량만이 아니라 국제적 공급망까지 고려해야 한다. 식량은 대부분 개별 국가에서 독립적으로 생산되지 않는다. 다른 산업과 마찬가지로 여러 국가 간 협업을 통해 생산·가공·유통된다. 식품 역시 수출입을 통해 글로벌 공급망을 공유하며, 이러한 구조는 개방형과 폐쇄형으로 구분할 수 있다.[1]

개방형 식량 시스템은 국제 무역을 기반으로 식량을 교류하는 방식이다. 각국이 비교우위를 가진 농산물을 대량 생산해 수출하고, 부족한 식량은 수입함으로써 효율성을 극대화하는 구조다. 반면, 폐쇄형 식량 시스템은 특정 지역 내에서 식량을 생산하고 소비하는 자급자족형 구조로, 외부 의존도를 줄이고 지역 내 식량 순환을 촉진하는 것이 핵심이다.

그러나 식량은 다른 핵심 자원과 마찬가지로 공급망의 집중도가 높을수록 위험도도 커진다. 특정 국가나 지역에 의존하는 개방형 시스템은 전쟁, 기후변화, 팬데믹 등의 외부 충격에 취약할 수 있다. 폐쇄형 시스템은 이상기후 등으로 주요 작물의 작황이 나빠지면 공급 안정성 면에서 한계를 가질 수 있다. 따라서 한 국가의 식량 시스템을 평가할 때는 단순히 개방형과 폐쇄형 중 하나를 선택하는 것이 아니라, 공급망의 다변화와 위험 관리 전략까지 함께 고려해야 한다.

개방형 시스템: 효율성과 위험의 딜레마

개방형 식량 시스템의 가장 큰 장점은 효율성이다. 국제 무역을 통해 다양한 국가의 식품을 들여올 수 있어 식단의 다양성이 높아지고, 자국의 경쟁력 있는 작물에 생산 자원을 집중함으로써 농업 생산성도 향상된다.

농산물 수출은 국가 경제 활성화에 기여하며, 각국이 자국의 기후와 토양 등 자연 조건에 적합한 작물을 집중적으로 재배하면, 전 세계적으로도 자원의 활용 효율이 극대화된다. 특히 특정 지역에서 식량 부족이 발생하더라도, 다른 지역에서의 수입을 통해 공급을 안정적으로 유지할 수 있다는 점은 개방형 시스템의 중요한 장점이다.

하지만 개방형 식량 시스템은 동시에 여러 가지 도전과제에 직면해 있다. 저가 수입 농산물의 유입은 지역 농업의 경쟁력을 약화시키고 존립 기반을 위협하는 주요 요인이 되고 있다. 장거리 운송 과정에서 발생하는 환경 오염과 증가하는 식품의 탄소 발자국 문제도 날로 심각해지고 있다. 특히 신선 농축산물의 국가 간 이동은 이러한 환경적 영향을 더욱 가중시킨다.

더욱이 국제 무역에 크게 의존하는 개방형 시스템의 특성상, 전쟁이나 전염병, 기후변화와 같은 글로벌 위기 상황에서는 식량 공급망이 취약해질 수 있다는 우려가 있다. 복잡해진 유통 과정으로 인해 식품 안전 관리에 어려움이 가중될 수 있다는 점도 간과할 수 없는 문제다.

폐쇄형 시스템: 안정성과 한계

폐쇄형 식량 시스템은 지역에서 생산된 식량을 지역 내에서 소비하는 방식으로, 식량의 이동 거리를 최소화하고 지역 내 순환을 촉진하는 것이 핵심이다. 이런 시스템은 환경 부담을 줄이고 탄소 배출량을 낮추는 효과가 있다. 지역에서 생산된 신선한 식품을 바로 소비할 수 있어 식품의 품질도 향상된다. 지역 농업과 식품 산업의 발전을 통해 지역 경제 활성화와 일자리 창출에 기여할 수 있으며, 외부 의존도를 낮춤으로써 식량안보를 강화하는 데도 도움이 된다.

하지만 폐쇄형 식량 시스템은 동시에 여러 한계점을 지니고 있다. 지역에서 생산되지 않는 식품은 구하기 어려워 식단의 다양성이 제한될 수 있다. 소규모 생산으로 인한 단가 상승은 소비자의 비용 부담 증가로 이어질 수 있다. 특히 특정 지역이 자연재해를 겪을 경우 식량 공급에 심각한 차질이 발생할 수 있다는 점은 중요한 취약점이다. 더불어 대량 생산과 기술 혁신의 제약으로 인해 생산성 향상에도 한계가 있을 수 있다.

조화로운 접근이 답이다

어느 국가도 개방형과 폐쇄형 한 가지 전략만을 고집하지는 않는다. 대부분의 국가는 식량 시스템의 지속 가능성을 확보하기 위해 개방형과 폐쇄형 시스템의 장점을 조화롭게 결합하는 전략을 채택한다.

식량 시스템의 구성은 각 국가가 처한 상황에 따라 다양한 형태를 보인다. 이는 국가별 농업 생산 여건, 지리적 위치, 경제 발전 수준 등 여러 요인들이 복합적으로 작용한 결과다. 미국이나 호주 같은 대규모 평야지대를 보유한 국가들은 곡물 중심의 수출 농업에 주력한다. 유럽의 선진국들은 높은 경제력을 바탕으로 노동 생산성이 높은 대규모 농업을 발전시키는 동시에 다양한 식품을 전 세계에서 수입하는 균형적인 접근법을 취한다. 반면 한국과 일본처럼 농업 생산 여건이 제한적이고 지리적으로 고립된 국가들은 상대적으로 낮은 식량자급률과 높은 수입 의존도를 보이는 특징이 있다.

이처럼 개방형과 폐쇄형 시스템의 균형을 맞추고, 각국의 식량 구조에 맞는 최적의 방식을 모색해야 식량안보와 지속 가능성을 동시에 확보할 수 있다.

우리나라의 특수한 상황

한 가지 더 이해가 필요한 대목이 있다. 한 국가의 식량 시스템은 시장 여건에 따라 이미 개방형과 폐쇄형 간의 최적화가 어느 정도 이루어진 상태다. 따라서 중요한 것은 현재의 구조를 인위적으로 바꾸려 하기보다, 국가가 지향하는 바를 중심에 두고 미래의 식량 정책을 어떻게 설계할지 결정하는 일이다.

우리 식량 시스템은 여러 도전과제에 직면해 있다. 첫째, 높은 식품 물가 문제를 해결해야 한다. 둘째, 국내 농업 보호를 위한 수입 제한과 농촌 유지라는 가치도 고려해야 한다. 셋째, 기후변화와 글로벌 공급망 불안에 대비한 식량안보 강화 역시 필수적이다.

이런 과제들이 지닌 가장 큰 어려움은 각 요소가 때때로 상충한다는 점이다. 국내 농업 보호를 강화할수록 수입이 제한되면서 식품 물가가 상승한다. 반대로 시장 개방을 확대하면 국내 농업 기반이 취약해진다. 이처럼 서로 대립하는 가치와 과제들 사이에서 최적의 균형점을 찾아내는 것이 우리 식량 시스템이 해결해야 할 핵심적인 정책 과제라고 할 수 있다.

우리나라는 특이하게 완전한 개방형 식량 시스템을 가지고 있으면서도, 국민들의 인식은 폐쇄형 식량 시스템에 가깝다. 이런 인식과 현실의 불일치는 여러 가지 문제를 초래한다. 주요 농산물의 경우 수출입을 통해 국내 수급 불안정에 대응하는 전략이 필요하다. 이것이 가능하려면 수출 경쟁력이 있는 품목이 반드시 있어야 한다. 최소한 쌀과 사과 등 몇 가지 품목은 수출 경쟁력을 갖추기 위한 전략적 접근이 필요하다. 하지만 우리는 이런 노력 대신 국내 농업 보호에만 집중하는 한편, 전형적인 폐쇄형 식량 시스템 전략에 치중했다.

"농업 수출 경쟁력을 갖추는 것이 과연 가능하겠느냐"는 의문을 제기할 수 있겠지만, 농업 강국들이 반드시 유리한 지리적 조건을 가진 것이 아니라는 점에 주목할 필요가 있다. 네덜란드는 세계 2위의 농산물 수출대국이지만, 지리적으로 프랑스나 독일보다 유리한 조건을 갖추고 있다고 보기 어렵다. 이스라엘은 건조한 기후라는 불리한 여건을 극복하고, 세계 최고 수준의 물 관리 기술을 개발하여 농업 경쟁력을 키웠다. 덴마크는 연중 낮은 기온과 긴 겨울이라는 농업에 불리한 기후 조건 속에서도, 낙농과 축산 분야에 특화된 발전 전략을 택하고 협동조합 중심의 농식품 기업 운영을 통해 수출 경쟁력을 키워냈다.

결국 농업 강국들의 성공은 단순히 유리한 자연환경을 갖춘 데서 비롯한 것이 아니라, 자국이 처한 조건을 전략적으로 활용하거나 불리한 여건을 혁신적으로 극복하는 과정에서 이루어졌다. 우리나라 역시 폐쇄형 식량 시스템에 안주하기보다는 개방형 식량 시스템이라는 큰 틀 속에서 우리만의 경쟁력을 가진 전략적 품목을 육성하고, 수출입을 효과적으로 활용하는 방식으로 식량안보 전략을 새롭게 구축할 필요가 있다.

이는 우리의 제약 조건을 한계로 받아들이는 것이 아니라, 이를 뛰어넘을 수 있는 새로운 기회로 바라보는 관점의 전환을 의미한다. 우리에게 필요한 것은 현실을 정확히 인식하고, 그 위에서 새로운 가능성을 찾아나가는 지혜와 용기다.

글로벌 식량위기

유엔 식량농업기구는 매월 곡물, 유지작물, 설탕, 유제품, 육류 등 5대 품목의 국제 가격을 추적해 '세계식량가격지수'를 발표한다. 2014~2016년 평균을 기준선(=100)으로 삼아 가격 상승 흐름을 명목 지수와 실질 지수로 구분해 보여준다. 명목 지수는 물가 변동을 반영하지 않은 가격의 절대값을, 실질 지수는 인플레이션을 반영한 실질 구매력을 나타낸다.[2]

2008년 금융위기와 2011년 아랍의 봄 시기, 명목 지수는 급격히 상승했고, 2022년 우크라이나 전쟁을 계기로 다시 최고치를 경신했다. 실질 지수도 1970년대 오일쇼크, 2007~2008년 식량위기, 2022년 전쟁을 거치며 뚜렷한 상승세를 보였다.[3] 이후 다소 하락했지만 여전히 역사적 평균을 크게 웃돌고 있다.[4]

2011년, 식량위기가 촉발한 아랍의 봄

2011년, 세계는 금융위기의 여진 속에 있었다. 그해 식량가

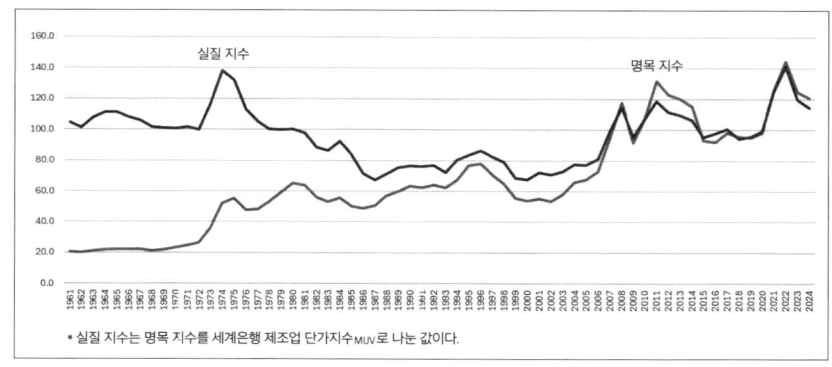

FAO 세계식량가격지수

격지수는 명목과 실질 모두 120을 넘겼다. 극심한 가뭄과 산불이 일어난 러시아와 우크라이나에서는 밀 생산량이 급감했고, 러시아는 밀 수출을 전면 금지했다. 미국과 남미 역시 이상기후로 곡물 생산에 타격을 입었다. 여기에 바이오연료 수요 증가와 투기 자본의 유입까지 겹쳐 곡물 가격은 연쇄적으로 치솟았다.

그 충격은 중동과 북아프리카를 강타했다. 이 지역은 러시아산 밀 수입 의존도가 높았고, 가격 급등은 곧바로 서민층의 생계를 위협했다. 식량 가격 상승은 누적된 정치적 억압과 경제 불평등을 폭발시켰고, 튀니지에서 시작된 재스민 혁명은 이집트, 시리아, 리비아 등으로 번지며 '아랍의 봄'으로 확산되었다.[5] 그 여파는 오늘날까지도 분쟁과 난민 문제로 이어지고 있다.

2022년, 전쟁이 만든 위기

2022년, 우크라이나 전쟁은 식량안보를 다시 뒤흔들었다. 러시아와 우크라이나는 세계 밀, 옥수수, 해바라기유 수출의 30% 이상을 담당하고 있었다. 이들 국가에 식량을 의존하던 중동, 아프리카, 그리고 저소득 국가들은 곧바로 직격탄을 맞았다. 식량 가격이 급등하고 식량 공급에 차질을 빚었다. 한편 에너지·비료 가격도 동시에 급등했고, 세계 식량 생산 비용은 전방위적으로 증가했다. 기후에 취약한 사하라 이남 아프리카, 남아시아 일부 지역에서는 식량 불안정이 극심해졌고, 유아의 영양실조율도 치솟았다.[6]

그럼에도 2011년과 같은 사회 붕괴는 발생하지 않았다. 중동·북아프리카 국가들이 과거의 실패 교훈을 떠올리며 세 가지 대응에 나섰기 때문이다. 첫째, 정부 주도의 식량 보조 정책 확대로 빈곤층의 부담을 줄였고, 둘째, 수입처를 다변화해 우크라이나 의존도를 낮췄다. 셋째, 시장 개입과 국제기구의 인도적 지원이 비교적 빠르게 작동했다.

보이지 않는 식량위기

FAO 식량가격지수는 세계 식량안보의 위험 신호를 가늠하는 데 유용한 지표다. 하지만 이 지수만으로는 각국의 체감 위기나 현지 식품 가격의 급등을 포착하기 어렵다. 예컨대 1980~1981년, 한국은 냉해로 쌀 생산량이 30% 가까이 감소했지만, 세계식량가격지수에는 거의 반영되지 않았다.

또한 FAO 지수는 곡물 중심의 주요 품목만을 반영하기 때문에, 과일·채소·유지작물 등 다양한 식품군의 변동을 보여주지 못한다. 아프리카나 아시아 일부 지역처럼 신선식품의 자급도가 낮고 유통 인프라가 약한 지역에서는, 이런 '보이지 않는 위기'가 오히려 더 치명적일 수 있다.

2023~2024년, 기후변화가 만든 수출 제한

2023년 이후, 기후 재해는 주요 식량 수출국의 정책을 정면으로 흔들었다. 인도는 폭염과 가뭄의 여파로 밀, 설탕, 쌀 수출을 잇달아 제한했고, 중국 역시 옥수수와 채소류 수출을 통제했다. 각국은 자국민의 식량 안정을 최우선에 두며 '자원 민족주의'로 선회하고 있다. 기후가 국경을 넘기 전에, 식량이 먼저 국경을 닫는 시대가 시작된 것이다.

이러한 조치는 세계 시장의 불확실성을 키운다. 국제 곡물 가격은 다시 불안정해지고, 수입에 의존하는 국가는 충격을 고스란히 떠안게 된다. 특히 곡물자급률이 낮고 식량의 대부분을 해외에 의존하는 한국은 단기 가격 급등뿐 아니라 장기적 공급망 리스크에도 취약하다.

그동안 우리는 '언제든 수입할 수 있다'라는 전제 위에 식량 정책을 설계해왔다. 그러나 수출국의 결정 하나가 우리의 식탁을 뒤흔들 수 있다는 사실이 이미 여러 차례 현실로 확인되었다. 이제는 가격보다 공급의 안정성이, 효율보다 회복력과 분산성이 중요해지고 있다. 무엇보다, 수입의 유연성에만 기대기보다는 위기 상황에서도 버틸 수 있는 자급 기반을 마련하는 것이 필수 과제가 되었다. 식량 정책은 단순한 물류나 무역의 문제가 아니라 시스템 전체를 재설계해야 할 중대한 도전이다.

심각해지는 식량 불안정 지표

2023년, 전 세계 식량 상황은 다시 한번 악화되었다. 현재 59개국에서 약 2억 8200만 명이 급성 식량 불안정 상태에 놓여 있으며, 이는 전년보다 2400만 명이 증가한 수치다. 중동과 아프리카 지역, 특히 팔레스타인의 가자지구, 수단, 소말리아, 남수단 등에서는 극심한 기아가 지속되고 있다. 이들 지역은 분쟁과 경제 위기, 기후변화가 중첩되면서 식량위기에 매우 취약한 구조를 보이고 있다.[7]

식량위기를 말하는 언어들

식량위기를 설명하는 개념은 다양하다. 일반적으로 한국에서는 '식량위기'라는 포괄적 용어를 자주 쓰지만, 국제적으로는 '식량 불안정Food Insecurity', '급성 식량 불안정Acute Food Insecurity', 그리고 'IPC 단계(통합식량안보단계분류)'와 같은 보다 구체적이고 계량적인 용어가 사용된다.[8]

식량 불안정은 개인이나 집단이 충분하고 안전한 식량을 안

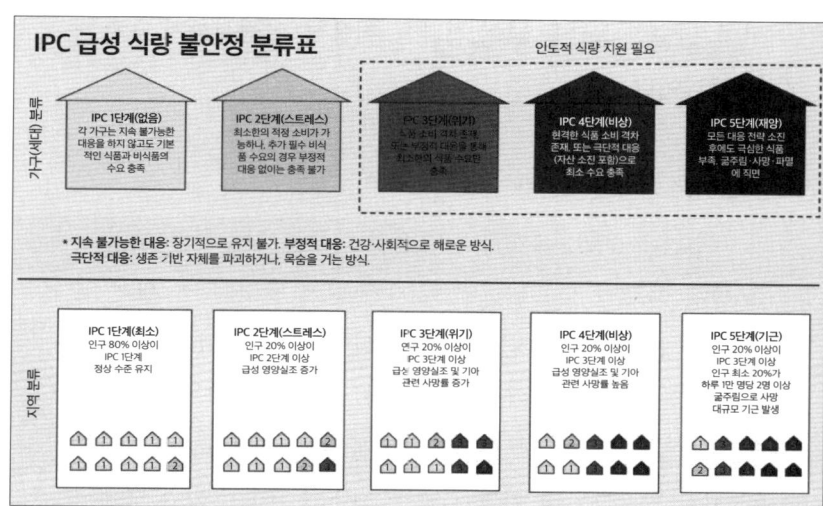

출처: FEWS NET

정적으로 확보하지 못하는 상태를 의미한다. 이는 일시적이거나 만성적일 수 있으며, 영양 부족으로 건강과 생계가 위협받는 수준까지를 포함한다. 반면 식량위기는 IPC 기준으로 3단계(위기) 이상, 대규모 인구가 광범위한 식량 부족을 겪는 보다 심각한 상황을 지칭한다.

FAO는 이 외에도 '영양결핍Undernourishment'이라는 개념을 활용한다.[9] 이는 일정 기간 이상 필요한 칼로리를 지속적으로 섭취하지 못하는 상태로서, 단순한 식량 접근성뿐 아니라 건강과 생존이 위협받는 상태를 의미한다. 이에 비해 '식량안보Food Security'는 모든 사람이 언제나 충분하고 안전하며 영양가 있는 식량에 물리적·경제적으로 접근할 수 있는 상태를 가리

키며, 단순한 공급을 넘어 접근성, 이용성, 안정성까지 포괄하는 개념이다.

돌아온 기아의 그림자

2000년대 초반, 세계의 영양결핍 인구는 감소세를 보였다. FAO에 따르면 2005년 7억 9300만 명에 달하던 전 세계 영양결핍 인구는 2014년 5억 6400만 명까지 줄었다. 그러나 2018년을 기점으로 다시 증가하기 시작해, 2021년에는 7억 3900만 명에 달했다.[10] 급성 식량 불안정 인구도 마찬가지였다. IPC 기준 3단계 이상 인구는 2018년 1억 1270만 명에서 2023년 2억 8160만 명으로 2.5배 이상 증가했다.[11]

이러한 영양결핍 인구의 증가는 단일 요인 때문이 아니었다. 기후변화, 지역 분쟁, 팬데믹, 경제 불안정, 유통망 마비 등 다양한 요인이 복합적으로 얽혀 식량 생산과 소비, 거래 체계를 흔들었다. 우크라이나 전쟁은 그 흐름을 더욱 가속화한 방아쇠에 불과하다.

분쟁은 식량위기의 가장 큰 원인이다. 현재 20개국에서 1억 3500만 명이 전쟁과 내전 등 무력 충돌로 식량위기를 겪고 있으며, 이는 전체 식량위기 인구의 45%에 해당한다. 경제 충격 또한 무시할 수 없다. 인플레이션, 환율 불안, 실업 증가 등으로 인해 21개국에서 7500만 명이 직접적인 영향을 받고 있다. 여기에 기후변화로 인한 가뭄, 홍수, 폭염 등으로 18개국에서 7700만 명이 타격을 받았다. 이 모든 위기는 저소득 국가와 기후 취약 지역에 더 치명적이며, 여성과 아동에게 가장 큰 피해를 입힌다.

특히 IPC 4단계(비상)에 해당하는 500만 명 이상은 긴급 식량 지원이 필요한 상황이다.[12] 식량위기는 단순히 물리적 공급의 문제가 아니다. FAO 식량가격지수와 식량 불안정 인구는 높은 상관관계를 보이며, 식량 가격이 오를수록 위기 인구도 급증한다.

여기에 FAO 지수에는 포함되지 않는 과일, 채소, 축산물 등의 가격 상승도 심각한 영향을 끼친다. 특히 기후플레이션이 심화되면서, 저소득 국가의 식량위기는 구조적이고 만성적인 위기로 변모하고 있다. 이 위기는 더 이상 '먼 나라의 재난'이 아니다. 글로벌 식량 시스템은 이미 긴밀히 연결되어 있다. 한 지역의 불안정은 곧 전체의 불안정으로 확산될 수 있다.

2050년, 얼마의 식량이 더 필요한가?

2050년, 인류는 약 97억 명에 이를 것으로 전망된다. 문제는 단순한 인구 증가가 아니다. 개발도상국의 경제 성장과 함께 육류 소비가 빠르게 증가하면서, 인류가 필요로 하는 작물 칼로리는 2011년 대비 47% 증가한 1경 4060조 칼로리에 이를 전망이다.[13] 이 수치는 사람이 직접 섭취하는 곡물뿐 아니라, 가축 사료로 사용되어 육류와 유제품으로 전환되는 곡물까지 모두 포함한 것이다.

만약 인구 증가 속도가 더 빨라지고 육류 소비가 확대된다면, 작물 칼로리 수요는 61%까지 증가할 수 있다. 반대로, 현재 수준의 육류 소비를 유지한다면 증가폭은 33% 수준으로 줄어든다. 이는 식습관 변화, 특히 육류 소비의 절제가 미래 식량안보에 얼마나 중요한 전략인지 보여준다.[14]

미국 농무부 경제연구소는 시뮬레이션을 통해 인구 증가, 육류 소비 확대, 농업 생산성, 기후 리스크 등의 변수들이 식량 가격에 미치는 영향을 분석했다. 결론은 명확하다. 농업 생산성이 정체되고 기후 재해가 반복된다면, 세계는 공급 부족과 가격 불안정이라는 이중 위기를 피하기 어렵다.

기후변화가 바꾸는 농업 지도

기후변화는 미래 식량안보에 가장 복합적인 변수다. 대기 중 이산화탄소 농도 증가, 지구 평균 기온 상승, 강수 패턴의 불확실성은 각기 다른 방식으로 작물 생산에 영향을 준다.[15] 먼저, 이산화탄소 증가가 일부 작물의 광합성을 촉진하는 '탄소 비료 효과'는 긍정적인 효과를 낼 수 있다. 특히 밀, 쌀과 같은 C3 작물*은 일정 수준의 생산성 증가가 기대된다. 그러나 옥수수와 같은 C4 작물은 이에 대한 반응이 미미하고, 기온 상

---

* 광합성에서 최초로 생성되는 유기 화합물이 탄소 3개짜리 화합물이라서 붙은 이름.

승에 훨씬 더 민감하다. 실제로 옥수수는 최악의 경우 생산량이 24%까지 감소할 수 있다는 전망도 있다.

고위도 지역에서는 작물의 생육 기간이 늘어나고 재배 가능 지역이 확대될 수 있지만, 열대 및 아열대 지역은 정반대다. 기온 상승과 병해충 확산은 수확량을 감소시키고 지역민의 생존을 위협한다. 특히 물이 가장 큰 변수다. 가뭄과 홍수의 빈도 및 강도가 모두 증가하면서 거의 모든 작물에 부정적인 영향을 미친다. 이는 단기 수확량 감소를 넘어, 토양 유실과 경작 기반의 붕괴로까지 이어질 수 있다.

해결의 열쇠는 수확량 격차에 있다

기후위기의 영향은 전 지구적이지만, 그 피해는 불균등하다. 기술과 자본이 부족한 개발도상국은 기후변화에 가장 책임이 적지만, 가장 먼저 타격을 받는다. 따라서 이 불균등을 개선하기 위한 노력이 필요하다. 전 세계적으로 많은 지역에서 실제 수확량과 이론상 최대 수확량 사이에는 여전히 '수확량 격차yield gap'가 존재한다. 이 격차를 줄이는 것이 현재로서는 가장 현실적이고 즉각적인 대응책이다.[16]

이를 위해서는 고온과 가뭄에 강한 품종 개발, 정밀농업 기술, 물 사용 효율을 높이는 스마트농업 시스템이 필요하다. 그러나 가장 필요한 곳에서 가장 부족한 것이 기술과 자본이다. 따라서 선진국과 국제기구의 역할이 결정적이다. 개발도상국에 대한 지원은 단기적 원조에서 그치는 것이 아니라 기술 이

전, 재정 지원, 인프라 구축 등 장기적이고 구조적인 투자로 이어져야 한다.

식량은 점점 더 공공재의 성격을 띠고 있다. 2050년을 향한 여정에서 우리는 중요한 갈림길에 서 있다. 더 많은 식량을 생산할 수 있느냐의 문제가 아니다. 그 식량이 누구에게, 어떤 방식으로, 어떤 구조를 통해 전달될 수 있는가가 핵심이다. 미래 식량 시스템은 단순한 생산의 기술이 아니라, 분배의 구조, 기후 적응의 속도, 그리고 글로벌 협력의 의지에 달려 있다. 쌀 한 톨, 옥수수 한 알이 갖는 의미는 그 어느 때보다 무겁다.

필리핀의 쌀 위기

2025년 2월, 필리핀 정부는 치솟는 쌀값에 결국 식량안보 비상사태를 선포했다. 이미 2022년부터 오르기 시작한 쌀값은 2024년에도 멈추지 않았고, 백미와 일반미의 평균 소매가는 전년 대비 25% 이상 상승했다.[17] 정부는 더 이상 쌀 가격을 시장에만 맡겨둘 수 없다는 절박한 판단에 따라 직접 개입에 나섰다.

일부 국내 언론과 전문가들은 이러한 필리핀의 상황을 단순히 "농업을 등한시한 결과"라고 단정짓지만, 이 쌀 위기는 단순한 농업 정책 실패라는 틀을 훨씬 넘어선다. 오히려 한 국가가 시대의 변화에 발맞춰 현대적인 농업 구조로 탈바꿈하는 데 실패했을 때 어떤 심각한 결과를 초래하는지를 여실히 보여주는 사례라고 할 수 있다.

눈에 보이지 않았던 구조적 경고

필리핀의 쌀값 상승은 단순한 우연이 아니라 여러 요인이 누적되어 만들어진 결과였다. 먼저 눈에 띄는 것은 생산비 부담의 급증이다. 비료와 연료 가격이 빠르게 오르면서 농가의 경영난은 심화됐고, 이는 곧 비료 사용량 감소와 생산성 저하로 이어졌다. 낮은 수매가는 농민들의 재배 의욕을 꺾었고, 일부는 농업을 포기한 채 농지를 다른 수익성 높은 용도로 전환했다. 이로 인해 쌀 생산 기반 자체가 약화되었다.

더 큰 문제는 구조적인 취약성에 있었다. 필리핀의 농가 수는 1980년 342만 가구에서 2022년 742만 가구로 두 배 이상 늘었지만, 같은 기간 경지면적은 오히려 줄어 농가당 평균 경지면적이 3.6헥타르에서 0.83헥타르로 급감했다.[18] 이렇게 쪼개진 영세 농업 구조는 기술 혁신과 기계화, 관개 시설 확충, 수확 후 관리 및 유통 인프라 발전까지 모든 것을 어렵게 만들었다. 규모의 경제는커녕 생산성 향상과 농업 산업화의 길이 구조적으로 차단되어 있었던 셈이다.

수입 확대의 한계, 기후 리스크의 충격

필리핀 정부는 쌀 수입 확대를 통해 시장 안정을 꾀했지만 국제 시장의 상황은 전혀 우호적이지 않았다. 세계 쌀 가격은

필리핀의 농가 수 및 농가당 평균 경작면적 추이

그림1. 전체 농가 수: 필리핀, 1960-2022

* 총 농가 수에 대한 자료는 경영자의 거주지/사무소 위치 기준으로 집계됨.
출처: 필리핀 통계청, 2012 및 2022년 농업·어업 센서스

그림2. 농가의 평균 면적: 필리핀, 1960-2022

* 평균 농가 경작면적에 대한 자료는 경영자의 거주지/사무소 위치 기준으로 집계됨.
출처: 필리핀 통계청, 2012 및 2022년 농업·어업 센서스

톤당 600달러를 넘겼고, 여기에 물류비 상승과 환율 불안까지 겹치면서 수입쌀 가격이 국내산보다 더 비싸지는 역전 현상이 벌어졌다. 수입으로는 더 이상 가격을 안정시킬 수 없는 상황이 된 것이다.

설상가상으로 2023년부터 이어진 기록적인 폭염과 불규칙한 강우는 필리핀 농업에 결정타를 날렸다. 이미 취약했던 생

산 기반은 이상기후 앞에서 무력했고, 농업 외 산업이 발달하지 못한 탓에 도시에는 양질의 일자리도 부족했다. 결국 많은 인구가 낮은 생산성의 생계형 소농에 머물 수밖에 없었고, 이는 다시 수입 의존과 생산성 정체라는 악순환을 고착시켰다.

구조가 뒷받침되지 않는 식량안보는 허상이다

필리핀의 쌀 위기는 단순한 농업 정책의 실패가 아니었다. 산업과 농업 사이의 불균형, 개혁의 지연, 허약한 국가 시스템이 복합적으로 얽혀 위기를 키웠다. 특히 영세 소농 중심 구조를 유지한 채 자급률을 끌어올리려던 전략은, 오히려 수입 의존도를 높이고 국내 농업 기반을 더 취약하게 만들었다. 시장 개방은 뒤늦었고(2019년에야 쌀 시장 개방), 생산성 향상은 더뎠다. 그 상태에서 기후변화의 충격이 덮치자 필리핀은 속수무책이었다.

하지만 이 위기는 필리핀만의 문제가 아니다. 쌀은 여전히 전 세계 인구 절반의 주식이다. 따라서 한 국가의 쌀 위기는 곧 글로벌 식량안보 체계의 균열을 뜻한다. 필리핀의 사례는 우리에게 근본적인 질문을 던진다. 한국의 농업 구조는 필리핀보다 낫다고 할 수 있을까? 한국 농업경영체의 평균 경작 면적은 필리핀과 유사한 0.82헥타르이다. 현재 우리가 쌀을 자급할 수 있다고 해서 안심할 수 있을까?

식량위기의 본질은 생산량 부족이 아니다. 농업을 어떻게 이해하고 조직하며, 글로벌 공급망과 어떻게 연결할지의 문제다. 아무리 뛰어난 기술과 정책이 있어도 농업 구조가 무너지면 무력해진다. 지속 가능한 식량안보는 탄탄한 구조 없이는 불가능하다. 농업 구조에 대한 고려가 없는 식량안보는 결국 허상일 뿐이다.

일본, 레이와 쌀 소동

2024년, 한국과 일본은 쌀 공급에서 극명한 대조를 보였다. 한국은 수요 대비 과잉 생산으로 쌀 가격 하락이 지속된 반면, 일본은 쌀 품귀 현상으로 슈퍼마켓에서 1인당 구매 수량을 제한하는 사태까지 벌어졌다. 일본의 쌀 가격은 전년 대비 평균 50%, 일부 지역에서는 두 배까지 치솟았다. 80kg 한 가마니 기준으로 20만 원이 안 되었던 쌀값은 평균 27만 2000원까지 치솟았다.* 일본에서는 이를 두고 '레이와 쌀 소동'이라 불렀다.

한국과 일본은 기후와 지리적 조건, 주식 작물과 주요 농산물이 비슷하다. 이러한 유사성으로 인해 일본의 쌀 품귀 현상이 우리나라에서도 발생할 수 있다는 우려가 제기되었다. 과연 그럴까? 레이와 쌀 소동을 이해하려면, 먼저 일본의 쌀 파동 역사부터 살펴봐야 한다.

---

* 한국에서는 쌀 가격의 기준을 80kg(한 가마니)으로 하는 반면, 일본에서는 60kg으로 나타낸다. 본문의 일본 쌀값은 한국과의 비교를 위해 80kg으로 환산한 것이다.

100년 전 예고된 위기

1918년 '다이쇼 쌀 소동'이 일어났던 그때로 거슬러 올라가 보자.

제1차 세계대전 특수로 일본 경제는 호황을 맞았지만, 도시화가 진행되면서 농촌 노동력은 부족해졌다. 시베리아 출병으로 군량미 수요는 늘고, 상인들의 매점매석까지 겹치자 쌀 가격이 폭등했다. 오사카에서 쌀 한 석 가격이 3개월 만에 15엔에서 30엔으로 두 배나 뛰었다.

견디다 못한 주부들이 거리로 나섰다. 도야마현에서 시작된 시위는 전국으로 번져 500여 곳에서 폭동이 일어났고, 결국 내각이 총사퇴했다. 겨우 쌀값 문제가 정권을 뒤흔든 것이다.

일본 정부는 장기 대책으로 조선에서 '산미증식계획'을 시작했다. 조선의 쌀 생산을 늘려 일본으로 가져오겠다는 식민 수탈 정책의 하나였다. 흥남의 작은 어촌이 10년 만에 인구 20만의 공업도시로 성장한 것도 이때였다. 1927년, 이곳에 동양 최대, 세계에서 두 번째로 큰 비료공장이 신축되었다.

헤이세이 쌀 소동의 교훈과 함정

보다 최근의 사례도 있다. 2024년 레이와 쌀 소동에 앞서, 일본은 1993년 '헤이세이 쌀 소동'을 겪었다. 당시 8월 하순 이례적인 두 번째 장마와 오호츠크 고기압의 세력 확장, 연이은 여섯 개 태풍이 일본을 강타했다. 기상학자들은 이러한 기상 이변의 원인을 1991년 필리핀 피나투보 화산 폭발에서 찾았다.

극심한 냉해로 1993년 쌀 수확량이 26%나 감소하는 대흉작을 기록했고, 1000만 톤에 달했던 쌀 수요량에 비해 실제 생산량은 781만 톤에 그쳤다.

일본 정부는 비상 수급 대책을 세우고 중국에서 108만 톤, 태국에서 77만 톤 등 총 259만 톤의 쌀을 긴급 수입했다. 그러나 수입쌀의 품질이 일본 소비자들의 기대에 미치지 못하면서 일본산 쌀 가격이 폭등했다. 농민들은 이듬해 벼 재배 면적을 대폭 늘렸지만, 다음 해 평년 기후가 되돌아오면서 풍년이 찾아왔다. 수요보다 더 많이 생산된 98만 톤의 쌀은 재고로 쌓였고, 1994년 이후 일본의 쌀 가격은 가파른 하락세를 보였다. 3081엔(5kg 기준)이었던 쌀 가격은 2011년에 1649엔까지 떨어졌다.

이러한 하락세는 단순히 재고 과잉 때문만이 아니었다. 일본인들의 식단이 다채로워지면서 쌀 의존도가 낮아진 게 근본적인 원인이었다. 한 번 무너진 쌀 가격은 다시 예전 수준을 회복하지 못했고, 지난 30년간 일본의 쌀 가격은 지속적으로 하락했다.

2024년 레이와 쌀 소동의 복합적 원인

2024년 일본에서 발생한 '레이와 쌀 소동'의 직접적인 원인은 기후변화로 인한 이상 고온이었다. 특히 2023~2024년에 걸쳐 발생한 슈퍼 엘니뇨는 벼의 생육에 결정적인 영향을 미쳤다. 일본은 1993년 벼 냉해를 겪은 이후 냉해에 강한 품종

위주로 품종 개량과 재배 전략을 조정해왔다. 하지만 널리 재배되는 고시히카리, 히토메보레, 히노히카리, 아키타코마치 등의 주요 품종들은 냉해에는 강한 반면, 고온기에 벼가 제대로 익는 '등숙성'이 떨어진다는 약점을 지녔다.

벼가 제대로 여물기 위해서는 야간 기온이 22도 이하로 유지되어야 하지만, 2023년 여름 이 기준이 충족되지 못하면서 벼의 품질 저하와 함께 수확량까지 감소하는 이중고를 겪게 되었다. 기후변화가 직접적인 생산량 감소와 품질 저하를 야기한 것이다.

기후 요인 외에도 일본 쌀 산업의 구조적 약점이 위기를 키웠다. 일본은 1970년대부터 쌀 과잉에 대응하기 위해 '감산 정책'을 지속적으로 추진해왔고, 그 결과 2020년 벼 재배 면적은 2000년 대비 17%, 벼 재배 농가는 60% 가까이 줄어들었다. 매년 줄어드는 쌀 수요에 맞춰 생산량을 조절해왔지만, 예측이 빗나가면 가격 폭등을 피할 수 없다. 실제 2024년 쌀 소동은 이러한 수급 조절 실패가 큰 영향을 준 것으로 보인다. 더구나 일본의 농업 예산은 1982년 이후 40% 이상 줄어들면서 쌀 생산 기반 자체가 약화되었다. 결국 이번 위기는 기후변화라는 외부 충격과, 수요 예측 실패와 함께 일본의 취약해진 산업 구조라는 내부 요인이 겹쳐 터진 결과였다.

일부 언론은 외국인 관광객의 급증으로 인한 쌀 소비 확대를 원인으로 지목했지만, 이는 근본적 원인이라기보다 기존의 구조적 취약성을 드러낸 보조 요인에 불과하다. 2024년 레이와 쌀 소동은 고품질 쌀에 대한 수요가 여전히 높음에도 불구하고, 품질과 물량을 동시에 충족할 수 있는 안정적 공급 체계가 기후변화와 생산 기반 약화 앞에서 얼마나 쉽게 흔들리는지를 보여준 사건이었다.

비축제도의 차이가 말해주는 것

일본과 한국 두 나라 모두 쌀 비축제도를 운영하지만, 그 목적과 방식에는 뚜렷한 차이가 있다. 일본은 대규모 식량위기에 대비하여 약 100만 톤의 쌀을 장기 비축한다. 10년 주기 대흉작이나 2년 연속 흉작에도 안정적인 공급을 유지하기 위한 안보 목적의 비축 체계다. 매년 20만 톤의 신곡을 구매하여 5년 후 사료용 등으로 처분하는 방식으로 운영된다.

반면, 한국의 공공비축제도는 시장 안정과 수급 조절을 주된 목표로 한다. 현재 연간 45만 톤 신곡을 비축하고 2년 후 시장 상황에 따라 방출하거나 판매하는 2년 회전 방식을 채택하고 있다. 풍년 시에는 비축을 늘려 가격 하락을 방어하고, 흉년 시에는 방출을 통해 가격 상승을 억제하는 역할을 한다.

아이러니하게도 일본의 비축미는 2024년 '레이와 쌀 소동'에서 국가적 비상 상황이 아니라는 이유로 제대로 작동하지 못했다. 안보 목적의 제도이다 보니 가격 불안정이 커지는 상황에서 유연한 모습을 보여주지 못한 것이다. 반면 한국의 공공비축제도는 쌀값 안정을 위한 시장 개입 수단으로 활용되고 있지만, 방출 시점이 문제로 지적된다.

한국의 비축미는 보통 수확기 이후 일정한 주기로 방출되는데, 이 시점이 쌀값이 가장 낮은 시기와 겹치면서 시장 가격을 오히려 더 끌어내리는 결과를 낳기도 한다. 또한 쌀 생산량이 크게 감소하지 않는 한, 일단 비축된 쌀이 시장에 풀리기는 쉽지 않은 구조다. 제도의 취지는 가격 안정과 비상 상황에 대한 대비이지만, 현실에서는 오히려 가격 왜곡과 유통 불안정을 초래할 수 있는 모순이 숨어 있다.

쌀값과 짜장면값의 역설

"짜장면값은 세 배 올랐고, 기름값은 네 배가 됐는데, 쌀값은 고작 30~40%밖에 오르지 않았다."

한국 농민들이 자주 하는 이 말은 단순한 불만이 아니다. 오히려 농업의 구조적 문제를 드러낸다. 비료, 농약, 연료비, 인건비 등 모든 생산비용이 상승했지만, 쌀값은 오르지 않았다. 그 결과 농가의 수익성은 해마다 악화되고 있다.

우리가 주로 먹는 단립종과는 달리 장립종이 대부분을 차지하는 세계 쌀 시장은 그 반대다. 기후변화, 전쟁, 물류비 인상 등으로 수요가 증가하면서 가격이 상승세를 보이고 있다. 태국의 수출용 쌀 가격은 톤당 300~600달러, 많게는 1000달러까지 올랐다. 글로벌 기준으로 보면 쌀은 '가격이 오르고 있는' 작물이다.[19]

일본은 이 흐름에서 독자적인 길을 걸었다. 높은 관세로 외국산 쌀 유입을 철저히 통제하는 동시에, 직불금과 감산 정책,

규모화 정책을 병행했다. 생산비는 낮추고, 농가 소득은 보전하면서, 시장 가격은 비교적 안정적으로 유지해왔다.

한국과 일본의 쌀 정책은 겉보기엔 비슷한 듯 보이지만 좀 더 들여다보면 차이가 있다. 한국은 2000년대 이후 쌀 산업을 보호하기 위해 쌀 생산 농가를 대상으로 시장 가격과 무관하게 일정액을 지급하는 직접지불제를 도입했고, 고율 관세를 통해 외국 농산물 수입을 제한했다.

이처럼 보호장치는 마련되었지만, 감산 정책과 규모화 전략은 일관성 없이 추진됐다. 그 결과, 농업 구조개혁은 제대로 추진되지 못했다. 농가당 평균 경지면적은 여전히 작고, 전체 농가의 3분의 2는 0.5헥타르 이하의 영세 소농이라는 현실을 벗어나지 못했다.

이런 구조에서는 쌀값이 올라도 문제, 내려도 문제다. 가격이 오르면 소비자의 부담이 커지고, 내리면 농가의 생존이 위협받는다. 정부는 직불금, 비축제도, 전략작물 직불제 등을 통해 이 균형을 유지하려 하지만, 이 역시 점점 한계에 가까워지고 있다.

한국의 쌀 산업은 사실상 정부의 막대한 재정 투입 없이는 유지조차 어렵다. 쌀을 잘 생산하는 데 수조 원, 시장에 출하되지 않도록 막는 데 또 다시 수조 원, 이 모든 비용은 '식량안보'라는 이름으로 지출되고 있다.

식량안보의 4대 전략 축

2022년, 전 세계는 다시 한번 식량위기의 문턱에 섰다. 우크라이나 전쟁, 비료값 폭등, 가뭄과 홍수, 수출 제한, 식량 가격의 급등. 언제나처럼 마트 진열장에 음식이 있을 거라는 믿음이 처음으로 흔들리기 시작했다.

한국도 예외는 아니었다. 우리의 곡물자급률은 20% 수준에 머물고, 사료의 95%를 수입에 의존하고 있다. 우크라이나 전쟁 이후 국제 곡물과 식용유 등 원자재 가격이 크게 오르면서 국내 제과·외식업계가 타격을 받았고, 사료 원료를 대부분 수입에 의존하는 축산업도 축산물 가격을 대폭 올려야 했다.

이제 식량은 산업이자 안보이며, 동시에 기후이자 복지의 문제로 다시 정의되어야 한다. 그리고 그에 걸맞은 네 개의 전략 축 위에 새로운 식량 시스템을 세워야 한다.

첫 번째 축: 공급 기반의 회복력

이제는 '얼마나 많이 수입할 수 있는가'보다 '얼마나 오래 버틸 수 있는가'가 더 중요한 시대다. 기후위기와 공급망 충격은 따로 오지 않고 동시에 겹쳐서 온다.

따라서 쌀, 밀, 콩과 같은 핵심 품목은 시장 논리가 아닌 안보 관점에서 관리해야 한다. 국내 생산을 지키는 동시에, 해외 공급망과 전략적 농업 협력도 병행해야 한다.

비축 시스템도 재편이 필요하다. 이제 쌀만으로 충분하지 않다. 밀가루, 식용유, 사료까지 포함한 다층적 비축 체계가 필요하다. 공공비축뿐 아니라 민간 재고도 감시할 수 있는 통합 모니터링 체계도 준비해야 한다.

그 외 식량 시스템의 회복력을 높이기 위해 공급망의 분산과 생산 기반의 다변화도 중요하다. 한 품목, 한 지역, 한 방식에 의존하지 않는 농업. 바로 그 다변성이 위기에 흔들리지 않는 힘이 된다.

두 번째 축: 식량 정보망과 예측 역량

주요 곡물기업들은 위성 이미지와 AI 기반의 글로벌 작황 분석, 실시간 해상 물류 정보를 바탕으로 시장을 주도한다. 한국도 그 흐름에 뒤처지지 말아야 한다.

지금 우리에게 필요한 것은 단순한 통계가 아니다. 전 세계 농작물의 생산량 추정, 수출입 동향, 주요국의 정책 변화, 해상 물류의 병목까지 글로벌 식량 흐름을 실시간으로 감지할 수 있는 '감각기관'이 필요하다.

이를 위해 농식품부, 통계청, 외교부, 한국농촌경제연구원 KREI 등 다양한 기관의 정보 시스템을 통합해야 한다. 또한 유엔 식량농업기구, 농업시장정보시스템, 국제 곡물기업, 민간 정보업체들과의 연계도 강화해야 한다. 데이터는 곧 주권이다.

식량 문제를 다루는 국제기구

유엔 식량농업기구FAO는 1945년에 설립된 국제연합 산하의 전문기구로, 전 세계적인 식량안보, 기아 퇴치, 지속가능한 농업 발전을 목표로 활동한다. 전 세계의 식량 생산·유통·소비 전 과정을 감시·분석·조율하면서 기후변화, 식량 가격 변동, 전쟁·분쟁, 전염병 같은 위기 상황에서 식량안보를 유지하는 데 핵심 역할을 하고 있다.

세계식량계획WFP은 1961년 UN과 FAO에 의해 설립된 국제기구로, 재난·분쟁 지역에서 기아와 식량위기를 해소하기 위해 현장 중심으로 활동하는 세계 최대의 인도주의 식량 지원 기관이다.

농업시장정보시스템AMIS은 2011년 G20 정상회의에서 출범한 국제 협력 플랫폼으로, 식량 가격 급등과 시장 불안정성에 대응하기 위해 만들어졌다. 밀, 옥수수, 쌀, 대두 등 주요 곡물의 생산, 소비, 무역 정보를 투명하게 공유해 시장 예측력을 높이고 정책 조율을 지원하는 것이 목적이다. FAO가 사무국을 맡고 있으며, OECD, IMF, WTO 등 주요 국제기구와 G20 국가, 주요 수출입국이 참여하고 있다. 한국도 회원국이다.

식량을 확보하는 데 정보력의 중요성이 점점 커지고 있다. 앞으로 FAC, WFP, AMIS 등 주요 국제기구와 정보 네트워크를 넓히고, 정보를 공유하고 공동 대응할 수 있는 시스템을 갖춰야 한다.

세 번째 축: 식량의 공공재화

식량은 더 이상 단순한 상품이 아니다. 위기 앞에서, 식량은 생존이고 안보다. 따라서 공공재로서의 성격을 강화해야 한다.

국가가 식량을 단순히 조달하는 것을 넘어, 공공적으로 '관리'하는 체계가 필요하다. 최소한의 가격 보장, 공급 조절, 소비 안정장치를 함께 마련해야 한다. 공공 급식, 로컬푸드 시스템, 기초 식품의 바우처 정책은 식량의 사회적 기능을 강화하는 중요한 수단이 될 수 있다.

네 번째 축: 국제 협력과 수입 다변화

한국은 식량 수입 의존도가 높은 나라다. 하지만 모든 수입을 몇몇 국가에 맡기는 것은 위험하다. 수입 다변화는 선택이 아니라 전략이다.

남미, 호주, 유럽, 중앙아시아 등 다양한 공급 루트를 미리 확보하고, 장기계약과 전략비축을 통해 불안정을 줄여야 한다. 단순히 '누가 싸게 파느냐'보다, '누가 위기 때 함께 버틸 수 있느냐'를 기준으로 공급망을 재편해야 한다. 수입의 유연성은 곧 생존의 유연성이다.

아시아 개발도상국과의 활발한 농업 협력도 중요하다. 농업 ODA(Official Development Assistance, 공적개발원조)는 더 이상 일방적 원조가 아니다. 한국의 식량안보를 뒷받침하는 외교 자산이며, 제2, 제3의 공급지대를 조성하는 투자다. 단기적인 수입선 확보를 넘어, 공동 생산과 기술 이전을 통한 장기적 파트너십으로 발전시켜야 한다.

국제기구 및 글로벌 곡물기업과의 협력도 강화해야 한다. AMIS, FAO, 세계식량계획 등과 정보 네트워크를 넓히고, 필요한 순간에 빠르게 정보를 공유하고 공동 대응할 수 있는 외교 기반을 갖춰야 한다. 식량을 확보하는 힘은 이제 '외교력'이고, '정보력'이며, '투자력'이다.

그리고 지금이야말로 식량을 산업으로 바라볼 때다. 안정적 수입에 머무르지 말고 종자, 농기계, 식품가공, 유통, 스마트농업 기술까지 미래를 내다보는 투자를 시작해야 한다. 식량은 에너지와 함께 다음 시대의 핵심 산업이 될 수 있다.

식량 정책은 '싸게'보다 '안정적으로', '안정적'보다 '지속 가능하게', 그리고 '지속 가능함'에서 '성장 동력'으로 나아가야 한다. 식량을 산업화하는 정책은 위기를 피하는 방어가 아니라, 번영을 설계하는 공격형 전략이다. 이제 식량은 생존을 넘어 성장의 엔진이 되어야 한다.

다음에 올 파고를 준비하며

값싼 수입에 기댄 시대는 저물고 있다. 시장에 맡기면 언젠가는 문제가 풀리리라는 믿음도 더 이상 확실하지 않다. 이제는 새로운 시선이 필요하다. 식량을 바라보는 관점이 바뀌어야 하고, 그에 맞는 행동이 뒤따라야 한다.

회복력 있는 공급 기반, 예측 가능한 공급망, 공공재로서의 식량 정책, 국제 협력을 통한 안전망. 이 네 개의 전략 축 위에 한국의 식량안보를 새롭게 설계해야 한다. 다음 위기는 '식량' 자체가 아니라, '준비되지 않은 시스템'에서 비롯될 가능성이 크다.

6 식량의 지정학

기후가 만든 토양, 토양이 결정한 농업

태양 에너지는 지구에 도달해 대기와 해양을 따뜻하게 데운다. 하지만 지구는 둥글고, 자전축은 기울어져 있다. 이로 인해 태양 에너지는 지표면에 고르게 퍼지지 않고 지역마다 다른 양으로 닿는다. 이러한 불균형이 바로 온도 차이를 만든다. 온도 차이는 대기와 해양의 순환을 촉진하고, 이는 곧 바람, 계절, 날씨 패턴을 형성한다. 이 과정에서 위도, 기온, 강수량, 지형, 고도 등 다양한 요인이 복합적으로 작용하면서 각 지역은 고유한 기후를 갖게 된다.

이러한 기후의 차이는 단지 날씨만을 결정하는 것이 아니다. 각기 다른 기후 조건은 결국 서르 다른 토양을 만들어낸다. 기후는 토양 형성에 결정적인 영향을 미치는 요인이기 때문이다.

19세기 말, 과학자들은 식생과 기후가 긴밀하게 연결되어 있다는 사실에 주목하기 시작했다. 특정 지역에서 자라는 식물의 유형은 기온과 강수량에 따라 달라진다. 예를 들어, 강수량이 많고 기온이 높은 지역은 삼림이 우거지고, 반대로 강수량이 적은 지역은 사막화가 진행된다.

독일의 식물학자이자 기후학자인 블라디미르 쾨펜은 이러한 관계를 바탕으로 세계의 기후를 다섯 가지로 분류했다. 열대, 건조, 온대, 냉대, 한대가 그것이다. 이 중 넷은 온도를 기준으로, 건조 기후는 습윤도(건조도)를 기준으로 구분했다. 쾨펜은 1900년대 초 세계 기후 분포 지도를 처음 발표한 뒤, 1940년 사망할 때까지 계속해서 이를 보완했고, 이후 루돌프 가이거 등 후속 연구자들이 그의 분류 체계를 발전시켰다.[1]

토양은 단순한 흙이 아니다. 지구 표면을 덮고 있는 입자상의 혼합물이며, 암석이 부서져 만들어진 광물 입자에 생물의 활동이 더해져야 비로소 토양이 된다. 달에는 '흙'이 있지만 '토양'은 없다. 생물 활동이 없기 때문에 유기물도 없다. 그래서 달 표면은 토양이 아닌 단순한 광물질로만 구성되어 있다.

암석은 물리적·화학적·생물학적 풍화를 통해 부서지고, 여기에 식물, 미생물, 동물 등이 관여해 유기물이 결합되면서 토양이 형성된다. 이를 전문 용어로 토양 생성 작용-Soil Formation, Pedogenesis이라 한다. 미국의 토양학자 한스 예니는 이 과정을 설명하면서 다섯 가지 요인(기후, 모재parent material, 생물, 지형, 시간)을 제시했고, 이 중에서도 '기후'를 가장 중요한 요인으로 꼽았다.² 그래서 '기후가 토양을 만든다'는 표현은 단순한 비유가 아니라 과학적 정리다.

이제 우리는 서로 다른 기후대가 어떤 토양을 만들어내는지 살펴볼 필요가 있다. 기후와 토양을 이해하는 일은 곧 현대 농업의 구조를 이해하는 일이며, 미래 식량 공급망의 지속 가능성을 가늠하는 데에도 중요한 단서가 된다. 이제 쾨펜의 기후대 분류를 중심으로, 각각의 기후가 만들어낸 토양의 세계로 들어가보자.

열대 기후와 라테라이트 토양

적도를 중심으로 북위 23.5도와 남위 23.5도 사이에 분포하는 열대 기후대는 고온다습한 기후 조건과 뚜렷한 건기·우기의 구분이라는 특징을 지닌다.

이 지역은 다시 세 가지로 나뉜다. ① 열대 우림 기후는 연중 내내 비가 많이 오는 기후로, 아마존과 서아프리카, 동남아시아 일부 지역이 대표적이다. ② 열대 몬순 기후는 계절풍의 영향을 받아 뚜렷한 건기와 우기를 보이는 지역이다. ③ 사바나 기후는 건기와 우기가 반복되며 초원이 발달한 지역이다.

이 기후대의 대표 토양은 라테라이트laterite 토양으로, 고온다습한 환경에서 유기물의 분해 속도가 매우 빠르다. 토양 속 칼슘, 마그네슘, 칼륨과 같은 양분은 빗물에 씻겨 내려가고, 철과 알루미늄 산화물만 남게 된다. 그 결과 토양은 비옥도가 낮고, 금속 성분 때문에 쉽게 단단해지는 성질을 갖는다. 농업 생산성이 낮고 지속 가능한 경작이 어렵기 때문에, 외부에서 퇴비와 비료를 지속적으로 공급해야만 작물 재배가 가능하다.

건조 기후와 사막 토양

위도 20~35도 사이의 건조 기후 지역은 강수량이 적고 증발량이 많아 매우 건조한 환경이 특징이다. 이곳은 사막 기후와 스텝 기후로 나뉘며, 전자는 식생이 거의 없는 반면, 후자는 다소 강수량이 많아 초원이 발달한다. 사하라 사막, 아라비아반도, 미국 남서부가 대표적이다. 북위 40~55도 사이의 대륙 내부에서도 여름은 덥고 건조하며 겨울은 추운 대륙성 스텝 기후가 나타난다.

건조한 지역에서는 토양 형성이 매우 더디고, 유기물 분해도 거의 이루어지지 않아 푸석하고 구조가 불안정한 토양이 주를 이룬다. 식생이 부족해 표토는 바람에 쉽게 침식되며, 수분 증발이 빠른 탓에 토양 표면에 염분이 축적되는 염류화 현상도 자주 발생한다. 농업을 위해서는 관개, 유기물 투입, 토양 개량이 필수적이며, 주로 밀, 보리, 수수 같은 내건성 작물이 재배되거나 방목을 통한 목축이 이루어진다.

스텝 기후와 체르노젬

스텝 기후대 중에서도 북위 45~55도 사이의 중위도 초원 지대에는 특별한 토양이 분포한다. 체르노젬chernozem, 즉 흑토다(체르노젬은 러시아어로 '검은 흙'). 유기물 함량이 5~15%에 달하며 짙은 검은색을 띤다. 이 지역의 연 강수량은 300~600mm로 삼림이 조성되기에는 부족하지만, 다년생 풀들이 번성하기에는 적당하다.

수천 년 동안 초원이 주기적으로 말라 죽고 분해되면서 유기물이 토양에 축적되었고, 그 결과 비옥도와 수분 보유력이 매우 높은 체르노젬이 형성되었다. 이 흑토는 우크라이나 중남부, 러시아 남부 볼가강 유역, 카자흐스탄 북부 등지에 분포하며, 밀, 보리, 옥수수 재배에 매우 적합하다. 이 덕분에 우크라이나는 오랫동안 '유럽의 빵바구니'라 불려왔다.

온대 기후와 문명의 요람

온대 기후는 북위 30~50도, 남위 30~40도 사이의 중위도 지역에 분포하며, 사계절이 뚜렷하고 연중 강수량이 비교적 고르게 분포한다.

세부적으로 살펴보면, 여름이 덥고 건조하며 겨울이 온화한 지중해성 기후, 여름 강수량이 많고 계절 차이가 큰 온대 습윤 기후, 연중 온화하고 강수량이 고른 해양성 기후로 나뉜다.

이 기후대는 식생이 풍부하고 유기물 축적이 활발하여, 구조가 안정되고 비옥한 토양이 형성된다. 곡물, 과일, 채소 등 다양한 작물을 재배하는 데 적합하며, 낙농업도 발달했다. 유럽, 미국, 동아시아의 주요 곡창지대가 여기에 포함된다. 인류 문명의 발원지 다수가 이 온대 기후권에 자리 잡았다.

냉대와 한대 기후의 한계

냉대 기후는 북위 50~70도 사이의 고위도 내륙에서 나타나며, 겨울이 길고 추운 반면 여름은 짧고 상대적으로 온화하다. 대표적인 지역이 러시아의 시베리아, 캐나다의 북부 지역, 스칸디나비아반도, 알래스카 등이다. 이 지역에는 포드졸Podzol 토양이 형성되는데, 낮은 기온과 많은 강수량으로 유기물이 완전히 분해되지 못하고, 양분은 용탈되어 토양 상층은 회백색을 띠게 된다. 산성도가 높고 비옥도가 낮아 농업에 불리하지만, 비료나 유기물 투입을 통해 밀, 감자, 호밀 등의 재배는 제한적으로 가능하다.

또한, 일부 지역에서는 글레이솔Gleysol 토양도 형성되는데, 습한 조건으로 인해 산화환원 반응이 일어나 청회색 또는 푸른빛을 띤다. 배수를 개선하면 일부 작물을 재배하는 것도 가능하다.

한대 기후는 북극과 남극 주변, 북위·남위 66.5도 이상의 극지방에서 나타나며, 월평균 기온이 10도 이상 오르지 않는다. 툰드라 기후는 여름에만 잠시 기온이 영상으로 오르며, 빙설 기후는 연중 영하를 유지한다. 이 지역은 영구동토층이 발달해 토양이 얼어 있으며, 유기물과 미생물 활동이 거의 없어 작물 재배는 불가능하다. 따라서 농업보다는 순록 방목, 어업, 사냥 등이 주요 생계 방식이다.

기후는 농업의 첫 조건이다

기후는 토양 형성에 결정적인 영향을 미치며, 형성된 토양은 그 지역 농업의 가능성과 한계를 규정한다.

예를 들어, 열대 지역은 생물다양성은 풍부하지만 토양이 척박하고, 건조 지역은 관개 없이는 경작이 어렵다. 반면, 체르노젬이 분포하는 스텝 지대나 온대 지역은 토양의 비옥도와 기후의 안정성 덕분에 농업에 이상적인 환경을 제공한다. 냉대와 한대 지역은 기온이 낮고 생물 활동이 제한되어 농업에는 불리하다.

결국, 기후가 토양을 만들고, 토양이 농업을 가능하게 하며, 농업은 사람들의 생존을 지탱하고 문명의 기반이 된다. 이 단순한 연쇄는 오늘날의 식량 시스템을 이해하고, 내일의 농업을 설계하는 데 있어 반드시 짚고 넘어가야 할 출발점이다.

우리가 딛고 선 땅은 단순한 흙이 아니다. 그것은 수천 년에 걸친 기후 작용과 생물 활동이 축적된 결과이며, 우리의 식생활과 생존 방식을 결정짓는 가장 근본적인 자원이다. 토양이 사라진다는 것은 곧 식량의 위기를 뜻하고, 식량위기는 문명 전체를 흔드는 충격으로 이어질 수 있다.

이제 기후변화는 이 토대를 서서히 무너뜨리고 있다. 토양의 성질이 바뀌고, 재배 가능한 작물도 달라지고 있다. 이 변화는 식량의 생산 방식은 물론, 분배와 소비의 구조까지 바꾸고 있다. 우리는 지금, 그런 시대를 살아가고 있다.

토양과 문명

기후는 토양을 만들고, 토양은 농업 생산성을 결정한다. 그러나 농업 생산성은 단지 식량을 제공하는 데 그치지 않는다. 그것은 사회 구조와 경제 발전, 더 나아가 문명의 흥망성쇠에 이르기까지 직접적인 영향을 미친다.

비옥한 토양과 안정적인 기후는 식량의 잉여 생산을 가능하게 했고, 잉여는 인구의 증가를 촉진했으며, 도시의 성장과 계층 분화를 이끌었다. 농경지가 넓고 생산성이 높을수록 더 많은 인구를 부양할 수 있었고, 더 큰 도시와 복잡한 사회 조직을 가능하게 했다.

고대 문명의 발달은 토양과 지리적 조건에 크게 의존했다. 메소포타미아, 이집트, 인더스 문명과 같은 초기 문명들은 모두 비옥한 충적토가 풍부한 강 하구에 자리 잡았다. 강물은 상류에서 운반한 토양 입자와 양분을 하류에 퇴적시키며, 모래, 실트, 점토가 균형을 이룬 구조를 만든다. 이러한 충적토는 보수력과 배수성이 조화를 이루어 농업에 이상적이었으며, 주기적인 범람은 토양의 비옥도를 유지해주었다. 이와 같은 자연적 토대 위에서 잉여 생산물이 축적되었고, 이는 곧 교역과 상업, 사회 분화를 촉진하여 문명의 성장을 가속화했다.

지리적 조건 또한 결정적이었다. 평야는 농업 생산을 가능하게 했고, 산악 지대는 방어적 이점을 제공했다. 중국 황허 유역은 풍부한 수자원과 토양 덕분에 동아시아 문명의 요람이 되었고, 이탈리아반도는 지중해 교통망의 중심으로 로마 제국의 팽창을 이끌었다. 반면 사막이나 극지방처럼 토양이 척박하고 기후가 가혹한 지역에서는 정착 농업 기반의 문명이 발달하기 어려웠으며, 유목이나 채집 중심의 생활방식이 주를 이루었다.

기후, 토양, 지형은 문명의 출발선일 뿐만 아니라, 그 지속 가능성을 좌우하는 핵심 조건이었다. 비옥한 토양을 꾸준히 유지하고 기후변화에 적응할 수 있었던 문명은 오래 지속되었지만, 그러지 못한 문명은 쇠퇴하거나 사라졌다. 메소포타미아는 관개 농업으로 인해 염류화가 진행되며 토양이 황폐해졌고, 이집트와 인더스 문명은 강의 흐름 변화와 기후 악화로 농업 기반을 잃어 쇠약해졌다. 풍요의 조건이었던 강은 관리 실패와 환경 변화 앞에서 위기의 진원지가 되었다.

많은 문명은 외부의 침략이나 전쟁보다 자연환경과의 관계에서 무너졌다. 인간은 자연을 활용해 농업 생산성을 극대화했지만, 기후변화와 토양 황폐화는 점진적으로 농업 기반을 붕괴시켰고, 그로 인해 사회 전체가 흔들렸다. 마야 문명처럼 가뭄에 적응하지 못한 사회는 도시를 포기해야 했고, 앙코르 제국처럼 고도의 수리 시스템을 발전시킨 문명조차도 가뭄과 홍수에 대한 대응 능력이 부족해지면서 쇠퇴의 길을 걸었다.

결국 문명의 번영은 단순히 풍요로운 자연 조건에 달린 것이 아니라, 그 자연과의 관계를 어떻게 관리하고 변화에 얼마나 유연하게 대응하느냐에 달려 있었다.

지속 가능한 농업, 기후 적응력, 그리고 토양의 장기적 관리, 이 세 가지가 문명의 생존 조건이었다. 토양은 단순한 흙이 아니라, 문명의 기억이자 미래를 지탱하는 기반이다.

식량의 불균형

역사적 인구 증가와 농업의 발전

토양의 비옥도는 농업 생산성을 결정짓는 핵심 요소였으며, 비옥한 농지가 넓을수록 더 많은 인구를 부양할 수 있었다. 인류 역사에서 오랜 기간 인구는 자연이 제공하는 조건, 특히 기후와 토양이 허용하는 범위 내에서 유지되었다.

기원전 1만 년경, 마지막 빙하기가 끝나고 온화한 간빙기가 시작되었다. 북반구의 빙하가 녹기 시작하면서 해수면이 상승하고, 지형과 생태계에 극적인 변화가 일어났다. 기온 상승과 강수량 증가로 숲과 초지가 확장되었고, 온화한 기후는 다양한 곡물과 과일 재배에 유리한 환경을 제공했다. 이러한 조건 속에서 인류는 수렵과 채집 생활을 점차 청산하고 정착 농경을 시작했다. 당시 전 세계 인구는 약 500만 명에 불과했다.

기원전 3000년에서 1000년 사이, 티그리스와 유프라테스, 나일, 인더스 등 대하천 하구의 충적토 지대에서는 관개농업이 발달하며 농업 생산성이 크게 향상되었다. 이는 인구 증가와 도시 발달로 이어졌고, 잉여 식량은 교역과 상업의 기반이 되었다. 이 시기, 세계 인구는 약 5000만 명으로 증가했다.

　이후 수천 년 동안 농업 기술의 진보는 더딘 편이었으나, 산업혁명 시기에 접어들면서 본격적인 전환이 시작되었다. 삼포식 농법을 대체한 윤작법 덕분에 토양의 영양분을 고갈시키지 않으면서도 연속적인 경작이 가능해졌다. 또한 알팔파와 같은 콩과작물을 활용해 토양 내 질소 함량을 자연스럽게 높이는 기술이 널리 확산되었다. 19세기 중반에는 독일의 화학자 유스투스 폰 리비히가 비료의 개념을 정립했고, 과인산석회 등 초기 화학비료가 개발되면서 식량 생산에 큰 전기가 마련되었다.

　18세기 초 7억 5000만 명이었던 세계 인구는 19세기 말에는 약 16억 명으로 두 배 이상 증가했다.[3] 이러한 인구 증가는 단지 의학 발전과 위생의 개선 때문만이 아니라, 농업의 생산성과 효율성 향상이 함께 이루어진 결과였다.

　20세기는 농업 생산성의 비약적 도약기였다. 합성 질소비료의 개발, 병충해 저항 품종의 등장, 기계화와 농약 사용의 확대는 농업의 양적·질적 전환을 이끌었다. 특히 1960년대 이후 개발도상국을 중심으로 확산된 녹색혁명은 품종 개량과 비료 및 관개 기술의 결합으로 대규모 생산을 가능하게 했다. 이에 따라 세계 인구는 1950년 25억 명에서 1975년 40억 명으로 급증했고, 식량 생산은 그 속도를 따라갔다.

　2023년 세계 인구는 80억 명을 넘어섰고, 2050년에는 90억 명을 초과할 것으로 예상된다. 이 모든 인구를 먹여 살릴 수 있었던 기반에는 기후 조건, 비옥한 토양, 그리고 수천 년에 걸친 농업 혁신의 축적이 자리하고 있다.

글로벌 식량 공급망의 형성

농업 생산성 향상을 이끈 기술 혁신은 세계 인구 증가에 분명히 큰 기여를 했다. 그러나 20세기 중반 이후, 농산물의 대규모 교역이 가능해지면서 인류의 식량 시스템은 전혀 다른 국면으로 접어들기 시작했다.

이전까지 인구 수는 철저히 지역의 생산력에 종속되어 있었다. 한 지역이 부양할 수 있는 인구는 그 지역의 농업 생산량이 결정했으며, 곡물과 같은 주식 작물의 외부 조달은 거의 불가능하거나 상상조차 하기 어려운 일이었다. 물론 후추, 커피, 설탕, 코코아 같은 고부가가치 기호품은 오래전부터 국제 교역의 중심에 있었지만, 사람을 먹여 살리는 '칼로리'의 이동은 사실상 불가능한 시대였다.

그러나 변화는 기술에서 비롯됐다. 식량을 대량으로 운반할 수 있는 벌크선bulk carrier이 본격적으로 투입되면서, 이전까지 지역에 묶여 있던 식량이 국경과 해양을 넘어 이동하기 시작했다. 유럽과 미국의 곡창지대에서는 인구 증가가 정체됐지만, 농업 기술 발전으로 식량 생산은 꾸준히 증가했다. 결국 그 잉여 생산물은 아시아, 중동, 아프리카로 흘러들어갔다.

이러한 글로벌 식량 공급망의 등장은 인류 역사에서 매우 중대한 전환점이었다. 오랜 세월 인구 증가를 억제하던 가장 근본적인 제한 요소였던 식량 접근성이 느슨해졌고, 지역의 생산력에 구애받지 않고 인구가 증가할 수 있는 여건이 만들어졌다.

그 결과, 토양의 생산성 지도와 인구 밀도 지도의 불일치는 점점 더 커졌다. 과거에는 비옥한 토양이 밀집된 지역에 높은 인구 밀도가 형성되었지만, 이제는 비옥한 토양에서 생산된 식량이 전혀 다른 대륙의 도시로 운반되며, 식량과 인구 간의 물리적 거리가 갈수록 멀어지고 있다.

이제 우리는 농업과 인구, 그리고 식량이라는 문제를 단순히 국지적 관점이 아닌 지구적 시스템의 일부로 바라보아야 한다. 식량은 더 이상 '지금 이곳'에서만 생산되고 소비되는 자원이 아니다. 지구 반대편의 수확량이 오늘 내 식탁을 결정짓는 시대, 그것이 바로 현대의 글로벌 식량 시스템이다.

지역별 식량 불균형의 심화

1950년대, 베트남과 이집트의 인구는 각각 약 3000만 명으로 비슷했다. 그러나 2020년대 들어 두 나라는 모두 인구 1억 명을 넘어섰다.

베트남은 쌀 생산성이 비약적으로 향상하면서 인구 증가를 감당할 수 있었지만, 이집트는 제한된 경지면적과 강우량이라는 지리적 제약 탓에 농업 생산량이 인구 증가 속도를 따라가지 못했다. 현재 이집트와 유사한 상황에 처한 국가는 중동과 아프리카 전역에 걸쳐 존재하며, 이들 지역은 유럽, 미국, 남미 등 식량 수출국이 공급하는 곡물 없이는 자국민을 부양하기 어려운 구조에 놓여 있다.

세계의 주요 곡창지대는 전통적으로 중국의 황허강과 양쯔강 유역, 미국 중서부 평야, 남미의 사바나, 그리고 서유럽·동유럽 대평원 지대에 형성되어 있다. 그런데 이들 지역은 농업 생산성은 높지만 인구 밀도는 낮다. 기계화된 대규모 경작과 값싼 농산물 중심의 체계에서는 농업 종사 인력이 크게 필요하지 않고, 도시 이주가 활성화되어 있는 구조이기 때문이다.[4]

이러한 곡창지대에서 생산된 곡물이 전 세계의 수요지로 원활히 이동하기 위해서는 몇 가지 전제가 필요하다.

첫째, 식량 가격이 수입국 입장에서 감당할 수 있는 수준으로 유지되어야 하며, 둘째, 수입국의 외환 사정이나 경제 여건이 뒷받침되어야 한다. 셋째, 무엇보다 곡물이 지나가는 해상 수송로의 지정학적 안정성이 확보되어야 한다. 이 중 어느 하나라도 무너지면 식량 공급은 즉각적인 영향을 받는다.

많은 사람들은 이를 식량 불평등 문제로 인식하지만, 실상은 지리적 조건과 인구 분포 간의 불균형 문제에 가깝다. 불평등이 사회 정의의 문제라면, 불균형은 지리, 경제, 기후의 상호작용이 만든 결과다. 만약 식량 수출국이 대부분 개발도상국이고, 수입국이 선진국이었다면 이 문제는 지금처럼 주목받지 못했을 것이다.

그러나 오늘날 현실은 그 반대다. 식량을 많이 생산하는 국가는 인구가 적고 경제적 여유가 있다. 반대로 식량을 절실히 필요로 하는 국가는 인구는 많지만, 자급 여건과 구매력이 부족하다. 이 구조적 불균형이 지속되는 한 세계 식량 공급망은 언제든 위기에 흔들릴 수밖에 없다.

중국의 식량 딜레마

경제 성장과 식량안보의 모순

2022년, 중국의 GDP는 18조 달러에 이르렀다. 1998년 1조 달러에 불과했던 것과 비교하면, 불과 25년 만에 경제 규모가 열여덟 배 성장한 셈이다. 이제 중국의 경제는 미국*의 뒤를 바짝 쫓고 있으며, '세계 제2의 경제대국'이라는 수식어가 더 이상 낯설지 않다.

이처럼 중국의 급부상은 국제 정치에서도 긴장감을 고조시키고 있다. 그 대표적인 개념이 바로 '투키디데스의 함정'이다. 고대 그리스 역사학자 투키디데스는 아테네의 부상에 위협을 느낀 스파르타가 전쟁을 선택한 이유를 설명하며, 신흥 강대국과 기존 패권국 간의 충돌은 불가피하다고 경고했다. 오늘날 이 개념은 미국과 중국 간 갈등의 메타포로 자주 인용된다.

하지만 중국은 미국이나 러시아처럼 패권국으로 도약하기에는 치명적인 약점을 안고 있다. 바로 식량과 에너지 안보의

---

* 2022년 기준 미국의 GDP는 약 25조 달러이다.

취약성이다. 중국은 석유, 천연가스, 식량 등 필수 자원의 상당 부분을 해외 공급망에 의존하고 있다. 이 구조는 평시에는 효율적일 수 있지만, 공급망이 흔들리는 순간 국가 전체의 안정성과 지속 가능성이 직접적으로 위협받는다.

반면, 미국은 자국 내에서 대부분의 식량과 에너지를 조달할 수 있으며, 러시아 역시 풍부한 자원과 높은 식량자급률을 바탕으로 독립적인 전략을 수립할 수 있는 기반을 갖추고 있다.

중국 지도부도 이 문제를 인식하고 있다. 2013년 12월, 시진핑 주석은 중앙농촌공작회의에서 식량안보의 중요성을 강조하며 다음과 같이 경고했다.

> 최근 곡물 생산에서 거둔 성과에 자만해서는 안 됩니다. 우리는 과거 기근의 고통을 잊지 말고, 식량안보가 무너질 경우 끔찍한 결과를 초래한다는 사실을 분명히 인식해야 합니다. 식량안보는 절대 양보할 수 없는 레드라인입니다.[5]

중국의 식량 생산과 수입 현황

중국의 급속한 경제 성장은 세계 경제 질서를 흔들고 있지만, 그 토대가 되는 식량 시스템은 여전히 취약하다.

중국 인구는 전 세계 인구의 약 15%를 차지하지만, 농경지는 전체의 10%에 불과하다. 1인당 경지면적은 0.08헥타르에 그치며, 이는 브라질의 3분의 1, 미국의 6분의 1 수준이다. 그럼에도 중국의 농업 생산력은 눈에 띄게 높다. 2022년 기준, 1억 1800만 헥타르의 농지에서 총 6억 8700만 톤의 농산물을 생산했으며, 이 중 옥수수가 2억 7000만 톤(세계 생산량의 23.5%), 밀은 1억 4000만 톤(18.0%), 쌀은 6300만 톤(12.5%)을 차지했다.[6]

그러나 이처럼 막대한 생산량에도 불구하고, 중국은 세계 최대의 농산물 수입국이라는 역설적인 처지에 놓여 있다. 옥수수, 밀, 대두는 중국의 3대 수입 곡물이며, 이들 곡물의 세계 총 교역량 5억 6000만 톤 중 무려 25%인 약 1억 3000만 톤이 중국으로 향한다.

중국 정부는 이러한 수입 의존 구조를 줄이기 위해 2033년까지 수입량을 1억 톤 이하로 줄이고, 주요 곡물 및 대두 자급률을 84%(2021~2023년)에서 92%까지 끌어올리겠다는 계획을 세웠다. GMO 작물 도입과 경작지 확장을 통해 21세기 중반까지 '농업대국'으로 도약하겠다는 청사진이다.

하지만 미국 농무부는 오히려 중국의 곡물 수입량이 2030년 무렵에 1억 7800만 톤까지 증가할 것이라 전망했다. 밀 수입은 다소 줄겠지만, 옥수수는 현 수준을 유지하고, 대두 수입은 39% 이상 증가할 것으로 예측했다.[7] 그 이유는 식생활의 변화 때문이다. 1990년대 말 이후 소득 증가에 따라 중국인의 식단은 곡물 위주에서 육류, 유제품, 가공식품 중심으로 빠르게 전환됐다. 미국 농무부 분석에 따르면 지난 20년간 중국의 가금육 소비는 32% 증가했고, 대두유 소비는 네 배, 유동식 우유 섭취는 세 배 이상 늘었다.

식량자급률 하락의 구조적 원인

실제로 중국의 식량자급 현황은 갈수록 악화되고 있다. 연구 자료에 따르면, 2000년 94%에 달하던 식량자급률은 2021년 84% 수준으로 떨어졌으며, 세계은행은 이보다 더 낮은 66%까지 하락했다고 분석했다. 중국은 이제 대부분의 농산물 수입에서 독보적인 1위 국가다. 밀과 닭고기를 제외한 옥수수, 대두, 쌀, 수수, 보리, 소고기, 돼지고기 등 주요 농축산물 수입에서 모두 세계 최대 규모를 기록하고 있다.[8]

전망도 밝지 않다. 중국 정부의 기대와 달리 2030년에는 식량자급률이 58.8%까지 하락할 것이라는 예측이 나오고 있다. 그 배경에는 여러 구조적 문제가 자리 잡고 있다. 우선 중국의 농업 생산성은 미국이나 캐나다 같은 농업 선진국에 크게 뒤쳐져 있다. 지난 10년간 이들 국가와의 생산성 격차는 오히려 더 벌어졌다. 예를 들어 봄 유채의 단위면적당 평균 생산량은 캐나다의 70%에 불과하고, 대두 생산성은 미국의 60% 수준에 그친다.[9]

농지 황폐화도 심각한 문제다. 중국 농경지의 약 30%가 토양 침식을 겪고 있으며, 추가로 40%가 사막화 위험에 노출되어 있다. 이에 시진핑 주석은 전체 농지가 1억 2000만 헥타르 밑으로 떨어지지 않도록 하라고 지시했고, 경작지 손실 방지에 초점을 맞춘 법안을 입법했다. 이미 공원으로 조성된 녹지마저 다시 농경지로 복원하는 극단적인 조치를 취하고 있지만, 그 효과는 아직 불확실하다.

중국의 식량안보 전략과 해외 진출

중국은 자국의 식량안보를 확보하기 위해 다방면의 전략을 전개하고 있다. 우선 공급망 다변화를 위한 외교적·지정학적 접근이 두드러진다. 러시아와의 농업 협력을 강화하는 한편, 중앙아시아에서는 밀과 대두 확보를 위한 행보를 본격화하고 있다. 이는 극동 지역 개발을 추진하는 러시아의 전략과 맞물려 상호 이익 구조를 형성하고 있다.

중국은 말라카 해협을 통과하는 바닷길 의존도를 줄이기 위해 중앙아시아 곡물에 주목하고 있다. 그 곡물의 관문이 바로 신장과 카자흐스탄 국경에 세워진 호르고스Khorgos 드라이포트(내륙항)다. 카자흐스탄은 매년 1200만 톤의 밀을 비롯해 해바라기 같은 유지작물 수출을 확대하며 '유라시아의 곡창'으로 성장하고 있다. 그러나 철도 궤간 차이로 중국 국경에서 환적이 불가피하다. 호르고스는 이 환적의 핵심 거점으로, 연간 1500만 톤의 화물이 오가며 현재 두 배 규모로 확장 중이다. 중국은 이곳을 단순한 국경 통관지가 아닌, 중앙아시아 식량을 안정적으로 흡수하는 전략 거점으로 키우고 있다.

호르고스에서 출발한 화물열차는 신장을 거쳐 장쑤성 연운항에 닿고, 여기서부터는 해상 루트로 베트남까지 이어진다. 다시 말해, 중앙아시아 곡물이 철도와 해운을 거쳐 아시아 전역으로 흘러가는 새로운 구조가 이미 형성된 것이다. 이는 단순한 물류 혁신을 넘어 중국의 식량 전략과 중앙아시아 농업 성장, 그리고 동남아까지 연결되는 대륙-해양 복합 공급망의 시작점이라 할 수 있다.

한편, 히말라야 수자원 확보 경쟁도 중국 식량 전략의 연장선에 있다. 중국은 티베트, 네팔, 인도 국경 지역에 싼샤댐을 능가하는 초대형 수력발전소를 건설 중이며, 양쯔강의 물을 황허강 유역으로 끌어오는 남수북조南水北調 프로젝트도 진행 중이다. 이는 기후변화와 수자원 불균형에 선제적으로 대응하는 국가 차원의 전략이다.

중국의 전략은 해외 농업 투자와 식량기업 인수에서도 분명하게 드러난다. 뉴질랜드에서는 영국 다음으로 많은 농지를 확보했고 미국 내 수만 헥타르의 토지를 매입했으며, 세계 최대 축산 기업인 스미스필드를 인수했다. 국영 곡물기업 COFCO(중국식량집단공사)는 이미 글로벌 4대 곡물 메이저인 ABCD, 즉 ADM, 벙기Bunge, 카길Cargill, 루이드레퓌스LDC에 필적할 수준으로 성장했다. 중국의 해외 농업 관련 누적 투자 규모는 이미 1000억 달러를 넘어섰다.[10]

또한 중국은 세계에서 가장 많은 곡물을 비축하고 있다. 2022년 기준 세계 비축량의 69%에 해당하는 옥수수, 60%의 쌀, 51%의 밀, 37%의 대두를 보유 중이다. 2023년에는 러시아와 협정을 체결해 유대인 자치주 접경지역에 1억 5900만 달러 규모의 곡물 물류 허브를 건설했고, 같은 해 10월에는 향후 12년간 7000만 톤의 곡물을 수입하기 위한 260억 달러 규모의 장기 계약을 체결했다.[11]

하지만 이러한 전략에는 두 가지 구조적 약점이 존재한다.

하나는 환경오염, 다른 하나는 국제적 평판의 악화다. 특히 지하수 오염은 심각한 수준에 이르렀으며, 일부 지역에서는 농업 자체가 금지될 정도다. 이러한 문제는 산업화에 따른 자연 수용능력의 한계를 넘은 결과로, 단기간에 해결하기 어려운 구조적 문제다.

국제적 평판 문제는 해양에서도 나타난다. 중국은 세계 양식어류 생산량의 약 60%, 원양어업 어획량의 20%가량을 차지하고 있으며, 한국의 서해뿐 아니라 아프리카·남아메리카 연안에서도 조업 갈등이 빈번하다. 중국 정부가 외교적 해명을 지속하고 있지만, 국제 사회의 신뢰 회복은 쉽지 않아 보인다.

이웃의 식량 정책이 우리의 안보를 좌우한다

중국은 식량안보의 제도적 기반도 착실히 강화하고 있다. 2013년 12월 제정된 식량안보법은 필수 곡물의 자급자족과 경작지 보전을 핵심 목표로 삼는다. 농지 전용을 제한하고, 생산 기반을 유지하려는 법적 장치는 전국인민대표대회 5개년 입법계획(2023~2028)에서도 확인된다. 이 기간에 식량안보 관련 10개 법률이 우선 입법 대상으로 지정되었다.[12]

시진핑 주석이 2012년부터 10년간 식량안보 관련 회의를 67차례 주재했다는 사실은 이러한 정책이 선언에 그치지 않음을 보여준다. 미국의 일부 안보 전문가들은 중국의 대만 침공 시나리오를 분석할 때, 경제 제재 상황에서 중국이 얼마나 오래 식량을 자급할 수 있는지를 중요한 변수로 본다. 중국이 재생에너지를 통해 에너지 자립에는 가까워지고 있지만, 식량 자립에 이르기까지는 여전히 갈 길이 멀다.

중국의 식량안보 전략은 단순한 대응을 넘어서는 체계적이고 장기적인 접근이다. 자국의 식량 구조를 냉정히 진단하고, 공급망 다변화와 농업 생산성 제고를 통해 위기를 선제적으로 관리하고 있다. 곡물자급률 90% 회복과 1억 2000만 헥타르의 경작지 확보라는 목표 달성은 여전히 험난하지만, 그 추진력만큼은 분명하다.[13]

문제는 중국의 이 같은 식량안보 전략이 결코 남의 일이 아니라는 점이다. 한중일은 곡물 수입처와 해상 운송로를 공유하고 있어 중국의 수급 불안은 한국의 식량안보에도 곧장 영향을 미친다. 중국의 식량위기는 우리에게 더 큰 위기로 확산될 수 있다. 아이러니하게도, 우리는 중국이 식량 문제만큼은 실패하지 않기를 바라야 하는 처지에 놓여 있다.

멕시코: 식량안보의 복잡성

식량 상황을 이해하는 일은 단순히 수치를 분석하는 것만으로는 부족하다. 멕시코는 그 대표적인 사례다. 국제 옥수수 가격이 하락하더라도 멕시코에서는 식량위기가 발생할 수 있다. 비교적 단순한 이유 때문인데, 멕시코에서 주로 소비되는 옥수수는 세계 시장에서 거래되는 사료용 옥수수와 품종이 다르기 때문이다.

멕시코의 주요 곡물 소비량은 옥수수 4000만~4500만 톤, 밀 700만 톤, 수수 400만 톤, 콩류 120만 톤, 쌀 100만 톤 순이다.[14] 이 중 옥수수는 멕시코에서 단순한 주식을 넘어 문화적 상징으로 여겨진다. 토르티야, 타말레, 포솔레 등 멕시코 전통 음식의 핵심 재료이기 때문이다.

멕시코인들은 주로 백색 옥수수를 소비한다. 이는 멕시코의 토착 품종 또는 그 개량종으로, 국내 소비량의 약 90%를 자국에서 생산하고 있다. 부족분은 연간 50만~100만 톤 규모로 미국에서 수입하며, 최근에는 도시화와 기후변화로 수입 의존도가 다소 높아지는 추세다.

반면 황색 옥수수는 주로 사료나 산업용으로 쓰이며, 연간 소비량은 약 1600만 톤에 달한다. 멕시코에서 백색과 황색 옥수수 소비 비율은 6대 4 정도이지만, 자국에서는 주로 백색 옥수수만 재배되기 때문에 황색 옥수수는 대부분 미국에 의존한다.[15] 문제는 백색 옥수수를 대량 생산하는 국가가 많지 않다는 점이다. 이 품종의 공급이 줄어들 경우 대체 수입처를 찾기 어려운 구조여서 멕시코 역시 식량위기에 취약해질 수 있다.

흥미롭게도, 멕시코는 일부 백색 옥수수 품종을 중남미 국가에 수출하기도 한다. 전체 옥수수 자급률은 60% 수준이지만, 식용 백색 옥수수에 한정하면 자급률은 90%에 이른다. 정부는 토종 품종 보호에 힘쓰고 있으며, 수출입 정책을 통해 가격 안정과 수급 불안정 위험에 대응하고 있다.

다른 주요 곡물을 살펴보면, 수수는 대부분 사료용으로 사용하고 콩류를 주요 단백질 공급원으로 삼고 있다. 쌀은 부식으로 소비되며 자급률은 20~25%에 불과하고, 밀은 소비량의 절반 이상을 미국과 캐나다로부터 수입한다.

즉, 멕시코는 개방형 식량 시스템을 운영하면서도, 백색 옥수수라는 특정 품종과 식문화에 크게 의존하는 폐쇄형 구조의 취약성을 안고 있다. 세계적으로 옥수수가 남아돌아도, 멕시코에서는 백색 옥수수가 부족해 식량위기가 닥칠 수 있는 것이다. 이 사례는 식량안보가 단지 자급률이나 수입량의 문제가 아니라, 문화적 선호와 품종 구조까지 아우르는 복합적 과제임을 보여준다.

싱가포르의 식량산업

싱가포르는 면적이 약 728.6km²로, 대한민국(남한)의 0.73%에 불과한 도시국가다. 자연자원이 거의 없고 경작 가능한 토지가 극히 제한적이어서, 식량의 대부분을 수입에 의존한다. 현재 식량자급률은 약 10% 수준에 머물러 있다. 그러나 싱가포르는 이를 숙명처럼 받아들이는 대신, 2030년까지 자급률을 30%로 끌어올리겠다는 '30 by 30' 전략을 수립했다.[16] 이는 2027년 한국의 곡물자급률 목표치인 27%를 넘어서는 수치다.

이 같은 적극적인 대응에는 역사적 경험이 자리 잡고 있다. 19세기부터 영국의 동남아 무역 거점으로 성장한 싱가포르는 농업 대신 무역과 상업에 국가의 지원을 집중했고, 식량은 주변국 수입에 의존했다. 그러나 제2차 세계대전 중 일본군의 점령으로 수입로가 차단되자 심각한 식량난에 직면했다. 배급제가 시행됐고, 많은 국민이 기아와 영양실조를 겪었다. 이후에도 2004년 조류 인플루엔자, 코로나19 팬데믹 동안에 닭고기와 달걀 수입이 중단된 경험이 있고, 이는 자국의 식량 공급망의 취약성을 여실히 드러냈다.

'30 by 30' 전략의 핵심은 첨단기술 기반의 농업 전환이다. 수직농장, 수경재배, 아쿠아포닉스Aquaponics* 등 도시농업 기술이 확대되고 있다. 여기에 더해, 기후적응 품종 개발, 유전자편집 기술, 배양육과 대체육 등 식물성 단백질 기반의 미래 식품 기술에도 투자가 집중되고 있다. 이는 단순히 자급률을 높이려는 차원을 넘어 미래 산업을 육성하고, 환경을 보호하며, 국민 건강까지 챙기려는 다층적인 전략이다.

현실적 어려움에도 불구하고, 이러한 정책이 국가 생존 전략으로 자리 잡았다는 점은 한국에도 깊은 시사점을 던진다.

다만, 싱가포르는 한국이 갖지 못한 한 가지 강점을 보유하고 있다. 바로 글로벌 농식품기업들이 전략적 거점으로 삼는

---

* 물고기와 식물을 함께 기르는 순환형 농법으로, 물고기의 배설물을 식물의 양분으로 활용하고, 식물이 다시 물을 정화하는 원리로 작동한다.

곳이라는 점이다.

올람그룹의 부상: 새로운 식량공룡의 탄생

ABCD로 불리는 세계 4대 곡물 메이저 기업은 오랫동안 글로벌 식량 체계를 지배해왔고, 그 아성은 결코 무너질 것 같지 않았다. 하지만 최근 이들의 지배 구조에 도전하는 신흥 강자들이 세계 각지에서 등장하고 있다. 앞서 언급한 중국의 국가 주도형 곡물기업 COFCO는 이미 ABCD와 어깨를 나란히 하고 있고, 싱가포르에서는 올람그룹과 윌마 인터내셔널이 빠르게 사세를 확장하고 있다.

그중에서도 가장 주목받는 기업은 올람그룹Olam Group이다. 2022년 올람의 매출은 540억 달러에 달했다. 이는 한국의 농업 총생산액을 뛰어넘는 규모다. 전체 매출의 절반은 아시아에서 발생하며, 아프리카·유럽·아메리카에서 각각 17% 안팎의 고른 매출 비중을 보인다. 거래량의 89%는 농산물 거래를 담당하는 자회사가, 나머지 8.4%는 식품 및 소재 전문 자회사가 차지한다. 전형적인 곡물기업의 구조를 따르면서도 고부가가치 분야로의 확장도 병행 중이다.

놀라운 점은 이 거대 기업의 존재를 한국에서는 거의 모른다는 것이다. 올람그룹의 뿌리는 이미 1989년으로 거슬러 올라간다. 인도계 섬유 기업인 케왈람 찬라이 그룹은 냉전 말기의 자원 가격 폭락과 아프리카 외환위기에 대응하기 위해, 나이지리아 계열사를 통해 외화를 확보할 목적으로 올람을 설립했다. 당시 올람은 커피와 같은 환금성 높은 작물의 거래를 중심으로 출발했다.

전환점은 1996년이었다. 올람은 본사를 런던에서 싱가포르로 옮겼다. 싱가포르 무역개발청은 일찍이 이 기업의 성장 가능성을 주목하고, 세제 혜택과 지원 프로그램 등 다양한 인센티브를 제공하며 본사 이전을 적극 유도했다. 이후 성장세는 가팔랐다. 2003년에는 싱가포르 국부펀드 테마섹 홀딩스가 지분 80%를 인수하며 실질적인 국영기업화가 진행되었고, 2015년에는 일본의 미쓰비시상사가 지분 20%를 확보하며, 일본-인도-싱가포르 삼각 연합의 형태가 완성됐다.

올람은 더 이상 단순한 곡물 무역회사가 아니다. 글로벌 식량산업에서 메이저 기업들과 경쟁할 수 있는 '신흥 공룡'으로 성장한 것이다.

현재 올람그룹은 OGA, OFI, Mindsprint, 뉴포 벤처스 등 다양한 자회사를 두고 있다. 특히 뉴포 산하의 테라스코프Terrascope는 2022년에 출범한 AI 기반 탄소 측정 및 관리 플랫폼으로, 기업의 탈탄소화를 지원하고 있다. 올람은 2040년까지 탄소중립 달성을 목표로 삼고, 식량산업의 지속 가능한 전환을 선도하고 있다.

이제 궁금해진다. 이 거대한 연합의 진정한 승자는 누구일까? 인도계 창업가일까, 싱가포르 테마섹일까, 아니면 뒤늦게 합류한 미쓰비시일까? 분명 모두가 적잖은 이익을 챙겼다. 하지만 나는 싱가포르 정부에 승리를 돌리고 싶다. 싱가포르는 남들보다 먼저 올람의 잠재력을 알아봤고, 과감하고도 전략적인 투자를 통해 기업을 키워냈다. 이 안목과 실행력은 결코 우연이 아니다. 그 결과, 싱가포르는 미래의 식량위기 앞에서 한결 더 단단한 방패를 갖추게 되었다. 작은 도시국가가 선택한 하나의 기업이, 그 나라의 생존 전략이 되었다.

윌마 인터내셔널의 부상

윌마 인터내셔널은 1991년, 인도네시아 출신의 마르투아 시토루스와 말레이시아계 싱가포르인 쿠옥 쿠운 홍에 의해 공동 설립되었다. 창립 초기에는 인도네시아와 말레이시아의 팜 농장을 기반으로 팜유 정제 및 거래에 집중했지만, 곧 사업 영역을 과감히 확장했다.

1990년대 후반부터 윌마는 곡물, 설탕, 바이오디젤, 올레오 케미컬* 분야까지 사업을 다각화하며 인수합병을 거듭했고, 이를 통해 단숨에 아시아 최대 농식품기업 중 하나로 도약했다. 현재 윌마는 전 세계 50여 개국에 진출해 있으며, 2022년 기준 매출은 약 670억 달러에 달한다. 이는 기존의 곡물 메이저 기업들(ABCD)과 어깨를 나란히 할 수 있는 수준이다.

윌마의 성장 배경에는 싱가포르 정부의 강력한 정책 의지와 장기적인 전략과 안목이 자리한다. 식량의 90%를 수입에 의존하는 싱가포르는, 170여 개국에 걸친 다변화된 식량 공급망

---

* 식물성 기름이나 동물성 지방에서 얻은 기름을 원료로 하는 화학 제품.

을 구축함으로써 특정 국가에 대한 의존도를 최소화했다.

동시에, 월마와 올람 같은 글로벌 식품 기업들이 본사를 유치하고 성장할 수 있도록 세제 혜택, 금융 지원, 인프라 제공, 해외 인수합병에 대한 정책적 뒷받침 등 다양한 인센티브를 아끼지 않았다. 이는 단순한 기업 유치가 아니라 식량안보를 국가 전략의 핵심 축으로 끌어올린 싱가포르 정부의 정책적 선택이었다.

이러한 기업들은 단순한 상업적 역할을 넘어, 전 세계 농업 정보와 시장 동향을 실시간으로 수집·분석하는 정보 플랫폼으로서도 기능하며, 싱가포르의 식량안보를 실질적으로 뒷받침하고 있다.

일본 농업의 변신

농업 구조와 식량안보 정책

일본은 한국과 농업 구조가 매우 유사하다. 지정학적 위치, 지리적 조건, 기후대는 물론 식성과 농업 기술 수준도 대체로 비슷하다. 따라서 한국의 농업과 식량안보 정책은 일본의 변화를 관찰하며 발전해왔다고 해도 과언이 아니다.

2021년 기준, 일본의 경지면적은 434만 헥타르로 한국의 약 2.8배에 달한다. 농가 수는 174만 호를 조금 넘는 수준이며, 이는 60년 전보다 약 71% 감소한 수치다. 농업경영체 수는 약 92만 개이고, 경영체당 평균 경지면적은 3.1헥타르로, 여기에는 자가 농지와 임차 농지가 모두 포함된다. 특히 임차 농지는 2005년 0.4헥타르에서 2020년 1.2헥타르로 세 배 증가한 반면, 자가 농지는 같은 기간 1.4헥타르에서 1.9헥타르로 완만하게 늘었다. 이는 고령 농가의 은퇴와 함께 농지 임대차가 활발해졌다는 사실을 보여주는 지표다.[17]

일본은 식량안보와 자급률에도 높은 경각심을 가지고 있다. 이는 태평양전쟁 직후 극심한 식량난을 겪었던 역사적 기억에서 비롯된다.[18] 2022년 일본의 식량자급률은 칼로리 기준 38%, 농산물 가격 기준 58%로 전년 대비 5%포인트 하락했다. 특히 가격 기준 자급률은 63%에서 급감했다. 이는 우크라이나 전쟁 등 외부 변수로 수입 농산물 가격이 급등한 탓이 크다. 일본 정부는 이러한 상황을 반영해, 농산물 수입이 중단될 경우를 대비한 새로운 식량안보법을 제정했다. 이 법에는 위기 상황에서 채소·화훼 등 기호성 작물의 재배를 제한하고, 우유와 육류 소비를 줄이는 권장 식단 기준을 마련하는 등의 조항이 포함되어 있다. 이 제한 품목에 채소가 포함된 이유는 생존을 위한 열량 공급이라는 관점에서 보면 채소 역시 기호성 작물로 분류되기 때문이다. 즉, 이 법은 탄수화물 중심의 열량 확보를 우선시하는 식량위기 대응 체계를 제도화한 것이다.

경단련의 농업 성장산업화 제안

일본경제단체연합회(경단련)는 2023년 "농업의 성장산업화를 위한 권고"를 발표하며, 1999년 제정된 '식료·농업·농촌 기본법' 이후 변화된 사회·경제적 환경을 반영한 농업 개혁을 정부에 촉구했다. 경단련은 지속 가능한 농업 시스템 구축과 함께, 농업을 성장 가능성이 있는 산업으로 전환해야 한다고 강조했다.[19]

경단련은 일본 농업이 당면한 핵심 과제로 ① 국내 생산 기반 강화, ② 수출 농업 확대, ③ 기후 적응 농법 도입, ④ 식량 안보 대응을 제시했다. 특히 국내 생산 기반 강화를 위해 농지의 집적과 대구획화를 추진하고, 의욕 있는 경영체에게 농지를 집중시켜 활용 효율을 높여야 한다고 주장했다.

현재 일본의 농업 총생산액 대비 농식품 수출 비중은 약 2%에 불과하다. 이는 네덜란드(95%), 프랑스(28%), 이탈리아(21%), 영국(18%), 미국(12%) 등 주요 선진국에 비해 현저히 낮은 수준이다. 경단련은 일본 농업이 폐쇄적 내수 중심에서 벗어나 수출 지향형 산업으로 전환하지 않는 한 경쟁력을 유지하기 어렵다고 진단했다.

이러한 일본의 정책 전환은 한국에도 시사하는 바가 크다. 농가 보호 중심의 틀을 넘어서 식량산업을 전략적 관점에서 재구성하는 작업이 이제는 한국에서도 본격적으로 논의되어야 할 시점이다.

미쓰비시상사의 경고

일본은 종합상사의 나라로 불린다. 미쓰비시상사, 미쓰이물

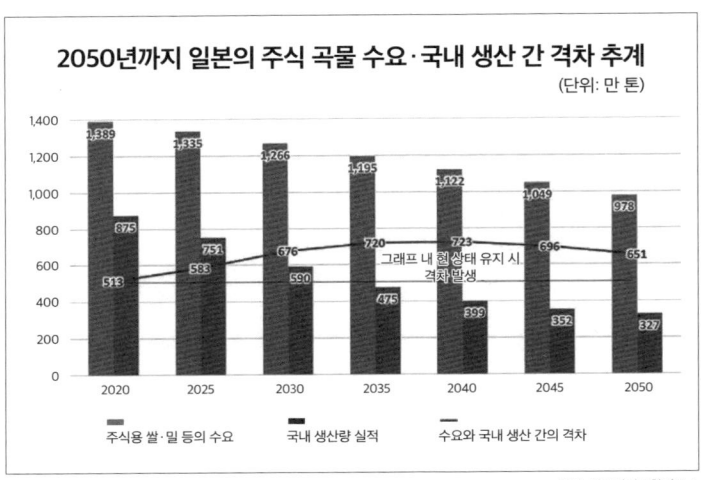

출처: 미쓰비시종합연구소

산, 이토추상사, 스미토모상사, 마루베니 등은 일본 경제 성장의 주역이었다. 2024년 기준, 미쓰비시상사, 이토추상사, 미쓰이물산의 매출은 각각 19.6조 엔, 14.0조 엔, 13.3조 엔에 달한다.[20] 이들은 전 세계에 지사와 자회사를 두고 에너지, 금속, 화학, 농산물, 소비재 등 거의 모든 산업 분야에서 글로벌 네트워크를 형성하고 있다.

최근 미쓰비시종합연구소는 일본 식량산업의 장기 전망을 담은 보고서를 발표했다. 쌀과 밀 등 주식 작물의 수요와 생산을 시뮬레이션한 결과는 충격적이었다. 현재 일본은 연간 약 500만 톤의 주식 곡물(쌀, 밀)을 수입하고 있는데, 2040년에는 수입량이 700만 톤에 이를 것으로 전망됐다. 인구 감소로 식량 수요는 소폭 줄겠지만, 농업 생산은 더 빠르게 감소할 것이라는 분석이다. 그 결과, 주곡 자급률은 현재의 38.6%에서 2050년에는 25% 수준까지 하락할 수 있다는 경고가 나왔다.

연구소는 대안도 제시했다. 50~100헥타르의 대규모 경영체에만 집중할 것이 아니라, 15~30헥타르의 중규모 경영체(우리나라는 이 정도의 규모도 대농이라 부른다)도 육성해야 한다는 제언이다. 미래 농업이 대규모화하는 과정에서 한계농지(농업에 이용하는 것이 불리하고 생산성이 낮은 농지)의 방치와 폐농이 가속화될 가능성이 크기 때문이다. 중규모 경영체는 이러한 구조적 공백을 메우는 데 중요한 역할을 할 수 있다.[21]

이 시뮬레이션은 한국에도 중요한 시사점을 준다. 한국에서는 줄어드는 인구로 인해 식량의 수요도 줄어서 식량 수입 문제가 저절로 완화될 것이라는 기대가 있다. 그러나 일본의 사례는 오히려 그 반대의 예측을 보여준다. 농업 인구의 급속한 고령화와 농촌 공동화로 인해 경작 면적이 줄어들고, 한계농지가 빠르게 방치되는 현상이 훨씬 앞서 나타나기 때문이다.

더 주목할 대목은 미쓰비시경제연구소의 정책 제언이다. 이들은 "식량의 국내 생산에는 그에 상응하는 비용이 든다"라는 점을 국민에게 명확히 알리고, 농가 보호 중심이었던 기존의 예산 투입 방식을 식량안보 관점에서 재설계해야 한다고 강조한다. 식량안보에는 사회적 합의와 현실적인 투자, 그리고 비용에 대한 솔직한 인식이 필요하다는 것이다.

한국의 위치는?

식량산업에 소극적인 한국

일본 정부가 이러한 제안을 실제 정책에 반영할 수 있을지는 여전히 불확실하다. 일본이든 한국이든, 농업 정책의 방향을 바꾸는 일은 결코 쉽지 않다. 한국 역시 아직까지 '농가 보호' 중심의 정책 기조에서 벗어나지 못하고 있다.

그러나 양국 사이에는 결정적인 차이점이 있다. 일본은 마루베니, 미쓰이물산, 이토추 등 종합상사를 통해 이미 글로벌 곡물 공급망에 깊숙이 관여하고 있으며, 해외 농지 투자, 수출입 계약, 가공·물류 인프라 구축까지 식량산업 전반을 국가 전략의 연장선에서 운영하고 있다. 즉, 민간 기업이 단순한 수입 창구가 아니라, 국가의 식량안보를 뒷받침하는 전략적 행위자로 기능하고 있는 것이다.

반면 한국은 여전히 농식품 산업의 세계화에 소극적이다. 포스코인터내셔널(구 대우인터내셔널)이 우크라이나에서 곡물 엘리베이터*를 운영하고, 인도네시아에서는 팜유 농장을 보유하고 있지만, 이처럼 식량산업에 전략적으로 참여하는 기업은 손에 꼽는다. 농업에 관심을 갖는 대기업조차 예외적인 사례로 여겨지는 것이 한국의 현실이다.

---

* 식량안보 강화를 위해 주요 곡물 산지에 직접 운영하거나 투자하는 대규모 곡물 저장·집적 시설.

1990년대부터 추진된 쌀 전업농의 규모화 정책은 최근 들어 오히려 퇴보하고 있다. 농업을 산업으로 전환하기 위한 구조개혁은 여전히 제자리다. 정부가 소농 지원 중심의 직불제 개편에 힘을 쏟으면서 중·대규모 농업 경영체의 성장 기반은 오히려 약화되었다.

기후위기에서 호황을 맞는 곡물 기업들

2022년 2월, 동유럽 곡창지대에서 전쟁이 발발하자 세계 식량 가격은 순식간에 치솟았다. 물가 인상은 곧장 서민의 삶을 압박했다. 이어 2023~2024년 슈퍼 엘니뇨는 지구를 뜨겁게 달구며, 폭염과 가뭄, 산불이 동시다발적으로 세계를 강타했다. 그 결과 '기후플레이션'이라는 이름의 새로운 불안이 세계인들의 삶에 깊은 그늘을 드리웠다.

그러나 모두에게 나쁜 해는 아니었다. 농산물 생산이 어려워질수록 오히려 호황을 맞는 산업도 있다. 앞서 언급했던 곡물 메이저라 불리는 ABCD 그룹(ADM, 벙기, 카길, 루이드레퓌스)이 그 주인공이다. 이들 기업은 농산물 생산보다 거래에 주력한다. 기후 불안이 곧 수익으로 연결되는 구조다. 카길은 2022년 한 해에만 매출 1770억 달러를 기록해 역대 최고치를 갱신했다. 나머지 세 기업도 각각 100억 달러 이상 매출을 늘렸다.

기후학자들은 앞으로를 더 우려한다. 슈퍼 엘니뇨가 지나가도 기후는 안정되지 않을 것이다. 식량 사정이 한두 해 나아질 수는 있어도, 기후위기가 계속되는 한 공급망은 흔들릴 수밖

한국 vs. 네덜란드 농업 비교

구분	한국	네덜란드	비고
농업 GDP	60조 원	40조 원	한국 > 1.5배
농산물 수출	100억 달러	1300억 유로	네덜란드 > 약 13배
농가/경영체 수	97만 농가 (180만 경영체)	5만 경영체	한국 > 36배
경지면적	150만 헥타르	180만 헥타르	네덜란드 > 1.2배
농가당 경지면적	1.5헥타르	36헥타르	네덜란드 > 24배
수출효율성 (수출/GDP)	0.17	3.25	네덜란드 > 19배

* 본 그래프는 필자가 한국과 네덜란드 농업의 차이를 비교하기 위해 이용 가능한 최신 자료를 활용하여 작성했으며, 통계 연도가 상이하므로 직접적인 수치 비교는 제한적일 수 있다.

에 없다.

그럼 한국은 어떤 위치에 있을까? 우리는 소비하는 곡물의 약 80%를 해외에서 수입한다. 국제 곡물 시장의 충격이 고스란히 식탁 물가로 이어지는 구조다. 채텀하우스는 한국을 "식량 공급망 측면에서 가장 위험에 노출된 국가"라고 경고했다.

우리는 식량을 전략산업으로 인식하고 있을까

2022년 우리나라의 농식품 수입액은 484억 달러였고, 수출액은 88억 달러에 불과했다. 농식품 부문만으로 396억 달러 적자를 기록했다[22] (그해 전체 무역적자는 472억 달러였다). 식량산업에서 새로운 전환점을 마련하지 못한다면, 경제와 식량안보 모두 위태로울 수밖에 없는 상황이다.

물론 과거에 시도는 있었다. 2008년 글로벌 식량위기 이후, 우리 정부는 곡물거래 기업 설립과 해외 곡물 엘리베이터 확보를 추진했다. 그러나 자본력과 경험에서 앞선 곡물 메이저의 방식을 모방하는 데 그쳤고, 끝내 실패했다. 지금은 일부 대기업만이 세계 곡물 시장에 제한적으로 참여하고 있을 뿐이다.

더 안타까운 것은 우리가 세계 식량산업의 미래 성장 흐름에서 완전히 소외되어 있다는 점이다. 국제 분쟁과 기상이변이 일어날 때마다 서민들은 식탁 물가를 걱정하며 국제 뉴스를 지켜봐야 하는 처지다.

네덜란드는 좋은 반면교사이자 참고 사례다. 네덜란드 농업 총생산액은 우리보다 적은 40조 원에 불과하지만, 농식품 수출액은 우리의 열세 배에 이른다. 우리가 네덜란드에서 배워야 할 것은 단순히 스마트팜 기술이 아니다. 그것은 식량을 산업으로 키우겠다는 명확한 철학과 전략, 그리고 글로벌 공급망 속에서 생존하고자 하는 의지다.

채텀하우스의 경고는 결국 하나의 질문으로 귀결된다. "한국은 식량을 전략산업으로 인식하고 있는가?"

3

한국의 식량안보

우리의 식량안보는 안전한가: 한국 농업과 식량위기

7   식량위기의 그림자

녹색혁명과 쌀 과잉

수원 국립농업박물관(옛 농촌진흥청 터)에 가면 1978년 세워진 녹색혁명성취탑을 볼 수 있다. 탑 뒷면에는 1977년 쌀 자급 달성을 기념하는 문구가 새겨져 있다. 많은 이들은 이 시점을 우리나라가 보릿고개를 넘은 역사적 전환점으로 기억하지만, 실은 이때부터 쌀 과잉 문제가 조용히 싹트고 있었다.

1980년 대흉작으로 일시적인 쌀 부족 사태가 벌어지기도 했지만, 이후 한국은 쌀을 어떻게 다뤄야 할지 방향을 잡지 못했다. 보릿고개의 기억은 쌀이 남을 수도 있다는 위험마저 가려버렸고, 논을 더 만들기 위해 바다를 메우는 일은 계속됐다.

한국에서 쌀은 단지 곡물이 아니었다. 농업 그 자체였고, 나머지 작물은 부차적인 존재였다. 정부 수립과 함께 제정된 양곡관리법은 국가가 쌀을 수매해 식량을 확보하는 데 초점을 맞췄다.

문제는 가격이었다. 쌀값은 처음부터 시장이 아니라 정치가 정했다. 1970년대에는 국회 승인 절차까지 도입되었고, 연말마다 여야가 쌀값을 두고 몸싸움을 하는 장면은 연례행사처럼 반복됐다. 농민들이 정부가 정한 쌀값에 만족한 적은 드물었고, 정치적 가격 결정은 이후에도 형태만 바뀌었을 뿐 지금까지 이어지고 있다. 쌀은 처음부터 시장재가 아니라 정치재였던 셈이다.

쌀 과잉의 시작

1980년대 들어 한국에서는 쌀이 남기 시작했지만, '쌀은 늘 부족하다'는 인식은 좀처럼 바뀌지 않았다. 이미 일본이 1960년대 후반부터 쌀 과잉에 대응하고 있었지만, 그런 이웃나라의 사정은 한국 사회의 관심 밖이었다. 그렇게 한국은 쌀이 남아돌았음에도 불구하고 논을 더 늘리는 정책을 지속했다. 대표적인 사례가 1991년 착공된 새만금 간척사업이다. 새만금 방조제는 2006년에야 완공되었지만, 토양 염분 문제와 정부의 간척지 활용 정책 변화로 그곳에서 벼를 재배할 수 있을지는 여전히 불확실하다.

2005년, 정부는 수매 제도를 종료했다. 하지만 정부의 시장 개입은 줄지 않았고, 오히려 더 정교하고 복잡한 방식으로 바

뛰었다. 공공비축제를 통해 시장 물량을 조절하고, 고정직불금으로 재배 면적에 따라 현금을 지급했다. 그리고 쌀값이 일정 수준 아래로 떨어지면 변동직불금으로 그 차액을 보전했다. 정부 수매 제도는 사라졌지만 개입은 형태만 바꾼 채 계속되었다.

줄지 않는 생산, 줄어드는 소비

2000년대 들어 쌀 과잉은 더 심화됐다. 친환경농업, 고품질 쌀 생산, 질소비료 절감 등 다양한 정책이 시행됐지만, 1990년대에 추진된 농업 기반 확충과 기계화는 오히려 생산성을 끌어올렸다. 문제는 소비 감소 속도가 훨씬 빨랐다는 점이다. 논 면적은 줄었지만, 쌀 소비는 훨씬 더 가파르게 줄어들었다. 전통주, 가공식품, 외식 수요를 통한 소비 촉진도 효과는 제한적이었다. 저율관세할당물량TRQ*을 통해 매년 40만 톤이 들어왔고, 대북 지원이 중단되면서 쌀은 점점 갈 곳을 잃어갔다.

그럼에도 작목 전환은 좀처럼 늘지 않았다. 벼는 기계화율이 98%에 달해 재배하기 가장 수월한 작물이었고, 고령 농가도 위탁재배를 통해 농사를 이어갈 수 있었으며, 정부가 가격을 방어해줬다. 무엇보다 농민들에게는 여전히 쌀에 대한 정

---

* 특정 품목에 대해 정해진 물량까지는 낮은 관세율을 적용하고, 그 물량을 초과하는 부분에 대해서는 높은 관세율을 적용하는 이중 관세 제도하에서, 낮은 관세율이 적용되는 할당된 물량. 한국은 WTO 협상에서 쌀 시장 개방을 유예하는 대신에 의무수입량을 늘리는 쪽을 택했다.

서적 애착이 남아 있었다. 그사이 1인당 쌀 소비량은 1980년대의 130kg에서 절반 이하로 급감했다.

쌀이 사료가 된 날

2024년, 정부는 결국 햅쌀 10만 톤을 사료로 전환했다.[1] 1986~1994년 우루과이라운드UR 협상 당시 농민들이 내걸었던 구호는 "쌀은 생명이다"였다. 그 생명이 사료로 전환되는 광경은 농민들에게 충격이었다. "농업 가치를 내려놨다"라는 분노가 터져 나왔지만, 정부와 농민이 매년 반복하는 '정치적 약속대련' 속에 쌀 과잉 문제는 다시 묻혔다.

2000년대 들어 일본은 농업의 경쟁력 강화를 위해 규모화 정책을 본격화했다. 1999년 '식료·농업·농촌기본법' 제정 이후, 일본 정부는 전업농 중심의 구조 전환을 추진했고, 농지의 집약을 촉진하기 위해 '인정농업자 제도'와 '농지중간관리기구(2014년 설립)' 같은 제도를 도입했다. 이를 통해 고령·은퇴 농가의 유휴 농지를 적극 수탁해, 규모화 가능한 경영체에 임대하는 방식으로 농지 이용률을 높였다. 그 결과, 2020년 기준 홋카이도 농가의 평균 경지면적은 34헥타르, 기타 지역도 인정농업자 기준 평균 3.4헥타르까지 확대되었다.

반면 우리는 네덜란드에 주목했다. 스마트팜, 유리온실, 정밀농업 등 네덜란드의 첨단기술에 매혹되었고, 수많은 공무원과 농민이 '선진지 견학'에 나섰다. 정부는 시찰단을 지원했고, 방송은 이를 홍보했다.

하지만 우리는 본질을 놓쳤다. 네덜란드가 왜 첨단기술을 택했는지, 어떻게 구조를 바꿨는지에는 관심을 두지 않았다. 그들이 기술을 선택한 이유는 단순히 생산 효율을 높이기 위한 것이 아니었다. 이웃나라와의 경쟁 때문이었고, 네덜란드는 스페인과의 가격 경쟁에서 살아남기 위해 먼저 규모화를 선택한 것이다.

현재 네덜란드의 농가당 평균 온실 면적은 3헥타르 이상이고, 채소 농가는 5헥타르, 일부는 50헥타르에 달한다.[2] 이에 비해 한국의 온실 면적은 대부분 0.3~0.5헥타르에 머무르고, 농가당 평균 경지면적은 1.5헥타르, 경영체 기준으로는 0.8헥타르에 그친다.

시장이 사라진 농업

그사이 한국 농업은 점점 더 정부에 의존하게 되었다. 종자는 국립종자원이 보급하고, 육묘는 농협이 담당하며, 농기계는 농업기술센터가 빌려준다. 수확한 쌀은 농협이 사고, 남은 쌀은 정부가 사들이거나 폐기한다.

시장의 기능은 크게 약화되었다. 생산이 늘든 줄든, 품질이 좋든 나쁘든, 가격이 오르든 떨어지든 "결국 정부가 해결할 것"이라는 인식이 농업 전반에 깊이 뿌리내렸다.

우리는 지금도 네덜란드의 첨단 온실을 방문하며 새로운 기술이 한국 농업을 구원할 것이라 믿는다. 하지만 그 기술이 작동하는 토대인 영농 규모에는 눈길을 주지 않았다. 에너지·식량·문명 연구의 거장 바츨라프 스밀은 충고한다. "기술은 농업에 큰 변화를 가져올 수 있지만 정치와 제도의 틀을 바꾸지 않는 한 그 변화는 지속 가능한 미래로 이어지지 않는다."[3]

식량자급률은 높아질 수 없다

우리는 매년 같은 말을 되풀이한다. "식량안보를 위해 자급률을 높여야 한다." 하지만 결과는 언제나 같다. 목표는 요란했지만, 수치는 거꾸로 내려갔다. 자급률은 더 이상 오르지 않는다. 아니, 오를 수 없다. 이유는 복잡해 보이지만, 본질은 단순하다. 식량자급률은 농가소득과 충돌한다.

농가소득과 자급률의 엇갈림

식량자급률을 따질 때 가장 널리 쓰이는 기준은 '칼로리'다. 칼로리를 가장 많이 공급하는 작물은 쌀, 밀, 옥수수, 대두, 유지류, 설탕이다. 하지만 농민의 소득을 책임지는 건 다르다. 채소, 과일, 축산이 훨씬 큰 비중을 차지한다. 칼로리를 중심에 두는 자급률과, 실제 농가 소득을 떠받치는 품목 사이에는 깊은 간극이 존재한다.

예컨대, 축산물은 자급률 통계에 포함되지만 그 생산 기반인 사료는 거의 전량 수입에 의존한다. 유지류와 설탕도 마찬가지다. 농부의 입장에서 보면 국가의 자급률을 올리기 위해 주요 소득원을 포기하라는 의미인데, 그럴 농부는 없다.

예산은 늘지만 지표는 줄어든다

2023년, 정부는 전략작물직불제를 도입했다. 겉으로는 자급률 향상이 목적이지만, 실상은 쌀 과잉을 줄이고 논에 밀과 콩을 심게 하는 유도책이었다.

그 결과 밀 재배 면적은 6224헥타르에서 1만 1600헥타르로, 대두 재배 면적은 1만 958헥타르에서 1만 8314헥타르로 늘어났다. 밀 자급률은 2.0%, 대두 자급률은 33.6%를 기록했고, 쌀 생산량은 7만 톤 감소했다.

성과는 있었다. 하지만 같은 해 전체 곡물의 자급률은 20.9%에서 19.5%로 오히려 줄었다. 수입산에 비해 몇 배 차이가 나는 국산 콩과 밀 수요가 늘어나야 하는 건 또 다른 문제다. 2023년 이 사업에 투입된 정부 예산은 1121억 원이었고, 2025년에는 2440억 원으로 두 배 넘게 늘어난다. 그러나 지표는 반대 방향으로 갔다.

문제는 예산이 아니다. 구조, 그리고 더 본질적으로는 식습관이다. 아무리 밀과 콩 재배를 늘려도 한국인의 식탁이 쌀보다 빵과 면, 그리고 육류 중심으로 이동하는 한 자급률 하락은 피할 수 없다. 이미 콩 재고 문제가 시작되었다.

결국 식량자급률 정책은 경제발전과 식생활 변화라는 거대한 흐름에 역행하고 있는 셈이다. 예산만 늘리는 것으로는 결코 풀 수 없는 문제다.

식습관은 정책을 거스른다

한국의 식량자급률 하락은 곧 쌀 소비 감소와 직결된다. 1980년대, 1인당 쌀 소비량은 130kg이었으나, 2023년에는 56.4kg으로 줄었다.[4] 반면, 육류 소비량은 20kg 미만에서 62.9kg으로 늘었다.[5] 식탁은 바뀌었다. 한 공기의 쌀밥보다 다양한 식재료가 오르는 상차림을 선호하는 시대가 된 것이다.

쌀의 미래는 더 어둡다. 고령화로 인해 전체 음식 소비량이 줄고, 식단은 곡류 중심에서 점차 멀어지고 있다. 일본 농림성의 통계는 이 흐름을 예고한다. 2009~2019년 사이, 쌀 소비가 가장 크게 줄어든 연령대는 의외로 60대 이상 고령층이었다. 50대의 하루 평균 쌀 소비량이 348.6g이던 것이 60대에는 281.5g으로 19.3% 감소했다.[6] 이러한 추세가 한국에도 그대로 재현된다면, 쌀 소비 감소는 더욱 가팔라질 것으로 예상된다.

식량자급률은 어디까지 높일 수 있을까? 냉정히 말해, 기대할 수 있는 수준은 한계가 뚜렷하다. 전 농경지에 옥수수를 심는다 해도 최대 수확량은 1500만 톤에 불과하다. 연간 곡물 수요 2000만 톤에 한참 못 미친다.

따라서 지표를 맞추기 위해 현실을 외면하는 정책은 오히려 해가 된다. 자급률은 명분이 아니라 전략이어야 한다. 경제발전과 식생활 변화라는 거스를 수 없는 흐름을 인정하고, 그 안에서 실현 가능한 식량안보 전략을 수립해야 한다.

식량안보에 대한 착각

한국 사회는 식량안보를 말하지만 정작 문제의 본질에는 도달하지 못한다. 단순한 오해가 아니다. 구조적인 착각이자 위기를 외면하는 방식이다. 우리는 안다고 믿지만, 실제로는 잘 모른다.《팩트풀니스》의 저자 한스 로슬링은 경고한다.

"가장 위험한 것은 무지가 아니라, 잘못된 인식이다."

첫 번째 착각은 지정학적 현실에 대한 부정이다. 우리는 스스로를 반도 국가라고 부르지만, 식량안보의 관점에서 한국은 사실상 '섬'이다. 분단으로 인해 대륙과 단절된 상황에서 곡물 한 톨도 바다를 건너지 않고는 들어올 수 없다. 국제 정세가 흔들리면 곧바로 식량 공급망도 흔들린다. 그 영향은 단 며칠 만에도 우리 경제와 산업을 위협할 수 있다.

두 번째 착각은 식량체계의 이중성에 대한 인식 부족이다. 우리의 식탁엔 국산 채소와 수입 곡물이 함께 올라온다. 하나는 국내 기후에 의존하는 폐쇄형 시스템이고, 다른 하나는 국제 시장과 연결된 개방형 시스템이다. 폐쇄형은 장마와 태풍에 무너지고, 개방형은 전쟁과 수출 규제에 흔들린다. '금추', '금사과', '금빵'이라는 표현은 단지 물가 상승이 아니라 구조적 취약성을 드러내는 징후다.

세 번째는 식량안보를 곧 농민 보호로 여기는 인식이다. 자급자족의 농업 이미지는 여전히 강력하여 규모화, 기업화, 산업화 같은 단어는 입 밖으로 꺼내기조차 어렵다. 그러나 농민 보호가 식량안보와 반드시 일치하지는 않는다. 보호는 필요하지만, 변화도 필요하다. 농업은 산업이자 미래이며, 전략이어야 한다. 우리는 익숙한 시스템이 실패한 뒤에야 새로운 시스템의 필요를 인정한다. 하지만 식량만큼은, 그런 실패를 기다릴 수 없다.

네 번째는 글로벌 가치사슬에 대한 무지다. 세상은 농사를 짓고, 동시에 수출하고, 또 수입한다. 미국도 그렇고, 중국도 그렇다. 농지가 거의 없는 싱가포르도 연간 500억 달러의 농산물 거래를 하는 세계적 기업을 보유하고 있다. 반면 한국은 수출할 농산물도, 글로벌 시장을 겨냥한 농업 기업도 드물다. '식량안보'를 외치지만, 실제로는 세계 식량 시스템에서 존재감은 미약하다.

다섯 번째는 위기의 성격에 대한 오해다. 식량위기는 단발성 재난이 아니라 만성적이고, 복합적이며, 반복되는 재난이다. 2020년 54일간의 장마, 2023~2024년의 이상고온은 예외가 아니라 뉴노멀이다. 여기에 전쟁과 무역 갈등이 겹치면 위기는 배가 된다. 특히 기후위기와 지정학 리스크가 동시에 작동하는 '복합위기'는 식량 가격 급등으로 직결된다.

그런데도 우리의 대응은 여전히 '비축'과 '가격 안정'이라는 과거의 해법에 머물러 있다. 지정학적 고립, 이원화된 공급망, 경직된 정책, 쇠약해진 생산 기반, 그리고 가속화되는 기후변화. 이 모든 위험을 관리하고 넘어설 새로운 전략이 필요하다.

우리는 미래를 준비하기보다 늘 과거를 되돌리려 한다. 그래서 같은 실패를 반복한다. 이제는 더 많이 생산할 수 있는가가 아니라, 더 안정적으로 확보하고 더 공정하게 나눌 수 있는

가를 물어야 한다.

붕괴하는 농촌

고향 청송의 하나로마트에 들렀을 때 '다문화 식재료 코너'라는 팻말이 눈에 들어왔다. 외지인은 찾아보기 어려운 외진 시골에서, 도시 슈퍼마켓에서도 보기 힘든 동남아 식재료를 판다는 사실이 낯설었다. 1990년대 초, 도시로 일자리를 찾아 떠났던 출향인에게 농촌의 변화는 그만큼 이질적이었다. 눈에 보이는 변화만큼이나 보이지 않는 붕괴는 더 조용하고 깊었다.

초고령 사회로 진입한 농촌

2020년 23%였던 농촌의 고령화율은 불과 2년 만에 25%를 넘었다. 면 지역만 따지면 고령화율은 32.4%에 달한다. 농촌은 이미 초고령 사회*다. 오늘의 농촌은 8년 후 대한민국의 모습이고, 면 지역은 10~15년 후 우리가 마주할 미래다.

가장 앞서 붕괴를 겪고 있는 곳이 경북 의성군이다. 1개 읍과 17개 면으로 구성된 의성군의 인구는 2021년 기준 5만 2000명이다. 더 충격적인 건 초등학생의 수다. 2024년 기준 의성군의 전체 초등학생 수는 913명에 불과했다. 17개 면 중

---

* 만 65세 이상의 인구가 전체 인구의 20% 이상인 경우 초고령사회라고 한다.

3개 면은 학교조차 없고, 10개 초등학교는 전교생이 20명 이하다.

의성군의 인구 감소는 가파르다. 1966년 19만 명이던 인구는 1995년 9만 7000명, 2020년 5만 1000명으로 줄었다. 2024년, 마침내 5만 명 아래로 내려갔다. 불과 60년 만에 4분의 1로 줄어든 것이다. 농촌 사회가 돌아가는 것이 신기할 정도인데, 당장은 그 부족한 노동력을 외국인 노동자가 힘겹게 메우고 있다. 하지만 30년 뒤 이 지역은 어떤 모습일까?

30년 후 대한민국의 모습

통계청은 2055년 대한민국의 모습을 지금의 의성군과 유사하게 그린다. 인구는 4490만 명으로 줄고, 고령화율은 41.7%에 이를 것으로 예상한다.[7] 이러한 감소는 도심보다는 지방, 특히 읍면 단위 농촌에서 먼저, 더 빠르게 나타날 것이다.

농촌 지역(읍·면)의 인구는 2020년 976만 명에서 2050년 845만 명으로 급격히 줄어들 전망이지만, 이 예상마저 낙관적인 수치일 수 있다. 인구가 3000명 아래로 떨어지면 병원이 사라지고, 2000명 미만이 되면 일상의 기반을 이루는 약국, 세탁소, 미용실마저 채산성을 유지하기 어려워진다.[8] 고령의 1~2인 가구가 대다수인 농촌에서 이는 단순히 불편한 정도가 아니라 생존이 걸린 문제다.

준비 없는 농촌의 붕괴

"우리가 죽으면 이 마을은 어떻게 될까." 노인들의 말은 단순한 걱정이 아니라 공동체의 최후 진단이다. 베이비부머의 귀농·귀촌이 농촌을 살릴 희망처럼 여겨졌지만, 그 흐름도 빠르게 식고 있다. 2023년 귀촌 인구는 전년 대비 15% 감소한 42만 명, 귀농 인구는 12.5% 줄어든 1만 2660명에 불과했다.

이제 인구 감소는 멈출 수 없는 흐름이 되었다. 문제는 감소 그 자체보다 이로 인해 지역사회의 기반이 무너지고 있다는 점이다. 대응은 여전히 낭만적이다. 귀촌운동, 농촌관광, 고향사랑기부제 같은 처방이 반복되고, 구름다리나 케이블카 같은 관광 인프라에 대한 기대는 공허하다.

농업의 위기는 지금도 진행 중이다. 농업 경영주 수는 계속 줄고 있으며, 규모화는 더 이상 선택이 아닌 불가피한 흐름이 되었다. 그러나 이를 뒷받침할 농지이용 계획이나 영농 지원 체계는 여전히 미비하다. 농업 혁신에 대한 논의도 오랫동안 실종된 상태다. 이명박 정부 시절 농촌진흥청의 민영화 논란 이후, 구조개혁과 기술 혁신에 대한 본격적인 논의는 사실상 멈춰버렸다.

그사이 농촌은 조용히, 그러나 빠르게 무너지고 있다. 사람의 인적이 끊긴 집은 1년이면 잡초가 무성하고, 3년이면 초목에 잠긴다. 폐가가 방치되고, 논밭은 풀숲으로 변해간다. 매년 2만 헥타르의 농경지가 줄고, 일부는 휴경지로 바뀐다. 휴경지 실태조사는 2022년 농지은행관리원이 출범한 이후에야 시작되었다.

일본의 경고

일본의 현실이 우리의 미래를 보여준다. 2024년 일본의 쌀 가격은 기후변화와 급격한 농지 감소로 인해 전년 대비 40% 이상 급등했다. 식량안보의 위험을 감지한 일본 경제인단체연합회는 정부에 농지 유지와 활용도 제고를 통한 생산 기반 강화를 촉구했다.[9] 특히 한정된 농지의 생산성 향상을 위해 농지의 집약화와 대규모화, 설비 투자 확대를 핵심 과제로 제시했다.

한국 역시 같은 길을 걷고 있다. 농경지는 빠른 속도로 감소하고 있으며, 도시에서 먼 농촌 지역부터 휴경지가 확산되고 있다. 농촌 공동체의 붕괴는 이러한 농지 이탈 현상을 더욱 가속화하고 있다. 일본의 사례는 이러한 추세가 비단 농촌 문제를 넘어 국가의 식량안보 위기로 이어질 수 있음을 경고한다.

농지 규모화와 집적화의 필요성

농가 인구가 줄어드는 것이 피할 수 없는 현실이라면, 농지를 현대화하고 규모화하는 방향으로 정책을 전환해야 한다. 대규모 경지 정리, 자율주행 농기계, 청장년 농민 중심의 농지 집중은 더 이상 선택이 아니라 미래를 위한 투자다.

큰 걸림돌은 헌법에 명시된 경자유전 원칙이다(이어지는 8장 참조). 농지 가격은 비현실적으로 높고, 농업 수익으로는 투자

비를 회수하는 데 수 세대가 걸린다. 청년농이 진입하기 어려운 구조다. 농지 임대제도를 정비해 젊은 농민에게 땅이 집중될 수 있도록 하는 것이 시급하다.

농가의 규모화는 면적의 확대만으로는 부족하다. 땅이 넓어도 흩어져 있다면 효율은 반감된다. 일본은 이미 농지 집적화 개념을 정책 목표로 삼고 있지만, 한국은 그 개념조차 생소하다. 계획도, 설계도, 설득도 시작되지 않았다. 더 늦어지기 전에 농지의 규모화와 집적화에 대한 활발한 연구와 논의가 필요하다.

취약성을 드러낸 공급망

어느 한 국가에 전략물자를 의존하는 것은 언제든 위험하다. 그 물자가 비록 하찮아 보일지라도 그 영향은 치명적일 수 있다. 2021년, 대한민국은 그 사실을 비싼 대가를 치르고 체험했다. 바로 '요소수 대란'이었다.

요소수 대란의 교훈

2021년 10월, 중국 정부는 요소urea의 수출을 제한했다. 요소는 농업용 비료의 핵심 원료이지만, 한국에서는 차량용 배출가스 저감장치인 선택적 촉매환원SCR 시스템에 필요한 요소수의 재료였다. 한국은 이 고순도 요소의 97%를 중국에 의존하고 있었다. 전 국민이 경유차에서 요소수가 떨어지면 차를 운행할 수 없다는 사실을 그때 처음 알게 됐다.

요소수는 고순도 요소 32.5%와 정제수 67.5%의 혼합물이다. 우리나라는 환경 규제를 강화한 '유로 6'의 기준에 맞춰, 2015년 이후의 경유차에는 SCR 장치가 의무화되었다. 이는 미세먼지 감축을 위한 조치였지만, 그 엉뚱한 부작용은 한순간에 전국의 물류망을 멈춰 세울 만큼 컸다.

중국 정부가 요소 수출을 제한한 것은 우리 정부와의 단순한 외교 갈등 때문만은 아니었다. 요소의 핵심 원료인 암모니아는 석탄에서 주로 생산된다. 그런데 2020년 이후 중국은 탄소중립을 목표로 석탄 소비를 규제했고, 연이은 폭우와 홍수를 겪으면서 주요 산지의 석탄 채굴을 중단시켰다. 여기에 호주와의 외교 마찰로 호주산 석탄 수입도 막히자 중국 내부의 전력난은 심각해졌고, 요소 생산량은 급감했다. 그 결과, 중국은 자국의 농업(요소는 질소비료로도 사용된다)과 산업을 보호하기 위해 요소 수출을 제한했다. 세계 공급망의 변화와 국제 사회의 기후대응 정책 변화가 동시에 한국을 덮친 것이다.

당시 정부와 언론은 당황했다. 왜 단 한 가지 물질이 국가를 멈추게 했는지 누구도 제대로 설명하지 못했다. 하지만 이 사건은 우리가 얼마나 가느다란 줄 위에 발을 딛고 서 있는지를 보여줬다. 그것도 스스로는 깨닫지 못한 채 말이다.

지리적 외딴섬, 대한민국

세계 식량 공급의 중심에는 밀, 옥수수, 쌀, 대두, 그리고 비료가 있다. 매년 생산되는 곡물 29억 톤 중 11억 톤이 국경을 넘어 움직이며,[10] 대부분은 거대한 벌크선으로 운송된다. 국제 곡물 운송에는 수프라막스 또는 파나막스급이 주로 투입되며, 연간 약 2만 회의 운항이 필요하다.* 이 곡물은 북미와 남미에서 아시아, 아프리카, 유럽으로 향하고, 그 과정에서 파나마 운하, 말라카 해협, 수에즈 운하, 터키 해협과 같은 병목지점을 통과한다.

이 운송로들이 얼마나 취약한지는 최근 몇 년간 반복적으로 확인됐다. 2023년에는 파나마 운하의 수위 저하로 선박 적재량이 제한되었고, 수에즈 운하는 이스라엘-하마스 전쟁으로 일시 폐쇄되었으며, 말라카 해협은 물동량 폭증으로 마비 상태에 이르렀다. 이처럼 단 하나의 경로만 막혀도 물가는 오르고, 물류는 흔들린다. 글로벌 공급망은 생각보다 훨씬 더 얇고, 훨씬 더 불안정하다.

세계지도에서 한국을 보면, 마치 바다 위에 떠 있는 고립된 섬 같다. 북으로는 북한, 서쪽으로는 세계 최대의 식량 수입국인 중국이 있지만, 한국은 이들과의 식량 연계성이 낮다. 주요 곡물 수입은 주로 북미, 유럽, 남미에서 이루어진다. 지구 반대

---

* 수프라막스Supramax는 재화중량톤수DWT 5만~6만 톤급으로, 자체 하역 장비를 갖추고 있어 항만 시설이 부족한 지역에서도 하역이 가능하고, 파나막스Panamax는 DWT 6만~8만 톤급으로 파나마 운하를 통과할 수 있는 최대 크기의 선박이다.

편에서 출발해, 길고 복잡한 해상로를 지나, 좁디좁은 병목을 통과해 도착하는 식량. 그것이 오늘 우리의 식탁을 지탱하는 구조다.

미국이나 유럽처럼 육상 교역이 가능한 국가들과 달리, 한국은 지정학적으로 섬에 가깝다. 이 구조를 이해하지 못한 채 '비상시 수입처 다변화' 같은 대책은 공허할 뿐이다. 우리의 식량안보 전략은 반드시 이 고립성에 맞춰 설계되어야 한다.

식량위기의 복합성

세계는 지금 식량위기의 문 앞에 서 있지만 평범한 사람들에게 미래의 위기는 언제나 먼 이야기처럼 들린다.

2025년 1월, 노벨상 수상자 133명을 포함한 153명의 세계 석학들이 공동으로 식량위기를 경고하는 공개서한을 발표했다. 기후변화, 지역 분쟁, 시장 불안정이 겹치면서 2050년에는 지금보다 훨씬 심각한 식량 불안정에 직면할 수 있다는 경고였다.

이들은 특히, 세계 인구가 97억 명에 이를 것으로 예상되는 시점에 기후변화로 작물 생산성이 줄어들 수 있다는 점을 강조했다. 향후 20년간 식량 생산성을 50~70% 이상 끌어올리지 못하면 지구는 심각한 식량 부족 사태를 피할 수 없다는 것이다. 2024년 '농업계의 노벨상'이라 불리는 세계식량상 수상

자인 제프리 호틴은 이렇게 말했다.[11]

"기후위기에 이어 가장 중요한 문제가 식량이다. 다른 위기들이 주목받는 사이, 식량위기는 은밀하게 다가오고 있다."

식량안보를 위한 여섯 가지 조건

우리가 당연하게 여기는 안정적인 식량 공급은 사실 매우 까다로운 전제 조건 위에 놓여 있다. 식량안보가 유지되기 위해서는 다음과 같은 조건이 필요하다.

- 기후의 안정성
- 낮은 에너지 가격
- 지정학적 갈등의 최소화
- 식량의 적정한 양과 질
- 인구 증가율과 생산성 간의 균형
- 생태계의 회복력

하지만 인류 역사에서 이 모든 조건이 동시에 충족된 시기는 거의 없었다. 기근과 식량 부족은 반복되어왔고, 때로는 사회적 갈등이나 국가 간 충돌로 이어지기도 했다. 평화롭고 안정적인 식량 체계는 오히려 예외에 가까운 시기였다.

지금 이 순간에도 세계 곳곳에서는 식량 불안정이 현실로 나타나고 있다. 유엔에 따르면, 현재 약 7억 5000만 명이 만성적인 식량 부족 상태에 있으며, 23억 명은 건강한 삶을 유지하

기에 충분한 영양을 섭취하지 못하고 있다.[12]

이 위기의 원인은 복합적이다. 우크라이나 전쟁으로 인한 곡물 수출 차질, 천연가스 가격 급등으로 인한 비료 공급 위기, 기후변화로 인한 극한기상 증가, 식량 수출 제한 조치, 그리고 팬데믹 이후 국가 재정의 여유 부족까지, 이 모든 요인이 서로 얽혀 위기를 더욱 심화시키고 있다. 국제 구호단체들은 제2차 세계대전 이후 최대 규모의 식량위기가 다가오고 있다고 경고한다.[13]

계층과 국가에 따라 다른 양상

더 큰 문제는 식량위기는 국가마다, 계층마다 다르게 나타난다는 점이다. 특히 소득이 낮은 계층일수록 그 충격은 훨씬 크고 직접적이다.

예를 들어, 한국 하위 20% 계층은 가처분소득의 40%를 식비로 지출하고 있다. 이 수치는 한국처럼 고소득 국가에서도 이미 천만 명에 가까운 인구가 식량위기에 쉽게 노출될 수 있음을 보여준다(4장 기후플레이션 참조). 식량위기는 배고픔의 문제라기보다는 사회적 불평등, 건강, 교육, 그리고 삶의 질 전반에 영향을 미치는 구조적 문제다.

따라서 식량안보를 더 이상 농업만의 문제로 접근해서는 곤란하다. 그것은 국가의 지속 가능성과 직결된 핵심 과제이며, 미래 세대를 위한 책임이자 현 세대가 감당해야 할 의무이다.

기후변화와 국제 정세의 불확실성이 커지는 지금, 식량 시스템의 회복탄력성을 높이기 위한 적극적인 투자와 정책적 전환이 절실하다. 무엇보다 중요한 일은 우리가 '지금' 이 문제를 직시하고 미래를 준비하기 시작하는 것이다.

8   토지와 농지 제도

농지 확장의 시대와 한계

지구의 총 육지 면적은 약 149억 헥타르이다. 이 가운데 사람이 거주할 수 있는 면적은 약 104억 헥타르이며, 그중 절반에 가까운 48억 헥타르가 농지로 활용되고 있다. 농지는 크게 작물을 재배하는 경작지arable land와, 가축 방목이나 목초 재배에 사용되는 방목지pasture land로 나뉜다.

20세기 초반, 인류는 약 25억 헥타르의 농지를 이용했다. 이 중 9억 헥타르가 작물 재배용이었고 나머지는 방목에 사용되었다. 2020년대에 들어 농지 면적은 약 48억 헥타르로 늘었고, 그중 15억 헥타르가 작물 재배에 활용되고 있다. 이 경작지의 대부분은 곡물 재배에 사용된다.

20세기 중반 이후, 전 세계 인구는 두 배 이상 증가했다. 늘어난 인구만큼 식량 수요도 폭증했지만, 농지는 무한정 늘릴 수 없는 자원이다. 그 결과, 인구 1인당 경작지 면적은 1961년 약 0.37헥타르에서 2020년 약 0.19헥타르로 줄어들었다.[1]

그러나 같은 기간 곡물 재배 면적은 12.9% 증가에 그쳤음에도, 생산성과 생산량은 각각 209%, 249%나 증가했다. 인구 증가율(164%)을 훌쩍 뛰어넘는 수치다. 인류는 1인당 경작지가 줄어든 상황에서도 오히려 식량의 풍요를 누리고 있다.[2]

특히 주목할 만한 것은 농업 생산성의 비약적인 향상이다. 작물 생산에 필요한 단위당 경작지 면적이 획기적으로 줄었다. 1961년에 필요했던 농지 면적을 1.0이라고 할 때, 2014년에는 같은 양의 작물을 생산하는 데 0.3의 면적만 필요하게 되었다. 즉, 1961년보다 70%나 적은 농지로도 동일한 양의 작물을 생산할 수 있게 된 것이다.[3]

작물별 재배 면적의 변화

2022년 기준, 세계에서 가장 넓은 경작지를 차지한 작물은 밀(2.19억 헥타르), 이어서 옥수수(2.03억 헥타르), 쌀(1.65억 헥타르), 대두(1.34억 헥타르) 순이었다. 1961년과 비교하면 작물별 재배 면적의 변화는 확연하다. 밀은 7% 증가에 그쳤지만, 옥수수는 93%, 쌀은 43%, 대두는 무려 462%나 늘었다. 식용보다는 사료나 바이오연료 수요가 커지면서 나타난 변화다.[4]

사탕수수(193%), 유채(537%)처럼 설탕과 식용유의 원료 작물도 크게 증가했다. 대두까지 포함하면 지난 반세기 동안 인류 식단에서 가장 큰 변화는 식물성 기름의 소비 증가라고 할 수 있다. 과일과 채소의 재배도 확대되었는데, 토마토(193%), 오렌지(215%), 바나나(182%), 사과(180%) 등이 그 예다. 카사바(233%), 코코아(171%) 같은 아열대 작물도 높은 증가율을 기록했다. 반면 감자(20%), 보리(14%), 귀리(87%), 사탕무(38%) 등 일부 작물은 재배 면적이 오히려 줄었다.

농지 확장의 한계

녹색혁명 이후, 인류는 더 많은 칼로리와 단백질, 그리고 유지를 식단에 포함시켰다. 단순했던 곡물 중심의 식사는 육류, 유지, 당류, 과일이 더해지며 한층 풍요로워졌다. 다행히도, 농지 확장의 속도는 식단의 변화나 인구 증가 속도에 비해 크지 않았다. 1990년대 이후 생산성이 급상승하면서, 식량 증산이 반드시 농경지 확장을 수반할 필요는 없다는 희망이 보이기 시작했다.[5]

하지만 이러한 낙관을 끝까지 유지하기는 어려운 상황이다. 인구는 지속적으로 증가하는 데 반해 농지 확장은 이미 한계에 다다랐고, 많은 지역에서 경작 가능한 토지는 고갈되고 있다. 도시화와 산업화는 농지를 잠식하고 있고, 기후위기와 더불어 토지의 질도 점점 악화되고 있다.

한편 유럽에서는 오히려 농지를 숲으로 되돌리려는 움직임이 확산되고 있다. 생물다양성을 지키고 탄소 흡수원을 확보하려는 이 논의는 마침내 EU 공동농업정책CAP에 반영되었다.

지난 100년이 농업 기술의 발전이 이끈 '확장의 시대'였다면, 앞으로의 100년은 지속 가능성의 시대가 될 것이다. 더 많은 식량이 아니라, 더 지속 가능한 방식으로 식량을 생산할 수 있는지가 인류의 과제가 되고 있다.

인클로저 운동과 농업의 근대화

토지는 본래 누구의 것도 아니었다. 그러나 생존을 위해서는 먹이를 얻을 수 있는 충분한 영역이 필요했고, 이는 인간과 동물 모두에게 마찬가지였다. 이러한 생존의 필요가 경쟁을 낳았고, 그 경쟁은 진화의 동력이 되었다.

초기 인류는 공동체 단위로 토지를 공유하며 살아갔다. 사유의 개념은 존재하지 않았고, 구성원들은 토지를 공동으로 이용하며 수렵과 채집, 원시 농업을 이어갔다. 하지만 인구가 늘고 정착 생활이 시작되면서 토지의 지속적인 이용과 개별적인 관리의 필요성이 대두되었다.

중세 유럽의 토지 제도

중세 유럽에서는 봉건제가 확립되었다. 토지는 왕이나 귀족이 소유한 대규모 영지로 나뉘어 있었고, 영주는 왕에게 충성하는 대가로 토지를 부여받았다. 장원 내 영주와 농노 또는 자유농민 간의 상호의존적 관계가 존재했고, 토지의 소유와 경작 체계도 이에 맞게 재편되었다.

중세 유럽의 농업 지역에서는 오픈필드 시스템Open-field system이라는 공동 경작 방식이 주를 이루었다. 경지는 여러 구획으로 나뉘어 농민들에게 분배되었으며, 매년 또는 몇 년마다 재분배되기도 했다. 이 시기에는 삼포제가 널리 시행되었는데, 경작지의 3분의 1은 봄 작물, 3분의 1은 가을 작물을 심고, 나머지는 휴경지로 두어 지력을 유지했다. 또한 마을 전체가 사용하는 공유지가 있어 소규모 농가도 목축이 가능했다.

그러나 이 공동체적 농업 질서는 붕괴의 길로 접어들었다. 16세기 이후 양모산업이 발달하자, 영주들은 양을 기르기 위해 새로운 목초지를 확보하려고 했다. 공유지에 울타리를 치고 목장을 만든 것이 그 시작이었다. 이 흐름은 곧 영국 전역으로 퍼졌고, '인클로저 운동Enclosure Movement'이라 불리며 역사적 전환점으로 기록되었다.

인클로저 운동의 전개와 영향

도시화와 상업의 발달은 장원을 떠나 도시에 정착한 시민에게 큰 부를 안겨준 반면, 영주들은 산업화에 따른 혜택을 거의 보지 못하는 처지에 놓였다. 영주들은 새로운 소득원을 찾기 위해 양을 키우는 일에 뛰어들었고, 공동체에 할당했던 공유지에 울타리를 치면서 토지의 사유화가 시작되었다.

이 과정을 거치면서 공동체 소유의 토지는 개인에게 소유권이 이전되었다. 토지의 사유화가 진행되면서 많은 농민들이 자신들의 토지 사용권을 잃었고, 그들이 도시로 이동하거나 소작농으로 전락하면서 농업구조가 재편되었다.

> ### 인클로저 운동의 두 단계
>
> 초기 인클로저(16~17세기)는 주로 지주들이 양모산업 확장을 위해 농지를 목초지로 전환하는 과정에서 자발적이고 비공식적인 형태로 이루어졌다. 반면 후기 인클로저(18~19세기 초)는 '의회 인클로저'라고도 부르는데, 의회의 법률에 따라 토지 통합이 진행되었다. 1750년에서 1850년 사이에만 5000건 이상의 인클로저법이 통과되었으며,[6] 이는 사회적 불평등을 심화시키는 부작용도 있었지만 결과적으로 근대 농업의 기반이 되었다.

인클로저 운동의 결과로 대규모 농지가 형성되면서 농업이 더 효율적으로 조직될 수 있었고, 농기계 도입과 함께 농업 혁신이 이루어졌다. 이는 영국 산업혁명의 토대가 되었다. 또한 토지를 잃은 농민들의 도시 이주는 산업혁명기에 필요한 노동력을 공급하는 데 중요한 역할을 했다. 그러나 토지가 대지주에게 집중되면서 농민들의 생계가 위태로워졌고, 계층 간 불평등도 심화되었다.

영국의 인클로저 운동 이후, 다른 유럽 국가들에서도 토지 사유화가 진행되었다. 프랑스는 혁명을 통해 농민들에게 토지 소유권을 부여했고, 독일은 19세기 초 프로이센의 토지 개혁으로 봉건적 농업체제가 무너지고 농민들에게 자영농의 기회가 주어졌다. 네덜란드는 대규모 간척사업을 통해 토지를 사유화했고, 이 토지는 주로 부유한 농업 경영자들에게 분배되어 상업농업 발달의 계기가 되었다.

토지 소유권의 민간 귀속을 위한 법제도가 발전하면서 자본주의 법제도의 토대가 마련되었다. 비로소 토지는 금융을 매개로 자본으로 전환될 수 있었지만, 이는 주로 도시와 그 근교에 한정되었다. 오히려 농업 지역에서 토지의 사유화는 농업 발전의 걸림돌이 되었다. 사유제로 인해 농지의 대규모 집적화가 어려워졌고, 농민들도 소유권 상실을 우려해 농지의 대규모화에 저항했다.

과전에서 '경자유전' 헌법까지

그럼 우리의 토지 제도는 어땠을까? 조선 왕조에서 토지는 원칙적으로 왕의 것이었다. 백성들은 국가로부터 경작권과 사용권을 부여받아 농사를 지었고, 왕은 토지의 궁극적 소유자로서 세금을 걷고 이를 통해 권력을 유지했다. 토지는 단순한 재산이 아니라, 나라의 질서와 생존을 지탱하는 중심축이었다.

조선을 건국한 신진사대부들은 새로운 국가의 기반을 다지기 위해 토지 제도 개혁부터 시작했다. 1391년, 과전법이 시행되었다. 고려 귀족과 관료들이 차지하고 있던 토지를 몰수하여 신진관료에게 재분배한 것이다. 하지만 그것은 '소유'가 아니라 '수조권'을 주는 방식이었다. 관리는 그 땅에서 걷는 세금으로 생계를 유지했고, 원칙적으로는 세습이나 매매도 허용되지 않았다.

그러나 세종대에 이르러 토지 매매가 허용되면서 제도는 균열을 보이기 시작한다. 결국 과전법은 무력화되었고, 특권층의 토지 집중 현상이 다시 나타났다. 이에 따라 세조는 과전법을 폐지하고 직전법을 도입했다. 국가가 직접 농민에게 세금을 걷고 그 재원으로 관료들에게 녹봉을 지급하는 구조였다.

하지만 이 역시 오래가지 못했다. 조선 중기 이후, 토지는 점점 사유화되었고 양반과 지주의 손에 집중되었다. 토지 구조는 점점 왜곡되었고, 농민들은 경작권을 상실한 채 소작농으로 전락했다. 지주에게 소작료를 바치며 생계를 꾸리는 구조는 조선 후기로 갈수록 더 고착화되었다. 대지주의 토지 독점이 심화되자 농민의 삶은 더 어려워졌고, 농업 생산성은 점점 하락했다.

이러한 구조는 일제강점기에 이르러 더욱 악화된다. 1910년대, 일제는 토지조사사업을 실시해 조선 전역의 토지를 조사하고 지세를 정비했다. 하지만 이는 사실상 토지 국유화를 위한 수단이었다. 소유권을 증명하지 못한 토지는 국유지로 간

주되어 강제로 몰수되었고, 이후 일본인과 친일 지주에게 분배되었다. 일제강점기 말, 총 농지면적은 220만여 헥타르, 가구당 평균 1.08헥타르였다. 전체 농경지 중 소작농이 경작하는 비율이 64%, 전체 농가 중 소작농의 비율은 86%에 달했다.[7]

해방 이후, 한국은 두 차례에 걸쳐 농지개혁을 단행한다. 뒤에서 좀 더 자세히 설명하겠지만, 1차 개혁은 1946년 미군정기에 일본인 소유의 농지를 몰수하면서 시작되었다. '귀속농지'로 불린 이 토지는 신한공사라는 공공기관에 귀속되었고, 이후 해당 농지를 실제로 경작하던 농민에게 분배했다. 2차 개혁은 한국인 지주가 소유한 110만 헥타르를 대상으로 했다. 1949년 2월, '유상매수, 유상분배'를 원칙으로 하는 농지개혁법이 국회에 상정되었고, 이를 통해 한국 농업은 우리 역사상 가장 큰 구조 변화를 맞게 된다.[8]

동아시아의 농지개혁

제2차 세계대전 이후 한국, 일본, 대만 등 동아시아 3국은 1950년대 초까지 대규모 농지개혁을 단행했다. 추진 배경은 비슷했다. 당시 북한과 중국 본토에서 진행된 공산혁명을 지켜보며, 봉건적 토지 소유 구조가 사회 불안의 원인이 될 수 있다는 공감대가 확산되었다. 소수 지주에게 집중된 토지를 분산시켜 더 많은 사람에게 경제적 자유를 주고, 이를 통해 민주주의의 기반을 강화하려는 시도였다.

일본의 농지개혁

비공산권 국가 가운데 농지개혁은 일본에서 가장 먼저 시행되었다. 1945년, 일본 농가의 약 70%는 전부 또는 일부를 소작하고 있었다. 연합국 최고사령부GHQ는 일본의 민주화를 위해 봉건적 토지 구조의 해체를 요구했다.

일본 정부는 1945년 12월 1차 농지개혁안을 내놓았으나, 지주들의 이해를 반영한 미온적 개혁이었다. 이에 GHQ가 압박했고, 결국 1946년 10월 보다 급진적인 2차 개혁안이 발표되었다. 부재지주의 토지는 모두 몰수되고, 재촌 지주의 소유는 3헥타르(홋카이도는 12헥타르)로 제한되었다. 국가는 이 토지를 매입해 소작농에게 낮은 가격으로 분배했다.

그 결과, 소작지 비율은 1945년 46%에서 1950년 10% 미만으로 줄었고, 자작농 비율은 같은 기간 31%에서 70% 이상으로 뛰었다. 일본 농지개혁은 전후 농촌사회의 근본적 전환을 가져왔고, 이후 산업화의 토대가 되었다. 다만 농지 분할로 영세농이 늘어나면서 장기적 경쟁력 약화라는 한계도 남겼다.[9]

한국의 농지개혁

한국에서도 일본의 뒤를 이어 농지개혁이 시작되었다. 1949년

6월 농지개혁법이 공포되었고, 이듬해 3월 개정안이 나왔다. '유상매수, 유상분배'를 원칙으로, 지주의 토지 소유 상한을 3정보(약 3헥타르)로 제한했다. 보편적이었던 소작제를 폐지하고 자작농 중심의 농업을 표방했다.

개혁의 핵심은 간단했다. 지주가 보유한 3정보 초과 농지를 국가가 매입하고, 이를 소작농에게 분배하는 방식이다. 지주에게는 연평균 소출의 150%에 해당하는 지가증권이 발급되었고, 5년에 걸쳐 현금으로 보상받았다. 농민은 상환증서를 받고, 5년간 현물로 균등 상환하도록 했다. 이로써 자작농 비율은 1945년 14%에서 1951년 70~80%로 급증했다.[10]

한국의 농지개혁은 일본과 유사한 방향이었지만, 독자적인 특징도 지녔다. 정부는 일부 지주에게 일본인 소유였던 귀속재산(기업과 산업시설)을 불하했다. 이로 인해 일부 지주들은 산업자본가로 전환되었고, 이들 중 일부는 오늘날 재벌의 모태가 되었다. 반면, 다수의 중소 지주는 한국전쟁의 혼란 속에서 경제 기반을 잃고, 농지개혁의 이면에서 피해자가 되기도 했다.

대만의 농지개혁

1945년 해방된 대만은, 1949년 국민당 정부가 중국 본토에서 밀려나온 이후 농지개혁을 본격화했다. 대만은 일본과 한국의 사례를 참고해 체계적으로 개혁을 진행했다.

개혁은 세 단계로 진행되었다. 1949년에는 소작료를 수확량의 37.5% 이하로 제한했고(당시 소작료는 50% 수준이었다), 1951년에는 국유지를 무토지 농민과 난민에게 분배했다. 1953년에는 지주의 소유를 3헥타르로 제한하고, 초과분을 국가가 매입해 농민에게 분배했다.[11] 보상은 전년도 주요 작물 생산량의 2.5배로 책정되었으며, 70%는 쌀·현금 등 현물채권으로, 나머지 30%는 국영기업의 주식으로 지주에게 지급되었다.

대만은 한국의 토지개혁을 참고하면서도 보상 방식에서 차이를 두었다. 현금 보상 대신 적산자산의 주식으로 일부를 보상하는 방식을 채택한 것이다. 이는 대만의 중소 지주들이 상공업 자본가로 전환하는 발판이 되었고, 결과적으로 대만 중소기업의 모태가 되었다는 평가를 받는다.[12]

반면 한국의 경우, 현물채권 보상과 한국전쟁이라는 특수한 상황이 겹치면서 다른 결과를 낳았다. 극소수의 대지주만이 상공업 자본가로 전환하는 데 성공했고, 이는 한국 경제가 재벌 중심으로 성장하는 구조적 배경이 되었다.

중국의 토지개혁과 집단화

중국의 토지개혁은 한층 급진적이었다. 1946년부터 중국 공산당은 자신들이 장악한 지역에서 '토지법대강'을 발표하며, 지주 계급을 몰아내고 토지를 무상으로 몰수해 농민에게 분배했다. 중화인민공화국이 수립된 이후 이러한 조치는 전국으로 확대되었고, 약 3억 명의 농민에게 7억 무畝(약 4660만 헥타르)의 토지가 분배되었다.[13] 이는 프랑스 전체 농지 면적의

1.6배에 달하는 규모였다.

하지만 개혁은 여기서 멈추지 않았다. 1953년부터 중국은 개인 농업을 협동농장 체제로 전환하는 집단화를 추진했다. 이어 1958년 대약진운동이 시작되면서 '인민공사'가 설립되었고, 수많은 마을 단위의 협동조합이 하나의 큰 조직으로 통합되었다. 개인의 토지 소유는 완전히 폐지되었고 생산도 집단화되었다. 그러나 이러한 급격한 전환은 생산성 저하와 노동 의욕 상실이라는 부작용을 낳았고, 결국 1959년부터 1961년까지 '대기근'이라는 비극을 초래했다.

중국 농업은 1978년 등소평의 개혁개방과 함께 중대한 전환점을 맞는다. '가족농'을 중심으로 한 농가 책임제가 도입되면서, 소유권은 여전히 촌村에 남아 있었지만, 농민들에게는 토지 사용권이 부여되었다. 생산과 판매의 자율성도 확대되었다. 초기에는 3~5년에 불과하던 사용 기간이 점차 연장되었고, 2014년 이후에는 무기한 연장도 가능해졌다. 사용권의 이전과 상속도 허용되었다. 최근에는 사용권의 시장화를 촉진하고 대규모 영농을 장려하는 정책을 추진하고 있다.[14]

농지개혁의 유산과 한계

일본과 한국 등 동아시아의 농지개혁은 공통적으로 소농 중심의 농업 구조를 형성하는 데 주안점을 두었다. 이는 경자유전耕者有田의 원칙, 즉 농사를 짓는 사람이 토지를 소유한다는 이념에 기반했다. 이러한 개혁은 농지를 다수의 농민에게 분산시켜 경제 민주화와 자급자족을 촉진하는 데 기여했다.

그러나 시간이 흐르면서 여러 문제점이 드러났다. 소규모 농가가 많아지면서 규모의 경제를 실현하기 어려워졌고, 이는 생산비용 증가와 농산물의 가격 경쟁력 저하로 이어졌다. 현대 농업 기술과 장비 도입에 필요한 자본 투자도 제한되면서 생산성이 정체되었다. 세대교체와 농지 상속 과정에서는 농지가 더욱 파편화되어 효율적인 경영이 어려워졌다. 농지개혁 이후 강화된 농지 규제는 이러한 현상을 고착시켰다.

대한민국 헌법에 담긴 경자유전 원칙

헌법 제121조

① 국가는 농지에 관하여 경자유전의 원칙이 달성될 수 있도록 노력하여야 하며, 농지의 소작제도는 금지된다.

② 농업 생산성의 제고와 농지의 합리적인 이용을 위하거나 불가피한 사정으로 발생하는 농지 임대차와 위탁경영은 법률이 정하는 바에 의하여 인정된다.

제1항은 농지를 소유한 자가 직접 경작해야 한다는 경자유전 원칙을 천명한 것이고, 제2항은 현실적 필요에 따른 예외 규정을 두어 농지 임대차·위탁경영을 제한적으로 허용한 것이다. 경자유전 원칙은 농지공개념을 강조한 역사적 성과에도 불구하고, 오

> 늘날이는 현실과 동떨어진 형식적·상징적 조항으로 전락했다는 비판을 받는다.

이러한 현상은 급격한 산업화와 도시화로 더욱 심화했다. 농촌을 떠나는 인구가 늘면서 농업 인구는 급감했고, 농촌의 고령화가 빨라졌다. 도농 간 소득 격차는 시간이 갈수록 커졌으며, 후계자를 구하지 못한 농촌 지역에서는 유휴 농지가 증가하고 농지 이용률이 감소하는 등 농지 이용의 효율성도 떨어졌다.

동아시아의 소농 중심 체제는 자급자족과 공동체 유지에는 유리했지만, 현대적 상업농 체계에는 불리했다. 특히 1995년 WTO 체제 출범 이후 시장 개방의 충격을 소농이 고스란히 떠안게 되었다.

일본의 농지 규모화

일본은 1946년 농지개혁을 통해 지주제를 폐지하고 소작을 금지함으로써, 소규모 자영농 중심의 농업 구조를 확립했다. 이후 1960년대에 농업구조개선사업을 추진했지만, 소농 위주의 체제는 크게 바뀌지 않았다. 농가당 평균 경영 규모는 1960년 0.88헥타르에서 1985년 1.05헥타르에 그쳤다.[15]

전환점은 1993년 '인정농업인제도'의 도입이었다. 규모화를 희망하는 농업인에게 금융과 정책적 혜택을 제공하면서 경영 면적이 점차 확대되기 시작했고, 농업 인구 감소와 맞물려 2000년에는 농가당 평균 경영 규모가 1.6헥타르로 늘어났다.

이후 기후변화와 고령화에 대응해야 할 필요성이 커지자, 일본 정부는 2014년 농지법을 개정하고 '농지중간관리기구'와 농지은행 제도를 도입했다. 이와 함께 농지를 농민에게만 임대할 수 있도록 한 기존 규제를 완화하여, 비농업 기업과 단체 경영체의 참여를 허용하는 방향으로 전환했다. 그 결과, 단체 경영체 수는 2005년 약 3만 3000개에서 2020년에는 3만 8000개로 늘어났다.[16] 경영체당 평균 경영 면적은 2010년 1.96헥타르에서 2024년 3.6헥타르까지 증가했다.[17]

규모화의 진전은 평균값 이상의 의미를 지닌다. 전체 경영체의 절반은 여전히 1헥타르 이하 소농이지만, 이들이 경작하는 농지는 전체의 6%에 불과하다. 반면 10헥타르 이상을 경작하는 대규모 경영체는 전체 농지의 55%를 경작한다. 일본 농업 구조가 점차 대규모 경영체 중심으로 재편되고 있음을 보여준다.

이와 함께 일본은 농지 집적화도 본격적으로 추진했다. 집적화란 흩어진 경작지를 한 경영체가 집중적으로 경작할 수 있도록 모으는 방식으로, 생산성과 관리 효율을 높이는 데 필수적인 작업이다. 2014년 농지은행제도의 도입과 함께 추진된 이 정책은, 유휴 농지를 임대하거나 매입하여 경영체에 재

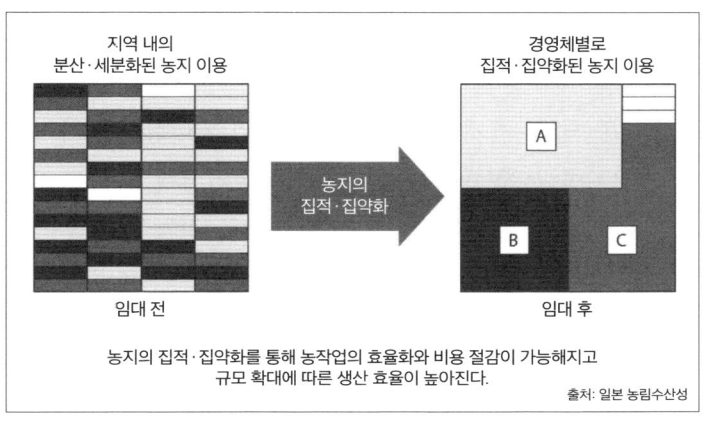

일본의 농지 집적 및 집약화를 도식화한 이미지.
경영체별로 분산되어 있던 농지의 위치를 재조정하여, 각 경영체의 농지를 한 곳에 집중시킴으로써 농사의 효율을 높이고 있다.

분배하는 방식으로 운영되었다. 이는 유럽에서 이미 60~70년 전부터 시행해온 모델을 일본이 본격적으로 도입한 사례였다.

일본 정부는 2023년까지 농지의 80%를 집적화하겠다는 목표를 세웠고, 실제 집적화율은 2014년 50.3%에서 2023년 60.4%로 상승했다.[18] 목표치에는 미치지 못했지만 집적화된 농지에서 스마트농업과 같은 첨단기술이 도입되면서 생산성 향상 효과는 뚜렷했다.

일본의 규모화와 집적화 정책은 유럽 국가들에 비해 다소 늦게 출발했지만, 그 방향성은 분명했다. 소농 중심 구조의 한계를 보완하면서 경쟁력 있는 농업 시스템으로 전환하려는 노력을 계속해온 것이다.

유럽의 농지 통합

유럽은 제2차 세계대전 종전 이후 농업 현대화를 적극적으로 추진했다. 특히 1962년 도입된 공동농업정책Common Agricultural Policy, CAP은 유럽 농업의 구조적 전환을 이끈 핵심 동력이었다. CAP는 농산물 가격 지지와 함께 농업 구조개선 정책을 통해 농가의 규모화와 기계화를 촉진했다. CAP 시행 이후 형성된 통합 유럽 시장에서 농가들은 경쟁력 확보를 위해 영농 규모를 확대했다. 농지 통합과 대규모화는 농기계 도입을 더욱 가속화했고, 이는 농업 생산성의 획기적인 향상으로 이어졌다.

네덜란드는 유럽에서 가장 이른 시기에 농지 통합을 위한 제도적 기반을 마련한 국가 중 하나였다. 이미 1924년부터 토지 통합에 관한 법제화를 시작했고, 1935년에는 '토지통합서비스'를 설립하였으며, 1938년에는 제2차 토지통합법을 제정하여 절차를 체계화했다. 제2차 세계대전 이후에는 농업 현대화 정책이 본격화되었고, 1946년에는 '토지관리재단SBL'을 설립하여 통합 대상 농지의 매입과 관리를 전담하게 했다.[19] 이와 같은 장기적이고 일관된 정책적 노력 덕분에 네덜란드 농업경영체의 평균 경지면적은 1960년 8.8헥타르에서 2020년 22.1헥타르, 2021년에는 41.4헥타르까지 확대되었다. 농지의 집적화는 기계화를 촉진했고, 결과적으로 네덜란드 농업의 생산성은 획기적으로 향상되었다.[20]

독일 역시 유사한 시기에 '농지 재조정Flurbereinigung' 정책을 도입해 소규모 농지를 합치고 경작 단위를 확대하는 데 주력했다. 흩어져 있던 농지를 교환하거나 재배치하여 경지의 효율을 높이는 한편, 도로와 수로 같은 기반시설도 함께 정비했다. 이러한 통합적 접근은 농업 환경 전반의 개선으로 이어졌고, 평균 경지면적은 1960년 12.1헥타르에서 2020년 40.5헥타르로 확대되었다. 2020년 기준 독일의 농업경영체 수는 약 27만 6000개, 평균 경지면적은 61헥타르 수준이다.[21] 이는 유럽 평균(17헥타르)의 세 배가 넘는 규모로, 고도로 기계화된 중대형 농가 중심의 구조를 보여준다.

덴마크는 다른 방식으로 농업 규모화를 실현했다. 19세기 말부터 시작된 협동조합 운동을 통해 농민들은 자금을 공동으로 조달하고, 농기계를 공유하며, 생산물을 집단적으로 유통하는 체계를 구축했다. 이 협동조합이 농지 통합 정책과 결합되며 덴마크 농업의 경쟁력을 끌어올렸고, 농민들의 경제적 자립과 지역사회 발전에도 기여했다. 그 결과, 덴마크의 평균 경지면적은 1960년 15.9헥타르에서 2020년 49.8헥타르로 크게 증가했다. 2022년에는 평균 83헥타르 수준에 이르고 있다.[22]

프랑스는 농지 통합을 추진했지만, 전통적인 가족농 중심의 농업 구조를 유지하려는 정책 기조가 강해 규모화의 속도는 상대적으로 더뎠다. 대신 다양한 소규모 농장이 협력하는 방식으로 발전했으며, 그 결과 평균 경지면적은 1960년 18.8헥타르에서 2000년 45헥타르로 확대되었다.[23]

이탈리아는 지역별로 상이한 농업 발전 양상을 보였다. 북부는 산업화와 현대화가 빠르게 진행되어 농업 규모화가 이뤄졌으나, 남부는 자영농 중심의 전통적 구조를 유지하며 올리브, 포도, 토마토 등 고부가가치 작물 중심으로 특화되었다. 이러한 남북 간 차이로 인해 이탈리아의 평균 경지면적은 1960년 6.2헥타르에서 2020년 11.1헥타르로 소폭 증가하는 데 그쳤다.[24]

이처럼 유럽 각국의 농지 통합 전략과 발전 경로는 서로 달랐지만, 대체로 농지 규모 확대와 기계화를 통해 농업 생산성과 경쟁력이 높아지는 방향으로 수렴했다. 네덜란드는 세계 2위의 농산물 수출국으로 부상했고, 프랑스와 이탈리아는 고품질 농산물을 기반으로 한 고부가가치 농업 체계를 유지하고 있다. 전후 유럽의 농지 통합과 규모화 정책은 농업 생산 구조에 근본적인 전환을 가져왔고, 이는 오늘날 유럽 농업 경쟁력의 토대가 되고 있다.

농지 규모와 생산성

한때 '작은 농장이 더 생산적이다'라는 주장이 널리 퍼졌다. 1962년, 저명한 경제학자 아마르티아 센이 인도 농업을 분석하며 처음 제시한 '농장 규모와 생산성의 역관계'는 이후 브라질, 콜롬비아, 필리핀 등지에서도 관찰되었고, 소농 중심의 농

업 정책의 이론적 근거가 되었다.[25]

이 주장의 핵심은 단순했다. 작은 농장은 가족 노동에 의존해 기회비용이 낮고 노동 투입이 많았으며, 외부 노동을 고용하지 않아도 되니 감독 비용도 들지 않았다. 반면 대규모 농장은 외부 노동을 써야 했고, 관리 비용이 수익성 하락으로 이어지는 경우가 많았다.

그러나 시간이 지나면서 상황은 달라졌다. 후속 연구들은 토양의 질, 자본 접근성, 기술력, 시장 접근성 등 수많은 요인이 얽혀 있어 이 관계가 단순하지 않다고 지적했다. 최근에는 'U자형 관계'가 더 설득력을 얻고 있다.[26] 아주 작은 농장은 가족 노동 덕분에 토지 생산성이 높지만, 중간 규모 농장에서는 효율이 떨어진다. 반면 일정 규모를 넘어서면 기계화와 기술 도입이 가능해지며 생산성이 다시 상승한다는 것이다.[27]

문제는 한국의 중대농이 바로 이 U자형 곡선의 바닥, 즉 2~5헥타르 구간에 몰려 있다는 점이다. 이 구간은 규모의 경제를 실현하기에는 작고, 외부 인력을 고용하기엔 관리 비용이 과도하게 높다. 기계화를 하기엔 부담스럽고, 자급자족으로는 비효율적이다. 이 구조하에서는 경쟁력을 확보하기 어렵다.

미국 농무부 분석에 따르면, 미국의 중간 규모 농장은 1982년 238헥타르에서 2007년 448헥타르로 두 배 가까이 커졌다. 기술과 자본, 조직화, 정책의 뒷받침으로 대규모화가 가능했고, 이들은 노동과 자본을 더 효율적으로 활용하며 수익성도 높였다.[28] 규모의 경제는 실제로 작동하고 있다.

물론 예외도 있다. 유기농 채소처럼 소규모로도 높은 수익을 올리는 농가가 존재한다. 하지만 이는 직거래 시장, 교육농장, 프리미엄 소비층과의 연결이 가능한 경우에 한정된다. 대부분의 농가는 전통적인 유통 시스템에 의존할 수밖에 없고, 그 속에서 작은 농장은 불리할 수밖에 없다.

규모가 작을수록 농업 서비스 구매에서도 불리하다. 현대 농업은 더 이상 '직접 짓는' 것만으로 운영되지 않는다. 대부분의 논농사는 위탁 영농 작업에 의존하고, 밭농사도 일정 규모 이상이면 외부 노동이나 위탁 농기계 작업에 의존한다. 그런데 한국은 농지의 소유권이 지나치게 분산되어 있어 규모화가 어렵다. 이로 인해 농작업 서비스 단가가 올라가고 관리 비용도 늘어나 순소득은 줄어든다.

문제는 여기서 끝이 아니다. 규모가 작으면 기술 투자가 어렵고, 생산성 향상은 비료 투입에 의존할 수밖에 없다. 그 결과, 한국은 OECD에서 질소·인 비료 사용량이 각각 1, 2위인 국가가 되었다. 미국보다 질소는 열 배, 인은 서른 배나 많이 쓴다.[29] 비료를 더 많이 쓰지만, 더 효율적이지는 않다. 흔히 소농이 더 친환경적이라는 통념은 대체로 사실이 아니다. 미국의 대규모 농장은 정밀농업 기술과 환경 규제를 충실히 이행하며 오히려 더 지속 가능한 농업을 구현하고 있다.

결국 농업의 지속 가능성은 규모 자체보다는 경영 철학, 기술 수준, 제도적 기반에 더 크게 좌우된다. 규모화는 필요조건일 뿐 충분조건은 아니다. 그러나 지금처럼 한국의 농가 규모가 'U자형 곡선의 바닥'에 갇혀 있는 한 경쟁력과 지속 가능성을 동시에 확보하기는 어렵다.

한국 농업 규모화 정책의 역사

우리나라는 여전히 소농 중심의 농업 구조를 유지하고 있다. 그러나 농경제학자들이 이 구조의 한계를 인식하지 못한 것은 아니다. 특히 우루과이라운드UR 협상이 시작되던 시기부터, 농업의 경쟁력을 높이기 위한 방안으로 '규모화' 정책이 추진되기 시작했다.

초기 규모화 정책의 전개

규모화 정책의 출발점은 1988년 '농지규모화 사업'이었다. 이 사업은 농지를 확장하려는 농가에게 연리 2%, 최대 30년 균등 상환 조건의 장기 저리 자금을 지원해, 농지 매매와 장기 임대, 교환·분합을 통해 경영 규모를 키우고 농지를 집적하려는 목적이었다.[30] 규모화와 전문화를 통해 경쟁력 있는 경영체를 육성하고, 젊은 인력을 농촌에 유치하고자 했던 이 정책은 제2의 토지개혁이라 불릴 만큼 야심 찬 시도였다. 오늘날 일본이 추진 중인 농지 집적 정책과도 궤를 같이한다.

당시 한국의 농가당 평균 경지면적은 0.85헥타르로, 일본(0.8헥타르)보다 오히려 약간 더 넓었다. 그러나 정책은 의도한

대로 작동하지 않았다. 농지는 새로 만들어낼 수 없는 자산이기에 규모화 정책이 작동하려면 일정 수준의 농가 이탈이 필수였다. 하지만 정부는 탈농을 유도하기보다 오히려 영세농을 지원하는 정책을 병행했고, 그 결과 정책의 목표와 수단이 충돌했다. 구조 전환의 고통을 감수하기보다는 완만한 유지가 선호되었다. 농업 정책에서는 모두가 착한 사람이 되고 싶어 했고, 결국 아무도 책임지는 사람은 없었다. 이 전통은 지금까지도 농업계 전반에 문화처럼 깊게 스며 있다.

전업농 정책의 성과와 한계

1990년, 농산물 시장 개방 압력이 본격화되며 쌀도 개방 대상에 포함되었다. 농민들은 UR 협상에 격렬히 반대했고, 이에 정부는 '농어촌구조개선대책'을 수립했다. 농업을 떠나는 이들에게는 연금과 소득 보조 등 사회복지 대책을 제공하고, 남는 농가를 경쟁력 있는 전업농으로 키우겠다는 계획이었다. 전업농 정책은 '농가규모 적정화 사업'을 통해 시작되었고, 1995년 이후에는 쌀 전업농 중심의 '농업구조개선 사업'으로 이어졌다. 1996년까지 약 2조 6000억 원이 투입되었지만, 초기에는 뚜렷한 성과를 거두지 못했다.[31]

이 시기에는 급증한 농업 예산을 바탕으로 각종 혁신 대책이 쏟아졌다. 1992년에는 후계자 육성사업이, 1994년에는 농어촌발전대책(일명 농발대책)이 수립되었다. 전업농 15만 호 육성, 농업회사법인 제도 도입, 농업경영 현대화 등 다양한 목표가 제시되었고, 농어촌특별세 신설과 농지제도 개혁을 통해 효율적인 농지 이용과 경영 혁신을 도모했다. 궁극적으로는 전문화, 규모화, 현대화를 갖춘 가족농 중심의 전업농 체제를 정착시키려는 시도였다.

전업농 육성 정책은 점진적인 성과를 거두었다. 쌀 전업농의 경영면적은 1998년 전체 논 면적의 17%에서 2017년 58%까지 확대되었다. 같은 기간 3헥타르 이상 농가 수도 3만 5000호에서 5만 9000호로 증가했다. 당초 목표였던 10만 농가에는 미치지 못했지만, 전업농 기반 확대라는 측면에서는 분명 의미 있는 진전이었다.

그러나 이 같은 성과는 오래 지속되지 못했다. 2017년 58%에 달하던 쌀 전업농의 논 경영 비중은 2021년에는 51%, 2022년에는 44%로 급감했다.[32] 막대한 예산과 오랜 시간에 걸쳐 추진해온 전업농 정책이 무너지기 시작한 것이다. 일본에서 10헥타르 이상 경영체가 논 면적의 55%를 차지하고 있는 것과 비교하면, 이러한 성과는 더욱 아쉬움을 남긴다.

원인으로는 2020년 시행된 소농직불제를 꼽는 이들이 많다. 이 제도는 영세농가의 소득 지원에는 기여했지만, 농업경영체 등록을 활용한 '농가 쪼개기'를 유도해 규모화 흐름에 역행했다는 비판도 있다. 결국 한국의 전업농 정책은 규모화를 향해 달려왔지만, 제도 설계의 모순과 사회적 합의의 부족으로 다시 소농 체제로 되돌아가는 역설을 안게 되었다.

들녘경영체와 새로운 시도

높은 농지 가격 탓에 개별 농가 단위의 규모 확대가 어려워지자, 정부는 2009년 '들녘경영체' 사업을 도입했다. 이는 여러 농가를 하나의 경영체 집단으로 묶어 규모화를 추진하는 방식으로, 기본 개념은 일본의 '집락영농集落営農' 모델에서 가져온 것이다. 집락영농은 마을 주민이 경작하는 농지를 통합해 하나의 '농업회사'처럼 공동 운영하는 방식으로, 농업 노동력과 농기계를 공유하고, 경영과 생산을 분리함으로써 규모화와 효율화를 동시에 추구하는 집단영농 방식이다. 정부는 2020년까지 500개의 들녘경영체를 육성하는 것을 목표로 삼았다.

경상북도에서는 이를 마을 단위의 공동영농 방식으로 구체화했다. 마을 주민들이 '마을영농법인'에 참여하고, 농사는 법인이 주도하는 구조다. 주민들은 토지를 현물로 출자하고, 법인은 마을 전체 농지에 대한 경영권을 갖는다. 이는 농지를 단일 법인으로 통합해 규모화 영농을 가능하게 한 실험이었다.

하지만 현장에서 이 사업은 또 다른 지원사업으로 여겨지기 일쑤였다. 농기계 공동 이용이나 시설지원 사업에 머물러 본래의 규모화 목적은 약화되기도 했다. 그럼에도 들녘경영체 사업은 농촌에서 새로운 경영 모델을 시도하고 정착시키는 데 일정한 기여를 했다는 점에서 의미가 있다.[33]

혁신 사례로 등장한 주주형 공동농업 모델

경북에서 시작된 주주형 공동농업은 기존 들녘경영체와는 본질적으로 다르다. 들녘경영체가 개별 농가들의 느슨한 연합체였다면, 주주형 모델은 마을 전체를 하나의 경영체로 통합한 '농촌형 주식회사'다. 경상북도 문경의 늘봄영농조합에서 시작한 시범사업에는 80개 농가가 참여했고, 전체 농경지 면적은 110헥타르에 이른다.

마을 주민들은 토지를 현물로 출자하고, 마을영농법인이 모든 농지를 일괄 관리한다. 개별 농가가 따로 농사짓고 기계를 나눠 쓰는 방식이 아니라, 통합된 작부체계와 영농계획, 수익 배분 구조를 가진다. 이를 통해 실질적인 경영권 이전과 영농의 분업화·전문화가 가능해진다.

이 모델은 마을 전체 농지를 대상으로 체계적인 작물 재배 계획을 수립할 수 있다는 점에서 의미가 크다. 기존의 소농 구조에서는 어려웠던 농기계와 노동력의 공동 활용, 유통망 집중화가 가능해지고, 겨울철 유휴 농지를 줄이고 감자-쌀, 양파-콩과 같은 이모작을 통해 연중 농지 이용률을 극대화할 수 있다. 실제로 늘봄영농조합의 성과는 놀랍다. 수확 면적은 약 180헥타르에 이르고, 매출액은 35억 원에 달한다. 기존의 벼농사와 비교하면 두 배 이상의 수익을 거둔 셈이다.

하지만 현행 농지법은 이러한 혁신을 가로막는다. 1996년 이후 취득 농지의 임대 금지, 농지은행을 통한 임대의 자경 불

인정 등 규제가 위탁경영과 공동영농을 어렵게 만든다.*

더 근본적으로는 농지 가격 상승, 고령화, 농지 분할 상속, 농지 투자 열풍이 복합적으로 작용해 어려움을 가중시킨다. 이미 농경지의 절반 이상이 비농업인 소유인 현실에서 경자유전 원칙만 고집하기는 어렵다. 이제는 '누가 소유하느냐'보다 '누가 농사를 짓느냐'를 기준으로 농지 이용권을 설계할 필요가 있다. 토지 소유권은 유지하되, 실질적인 경작권과 운영권은 마을영농법인 같은 집단 경영체가 보유할 수 있도록 제도를 유연화할 필요도 있다.

주주형 공동농업은 지역 기반 협동 경영체의 새로운 가능성을 보여준다. 우리 사회가 과연 이러한 변화를 수용할 수 있을까. 평시라면 수많은 논쟁을 불러일으켰을 테지만, 농촌의 고령화와 붕괴 속도를 생각하면 다른 선택지가 보이지 않는다. 이것은 단순한 정책의 문제가 아니라, 농지와 농업 경영에 대한 근본적인 철학의 전환을 요구하는 변화다.

---

* 농촌에서는 농지법을 회피해 음성적 임대가 곳곳에서 이루어지고 있다. 이런 음성적 임대는 통계에도 잡히지 않아 우리 농업 구조의 변화를 제대로 파악하는 데 또 다른 장애가 된다.

[잠깐 읽기_한국 농업의 변천사]

해방 이후, 한국 농업은 시대마다 다른 질문에 답하며 진화해왔다.

0단계: 농지개혁 — '유전아토遺田兒土'의 시대
1950년, 농지개혁으로 지주제가 해체되고 자영농의 시대가 열렸다. 이 과정에서 쟁점 중 하나가 땅의 상속 문제였다. '유전아토'는 '땅이 자손에게 유전된다'는 의미로, 곧 농민이 확보한 토지가 세습 가능한 재산이 된다는 의미였다. 땅을 가진 농민은 교육과 자립의 기회를 얻었고, 이는 산업화의 인적 기반으로 이어졌다.

1단계: 녹색혁명 — "우리도 할 수 있다"
1960년대, 농촌진흥청의 설립과 함께 농업의 근대화가 본격화됐다. 새마을운동과 통일벼 보급은 녹색혁명의 상징이었다. 1978년, 쌀 자급 달성은 '보릿고개'로 상징되던 식량 부족 시대의 종언을 알렸다. 통일벼는 헥타르당 수확량을 2.7톤에서 4.9톤으로 끌어올렸다.[34]

2단계: 백색혁명 — 계절을 넘어선 농업
1980년대, 비닐하우스가 농업을 다시 바꿨다. 하우스 안에서 봄이 피고, '사계절 신선채소'라는 새로운 패러다임이 열렸다. 농업은 다각화되었고 복합영농이 확산되었다. 그러나 우루과이라운드 협상이 시작되면서 그동안 보호받던 시장이 흔들리기 시작했다.

3단계: 세계화의 파고 — 국경 없는 경쟁

1990년대 중반, WTO 체제의 출범과 함께 농산물 시장이 개방되었다. 신토불이 운동을 통해 국산 농산물의 가치를 지키려 했지만, 개방의 충격은 컸다. 정부는 이에 대응해 42조 원 규모의 '농어촌발전대책'을 수립하고, 쌀 전업농을 중심으로 6헥타르 이상 규모의 선택과 집중 전략을 추진했다. 그러나 이 시기부터 소농과 대농, 보호와 개방, 자급과 수입이라는 이중구조의 갈등이 본격화되었다.

4단계: 융복합의 시대 — 농업의 6차 산업화

2005년 이후, 농업은 단순한 식량 생산을 넘어 가공, 관광, 문화와 결합한 6차 산업으로 확장되었다. 축산업 비중은 30%를 넘었고, 2009년에는 쌀 생산 비중이 20% 아래로 떨어졌다. '들녘경영체'는 개별 농가의 한계를 극복하려는 혁신적 시도였지만, 구조 전환보다 '소득 안정'이 정책의 우선순위가 되었다. 농가의 고령화와 농지 규제 강화는 혁신의 발목을 잡았고, 농업 정책은 '지원 중심'으로 회귀했다.

5단계: 기후위기와 식량안보 — 다가오는 도전

앞으로의 농업은 기후변화와 식량안보라는 이중 위기에 직면할 것이다. FAO는 2050년까지 세계 식량 생산을 60% 늘려야 한다고 경고한다.[35] 이는 글로벌 농식품시장의 급격한 팽창을 의미하며, 특히 아시아 농업에 거대한 기회가 찾아오고 있음을 알려준다. 첨단기술과 전통농업의 조화, 환경과 생산성의 균형, 그리고 글로벌 공급망의 구축이 한국 농업의 미래 과제다. 기후위기를 넘어, 지속 가능한 미래로 나아갈 수 있을까?

세계에서 가장 비싼 농경지

한국 농업의 구조 개선이 어려운 이유 중 하나가 바로 농경지 가격 때문이다. 그렇다면 한국의 농지는 얼마나 비쌀까? 농지 가격이 높다고는 알려져 있지만, 과연 어느 정도이기에 농업의 경쟁력을 떨어뜨리고, 농산업의 발전을 가로막는다는 소리까지 나오는 걸까?

이 물음에 답하려면 비교 상대가 필요하다.

먼저 유럽을 보자. 유럽에서 가장 농지가 비싼 나라는 네덜란드다. 네덜란드는 간척으로 조성된 땅 위에 세계적인 농업을 세운 나라다. 농업 기술은 세계 최고 수준이고, 농산물 수출액은 미국 다음이다. 그들의 평균 농지 가격은 평당 약 28달러이다. 반면, 농지 가격이 가장 저렴한 나라는 크로아티아로 1.3달러이며[36] 핀란드는 중간쯤 되는 3.2달러다.[37]

네덜란드의 농지 가격은 10년 사이에 128%나 올랐다. 농장의 규모를 키우고, 시설을 현대화하려는 수요가 지속됐기 때문이다. 임대료도 유럽 최고 수준이다. 헥타르당 평균 910달러. 전체 농지의 60%가 임대 형태로 운영되며, 1958년부터는 농지 임대차법으로 임차농 보호에도 힘을 쏟고 있다.[38] 농지를 농업 이외의 용도로 전용하는 것도 극히 어려우며, 국가가 철저히 통제한다.

이번엔 일본을 보자. 대부분의 한국인은 일본 농지가 한국보다 비쌀 것이라 짐작한다. 나 역시 그렇게 생각했다. 그러나 데이터를 보고 몇 번이나 눈을 의심했다. 일본 농림수산성 자료를 바탕으로 계산해보니, 일본의 평균 농지 가격은 2023년 기준 평당 약 3만 1700원이다. 밭은 이보다 더 저렴하다. 가장 비싼 지역은 수도권 인근 토카이 지방이고, 가장 싼 곳은 홋카이도다. 가격은 최고 지역과 최저 지역 간에 여덟 배 차이가 난다. 게다가 일본의 농지 가격은 수년째 하락세다.[39]

그렇다면 한국은 어떨까?

정확한 평균을 구하기는 쉽지 않다. 한계 농지는 평당 수만 원. 그러나 일반 농지는 10만 원을 넘는 게 보통이다. 도시 근교는 50만 원을 웃돌기도 한다. 한국농어촌공사의 농지은행을 통한 평균 거래 가격은 2024년 기준 평당 18만 원을 넘어간다. 이 수치 하나만으로도 세계 최고 수준이다.

이런 농지 가격에서 청년이 농업에 진입하는 게 과연 가능할까? 귀농하더라도 결국 소농이 될 수밖에 없다. 청년농 육성 정책이 있지만, 융자와 지원 대부분이 농지 매입에 들어가고 만다. 농사를 짓기 전에 이미 빚부터 진다.

이쯤 되면 의문이 든다. 누구를 위한 농지 정책인가?

일부에선 청년농 정책이 오히려 농지 가격을 끌어올렸다고 지적한다. 만약 농지 가격이 계속 오른다면 누군가는 이를 투자로 생각할 수도 있을 것이다. 하지만 요즘은 다르다. 농지 가격은 정점을 지나 하락세로 돌아섰다. 귀농·귀촌 열풍도 예전 같지 않다. 땅을 사려는 이도 줄었고, 산 사람도 불안하다. 자신이 들고 있는 농지가 '애물단지'가 될지 모른다는 두려움 때문이다. 일본의 지난 잃어버린 30년이 이를 증명한다. 그 기간에 일본에서는 농지 가격도 함께 폭락했다. 한국도 비슷한 길을 걸을 수 있다. 그리고 그 길목에서 우리는 여전히 '폭탄 돌리기'를 하고 있는 것인지도 모른다.

농지에 막힌 혁신

일본은 침체된 농업을 되살리기 위해 과감한 개혁에 나섰다. 2013년, 농지법을 개정하여 '농지중간관리기구'의 법적 근거를 만들고, 이듬해부터 각 도도부현에 '농업공사'를 설립했다. 2014년에는 농지 임대차 규제까지 완화해, 일반 법인도 농지를 임대해 경작할 수 있는 길을 열었다. 농업 구조를 바꾸기 위한 결단이었다.

농업공사는 농지의 규모화와 집약화를 핵심 과제로 삼고, 매입에서 임차·임대까지 종합적 기능을 수행했다. 정부기관이 축소되던 시기에 오히려 새 기관을 설립한 것은 일본 정부가 이 사안을 얼마나 절박한 문제로 인식했는지를 보여준다. 기업 참여에 대한 우려도 있었지만 농업 침체를 더는 방치할 수 없다는 위기의식이 앞섰다. 농림수산성은 전국의 농지 소유와 이용 현황을 한눈에 파악할 수 있도록 'eMAFF 농지내비' 사이트를 구축했고, 2023년까지 농지 집약화율을 80%로 끌어올리겠다는 목표도 세웠다. 농지개혁은 일본 농업 회생의 마지막 수단이 되었다.

한국의 상황은 다르다. 농지 문제의 심각성은 널리 알려져 있지만 정작 해결을 위한 실천은 미뤄지고 있다. 1995년, 전체 농지의 67%를 농업인이 소유하고 있었지만, 2015년에는 이 비율이 56.2%까지 떨어졌다. 불과 20년 사이, 비농업인의 농지 소유가 44%에 이른 것이다. 매년 경지면적은 0.9%씩 줄고 있으며, 농업인이 소유한 면적은 그보다 두 배 빠르게 줄어들고 있다.[40] 2040년이 되면 농지의 84%가 비농업인의 손에 넘어갈 것이라는 전망까지 나왔다.[41]

놀랍게도 이 변화의 원인은 투기가 아니다. 상속이다. 토지개혁으로 농지를 얻은 세대가 노년에 접어들고, 자녀들은 도시에서 생활 기반을 갖추었다. 농지는 자연스럽게 도시에 거주하는 자녀들에게 상속되고, 이들 대부분은 농사를 짓지 않는다. 결국 땅은 경작되지 않거나, 소규모 임차농에 농사를 의존하게 된다. 후계 농업인이 있는 농가는 전체의 4%에 불과하다. 대부분의 농지가 농업과 무관한 이들의 소유로 바뀌어가고 있다.

이런 현실은 한국 농업이 구조적 전환 없이는 지속 가능하지 않다는 사실을 강하게 시사한다. 일본의 사례가 보여주듯, 규모화와 집약화 없이는 돌파구를 찾기 어렵다. 농지제도의 근본적인 개혁이 필요하다. 주한 네덜란드 대사관의 강호진 농무관 역시 한국 농업의 최대 과제로 '규모화'를 지목한다. 그의 지적은 명확하다. "적정 규모가 갖춰지지 않으면, 아무리 첨단 장비를 도입해도 비용 부담단 커질 뿐이다."

세계는 농업 로봇의 시대로 향하고 있다. 하지만 한국 농업은 오히려 그런 시대 흐름에서 멀어지고 있다. 기술은 규모의 경제를 전제로 작동하는데, 우리의 농지는 여전히 좁고 쪼개져 있다. 이런 구조에선 어떤 정밀한 기술도 뿌리내릴 수 없다.

기술을 말하기 전에, 우리는 농업의 근간부터 다시 세워야 한다. 기초가 흔들리는 가운데 그 위에 얹는 첨단 장비는 오래가지 못한다. 우리는 농업통계, 온실가스 인벤토리, 기반시설, 경지 정리 같은 기본을 방치한 채, R&D라는 외피로 스스로를 위로해왔다. 그러나 정작 현장에서 작동하는 기술은 손에 꼽힌다. 반짝이지 않는다는 이유로 외면당한 일들이, 사실은 농업의 미래를 지탱하는 뼈대였다.

지금 가장 시급한 과제는 단 하나, **농지의 규모화와 집적화**다. 이 문턱을 넘지 못하면 청년의 진입도, 기술 혁신도, 식량안보도 모두 구호에 그칠 것이다. 하지만 한국에서는 정부 수립 이전 소작농 시절의 기억이 여전히 농촌 사회를 지배하고 있다. 농지 규제가 완화되면 다시 지주와 소작의 시대로 회귀할 것이라는 두려움 때문이다.

규모화의 필요성에 대다수는 동의한다. 문제는 방법이다. 모든 이해당사자를 만족시킬 수 있는 해법은 존재하지 않는다. 네덜란드 사례가 보여주듯, 중요한 것은 명확한 원칙을 세우고, 그것을 수십 년간 흔들림 없이 밀고나가는 정책 의지다. 이 과정에는 탈농이 불가피하며, 이를 위한 충실한 보완책도 필요하다.

  농촌은 지금도 무너지고 있다. 완벽한 합의와 제도를 기다리는 동안 현장은 사라지고 있다. 지금 필요한 것은 과감한 실증이다. 작은 시범사업과 현장 검증을 거듭하며 농민의 목소리를 듣고, 실험하고, 개선하는 지난한 과정. 그것만이 유일한 길이다. 농지개혁은 책상 위에서 완성되지 않는다. 현장에서 시작되어야 한다.

9 대한민국의 식량안보

사과는 시작일 뿐

고속도로를 벗어나 청송으로 들어서면 곧바로 사과의 고장임을 알리는 풍경이 펼쳐진다. 깊은 계곡 사이로 맑은 개천이 굽이치고, 그 물길을 따라 신작로가 고즈넉하게 이어진다. 개천가에서부터 산자락까지 사과나무가 물결처럼 이어진다.

길을 따라 띄엄띄엄 자리 잡은 자연부락들엔 인기척이 거의 없다. 고요한 과수원 사이로 난 도로를 따라 30분쯤 달리면 마침내 내가 자란 마을에 다다른다.

도착하자마자 여장을 풀고 카메라를 들고 마을 주변을 걷는다. 지난 30년간 이 들판이 어떻게 변했는지, 기억 속 풍경들이 하나씩 되살아난다. 1980년대, 계단식 논과 밭에 불도저가

들어와 땅을 평탄하게 했고, 갈비골 저수지에서 흘러내린 물은 산허리를 휘감는 콘크리트 수로를 따라 경지정리된 논으로 퍼져나갔다.

그때는 쌀이 귀하던 시절이었다. 가을이면 수확한 벼를 농협에 의무적으로 출하해야 했고, 쌀값은 정부가 정했다. 국회에서는 수매가격을 두고 여야가 충돌했다. 그러나 어느 해에도 농민들이 만족스러워하는 가격은 나오지 않았다. 그런 풍경은 WTO 협정 가입 이후에 사라졌다.

벼농사에서 사과농사로

우리나라 농업 정책을 한마디로 요약하면, 벼농사를 위한 국가적 집념이라 할 수 있다. 전국에 1만 7000개가 넘는 저수지를 만들고, 20만 km에 이르는 농수로를 깔았다.[1] 한때 논 면적은 130만 헥타르에 달했고, 연간 600만 톤의 쌀을 생산하기도 했다. 하지만 그 모든 성과는 이제 과거의 기록으로만 남아 있다.

들판은 여전히 평탄하고 수로도 그대로이지만, 거성뜰의 황금빛 벼 이삭은 자취를 감췄다. 그 자리엔 사과나무가 심어졌고, 예전 고추밭이던 곳도 과수원으로 바뀌었다. 청송은 이제 사과의 고장으로 불리지만, 한때는 청양고추의 본산이기도 했다. 더 이상 고추밭을 찾기는 쉽지 않다.

사과나무도 나이를 먹는다. 열매는 작아지고 병해충에 취약해진다. 연로한 농부는 다시 사과나무를 심기보다는 결국 과수원을 포기한다. 하지만 청년 후계자가 있는 집은 과수원을 새로 조성한다. 부사 품종의 늙은 사과나무를 베어내고, 그 자리에 신품종인 시나노골드를 심는다.

요즘은 과수원을 조성할 때 사과나무부터 심지 않는다. 파이프 지주부터 먼저 세운다. 포크레인으로 구덩이를 파고 석회와 퇴비를 넣은 뒤, 그 옆에 3미터짜리 파이프를 박는다. 파이프 사이마다 스프링클러를 설치하고 마지막에 가서야 묘목을 심는다. 수확은 3년차부터 기대할 수 있다. 여기에 지붕 커튼, 안개 분사기, 방상팬, 센서와 제어장치까지 덧붙인다. 봄에는 서리를 막고, 여름에는 강한 햇볕을 가린다. 기상망과 연결된 이 장치는 '노지 스마트팜'이라 불린다.

이제 관수시설과 서리방지시설은 선택이 아닌 필수다. 일년에 한두 번밖에 안 써도, 이런 설비가 없으면 한 해 농사를 자칫 망칠 수 있다. 기후 적응에 적용할 수 있는 기술은 늘었지만 생산비도 그만큼 높아졌다. 사과 한 알보다 그 사과를 키우는 비용이 더 무겁다.

이토록 정성을 들여도 청송사과의 옛 영광은 돌아오지 않는다. 맛있는 사과는 자연이 빚어낸 기적이기 때문이다. 낮과 밤의 기온 차가 클수록 과실은 단단해지고 당도는 높아진다. 예전엔 열에 서너 개쯤은 샛노란 꿀이 박힌 사과를 볼 수 있었지만 이제는 거의 찾기 힘들다. 청송의 기후도 달라졌다. 해발이 높은 고장임에도 불구하고 일교차는 예전만 못하다. '꿀사과'는 이제 봉화와 영주를 넘어 정선과 양구 같은 고랭지에서나 겨우 만날 수 있다.

새로 조성되는 과수원을 보면 착잡하다. 농민들은 묻는다.
"지금도 사과나무를 심어야 할까요?"

기후는 불안정하고, 몇 년에 한 번은 꼭 농사를 망친다. 태풍, 우박, 이상고온과 냉해가 번갈아 닥친다. 재해보험이 있다고는 하지만, 반복되면 보상금은 줄어든다.

그렇다고 뚜렷한 대안이 있는 것도 아니다. 고추농사는 노동력을 구하기 어렵고, 벼농사는 농기계부터 빌리기 어렵다. 결국 선택지는 사라지고, 남은 건 '사과'뿐이다.

사라지는 풍년, 그리고 질문

"앞으로 50년 뒤엔 사과를 먹기 어려울지도 모른다"라는 뉴스가 심심찮게 들린다. 하지만 많은 가정은 이미 사과 하나 사 먹기 어려운 시대를 살고 있다. 미래는 아직 오지 않았지만, 기후변화는 이미 우리의 식탁 위에 조용히 모습을 드러내고 있다.

농민들도 체감한다. 사과 수확량은 줄고 품질은 나빠졌다. 예전 같은 풍년은 희귀해졌다. 그러나 그 변화가 수치화되지 않으면, 정책도 대응도 없다. 숫자로 말하지 않으면 아무 일도 일어나지 않는다.

농민들은 안타깝게 묻는다.
"정말 열심히 하고 있는데, 농사 짓기는 왜 갈수록 힘들어질까요?"

나는 조심스레 되묻는다.

"지금까지 해온 똑같은 방식으로는 다른 결과를 기대하기 어렵지 않을까요?"

기후는 이미 바뀌었고 작물의 재배적지도 달라졌다. 농촌은 늙어가고 일손은 모자란다. 문제는 '노력'이 아니다. 농민은 이미 충분히 열심히 하고 있다.

"사과 재배지가 북상하고 있다"라는 말을 20년째 듣고 있지만, 그 변화에 대응할 품종은 보이지 않는다. 오히려 프랑스 브르타뉴 농가들이 더 현명하다. 그들은 20~30종의 사과 품종을 키우며 미래의 기후변화에 대비한다. 우리는 여전히 '부사' 한 품종에 모든 것을 건다.

다시 사과나무 앞에서

부모님이 평생 일구던 논 앞에 섰다. 소 쟁기는 경운기로, 경운기는 트랙터로 바뀌었다. 논두렁을 따라 막걸리 주전자를 들고 걷던 어린 시절이 겹쳐진다.

가을이면 아버지는 낫 한 자루로 며칠씩 벼를 베고 말렸다. 농협에 납품하던 날, 시골 장터는 사람들로 북적였다. 받은 돈은 얼마 되지 않았고, 그 돈으로 비료값과 농약값을 갚고 나면 자식에게 고기 한 토막 사주는 것도 부담스러웠을 것이다.

그래도 아버지는 또 농사를 준비했다. 저 사과나무를 심는 농부도 같은 마음일 것이다. 그것 말고는 할 수 있는 일이 없으니.

"지금도 사과나무를 심어야 할까요?"

그 단순한 질문 앞에서 나는 여전히 답하지 못한다.

여전히 작은 땅을 붙든 노인이 모든 결정을 짊어져야 한다. 스마트농업을 외친 세월이 오래되었지만 정작 현장은 크게 달라진 것이 없다. 산업화의 기세 속에 농업은 뒤에 남았고, 늙은 농민들에게 기후변화의 폭풍을 버티라 말하는 현실만 남았다. 그 풍경은 한국 농업의 미래를 예고하는 듯했다.

정말 우리는, 다른 선택지를 가질 수 없는 걸까?

쌀의 딜레마

1962년, 농업 기술 연구와 농촌 지도를 목적으로 농촌진흥청이 출범했다. 1906년 수원에 권업모범장이 세워진 지 50여 년 만에 이룬 제도적 전환이었다. 1970년대, 농촌진흥청은 녹색혁명을 주도하며 쌀 자급을 달성했다. 1980년대에는 농업 기계화와 비닐하우스를 중심으로 한 시설재배가 정착되며 현대 농업의 틀이 잡혔다.

하지만 거기까지였다. 늦은 계몽주의의 열매였던 그 영광의 시간은 조용히 저물고 있었다.

우루과이라운드의 충격

그 균열은 남미의 우루과이에서 미약하게 시작되었다. 1986

년 9월, 푼타 델 에스테에서 관세와 무역에 관한 일반협정GATT 의 개편을 위한 다자간 무역 협상, 일명 우루과이라운드UR가 열렸다. 협상은 15개 분야로 진행되었고, 1989년 중간 합의에 도달했다. 농산물 시장 개방이 핵심 의제였지만, 당시 한국 농업은 이에 대한 대비가 전혀 없었다.

중간 합의 소식이 국내에 전해지자 농민단체를 중심으로 반대운동이 들불처럼 번졌다. 냉전체제가 끝나고 세계화의 물결이 밀려오던 시기, 농민들은 거리로 나섰고, 정부는 이에 대응해 '농업 경쟁력 강화'와 '구조조정'을 약속했다. 하지만 1995년, GATT를 대체한 세계무역기구WTO 체제가 출범하면서 그들의 외침은 국제 질서 앞에 힘을 잃었다.

유예된 개방, 그러나 지속된 상흔

쌀 시장은 형식적으로는 지켜졌다. 한국은 특별시장접근조항을 적용받아 쌀 시장 개방을 10년 유예했다. 그 대가로 매년 일정량의 쌀을 의무적으로 수입해야 했다.

2004년 재협상에서도 10년 추가 유예는 얻어냈지만, 수입 의무량은 4%에서 7.96%로 늘어났다. 연간 약 40만 톤 규모였다. 이 수입쌀은 가공용 시장에 저가로 유입되었고, 국내산 쌀은 밥쌀 말고는 수요처를 점점 잃어갔다.

그리고 다시 10년이 흘렀다. 이번에는 더 이상의 유예는 불가능했다. 박근혜 정부 시절 농식품부 장관을 지낸 이동필 박사는 농경제학자 출신이었다. 그는 농민단체의 반대를 무릅쓰고 쌀 시장 관세화를 결정했다. 정치인이 아니었기에 가능했던 결단이었다. 그 대신 한국은 513%라는 높은 관세율을 설정해 실질적 수입을 차단했다. 하지만 무관세 쌀 40만 톤 수입 의무는 여전히 남았다.

바뀐 농업 지형, 바뀌지 않은 연구 구조

WTO 체제가 출범하며 농업의 외형은 달라졌지만, 연구기관은 여전히 쌀 중심의 프레임에 머물러 있었다. 비료 투입량에 따른 수확량 변화, 신품종의 수량성* 평가. 하지만 현실에선 쌀이 남아돌기 시작했다.

김대중 정부 들어 이 흐름은 크게 전환된다. 농림부 장관으로 취임한 김성훈은 유기농업과 친환경농업을 과감히 밀어붙였다. '더 많이 생산하는 것'이 더 이상 농업의 목표가 될 수 없는 시대가 도래한 것이다.

이와 함께 쌀 중심의 농업연구, 특히 벼 품종 육종 부서의 역할도 축소되기 시작했다. 녹색혁명을 이끌었던 농촌진흥청의 위상도 흔들렸다. 1997년, 지방 농촌진흥기관이 지방자치단체로 이관되며 한때 2만 명에 이르던 인력은 2000명 이하로 급감했다. 이명박 정부는 2008년 농촌진흥청 해체와 기술전달 시스템 개편을 시도했지만, 농업계와 연구자들의 반발로 무산되었다.

---

* 단위 면적당 생산 가능한 곡식의 양.

구조개혁 없는 농정의 시간

그때 이후, 한국 농업엔 의미 있는 개혁 시도조차 없었다. 농업은 정책의 중심에서 밀려났고, 여야를 막론하고 농정의 방향에 뚜렷한 차이도 사라졌다. 그 자리를 대신한 건 "농민의 눈물을 닦아주겠다"는 선언뿐이었다.

정책은 멈췄고, 현실은 빠르게 변했다. 그사이 1인당 쌀 소비량은 130kg에서 56kg으로 줄었다.[2] 대한민국이 선진국으로 올라서는 동안, 한국 농업은 여전히 개도국의 구조에 머물렀다. 농업은 산업이 아니라 복지로 전락했다.

녹색혁명은 과거의 훈장이었지만, 지금 우리 앞의 딜레마는 그 훈장으로는 해결되지 않는다.

[잠깐 읽기_양봉의 불편한 진실]

3장에서 우리는 꿀벌의 생태적 가치와 기후변화, 농약, 서식지 파괴 등 외부적 위협 요인을 살펴보았다. 많은 독자들이 이쯤에서 '그렇다면 꿀벌을 지키기 위해 우리가 무엇을 해야 할까'라는 질문을 떠올릴 것이다. 도시 양봉, 밀원 식물 확대, 생물다양성 회복 등의 움직임은 이러한 관심이 실천으로 이어진 좋은 사례다.

하지만 한국 양봉 산업이 직면한 현실은 그렇게 단순하지 않다. 봄마다 반복되는 꿀벌 실종 뉴스, 유럽의 꿀벌 급감 보도 속에서 우리는 위기의 이미지를 떠올리지만, 정작 국내 데이터를 들여다보면 상황은 오히려 반대다.

밀도는 곧 스트레스다

꿀벌은 꿀과 꽃가루를 얻기 위해 일정한 공간을 필요로 한다. 농촌진흥청은 밀원 내 1헥타르당 약 7.4개의 봉군이 적정하다고 제시한다.[3] 이보다 봉군 수가 많아지면, 먹이 경쟁이 심화되고 오히려 꿀벌의 건강과 생산성이 떨어진다.

그러나 현실은 어떨까? 한국의 봉군 밀도는 국토 면적 km^2당 21.79로, 이는 헝가리(12.97), 중국(0.98), 미국(0.27), 뉴질랜드(3.01)보다 월등히 높은 수준이다. 정부는 밀원 수 확대를 위해 예산을 투입하고 있지만, 오히려 밀원 자원을 둘러싼 경쟁만 심화시키는 '과잉 공급의 역설'이 벌어지고 있다.[4]

양봉업 붐과 그 그림자

글로벌 차원에서 꿀벌 군집 수는 감소하고 있지만, 한국의 봉군 수는 지난 10년간 오히려 증가했다. 귀농과 귀촌을 장려하는 정책, 비교적 낮은 초기 투자 비용, 은퇴자 중심의 창업 붐이 맞물리며 양봉업 참여가 급증했기 때문이다.

그러나 이는 꿀벌 개체 수 증가로 이어지기보다는 관리 기술 부족, 과밀 사육, 생산성 저하, 높은 폐사율이라는 악순환으로 이어지고 있다. 현장 전문가들은 봉군 밀도를 낮추고 전문 기술을 갖춘 전업농 중심의 산업 재편이 필요하다고 지적한다.

한 양봉 전문가는 한국 양봉 구조를 "열심히 노력해서 다 같이 망하는 시스템"이라고 표현했다. 기후위기보다 더 큰 문제는 산업에 대한 이해 부족, 그리고 단기 소득에 매몰된 정책 설계라는 것이다.

꿀벌만이 전부는 아니다

더 근본적인 문제도 있다. 우리는 종종 꿀벌이 유일한 수분 곤충인 것처럼 여긴다. 그러나 꿀벌이 도입되기 전에도 한반도에는 다양한 야생 수분 매개 곤충이 존재했고, 그들 역시 생태계에서 중요한 역할을 해왔다. 하지만 현재처럼 인위적으로 높은 밀도의 봉군이 유지되면, 꿀벌은 밀원 자원을 독점하며 다른 수분 곤충의 서식지를 잠식하게 된다. 이는 생물다양성 관점에서 심각한 문제다. 꿀벌을 지키기 위한 지나친 사육이 오히려 생태계의 균형을 무너뜨리는 셈이다.

적정 밀도의 의미

결국 한국 양봉 산업이 마주한 딜레마는 단순히 꿀벌을 살릴 것인가의 문제가 아니다. 그것은 생태계의 지속 가능성과 농업 구조 개편이라는 두 축 사이에서 균형을 잡는 일이다. 꿀벌을 지키는 것은 곧 '적정 밀도'를 지키는 일이기도 하다.

그러나 현재의 정책은 이러한 구조적 문제보다는 단기적인 농가 소득 유지에 초점을 맞추고 있다. 산업 구조의 재편이나 생물다양성 회복보다는 당장의 수입과 생산량을 정책의 기준으로 삼는 것이 지금의 현실이다.

이는 양봉업만의 문제가 아니다. 한국 농업 전반에서 반복되는 딜레마다. 단기 지원에 의존하는 농정 시스템, 구조개혁을 외면하는 정책 설계, 그리고 미래 생태계를 고려하지 않는 접근 방식이 결국 농업의 지속 가능성을 갉아먹고 있다.

식량자급률과 식량안보의 비용

식량위기에 대한 불안감이 고조될 때마다, 식량자급률을 높이자는 주장은 늘 빠지지 않고 등장한다. 많은 이들이 이 주장을 상식처럼 받아들이지만, 안타깝게도 현실은 그렇지 않다. 특히 한국이나 일본처럼 주요 농산물을 수입에 의존하는 국가에서는 식량자급률을 끌어올리는 일이 구조적으로 어렵다.

앞서 7장에서 다룬 바 있지만, 식량자급률은 주로 곡물 자급을 중심으로 평가된다. 하지만 곡물은 단위면적당 수익성이 가장 낮은 작물이다. 농가 입장에서는 자급률보다 소득이 더 중요하다. 이는 자명한 선택이다. 같은 땅에서 사과나 채소를 재배하면 더 많은 수익을 올릴 수 있는데, 굳이 쌀이나 밀, 보리를 선택할 이유가 없다.

경제성장과 자급률의 역전

한국의 식량자급률은 경제 발전의 궤적과 함께 변화해왔다. 1950년대 100%에 달하던 자급률은 1980년대 60%, 2000년대에는 30%, 2020년대에는 20% 안팎까지 떨어졌다. 단순한 감소가 아니다. 폐쇄형 식량 체제에서 개방형 식량 시스템으로의 전환이다.

과거의 완전 자급은 외부 의존이 없다는 장점이 있었지만, 생산에 차질이 생기면 곧장 기근으로 이어졌다. 반면 오늘날은 글로벌 공급망에 의존하는 대신, 다양한 공급선과 무역 시스템을 활용해 복원력을 높이는 방식으로 바뀌었다.

국제 분업과 식량의 재편

1995년 WTO 체제가 출범하면서 농업 역시 국제 분업의 흐름에 편입되었다. 선진국은 노동생산성이 높은 곡물과 축산에 집중했고, 개발도상국은 커피, 코코아, 아보카도, 캐슈넛, 망고 같은 고부가가치의 소득 작물에 주력하는 체계가 형성되었다. 오늘날 식량은 철저히 국제적 분업과 무역을 통해 공급된다.

이러한 상황에서 수입국이 자급률을 높이고자 하면 그만큼 비용을 감수해야 한다. 국제 곡물 가격보다 비싼 국내 생산 비용, 선진국이 가진 유리한 기후, 넓은 농지, 높은 기계화율과 생산성, 어느 것 하나 따라잡기 쉽지 않다. 이 격차는 곧 식량 자급의 경제적 한계로 이어진다.

식량안보에는 반드시 비용이 든다

식량자급률이 낮은 건 한국만의 문제가 아니다. 산업화를 거친 거의 모든 나라가 겪는 공통된 현상이다. 소득이 높아지면 식생활이 바뀌고 농지의 용도도 달라진다. 곡물 대신 과일과 채소, 고급 식재료의 소비가 늘고, 육류 소비 확대에 따라 사료작물 재배와 방목지가 더 늘어난다. 자연스레 곡물자급률은 낮아진다.

그러나 자급률이 낮다고 해서 곧 식량위기로 이어지지는 않는다. 더 중요한 것은 '구매력'이다. 한국과 일본처럼 경제력이 충분한 국가는 세계 어디서든 식량을 살 수 있다. 물론 가격이 오르면 부담은 커지고, 특히 소득이 낮은 계층일수록 충격이 클 수 있다. 하지만 그것은 식량이 부족해서가 아니라, 분배의 문제다.

진짜 문제는 위기 상황이다. 지정학적 충돌, 기후 재해, 글로벌 공급망 붕괴와 같은 사태는 단순한 가격 인상을 넘어선다. 그런 위기에 대비하려면 일정 수준의 자급 기반이 필요하다. 하지만 이 자급은 공짜가 아니다. 국내 곡물을 일정량 확보하는 데 드는 생산 비용, 비축 물량을 저장하고 운용하는 데 드는 인프라, 국제 시장의 동향을 감지하고 대응하기 위한 정보 시스템. 이 모든 것에는 비용이 든다. 그것도 만만치 않은 규모의 재정이다.

그래서 우리는 스스로에게 물어야 한다. 우리는 식량안보를 위해 얼마만큼의 비용을 감당할 준비가 되어 있는가? 그 비용은 누가, 어떤 방식으로 부담해야 하는가?

"자급률을 높이자"는 구호는 간단하고 선명하다. 하지만 그것을 실제 정책으로 만들려면, 먼저 비용과 책임에 대한 사회적 합의가 필요하다. 식량안보는 원칙이 아니라 선택이며, 그 선택에는 반드시 대가가 따른다.

식량안보, 숫자보다 분석이 중요하다

우리는 종종 자급률이 높으면 식량안보가 지켜진다고 믿는다. 하지만 현대의 식량 체계는 그렇게 단순하지 않다. 자급률 하나로는 글로벌 공급망, 물류 인프라, 국제 무역 구조처럼 복잡하게 얽힌 현실을 설명할 수 없다.

유럽은 좋은 사례다. 프랑스, 독일, 벨기에 같은 나라들은 각자의 자급률보다는 EU 전체의 농업 시스템 안에서 식량안보를 구축한다. 이들 나라에서는 농업 생산성은 계속 오르고 있지만 인구는 줄고 있기 때문에 과잉공급이 더 큰 고민이다. 그래서 EU는 환경 규제를 강화하고, 직불금 제도를 유기농 확대와 연계해 생산을 조절하는 정책을 편다. 이는 식량안보를 '더 많이 생산하는' 자급의 논리가 아니라 '더 잘 관리하는' 전략의 문제로 바라보기 때문이다.

미국은 세계 최대 농산물 수출국이지만, 2023년 기준으로 보면 수입이 수출보다 많았다. 이유는 단순하다. 소득 수준이 높아질수록 식품의 다양성과 품질에 대한 수요도 올라가기 때문이다. 반면 인도와 브라질은 수출은 활발하지만, 수입은 비교적 적다. 그리고 중동과 아프리카의 많은 국가는 그마저도 어렵다. 기후 조건이 열악하고, 농업 기반은 취약하며, 구매력까지 부족하다. 이들 지역의 엥겔지수는 40~60%에 이른다.[5] 이는 생존 자체가 위협받는 수준이다.

결국 식량안보는 단순히 국내 자급으로 해결할 수 있는 문제가 아니다. 세계 농업의 구조적 변화, 주요 수출국의 수급 현황, 국제 곡물 가격의 흐름, 지정학적 리스크 등 모든 요소를 함께 분석해야 한다. 자급률도 중요하지만, 식량안보를 대비하는 데는 오히려 이와 같은 정밀하고 복합적인 분석이 더 절실하다.

문제는 우리가 그런 준비가 거의 안 되어 있다는 점이다. 세계 농업에 대한 정보 수집, 위기 대응, 정책 분석 시스템이 부족하다 못해 사실상 부재하다. CNN을 통해 세계 식량위기를 '처음' 접하는 나라, 우리는 그런 나라가 되어서는 안 된다. 식량안보에 대한 대비는 분석에서 시작된다.

통계의 왜곡

농산물품질관리원에 등록된 한국의 농업경영체 수는 184만 개를 넘어섰다. 그런데 농가 수는 97만 호(2023년 기준) 수준이다. 줄어드는 농가 수와 달리 경영체 수는 늘고 있다. 농가보다 농업경영체가 두 배 가까이 많은 이 낯선 풍경은 상식적으로 이해하기 어렵다.

제도의 의도와 현실의 괴리

'농업경영체'라는 개념은 2009년, 〈농어업경영체 육성 및 지원에 관한 법률〉 제정과 함께 본격적으로 등장했다. 농업경영체 등록은 단순한 행정 행위가 아니다. 직불금을 비롯한 보조금, 농사용 전기와 면세유, 농약과 비료의 부가가치세 면제, 건강보험료 감면, 재해보험, 각종 정부 사업 참여 자격까지 사실상 거의 모든 농업 지원의 관문이다.

정부는 처음 이 제도를 설계할 때 일정 규모 이상의 농가만 등록할 것으로 예상했다. 정책 대상이 줄어들 것이라는 기대도 있었다. 실제로 일본은 그렇게 움직였다. 그러나 한국은 달랐다. 농가는 줄어드는데 농업경영체는 계속 늘었다. 정책의 방향은 어긋났고 통계는 왜곡되기 시작했다.

숫자로 드러나는 혼란

같은 농지를 두고 보더라도 어떤 수치를 기준으로 하느냐에 따라 결과가 달라진다. 농가 수를 기준으로 하면 가구당 평균 경지면적은 1.5헥타르이다. 하지만 농업경영체 수를 기준으로 하면 0.8헥타르까지 떨어진다. 어느 쪽이 진실에 가까울까?

실제로 농가의 70%가 1헥타르 미만의 농지를 갖고 있고, 농산물 매출은 연 1000만 원도 안 된다. 이런 통계 구조하에서는 어떤 정책도 효과를 발휘하기 어렵다. 정책은 멈췄고, 현실은 고착됐다.

우리보다 먼저 농업경영체 제도를 도입한 일본은 정반대의 길을 걷고 있다. 개인 경영체 수는 줄고, 법인과 영농조합 같은 단체 경영체는 조금씩 늘고 있다. 정책 의도와 숫자가 일치하고 있는 셈이다.

일본의 경지면적은 한국보다 2.8배 넓다. 그러니 경영체 수 역시 더 많을 것처럼 보이지만, 실제로는 한국의 절반인 92만 개 정도에 불과하다. 무엇이 다른가? 숫자가 아니라 구조가 다르다.

신뢰의 문제가 된 정책

공공기관에서 일하며 배운 사실이 있다. 민원의 95%는 대체로 한두 명의 민원인이 만든다. 정책은 항상 가장 나쁜 시나리오를 따라간다. 처음엔 '예외 상황'으로 가정했던 일이 곧 '주된 현실'이 되어버리는 것. 이것이 신뢰가 낮은 사회, 권위주의적 행정에서 흔히 벌어지는 일이다. 농업경영체 통계는 그런 점에서 역설적이다. 정책의 결과가 아니라, 신뢰의 부재를 보여주는 지표다.

현실은 명확하다. 건강보험 감면을 노린 퇴직자, 세금 절감을 원하는 사업자, 직불금을 최대한으로 받기 위한 농민들, 거기에 귀농과 귀촌을 장려해 지방 소멸을 막으려는 지방정부의 이해까지 얽혔다.

이해관계는 절묘하게 맞아떨어졌고, 그 결과 국가의 농업 통계 기반은 무너졌다. 경영체 등록은 늘었지만 실제 농업인은 줄었다. 제도는 남았지만 실체는 사라졌다.

재설계가 필요한 순간

지금 우리는 '평균'이 신뢰를 잃은 시대에 살고 있다. 경지면적의 평균, 농가소득의 평균, 농산물 생산액의 평균. 이 숫자들은 더 이상 정책의 기준이 될 수 없다. 왜냐하면 그 어떤 수치도 현실을 제대로 반영하지 못하기 때문이다.

통계의 혼돈은 농업을 '지켜야 할 산업'이 아닌 '지원받는 산업'으로 고착시키고 있다. 마치 존재의 이유가 스스로가 아닌,

정책적 배려에 달린 것처럼 여겨지는 산업이 되고 말았다.

이제 정책의 리셋이 필요하다. 숫자를 다시 세기 전에 구조부터 다시 세워야 한다. 제도를 다시 짜기 위해 필요한 것은 데이터가 아니라 '방향'이다.

유통은 결과일 뿐!

2023년 이상기상으로 사과 생산량이 30% 이상 감소했다. 연말부터 시작된 사과값 급등은 설 명절을 지나도 꺾이지 않았다. 이듬해 봄까지 이어진 흐린 날씨는 이례적이었다. 한반도에서 겨울철의 일조량 부족 때문에 농사를 망친 전례는 없었다. 비닐하우스 작물의 생육이 나빠졌고, 채소와 과채류 가격은 줄줄이 올랐다.

30년째 반복되는 해법

사과에서 시작된 가격 폭등은 쌈채소를 거쳐 대파로 번졌다. 2024년 4월 국회의원 선거는 여기에 기름을 부었다. 농식품부는 다시 유통구조 개선 대책을 발표했다. 하지만 내용은 지난 30년간 반복된 틀을 벗어나지 못했다.

언론은 늘 그렇듯 산지 유통인의 폭리, 도매법인의 구조적 문제를 지적했다. 특히 도매법인의 대주주가 농업과 무관한 기업이라는 점에 여론이 집중됐다. 하지만 의외의 반전은 구

독자 300만의 경제 유튜브 채널 '슈카월드'에서 나왔다.

슈카 전석재는 "유통이 아니라 생산구조가 문제"라고 지적했다. 영세한 다수 농가의 농산물을 수확·포장·운반하려면 유통 비용이 늘어날 수밖에 없고, 또한 복잡한 유통단계를 부른다는 것이다. 생산성이 높은 규모화된 농가가 없기 때문에 한국 농산물이 비쌀 수밖에 없다는 분석이었다.

이 지적은 농업 전문가라면 대부분 알고 있었던 사실이다. 그러나 쉽게 말하지는 못했다. 문제의 구조를 드러내는 대신, 비판의 화살을 유통으로 돌리는 것이 가장 무난하고 훨씬 덜 위험한 선택이었기 때문이다.

유통은 구조의 함수다

농산물이 시장에 나오려면 누군가는 수확하고, 분류하고, 포장하고, 운반해야 한다. 농가가 작고 흩어져 있을수록 그 과정은 비효율적이고 비용은 늘어난다. 우리는 생산지의 출하 가격과 소비자 가격의 차이가 클수록 유통이 비효율적이라고 지적하는 데 익숙하다. 하지만 실제 유통단계를 따라가다보면 문제는 유통이 아니라, 그 유통을 낳는 생산구조라는 것을 발견한다. 농협이 맡든, 민간 산지유통인이 맡든 결과는 다르지 않다.

정부는 유통구조 개선을 수없이 시도해왔다. 하지만 유통은 독립변수가 아니다. 생산구조에 종속된 결과 변수일 뿐이다. 문제의 '원인'을 건드리지 않으면 '결과'는 바뀌지 않는다. 30년간 해법이 바뀌지 않은 이유가 여기에 있다.

경제가 발전함에 따라 농업은 점차 토지의 효율보다 노동의 효율, 즉 노동생산성이 더 중요한 구조로 바뀐다. 이와 함께 기계화와 설비 확충 등 자본 투입이 증가하고, 규모화가 진행되면서 단위 생산비용은 점차 낮아지게 된다.

브라질 농업은 1960년대 이후 눈에 띄는 생산성 향상을 이뤘다. 그 가운데 절반 가까운 49%는 구조 전환, 즉 경영 규모 확대와 기술 도입 등 농업 구조의 변화에서 비롯되었다.[6] 그러나 한국의 농가당 경작면적은 1980년 1헥타르에서 2023년 1.5헥타르로 늘어나는 데 그쳤다. 급속한 산업화의 물결 속에서 한국 농촌은 뒤로 밀려났고, 농업은 개도국형 노동집약적 구조에 머물렀다.

제도 도입과 현실의 괴리

WTO 체제는 준비되지 않은 한국 농업에 경쟁력 상실을 가져왔고, 정부의 재정 의존도를 높였다. 우리 농업은 유럽의 직불금 제도는 도입했지만, 유럽 농업의 경쟁 체제는 도입하지 않았다. 뉴질랜드처럼 자조금을 도입했지만, 여전히 정부 지원에 기대는 시선은 바뀌지 않았다.

농업 R&D에 세계 최고 수준의 예산을 쏟아부었지만, 영세한 구조 속에서는 실용화되기 어려웠다. 우리는 여전히 외국의 제도에서 벤치마킹할 것을 찾고 있다. 그러는 사이 농업의 고비용 구조는 평균 임금 상승과 함께 농산물 가격에 그대로 반영되고 있다.

비싼 농산물, 늘지 않는 농가 소득

농산물 가격은 올랐지만 농가 소득은 늘지 않았다. 그 차이를 직불금이 메웠다. 도농 간 소득 격차가 커질수록 직불금 없이는 지속이 불가능한 구조다. 65세 이상 농가 경영주의 비중은 이미 70%에 이르렀다. 반면 40세 이하 청년은 0.5%에 불과하다. 10년 후, 누가 농사를 지을 것인가?

사과, 대파, 여름 배추가 비싸질 때마다 소비자는 유통을 탓하고, 정부는 도매법인과 경매제도 개혁을 약속한다. 비난과 대책은 반복되고, 가격은 시간이 지나면 다시 안정된다. 그러나 모두가 알고 있다. 기후가 다시 이상해지면 똑같은 일이 반복될 것이라는 사실을 말이다.

우리는 세계 최고 수준의 농산물 물가 구조를 만들어냈고, 이제 그 구조는 농민의 삶뿐만 아니라 국민 모두의 식탁과 생계를 옥죄고 있다.

거꾸로 간 한국 농업

농산물 시장은 개방되었지만, 농업의 구조는 달라지지 않았다. WTO 체제에 편입되면서 한국 농업도 세계화의 물결 속으로 들어갔지만, 정작 현실은 시장화와는 거리가 멀었다. 농업은 오히려 정부 의존의 방향으로 더 깊이 들어갔다.

농민들은 변화보다는 정부의 책임을 요구했다. 정부 관료들 역시 농민단체의 압박에 귀를 기울이지 않을 수 없었다. 경로 의존의 법칙은 여전히 강하게 작용하고 있었다. 이는 단지 정책의 실패가 아니라, 오랜 시간 쌓여온 신뢰와 불신, 책임의 전가가 복잡하게 얽힌 결과였다.

42조 원의 실험

1992년, 노태우 정부는 농산물 시장 개방에 대응해 '농업 경쟁력 강화 대책'을 내놓았다. 그 규모는 무려 42조 원. 당시 농림어업 예산이 2~3조 원에 불과했던 것을 고려하면 국가적 총력전이었다.

기계화, 경지 정리, R&D, 유통 구조·개선 등 농업 전반에 예산이 투입되었다. 뒤이어 김영삼 정부는 1994년 '농어촌특별세'를 도입해 10년간 15조 원을 더 확보했다. 정책은 속전속결이었다. 일본·뉴질랜드·유럽의 사례를 벤치마킹하며 예산을 써야 할 명분을 찾았고, 실증도 준비도 없이 실험은 시작되었다.

나는 당시 농과대 학생이었다. 농촌진흥청의 존재조차 몰랐지만, 늘어난 채용 덕에 진흥청 산하 연구소에서 첫 직장 생활을 시작했다. 연구소는 놀랄 만큼 평온했다. 대학가는 농산물 시장 개방 반대로 들끓었고, 언론은 농민 시위를 앞다투어 보도했지만, 연구 현장은 고요했다. 낯선 세계였다. 이방인의 기분으로 나는 그 세계에 들어갔다.

예산은 농업계 구석구석에까지 영향을 미치며 농촌의 풍경을 바꿔놓았다. 농업기술센터 인력이 늘었고 품목별 시험장이 새로 설립되었다. APC·RPC 가공시설이 들어섰고, 농촌 곳곳에는 새 건물이 생겼다. 논에는 대구획 정리가 이뤄졌고, 오늘날의 농촌 풍경이 이 시기에 완성되었다.

그러나 정교한 계획 없이 쏟아부은 예산은 필연적으로 후유증을 남겼다. 현장도, 연구도, 행정도 그 막대한 자금의 흐름을 따라가지 못했다. 정부는 1992~2008년까지 총 118.5조 원을 농업과 농촌에 투입했다.

학자들은 이를 세 시기로 나눈다.

- 1단계(1992~1998): UR 대응 생산 기반 확충(36.2조 원)
- 2단계(1999~2003): 외환위기 대응, 경영 안정·유통 개선(32.6조 원)
- 3단계(2004~2008): FTA 대응. 지역개발·소득 안정(49.6조 원)

예산의 절반은 보조사업 형태로 농업인에게 직접 지원되었고, 나머지 절반은 기반시설과 연구개발에 투입되었다. 분야별로는 경쟁력 강화 65%, 경영 및 소득 안정 16%, 식품과 유통 9%, 지역개발과 복지 10%였다.[7]

중력장 속의 농업

결과는 어땠을까? 오늘날의 한국 농업의 모습이 그 대답이다. 겉모습은 바뀌었지만 본질은 그대로였다. 민간의 혁신은 미미했고 늘어난 것은 정부 예산뿐이었다. 농업 전반은 정부의 중력장 속으로 더 깊이 끌려 들어갔다.

예산이 커질수록 책임도 커졌다. 정부가 모든 문제에 개입했으니 모든 실패의 책임도 정부 몫이 되었다. 농업계는 더 많은 보조를 요구했고 정부는 더 많은 과제를 떠안았다. 그러다 보니 정말로 중요한 일은 뒷전이 되었다. 정책의 기반인 통계 정비, 농업 변화에 대한 국민 소통, 미래 비전의 정립은 소홀했다. 정부는 수많은 보조사업에 매몰된 채 방향을 잃어갔다.

돈은 농촌의 풍경만 바꾼 게 아니었다. 농업의 체질까지 바꾸어놓았다. 경쟁이 어려운 허약한 산업, 정부 지원 없이는 존립조차 힘든 산업이 그 뒤에 남았다.

스마트한 농업은 없다

기계는 농업의 역사를 바꿨다. 이제 로봇이 그 농업을 다시 바꾸고 있다. 세계 농업은 자율주행, 정밀 작업, 데이터 기반 의사결정이 가능한 농업 로봇의 시대로 진입했다. 그러나 이 거대한 변화 앞에서 한국의 현실은 위태롭기만 하다.

글로벌 거인들의 변신

존 디어가 설립한 세계적인 농기계 회사인 디어 앤 컴퍼니 Deere & Company는 더 이상 트랙터 회사가 아니다. 연 매출 70조 원 규모의 이 거대 기업은 자율 제초 로봇 기업 블루리버 테크

놀로지를 인수했고, 'Operations Center'라는 플랫폼을 통해 농장 데이터를 분석하고 경영 컨설팅까지 제공한다. 구보다, CNH, AGCO 등도 하드웨어 중심에서 소프트웨어와 서비스 중심으로 전략의 중심축을 옮기고 있다.

한국은 어떤가. 국내 전체 농기계 산업 매출은 6조 원 수준에 불과하다.[8] 디어 앤 컴퍼니 한 곳의 10분의 1에도 미치지 못한다. 이런 산업 규모로 인공지능 기반 농업 기술 개발 경쟁에 참여할 수 있을까? 그러나 규모보다 더 심각한 문제는 방향이다. 한국은 여전히 '기계화율' 같은 양적 지표에 집중하고 있다. 기술 실증, 산업 전환, 경영 모델 구축과 같은 전략은 좀처럼 보이지 않는다.

기술보다 구조와 실증이 먼저

문제의 핵심은 구조다. 한국 농가의 70% 이상이 1헥타르 미만의 소규모 경영체이며, 평균 경지면적은 일본의 절반 수준에도 미치지 못한다. 이러한 구조하에서 수천만 원에 이르는 자율주행 트랙터는 현실적인 활용이 어렵다.

일본은 우리와 유사한 농업 구조를 가졌지만 전혀 다른 방향으로 나아가고 있다. 홋카이도에서는 GNSS 기반 자율주행 트랙터가 실제 농장에서 운영되고 있으며, 드론이 작물 상태를 진단하고 인공지능이 수확량을 예측한다. 이 차이를 만든 것은 기술이 아니라 실증이다. 일본 정부는 기업들이 현장에서 기술을 시험하고 개선할 수 있도록 체계적인 지원 시스템을 갖추고 있다.[9] 또한 일본의 스마트농업 기술 기업들은 국내 실증을 바탕으로 글로벌 시장에 진출하며 산업의 규모화를 실현하고 있다.

반면 한국은 연구개발에는 많은 예산을 투입하지만, 기술 실증과 산업화에는 소홀하다. 연구는 논문으로 끝나고, 기술은 현장에 닿지 않는다. "기계는 있지만 쓸 무대가 없다"는 말이 반복되는 배경이 여기에 있다.

이러한 상황에서 경북 영주시에서 시작된 110헥타르 규모의 주주형 공동농업은 주목할 만한 시도다. 개별 농가로는 불가능한 규모를 공동경영 방식으로 실현하고 있으며, 농기계와 인력, 인프라를 공유하는 구조를 통해 새로운 가능성을 제시하고 있다(8장에서 '한국 농업 규모화 정책의 역사' 참조). 이러한 집적화된 구조에서야 비로소 첨단 농기계와 농업용 로봇이 제 기능을 발휘할 수 있고, 기술 실증도 가능하다.

낡은 틀을 깨야 한다

지금까지 한국의 농업 정책과 R&D는 '농민을 위한 농업'에만 초점을 맞췄다. 1950년대 토지개혁 이후 만들어진 이 틀은 80년간 변하지 않았다. 정책 부처도, 연구 기관도 모두 같은 사고에 갇혔다. 산업화 전략과 스타트업 육성은 늘 뒷전이었다. 모두가 열심히 노를 젓지만 배는 제자리다. 방향이 다르기 때문이다.

농업용 로봇은 단순한 기계가 아니다. 일정 규모의 농지, 연계된 인프라, 데이터 시스템, 이 모든 조건이 갖춰져야 작동한다. 기술만으로는 안 된다. 기술이 작동할 구조가 필요하다.

좋은 의도가 좋은 결과를 만들지 않는다

예전에 고려대학교 농경제학과 양승용 교수에게 들었던 말이 있다. "시장은 불합리해 보이지만, 그 자체가 이미 현실을 반영하고 있다." 이 말을 가장 잘 설명해주는 사례 중 하나가 '국산콩 두부의 딜레마'다.

국산콩 두부와 시장의 역설

국산콩으로 만든 두부는 수입콩 두부보다 훨씬 비싸다. 두부용 대두의 자급률은 약 30%. 정부는 이 자급률을 끌어올리기 위해 논에 벼 대신 콩을 심는 전략을 내세웠다. 쌀 과잉 문제를 해소하고, 콩 자급률도 높이려는 일석이조의 구상이었다.

겉보기엔 그럴듯하다. 하지만 이 전략이 성립하려면 한 가지 전제가 반드시 충족돼야 한다. 바로 소비자들이 더 비싼 국산콩 두부를 기꺼이 선택해줄 것이라는 가정이다.

현재 국내산 콩과 수입산 콩의 원료 가격 차이는 최대 다섯 배에 이른다. 우리나라의 경우, 높은 토지 비용과 소농 중심의 경영 구조, 낮은 기계화율로 인해 생산비 절감의 여지가 작다. 이 격차를 줄이지 않고는 소비자의 선택을 기대하기 어렵다.

국산콩 생산이 늘어도 소비가 따라주지 않으면 가격은 떨어지고 농가는 다시 벼를 심게 된다. 정부 보조로 생산된 콩이 시장에서 먼저 팔리면, 기존의 밭콩 농가는 더 큰 타격을 입는다. 결국 이 정책의 성패는 국산콩 두부가 새롭게 만들어낼 시장의 크기에 달려 있다. 그 시장이 충분하지 않다면 가격 혼란과 소득 하락, 정책 실패로 이어질 가능성도 있다.

현실적인 대안은, 소비자의 가격 저항선을 넘지 않는 범위에서만 국산콩 재배 면적을 조절하는 것이다. 다른 농산물도 사정은 비슷하다. 국산화율을 높이고 싶지만 생산비, 경쟁력, 소비자 선택이라는 세 개의 장벽이 앞을 가로막는다.

이 모든 것을 시장은 이미 반영하고 있다. 불합리해 보여도 그것이 현실이다.

쌀값이라는 변수

여기에 '쌀값'이라는 또 다른 변수도 얽혀 있다.

2024년 여름, 폭염으로 많은 밭작물이 피해를 입었지만 논농사는 비교적 선방했다. 일본은 벼 수확량이 급감했지만 한국은 직접적인 영향을 받지 않았다.

하지만 풍년이 오히려 위기로 바뀌는 곳, 바로 쌀 시장이다. 쌀값이 하락하면 농민들은 논을 갈아엎고 정부에 대책을 요구한다. 2024년, 정부는 2만 헥타르에서 생산되는 10만 톤의 햅쌀을 가축 사료로 전환하는 이례적인 결정을 내렸다.[10]

그러나 쌀을 콩으로 대체하려면 조건이 따른다. 논에서 콩을 재배하려면 기대소득이 쌀보다 높아야 한다. 익숙한 벼 대신 낯선 콩을 심으려면 인센티브가 필요하다. 이 차이를 메우지 못하면 농가는 다시 쌀로 회귀한다.

그래서 정부는 '전략작물직불금'이라는 보조금을 투입한다. 논콩 재배를 유도하기 위한 재정적 장치다.

구조적 접근이 필요한 시점

결국 논에 콩을 심는 일은 두 가지 제약 속에서 결정된다. 하나는 정부 예산이고, 다른 하나는 소비자의 선택이다. 지금 상황에서 그나마 다행인 점은 이런 방식으로라도 논을 유지할 수 있다는 것이다.

그러나 부작용도 분명하다. 정부 보조에 의존해 생산량을 늘리면 기존 농가의 시장을 침범하게 된다. 소비가 뒤따르지 않으면 과잉 생산과 가격 하락으로 이어지고, 그 피해는 다시 농가에 돌아간다. 수요 증가 없이 보조금만으로 버티는 구조는 결코 지속 가능하지 않다.

질문은 여전히 남는다. 정말 다른 방법은 없는 걸까?

의도는 충분히 좋았다. 그러나 그 의도가 시장과 현실을 이기기 위해서는 작동하는 구조와 냉정한 분석, 그리고 지속 가능한 전략이 뒤따라야 한다. 우리는 지금까지 '좋은 의도'를 중심에 두고 정책을 설계해왔지만, 이제는 '작동하는 구조'를 중심에 두어야 할 시점이다. 시장이라는 이름의 불합리한 현실, 그 안에 작동하는 규칙을 인정하고, 그 틀 안에서 실현 가능한 해법을 설계하는 것, 이제 그것이 새로운 출발점이 되어야 한다.

미래를 잃은 통계, 방향을 잃은 농업

통계는 데이터를 수집하고 요약하고 분석한 뒤, 그 의미를 해석하고 결론을 도출하는 학문이다. 얼핏 보면 과거를 기록하는 도구 같지만, 통계가 진정으로 비추는 대상은 다가올 미래다. 우리가 과거를 알고 싶어 하는 이유는, 바로 미래를 예측하고 대비하기 위해서다.

통계학자 조지 박스는 "모든 모델은 틀렸지만, 어떤 모델은 유용하다"라고 말했다.[12] 완벽한 예측은 불가능하다. 하지만 예측을 위한 가설이 없다면 새로운 가설은 실증될 수 없다. 우리는 불완전한 데이터 위에서도 '가능한 미래'를 향해 선을 그어야 한다. 그 선은 과거의 숫자, 현재의 구조, 그리고 미래를 향한 의지가 교차하는 지점에서 만들어진다.

지도 없이 길을 나설 수 없듯, 통계 없는 농업 정책도 방향을 잃는다. 통계는 농업의 현실을 비추는 거울이자 미래를 설계하는 나침반이다. 문제는 지금, 한국 농업이 그 나침반을 잃어버렸다는 데 있다.

길 잃은 농업의 미래

한국 농업은 어느 순간부터 국제 비교에서 빠지기 시작했다. OECD 보고서에 인용되는 핵심 지표들, 곧 경영 규모별 경작 면적, 자가 노동 비중, 탄소배출 인벤토리(Tier 2 수준)는 한국에서 찾아보기 어렵다.

비교할 수 없다는 것은 진단할 수 없다는 뜻이다. 농업 구조를 이해하려면 단순히 '농가 수'만이 아니라, 경작 규모별 실제 면적을 함께 보아야 한다. 세계 어디에서나 소농은 수는 많지만 경작면적의 다수를 차지하는 건 소수의 대규모 경영체다. 이 두 가지 데이터를 함께 보지 않으면 구조개혁의 방향도, 정책의 우선순위도 보이지 않는다.

그러나 한국의 농업 통계는 오랫동안 '규모별 농가 수'에 머물러 있었고, 그 방식조차 달라지지 않았다. 단순한 수치의 결핍이 아니다. 변화하는 농업 구조에 대한 무관심, 개혁을 위한 상상력의 부재다.

1998년, 농업 통계 기능이 농림부에서 통계청으로 이관된 것도 이 흐름과 맞닿아 있다. 통계를 정책의 눈이 아닌, 단순한 행정 집계로 여긴 결과다. 그 대가를 우리는 지금 방향 잃은 농정으로 치르고 있다.

통계 부재가 만든 구조적 실명

따라서 미래 식량안보를 걱정한다면 논 면적이나 품종 전환보다 먼저 해야 할 일이 있다. 바로 통계 항목을 다시 설계하는 일이다.

통계의 부실은 정책만이 아니라 사회의 인식까지 왜곡시킨다. 우리는 여전히 '농업의 특수성'을 말하고, 농촌은 〈전원일기〉 같다고 여긴다. 현실을 분석한 결과가 아니라, 익숙한 이미지에 머물러 있기 때문이다.

실제 농업은 외국인 노동자 없이는 유지되기 어려워졌고, 쌀 이외 작목으로의 전환도 통계가 뒷받침하지 못하는 상황이다. 경자유전 원칙이 지금도 유효한지, 농지의 실질 이용 구조는 어떤지조차 파악이 어렵다. 숫자는 멈췄고, 현실은 이미 달라졌다. 통계가 현실을 따라가지 못하면 정책은 평균값에 매달리게 된다. 결국 누구에게도 정확히 닿지 못하는 대책만 반복된다. 현실은 왜곡되고 방향은 흐릿해진다.

지금의 농업 정책은 지도 없이 하는 항해와 같다. 현재의 좌표를 모르면 어디로 가야 할지 결정할 수 없다. GPS가 없던 시절, 종이 지도 위에서 현재 위치를 찾던 '독도법'처럼, 농업의 미래를 설계하려면 지금 우리가 어디에 서 있는지를 먼저 알아야 한다. 그 시작점이 통계다.

통계는 과거의 숫자이지만, 그 숫자는 미래를 향한 질문이자 통찰의 출발점이다. 한국 농업의 미래가 궁금하다면, 가장 먼저 해야 할 일은 그 지도를 다시 그리는 것이다. 그리고 그 첫 선을 긋는 일이 바로 농업 통계의 회복이다. 통계는 과거를 기록하지만, 질문은 미래를 향한다

4

한국의 식량산업, 그리고 미래

우리는 무엇을 준비해야 하는가

10 농업은 미래산업

70년의 구조, K-농업의 착시

우루과이라운드 협상이 막바지에 이르렀을 무렵, 나는 농업기술연구소의 연구사로 사회에 첫발을 내디뎠다. 당시 공직사회에는 여전히 군사독재의 그림자가 짙게 드리워져 있었다. 처음 실험실을 마주했을 때 느낀 실망감은 지금도 또렷하다. 낡은 시설과 부족한 장비들. 이런 조건에서 과연 의미 있는 연구가 가능할까 하는 의문이 들었다. 당시의 한국은 가난했고, 농업과학기술에 과감한 투자를 할 여력도 없었다.

그러나 1995년 WTO 체제를 앞두고 상황은 급변했다. 정부는 농민들의 거센 반발을 달래기 위해 42조 원이라는 전례 없는 농업 투자 계획을 내놓았고, 이를 기점으로 농업 R&D에도 대대적인 투자가 이루어졌다. 이어 112조 원 규모의 경쟁력 강화 예산까지 쏟아졌다. 현장에서는 오히려 급증한 예산을 어떻게 집행해야 할지 고민할 정도였다.

이 투자는 농업의 외형을 빠르게 바꿔놓았다. 마을마다 있던 소규모 방앗간은 몇 개의 대형 미곡종합처리장으로 탈바꿈했고, 전국 각지에 농산물 산지유통센터가 들어섰다. 기반시설이 갖춰지며 농촌의 풍경은 눈에 띄게 달라졌다.

그러나 하드웨어의 혁신적 변화 속에서도 농업을 바라보는 시선은 과거에 머물렀다. 자급자족 중심의 농업관을 그대로 둔 채, 수입 농산물과 경쟁하려는 상업농 모델로의 전환은 어딘가 어색했다. 마치 개화기의 선비가 갓을 쓴 채 양복을 입은 모습이었다.

겉으로는 현대화된 듯했지만 한국 농업 내부는 여전히 경험 위주의 전통적 사고방식이 지배했다. 매년 1조 원이 넘는 R&D 예산이 투입되었으나, 개발된 기술은 현장의 실정과 괴리된 경우가 많았다. 우리는 동남아시아에 스마트농업 기술을 전수하면서도 정작 그들보다 낮은 수출 경쟁력을 보이고 있다. 높은 노동비용을 기술로 극복했어야 했지만, 영세한 구조 속에서는 그것마저 쉽지 않았다.

K-농업의 미래는?

한국 농업을 하나의 동질적 산업이라 부를 수 있을까? 첨단 장비와 전통적 사고방식이 뒤섞인 지금의 모습이 어쩌면 한국 농업의 실체일지 모른다. 모두가 '경쟁력이 부족하다'는 데는 동의하지만, 정작 '경쟁력 있는 농업이란 무엇인가'라는 질문에는 각기 다른 대답을 내놓는다.

농민운동가에게는 생계 유지가, 유통업자에게는 가격 경쟁력이, 행정가에게는 기반 안정이, 학계 사람들에게는 지속 가능성이 우선이다. 그러나 이 서로 다른 시선들이 교차하지 못한 채 평행선을 달리고, 정책은 담당자가 바뀔 때마다 방향을 잃는다. 정권이 교체될 때마다 농업의 미래상이 다시 쓰이지만, 실상은 '누가 더 많은 예산을 약속할 것인가'를 두고 겨루는 장으로 변질되었다. 새로운 사업과 지원 제도가 매번 쏟아지지만, 농업이라는 산업의 본질은 좀처럼 묻지 않는다.

과연 이 구조 속에서 한국 농업은 경쟁력을 가질 수 있을까? 그 많은 지원과 투자가 미래를 보장해줄 수 있을까? 우리가 그리고 싶은 'K-농업'의 미래는 어떤 모습이어야 할까? 첨단기술과 전통 농법의 조화로운 결합일까, 아니면 글로벌 시장에서 당당히 승부하는 효율적 산업일까? 혹은 그 중간 어디쯤 서 있는 새로운 모델일까? 이 질문에 대한 답이 선명해지지 않는 한 K-농업은 계속해서 미로 속을 헤맬 수밖에 없다.

종자 산업: 미래 농업의 씨앗

종자는 생명의 근원이자 농업의 시작이다. 한 알의 씨앗은 인류의 역사와 함께 진화해온 생명과학의 결정체이자 문명의 기초를 세운 출발점이었다. 녹색혁명 또한 다수확 품종에서 비롯되었다. 새로운 종자는 기아와 식량 부족의 위기를 극복하게 했고, 인간의 삶의 질을 획기적으로 끌어올렸다.

녹색혁명 이전만 해도 벼, 밀, 옥수수 같은 곡물은 헥타르당 1~2톤 남짓밖에 거두지 못했다. 품종은 자연선택에 의존했고, 비료나 기계화도 제한적이었다. 그러나 유전공학과 하이브리드 기술의 결합은 농업의 풍경을 완전히 바꿔놓았다. 오늘날 벼는 헥타르당 6~10톤, 밀은 5~8톤, 옥수수는 10톤 이상을 수확할 수 있다. 농업 생산성은 인구 증가 속도를 압도했고, 20세기 농업 기술 혁명과 결합되며 인류는 전례 없는 문명의 진보를 이루었다.

이제 기후위기와 생물다양성 붕괴가 가속화되는 시대에 종자는 인류의 문명을 짊어지고 있다. 내염성, 병충해 저항성, 영양가 향상 같은 특성을 갖춘 신품종은 다가오는 식량위기를 헤쳐나갈 결정적 도구다. 한 알의 종자에는 수천만 인구를 먹여 살릴 잠재력이 담겨 있다. 농업 혁신의 출발점이자 완성, 그것이 바로 종자다.

세계는 뛰고 있는데, 한국은?

종자가 중요하듯, 종자 시장도 중요하다. 종자가 생물학적 자원이라면, 종자 시장은 그것을 경제화한 개념이다. 종자는 식물의 번식과 생육을 위한 기본 단위지만, 시장에서 종자는 농업 산업의 구조를 결정짓는 핵심 플랫폼이 된다. 그러나 종자 시장의 중요성이 곧바로 R&D 투자나 경제적 성공으로 이어지는 것은 아니다. 종자 역시 수요에 따라 가치가 달라지는 '농산물'이기 때문이다.

일반적으로 종자 시장은 원물 시장 대비 1~5% 수준에 불과하다. 곡물은 1~2%, 채소류는 3~5%, 과수류는 1% 미만이며, 화훼종묘만이 10%를 넘는다. 세계 종자 시장 규모는 2022년 기준 약 540억 달러, 향후 10년 안에 820억 달러까지 성장할 것으로 전망된다.[1] 같은 해 한국 종자 산업의 규모는 약 8754억 원으로, 세계 시장 점유율은 1% 남짓에 그친다.[2] 국력에 비해 존재감은 미미하다.

국제종자협회ISF에 따르면, 2022년 기준 종자 수출 상위 국가는 네덜란드(약 32억 달러), 프랑스(23억 달러), 미국(18억 달러), 독일(11억 달러)이었다. 일본은 약 1.6억 달러에 그쳤으며,[3] 세계 종자 수출시장은 유럽과 미국 기업의 독무대라 해도 과언이 아니다.

이들의 경쟁력은 단순한 기술력에서 비롯되지 않는다. 오랜 육종 역사와 R&D 투자, 강력한 지적재산권 보호, 그리고 품종 보호 제도까지 삼박자를 이루고 있다. 특히 신젠타Syngenta, 바이엘Bayer, BASF 같은 기업들은 종자와 농약을 결합한 '패키지 솔루션'을 제공하는 전략을 구사한다. 예컨대, 특정 해충에 내성을 지닌 종자와 그에 대응하는 농약을 묶어 판매함으로써 생산성을 높이고 고객 충성도를 확보하는 방식이다.

이러한 통합적 접근은 단순히 제품을 파는 것이 아니다. 농업 전체를 하나의 시스템으로 설계하는 것이다. 이는 후발 주자들에게 기술적·제도적 장벽으로 작용하고, 동시에 유럽 기업들의 글로벌 시장 지배력을 더욱 공고히 다져주는 기반이 되고 있다.

공공의 한계, 민간의 부재

한국의 종자 산업은 오랫동안 공공 중심의 체제로 운영되어 왔다. 1960년대 식량자급을 목표로 한 벼 품종의 개발과 보급 사업을 통해 국가 주도의 종자 공급 체계를 구축했고, 이는 안정적인 식량 공급이라는 측면에서는 분명한 성과였다. 그러나 이러한 체계는 동시에 민간 기업의 성장과 기술 혁신을 제약하는 구조로 작용했다. 정부가 예산을 투입해 종자 가격을 인위적으로 낮게 유지하는 상황에서 민간 기업이 시장에서 수익을 내기는 구조적으로 어려웠다.

한국 농업의 구조적 한계도 발목을 잡았다. 평균 경지면적이 작은 소농 중심 구조는 대규모 수요 창출을 가로막았고, 고령화된 농가와 낮은 혁신 수용성은 신품종의 확산을 더디게 했다. 종자 기업들은 R&D에 투자할 유인을 잃었고, 이는 다시 시장 축소와 경쟁력 약화로 이어지는 악순환을 낳았다.

더 큰 문제는 한국 종자 산업이 여전히 내수에 갇혀 있다는 점이다. 세계 시장을 겨냥한 품종 개발과 글로벌 마케팅은 여전히 낯설다. 채소 종자의 일부를 제외하면 대부분의 품종은 국외 진출이 미미한 수준이다. 규모의 경제 달성은커녕 생존이 우선인 구조다.

소비자의 품종 인식도 여전히 낮은 편이다. 최근 샤인머스 켓과 설향 딸기 등 일부 품종이 시장에서 브랜드 가치를 얻으며 변화의 조짐을 보이고 있지만, 여전히 품종은 '농민이 알아서 고르는 것'으로 치부되는 경향이 크다.

이처럼 제도적 제약, 구조적 한계, 인식 부족이라는 삼중고는 한국 종자 산업이 성장 산업으로 도약하지 못하게 막고 있다. 지금처럼 공공 중심에 머문 채 민간의 동력이 부재한 구조로는 세계 시장과의 경쟁은 말할 것도 없고, 국내 수요 변화조차 따라가기 힘들다.

쌀 품종의 다양성과 전략

쌀은 인류의 식탁에서 가장 널리 소비되는 작물이다. 우리가 알고 있는 품종만 해도 수십 가지이지만 조금만 더 파고들면 금세 수천 가지가 눈앞에 펼쳐진다. 전 세계적으로 실제 재배되고 있는 벼는 약 4만 종이며, 국제벼유전자은행IRRI Genebank에는 13만 여 수집종이 보관되어 있다. 전문가들은 50만 종에 이르는 벼 품종이 존재할 것으로 추정하지만, 일상적으로 재배되고 식탁에 오르는 쌀은 150종 남짓이다.

벼 품종은 크게 두 가지 생태형으로 나뉜다.

첫째, 인디카Indica. 길쭉한 쌀알이 특징이며 남아시아와 동남아시아, 아프리카, 남미 등 열대 지역에서 주로 재배된다. 아밀로스 함량이 20~30%로 높아 밥을 지으면 고슬고슬하다. 이런 식감 덕분에 손으로 먹는 문화가 발달했다. 인디카는 전 세계 쌀 생산량의 90%를 차지하며, 말 그대로 '세계인의 쌀'이다.

둘째, 자포니카Japonica. 짧고 둥근 쌀알이 특징인 이 품종은 주로 한국, 일본, 중국 북부, 이탈리아 등에서 재배된다. 아밀로스 함량이 15~20%로 낮아 밥이 찰지고 부드럽다. 젓가락 문화와 잘 어울리는 이 품종은 동아시아인의 입맛을 결정짓는 핵심이었다. 이 두 품종은 생물학적 분류를 넘어, 각기 다른 삶의 방식과 음식 문화를 형성해왔다.

세계 곳곳에는 특정 지역을 대표하는 쌀이 있다. 아시아에서는 캄보디아의 프까 룸두올Phka Rumduol, 일본의 고시히카리가 자국을 대표하는 명품 쌀로 자리 잡았다. 특히 고시히카리는 초밥과 만나 세계적인 명성을 얻었다.

한편 인도의 바스마티Basmati는 향긋하고 길쭉한 쌀알로, 인도의 대표적인 쌀요리인 비리야니의 풍미를 완성한다. 태국의 재스민Jasmine은 은은한 꽃향기와 부드러운 식감으로 세계인의 입맛을 사로잡았다. 베트남의 ST25는 인디카 품종이면서도 독특한 향과 뛰어난 식감으로 최근 세계 최고의 쌀로 선정되며 주목받고 있다.

유럽으로 가면 스페인의 봄바Bomba와 이탈리아의 아르보리오Arborio가 있다. 각각 빠에야와 리소토라는 전통 요리와 함께 지역의 명성을 높였다.

그렇다면, 한국을 대표하는 쌀은 무엇일까?

한때 녹색혁명의 상징이었던 통일벼는 이제 역사 속으로 사라졌다. 그 자리를 대신한 것은 지역별로 나뉜 다양한 국산 품종들이다. 중부에는 '삼광'과 '알찬미', 호남에는 '신동진'과 '새청무', 영남에는 '영호진미'와 '일품'이 널리 재배된다. 기술은 진보했고, 품질도 개선되었다.

그러나 한국의 쌀 시장은 여전히 '품종'보다는 '지역'에 기대고 있다. 수도권에서는 '경기미'라는 이름이 고급 쌀의 대명사처럼 쓰이지만, 그 속을 들여다보면 일본 계통인 아끼바레(추청)가 대부분이었다. 지금은 국산 품종으로 빠르게 대체되고 있다.*

소비자는 지역명은 기억하지만, 품종명은 잘 기억하지 못한다. 쌀에도 '브랜드'가 필요하다는 말은 많지만 아직 '품종 = 브랜드'가 되는 시대는 오지 않았다.

반면 일본은 고시히카리의 나라라 해도 과언이 아니다. 일본 전체 쌀 재배 면적의 약 30%가 고시히카리이며, 새로 개발되는 품종의 60~70%가 그 유전자를 이어받았다. 단일 품종 후손들이 국가 정체성과 글로벌 이미지를 동시에 만들어낸 것이다.

---

* 경기 지역 쌀 가운데 일본계 품종의 재배 면적은 2017년 71%에서 2024년 28%로 감소했다.

고시히카리, 80년 왕좌의 비밀

2023년 가을, 벼 수확이 끝나갈 무렵에 나는 벼 육종 전문가인 세종대 진중현 교수, 민간 육종가인 시드피아 조유현 대표와 함께 일본 니가타현 나가오카시를 찾았다. 시나노강이 흐르고, 그 곁에 펼쳐진 비옥한 평야는 이 지역의 벼농사 문화를 지탱해온 터전이자 일본의 쌀 문화를 상징하는 풍경이었다. 우리의 목적지는 일본을 대표하는 쌀 품종인 고시히카리의 탄생지 니가타현 농업연구소였다.

연구소 입구에는 큼직한 고시히카리 기념석이 세워져 있었고, 멀지 않은 곳에는 한 인물의 흉상이 자리하고 있었다. '농림 1호'를 개발한 육종가 나미카와 세이시였다.

1920년대 니가타산 쌀은 맛이 없다는 평가를 받으며 외면받았다. 이를 극복하고자 나미카와는 1931년, 모리타와세와 리쿠우 132를 교배해 병해충에 강하고 수량성이 뛰어난 품종을 만들어냈다. 훗날 '농림 1호'라 불리게 될 이 품종은 일본 벼 개량의 첫걸음이었다.

그는 여기서 멈추지 않았다. 농림 1호를 바탕으로 찰기와 맛이 좋은 농림 22호를 개발했고, 다시 두 품종을 교배해 농림 100호, 즉 고시히카리를 완성했다. 맛, 수량성, 병해 저항성을 고루 갖춘 고시히카리는 일본 쌀 산업의 판도를 바꿨다.

보통 벼 품종은 시간이 지나면 병해에 약해지거나 기후에 적응하지 못해 도태된다. 그러나 고시히카리는 예외였다. 개발된 지 70년이 넘은 지금까지도 일본 재배 면적의 30%를 차지하며 대표적인 쌀 품종으로 자리매김하고 있다.

그 비결은 단순히 '맛'에 있지 않았다. 고시히카리는 하나의 고정된 품종이 아니라, 동일한 품질을 유지하면서도 병해와 환경 변화에 맞춰 유연하게 변형된 '품종군variety family'이었다. 일본의 품종 정의 방식, 계통 관리, 병해 대응 전략이 절묘하게 결합된 결과였다.

도열병과의 끝없는 전쟁

도열병은 벼 재배에서 가장 위협적인 식물병이다. 곰팡이균 피리쿨라리아 오리자에Pyricularia oryzae가 일으키는 이 병은 잎, 줄기, 이삭까지 감염시키며, 갈변과 함께 벼를 말라죽게 만든다. 한 번 발생하면 수확량이 절반 이하로 곤두박질칠 수 있어 벼를 재배하는 모든 나라에서 가장 경계하는 병으로 꼽힌다.

농부들은 도열병을 막기 위해 다양한 방식으로 대응한다. 질소 비료의 사용을 조절하고, 재식 거리를 넓혀 고온다습한 환경을 피하며, 필요할 경우 살균제를 살포한다. 그러나 무엇보다 가장 효과적인 방법은 도열병에 내성이 있는 품종을 선택하는 것이다. 오늘날 재배되는 대부분의 벼 품종은 일정 수준 이상의 도열병 저항성을 갖추고 있다.

이것이 완전한 해결책은 아니다. 곰팡이는 멸종을 가만히 앉아서 기다리지 않는다. 유전적 변이를 통해 스스로를 진화시키면서 숙주의 방어 전략을 하나씩 무력화한다. 새로운 저항 품종이 등장하면, 그에 강한 병원균이 다시 우세해진다. 눈에 띄지 않지만 매 계절마다 육종가들과 병원균은 이 끊임없는 공방전을 치르고 있다.

공존의 전략, 니가타 방식

니가타현 농업연구소 현관에서 마주한 한 장의 포스터가 유난히 눈길을 사로잡았다. 일반적으로는 하나의 품종을 대규모로 재배하는 것이 보통이지만, 이곳은 네 가지 계통을 함께 심는 독특한 전략을 소개하고 있었다. 처음 보는 방식이라 일본 연구자에게 설명을 청했다.

니가타의 접근법은 단순한 방역이 아니었다. 그들은 도열병을 완전히 없애려 하지 않았다. 오히려 병이 '적당히' 퍼지도록 여지를 남겨두었다. 네 가지 계통 중 두 계통은 저항성이 강하고, 나머지 두 계통은 다소 약한 특성을 갖도록 배치한 것이다. 병을 적당히 허용해 확산을 억제하면서도 병원균이 진화해 '슈퍼 도열병'으로 발전하는 것을 막는 전략이었다.

구체적으로는 고시히카리에 서로 다른 도열병 저항 유전자를 단계적으로 도입하는 방식이다. 연구소는 수년간에 걸쳐 13가지 계통(BL1~BL13)을 선발해왔다. 이들은 모두 고시히카리와 동일한 밥맛과 외형을 지니지만, 도열병 저항성 유전자만 각각 다르게 설계되었다. 육종가들은 이 유전자를 도입한 후 5세대에 걸친 역교배backcross*를 통해 저항성 외의 형질은 원래 고시히카리와 동일하게 유지했다.

만약 저항성이 극단적으로 강한 품종만을 재배하면 단기적으로는 병을 완벽히 억제할 수 있다. 그러나 이는 병원균의 급격한 진화를 촉진해, 결국 통제 불가능한 변종을 부르는 길이 된다. 니가타의 전략은 이 위험을 줄이기 위한, 일종의 '균형 유지 메커니즘'이라 할 수 있다. 연구소는 매년 도열병의 유전적 특성을 분석하고, 고시히카리 계통의 조합을 섬세하게 조정한다. 이는 도열병의 '완전한 제거'가 아니라 병원균과의 '장기적 공존'을 통해 저항성을 유지하는 방식이었다.

우리는 종종 적을 완전히 제거하는 것을 이상적인 해결책으로 여긴다. 그러나 작용은 반작용을 부르고, 억압은 더 큰 저항을 낳는다. 완전한 승리가 때로는 완전한 패배의 서막일 수 있다. 오히려 일정한 거리를 두고 공존하는 것이 더 지혜로운 방법일 때가 있다. 니가타의 작은 연구소에서 배운 이 통찰은, 고시히카리가 무려 80년 동안 일본의 대표 품종으로 살아남을 수 있었던 비밀을 조용히 드러내고 있었다.

신동진, 한국 쌀의 미래를 묻다

신동진은 전북을 대표하는 쌀 품종이다. 1990년대, 농촌진

---

* 교배육종으로 만들어진 자식 세대를 원래의 부모 세대와 반복적으로 교배시키는 것을 말한다. 원 품종의 고유한 특성은 유지하면서 특정 형질만 도입할 때 사용하는 육종 기술이다.

흥청 국립식량과학원이 개발해 1999년 품종 등록을 마쳤다. 큰 밥알, 찰진 식감, 부드러운 맛으로 소비자들의 입맛을 사로잡았고, 쓰러짐에 강하고 병해충에도 잘 견디는 특성까지 갖췄다. 출시 직후부터 김제시 동진강 유역을 중심으로 빠르게 확산되며, 전북의 얼굴이 되었다.

그런데 갑작스레 위기가 찾아왔다. 2023년, 정부는 신동진을 공공비축미 대상에서 제외하고 종자 공급도 중단하겠다고 발표했다. 대신 병해충 저항성을 높인 '참동진'으로 전환하겠다는 계획이었다.

문제는 발표 시점이었다. 마침 쌀값은 급락 중이었고, 양곡관리법 개정을 둘러싼 논란도 격렬하게 벌어지고 있을 때였다. 양곡관리법 개정안에는 쌀이 과잉 생산되거나 가격이 크게 하락할 경우 정부가 의무적으로 초과분을 매입하는 조항이 포함되어 있었다. 이 법은 국회를 통과했지만, 대통령이 거부권을 행사하면서 갈등이 정점에 이르렀다.

이런 상황에서 농민들은 의심했다. "신동진이 퇴출된 건 수확량이 너무 많아서 아니냐"는 목소리가 높아졌다. 그러나 농촌진흥청과 국립종자원은 오래전부터 기술적 이유로 대체 품종을 준비해왔으며, 시기적 일치는 우연이라고 해명했다.

브랜드와 품종명 사이의 딜레마

신동진의 계보를 따라가 보면 흥미로운 흐름이 발견된다. 신동진은 호남 지역에 특화된 대표 품종으로서, 1980년대 동진, 1990년대 말에 신동진을 거쳐 다시 20년 뒤에는 참동진으로 이어졌다. 세 품종의 기본 특성이 크게 다르지 않지만, 병해충 저항성과 재배 환경에 맞춘 세부 개량이 반복돼왔다.

품종별 성능 시험에서 참동진의 공시 수량은 10a(0.1헥타르)당 540kg으로, 신동진의 597kg보다 낮다. 이에 대해 농진청은 과거 비료 표준시비량이 높았기 때문이며, 동일 조건이라면 실질적인 수량 차이는 없다고 설명한다.

2000년대 이후 각 지방자치단체는 지역 대표 쌀 품종을 브랜드화하는 데 주력해왔다. 이런 상황에서 '신동진'이 '참동진'으로 바뀌는 것은 단순한 교체가 아니라 브랜드의 단절을 의미한다. 외형도, 밥맛도 거의 동일하지만 이름은 달라진다. 이로 인한 혼란은 농민뿐 아니라 유통업체와 소비자에게도 영향을 미친다.

문제는 신동진에만 국한되지 않는다. 전남의 '새청무', 충남의 '삼광', 경북의 '새일미', 강원의 '오대', 경기의 '일품' 등 전국 각지의 대표 품종이 같은 처지에 놓여 있다. 시장이 요구하는 브랜드의 연속성과, 현행 품종 등록 제도의 경직성이 충돌하고 있는 것이다.

우리가 놓친 본질적 질문

2024년, 스페인 발렌시아의 농업 전문가들과 농민들이 한국을 찾았다. 나는 그들이 수원에 소재한 식량과학원의 육종시설을 방문할 수 있도록 도왔다. 현장을 둘러본 스페인 전문가들은 한국의 육종 기술에 감탄을 표했다. 한국의 기술 역량은 분명 세계 최고 수준이다. 그러나 뛰어난 기술이 곧 세계적인 품종으로 이어지는 것은 아니다. 브랜드의 지속성과 품종의 정체성도 그 못지않게 중요하다.

대표적인 사례가 앞서 언급한 일본의 고시히카리다. 그 성공 비결은 단순히 기술이 아니라, 변화를 수용하면서도 동일성을 지켜낸 제도와 철학에 있었다. 고시히카리는 시간이 흐르며 여러 품종군으로 분화되었지만, 일본은 이를 하나의 '품종'으로 관리하며 브랜드와 정체성을 유지해왔다. 반면 한국은 유전자 하나만 달라도 새로운 품종으로 등록해야 하고, 이름과 브랜드도 바뀐다. 이 구조는 연구자의 성과 평가와 보상 중심 제도에서 비롯되었다. 연구는 장려됐지만, 브랜드의 지속성과 품종의 정체성은 고려되지 않았다.

우리는 '신동진' 논란 속에서 중요한 질문을 놓쳤다. 왜 우리는 세대를 넘어 사랑받는 대표 품종 하나 만들지 못했는가? 왜 품종의 역사를 이어갈 제도적 기반을 갖추지 못했는가? 기술은 분명히 있었지만 그 기술을 지탱할 철학이 부재했다. 20년마다 바뀌는 이름으로는 농민의 신뢰도, 시장에서의 일관성도, 소비자와 함께 만들어갈 스토리도 지속될 수 없다.

로열티 프리에 멈춰 선 종자 산업

종자는 '농업의 반도체'라 불릴 만큼 전략적 중요성이 크다. 이를 반영하듯 '종자주권'이라는 표현도 자주 쓰인다. 그러나 그 중요성에 비해, 국내 종자 산업의 규모와 경쟁력은 여전히 미미한 수준에 머물러 있다. 세계 종자 시장에서 한국의 점유율은 1% 남짓에 불과하다.

농림축산식품부는 '종자산업진흥법'을 제정하고, 5년마다 '종자산업 육성 종합계획'을 수립해왔다. 또 2012년부터 10년간 '골든시드 프로젝트'에 4911억 원을 투입했다. 그러나 이 모든 정책적 노력에도 불구하고 현재의 성과는 많은 아쉬움을 남긴다.

2023년 초 정부는 제3차 종자산업 육성계획을 발표하며, 2025년부터 다시 10년간 7000억 원 규모의 R&D 투자를 예고했다.[4] 목표는 '종자주권 확보', '국제 경쟁력 강화', '종자 수출 강국'이다. 그러나 이 구호는 낯설지 않다. 10년 전 골든시드 프로젝트도 같은 목표를 내걸었다.

결과는 어땠을까? 연간 매출 5억 원 미만의 영세 기업이 전체의 92%에 달했고, 중견급 이상의 종자 기업 수는 오히려 줄었다. 종자 수출 강국을 표방했지만, 2023년 기준 수출액은 5800만 달러에 그쳤고, 수입액은 그 두 배가 넘는 1억 2000만 달러를 기록했다. 그보다 더 심각한 문제는 국내 채소 종자 생산량이 2014년 이후 꾸준히 감소하고 있다는 점이다.[5]

어쩌면 이 모든 결과는 애초에 예견된 일이었는지도 모른다. 세계 종자 시장의 70% 이상은 옥수수, 콩, 밀, 벼, 감자 등 주요 식량 작물이 차지한다. 그러나 한국에서는 이들 작물의 품종 등록과 생산 및 보급을 국가가 직접 관리하고 있다. 특히 벼, 콩, 팥, 보리, 밀, 호밀 등은 국가가 직접 생산한 종자를 저렴하게 보급하는 구조다. 이처럼 공공 공급에 의존하는 시스템 안에서 민간이 차지하는 비중은 미미하다. 예컨대 벼 종자의 민간 점유율은 고작 1%에 불과하다. 사실상 곡물 종자 시장은 정부가 독점하고 있고, 이는 민간 종자 기업의 성장을 구조적으로 가로막고 있다.

채소 종자 시장의 상황은 더 복잡하다. 채소는 나라별로 재배 환경도 다르고 소비자 기호도 크게 다르다. 해외 수출을 위해선 목표 시장의 현지에서 품종을 개발해야 하는데, 이는 시장 규모에 비해 과도한 R&D 투자를 필요로 한다. 특히 기후대가 다양하고, 종자 시장이 아직 성숙하지 않은 아시아 국가를 주요 타깃으로 설정한 전략은 애초에 리스크를 안고 있었다.

그럼에도 정부의 종자 산업 정책에 대해 회의적으로 보는 시선은 드물었다. 종자 산업의 구조적 한계를 꿰뚫는 전문가도 일부 연구자를 제외하면 찾아보기 어려웠다. 대신 '종자주권'이라는 상징적 구호와 '로열티 프리'라는 달콤한 환상이 오히려 국민적 공감을 이끌었다. 아이러니하게도, 로열티 프리를 외치며 동시에 종자 산업을 육성하겠다는 모순된 전략에 대해 누구도 질문하지 않았다.

종자 기업이 수익을 내려면 품종에 대한 라이선스를 기반으로 한 수익화 모델이 필수다. 새로운 품종 개발에는 막대한 시간과 비용이 들기 때문이다. 그러나 정부가 여전히 많은 종자를 무상 또는 저가로 보급하는 현실에서는 농민들이 종자에 비용을 지불할 필요성을 느끼지 못한다. 이런 구조하에서 민간 기업이 시장에서 경쟁력을 갖기 어렵다.

공공은 산업 생태계를 만들겠다며 예산을 투입하지만, 정작 수익 구조는 허용하지 않는다. 결국 종자는 농업계의 '따뜻한 아이스아메리카노'였다. 듣기엔 그럴듯하지만, 공공성과 산업성이 충돌하는 모순 위에 놓인 지속 불가능한 정책이었다.

로열티 프리의 환상

딸기는 이제 한국을 대표하는 과채류 작물이지만, 불과 20여 년 전만 해도 평범한 틈새 품종에 불과했다. 논산 지역 농가들이 일본 품종을 들여와 하우스 재배를 시작하면서 딸기 산업은 본격화되었다. 그러다 2002년, 우리나라가 국제식물신품종보호연맹UPOV에 가입하면서 우리 종자 산업이 커다란 전환점을 맞는다. 외국 품종의 작물을 재배하려면 로열티를 지불하거나, 지불 여력이 없다면 아예 재배를 중단해야 하는 상황에 직면하게 된 것이다. 일본 품종의 딸기도 마찬가지였다.

이에 대응해 국내에서도 본격적인 딸기 품종 개발이 시작되었다. 그 상징적인 사례가 바로 2005년, 논산딸기시험장 김태일 박사가 개발한 '설향'이다. 일본 품종을 바탕으로 육종된 설향은 "농민의 로열티 부담 경감"이라는 시대적 요구를 반영하며 등장했고, 이 품종은 단기간에 시장을 장악했다. 딸기 생산액은 2005년 6500억 원에서 최근 1조 5000억 원 규모로 증가했고, 딸기는 스마트팜의 대표 작물로 성장했다.[6] 국산 품종의 시대가 열린 것이다.

하지만 이런 성공이 종자 산업 전반의 경쟁력으로 이어지지는 않았다. 설향을 비롯한 공공 개발 품종은 농민에게 로열티 없이 보급되었고, 그와 동시에 민간 종자 기업의 진입 장벽도 높아졌다. 결국 기업들은 국가기관이 개발하지 않는 소규모 품목에만 집중할 수밖에 없었고, 이는 민간 종자 산업의 성장 가능성을 구조적으로 차단하는 결과를 낳았다.

공공 개발 품종은 표면적으로는 농민의 부담을 줄여주는 긍정적 정책처럼 보이지만, 장기적으로는 부작용이 훨씬 크다.

첫째, 통상실시권*으로 인해 누구나 자유롭게 사용할 수 있는 공공 품종은 품질과 브랜드 차별화를 어렵게 만든다. 전국 어디서나 비슷한 맛과 품질의 품종만 재배되니 지역 특산품의 정체성은 희미해지고, 공급 과잉이 발생하면 가격은 급락한다.

둘째, 공공 품종이 시장을 지배하면 민간 기업은 위축된다. 시장에 진입할 수 없으니 투자도 줄고, 품종의 다양성은 점점 사라진다. 결국 농민의 선택권도 좁아진다.

---

* 특허권이나 신품종보호권 같은 지식재산권을 가진 사람이, 다른 사람에게 그 권리를 사용하도록 허락할 때 부여하는 권리 유형.

셋째, 품종 단일화는 유전적 다양성의 축소를 의미한다. 이는 병해충과 기후변화에 대한 취약성을 높이며, 더 많은 위험을 농가에 전가한다. 정부 품종에만 의존하는 구조는 시장의 변화에 탄력적으로 대응하기 어렵게 만들고, 종자 산업 전체의 유연성을 줄인다.

공유지의 비극

이러한 구조적 문제는 종자 산업을 넘어 농업 전반에도 영향을 미친다. 대표적인 사례가 앞에서 설명한 사과다. 현재 국내 사과의 약 70%는 일본의 '부사(후지)' 품종이다. 로열티가 필요 없는 품종으로 분류되면서 사실상 국가 품종처럼 기능해 왔다. 폐쇄적인 검역 시스템과 대과 중심의 유통 구조는 이 편중을 더욱 심화시켰다.

그 결과 전국 어디서나 같은 품종의 사과나무가 심어져 있고, 경남 거창에서 강원도 철원까지 부사 일색이다. 이 때문에 부사 품종에 치명적인 기상이변이 찾아오면 전국의 사과 생산량이 영향을 받고 가격은 크게 요동친다. 사과 재배는 점점 더 '도박'에 가까운 산업이 되어가고 있다.

지자체의 농업 지원 체계도 이런 악순환을 부추긴다. 특정 품종이 성공하면, 전국의 지자체가 앞다투어 해당 품종을 보급한다. 농업기술센터의 예산과 인력은 해당 품종 재배 지원에 집중되고, 전국적 과잉 생산과 가격 폭락이 되풀이된다. 개별 지자체의 합리적인 선택이 전체적으로는 '공유지의 비극'

을 초래하는 셈이다. 최근 블루베리, 샤인머스켓의 급격한 확산과 가격 붕괴가 이를 여실히 보여준다.

반면, 뉴질랜드는 완전히 다른 길을 걷는다. 이곳에서는 민간 육종기업이 품종 개발을 주도하고, 뉴질랜드사과배협회NZAPI가 연구기관과 종자 기업에 출자해 지분을 확보한다. 협회는 시장 반응을 정밀하게 분석하고 새로운 품종의 보급을 엄격히 관리한다. 신품종은 소수 농가에 제한적으로 보급되고, 시장 성과가 확인되면 점진적으로 다른 농가로 확대한다. 이러한 구조는 품종 다양성을 보장하며, 한국에서처럼 무분별한 단일 품종 확산에 따른 가격 폭락을 막는 안전장치로 역할을 한다.

외국 품종을 쓰더라도 그것이 농민에게 더 큰 수익을 안겨 준다면 그것은 비용이 아니라 '투자'다. 문제는 많은 농민들이 여전히 '무료 제공'에 익숙하다는 데 있다. 정부의 무상 지원이 존재하는 한, 우수한 종자에 비용을 지불하는 것이 오히려 불공정하게 느껴지기 쉽다. 이러한 시대에 뒤처진 인식은 종자 산업에만 국한되지 않고, 농업 전반에서 드러나는 구조적 문제이기도 하다.

글로벌 농업 혁신 사례

애그로비전: 연중 슈퍼프루트를 꿈꾸다

애그로비전Agrovision은 블루베리, 블랙베리, 라즈베리 중심의 수직 통합형 글로벌 슈퍼프루트 기업이다. 2012년 미국 로스앤젤레스에서 창업되어, 2015년 페루에서 블루베리 상업 재배를 시작했고, 이후 멕시코, 모로코, 미국, 이집트, 인도, 중국 등지로 산지를 확장해왔다.

이 회사의 차별점은 '연중 고품질 슈퍼프루트' 공급이라는 도전적 목표에 있다. 블루베리와 같은 연질과일을 1년 내내 공급한다는 것은 언뜻 불가능해 보인다. 하지만 애그로비전은 이 목표를 실현하기 위해 농장에서 슈퍼마켓까지 가치사슬 전반을 통합했다. 각국의 미세기후를 분석해 최적의 생산지를 찾아냈고, 첨단 유전학 기술로 기후변화에 강한 품종을 육성했다. 기술과 데이터를 체계화함으로써 '기후 친화적 연중 과일 생산'이라는 새로운 혁신 모델을 만들어낸 것이다.

이러한 전략은 눈부신 성과로 이어졌다. 2019년 매출 6600만 달러에서 2022년에는 2억 1000만 달러로 세 배 이상 성장했고, 2024년 8월에는 10억 달러의 기업가치로 1억 달러 투자를 유치했다.[7] 애그로비전은 유통 기간이 짧은 베리류를 연중 공급하기 위해 산지를 남·북반구로 나누어 운영하고 북미, 유럽, 아시아 등 다양한 시장에 공급망을 구축해 기후와 수요 변화에 유연하게 대응하고 있다.

기존 과일 유통 기업은 계절성과 저장 기한이라는 한계를 넘지 못했다. 사과를 제외하면 대부분의 과일은 저장 가능한 기간이 짧고, 품질 저하가 불가피하다. 하지만 애그로비전은 생산부터 유통까지 직접 통제하며, 유통기한이 짧은 베리류를 글로벌 시스템으로 연결했다. 농산물 유통이 아니라, 농산물 설계와 운영의 산업화였다.

기술 투자도 눈에 띈다. 유전학, 인공지능, 저기압 진공 포장 기술 등에 4억 달러 이상을 투입했고, 유통기한을 늘리는 신기술을 도입 중이다. 단순히 '좋은 산지'를 찾는 수준을 넘어, 생산 및 유통 전 과정에서 기술 최적화를 시도하고 있다.

애그로비전의 ESG 보고서 역시 주목할 만하다. 기후변화 적응, 생물다양성 보호, 지역사회 기여, 재생에너지 활용, 노동자의 건강까지 기업의 사회적 책임을 성실히 수행하고 있다. 소비자 데이터 분석도 철저히 하여 시장 수요를 선제적으로 창출하고, 가치사슬의 지속 가능성을 확보하고 있다.

캄보디아 쌀, 세계 최고의 명성을 얻다

캄보디아는 '킬링필드'로 상징되는 참혹한 현대사를 지나온 나라다. 1970년대 폴 포트가 이끄는 크메르 루주가 캄보디아를 공산화한 후 반대 세력을 대규모로 학살하면서, 당시에 수백만 명이 목숨을 잃고 사회 기반이 붕괴되었다. 그 후 오랫동안 캄보디아는 세계 최빈국 중 하나로 분류되어왔다. 그러나 오늘날, 이 나라가 세계 최고의 쌀을 생산하는 국가라는 사실을 아는 이는 많지 않다.

그 중심에는 '프까 룸두올'이라는 이름의 쌀이 있다. 캄보디아 농업연구소CARDI가 10년 넘게 개발한 이 품종은 향미 계열의 장립종으로, 쌀알이 길고 통통하며 윤기가 흐른다. 익히면

은은한 향이 감돌고, 식감은 부드러우면서도 탱글탱글하다. 단순한 주식을 넘어서 미각과 후각을 자극하는 프리미엄 식재료로 자리매김했다.

프까 룸두올은 단기간에 국제 시장의 입맛을 사로잡았다. 세계적인 쌀 시장 분석 기관인 TRT가 주관하는 세계 최고 쌀 경연대회 World Best Rice Award에서 2012년, 2013년, 2014년, 2018년, 2022년 등 무려 다섯 차례나 최고상을 수상한 것이다. 이 대회는 단순한 관능평가를 넘어, 수출 경쟁력과 시장 적합성까지 종합적으로 평가하는 자리다.

이 성과는 품종의 우수성만으로는 설명되지 않는다. 캄보디아 정부는 프까 룸두올을 전략 품종으로 지정하고, 품질 관리와 수출 정책을 체계적으로 추진했다. 동시에 '캄보디아 프리미엄 라이스'라는 브랜드를 구축해, 쌀을 국가의 대표 상품으로 내세웠다. 프까 룸두올은 그 자체로 '국가의 자부심'이 되었다.

현재 캄보디아는 연간 66만 톤의 쌀을 수출하고 있으며, 수출국은 유럽과 중국(홍콩 포함)을 중심으로 66개국에 이르고 있다. 수출량의 70%는 장립종 향미 쌀이며, 평균 수출 가격은 톤당 980달러에 달한다. 프까 룸두올은 킬로그램당 2달러 이상의 프리미엄 가격을 형성하고 있다. 세계 시장에서 쌀 수요가 지속적으로 증가하는 추세여서 캄보디아 쌀 산업의 전망은 밝다.

캄보디아 쌀 산업의 성장은 단순한 기술이나 인프라 발전의 결과가 아니다. 품종 개발에 헌신한 연구자, 시장을 고려한 정책 결정, 그리고 농업을 통한 국가 재건이라는 큰 비전이 유기적으로 맞물린 결과라고 할 수 있다.

제스프리: 농민이 만든 세계 브랜드

제스프리Zespri는 뉴질랜드 키위 농민들이 직접 설립한 기업이다. 단순한 회사가 아니라 농민이 주인이고, 농민이 운영하는 '협동조합형 주식회사'다. 뉴질랜드 정부는 1997년 '키위 수출 규정Kiwifruit Export Regulations'을 제정해, 키위의 해외 수출권을 제스프리에 단독으로 부여했다. 그 결과 제스프리는 뉴질랜드 키위의 전 세계 수출을 전담하는 단일 수출 창구로 성장했다.

제스프리의 지배 구조는 철저히 생산자 중심이다. 뉴질랜드에서 키위를 재배하고 제스프리에 납품하는 생산자만이 주식을 가질 수 있다. 다른 나라 농민이나 외부 투자자는 주주가 될 수 없다. 또한, 주식을 가진 농민만이 의결권을 행사할 수 있으며, 생산을 중단하면 투표권과 배당권도 사라진다. 형식은 주식회사이지만, 실질은 생산자 중심의 협동조합이다. 다만, 일반적인 협동조합이 1인 1표 원칙을 따르는 것과 달리, 제스프리는 생산량에 따라 의결권이 차등 배분된다.[8]

제스프리의 역사는 1904년 중국에서 뉴질랜드로 키위 종자가 처음 도입된 때로 거슬러 올라간다. 첫 수출은 1952년 영국으로 몇 상자의 키위가 출하되면서 시작되었고, 1959년에는 뉴질랜드를 상징하는 조류 '키위Kiwi'의 이름을 과일에 붙이며 글로벌 마케팅을 강화했다. 그러나 1980년대 들어 세계 시장에서 경쟁이 치열해지며 뉴질랜드 키위 산업은 심각한 위기를 맞았다. 1987년, 키위 재배자의 10명 중 9명이 적자를 기록하며 산업은 붕괴 직전에 몰렸다.

이 위기를 돌파하기 위해 농민들이 선택한 해법은 '단일 수출 창구single-desk system'였다. 개별 농가의 수출이 아닌, 하나의 창구를 통해 수출을 일원화한 것이다. 농민들이 스스로 낸 회비로 마케팅 전략을 수립하고, 품질 기준을 만들고, 연구개발에도 투자했다. 이 조직이 진화해 오늘날의 제스프리가 된 것이다.[9]

제스프리의 글로벌 전략은 2000년대 들어 본격화됐다. 뉴질랜드의 여름과 가을에는 자국산 키위를, 겨울과 봄에는 이탈리아, 프랑스, 한국 등 북반구에서 재배한 키위를 공급하며, 연중 끊김 없는 시장 공급 체계를 구축했다. 여기에 '프리미엄 브랜드 전략'을 더해, 단순한 수출에 그치지 않고 고급 과일 브랜드로 자리매김했다.

이 전략의 핵심에는 품종 개발이 있었다. 식물·식품연구소 Plant & Food Research*와 협력해 만든 'Hort16A'는 세계적으로 히트했고, '골드키위'로 알려진 이 품종은 제스프리 브랜드를 세

---

* 뉴질랜드의 선도적인 과학 연구 기관으로, 식물, 식품 및 관련 분야에 대한 연구를 수행한다. 1926년에 설립되었으며, 뉴질랜드의 농업, 원예업 및 식품 산업 발전에 중요한 역할을 하고 있다.

계에 각인시킨 결정적 전환점이 되었다. 오늘날 제스프리는 연 매출 25억 달러를 기록하며 세계 키위 시장의 약 30%를 점유하고 있다.

제스프리의 성공은 단순히 '맛있는 과일'을 잘 판 데 있는 것이 아니었다. 제스프리는 농민 주도의 조직화, 수직 통합된 공급망, 법적 제도, 장기적 브랜드 전략, 그리고 철저한 품질 관리가 맞물려 탄생한, 세계 과일 산업에서 보기 드문 성공 사례였다.

제스프리 성공 사례로 본 한국 농업의 과제

한국에서도 제스프리 키위가 생산된다. 전국 299개 농가가 176헥타르 규모의 하우스에서 키위를 재배하며, 이들은 제스프리와 계약을 맺은 인증 생산자다. 한국의 기후 조건상 노지재배는 불가능하므로 모두 시설 하우스에서 키위를 키운다. 국내 생산은 유통과 마케팅을 담당하는 '제스프리 인터내셔널 코리아'와 생산을 담당하는 '프레시 프로듀스 코리아'를 통해 이뤄지며, 두 법인 모두 뉴질랜드 본사가 직접 설립했다.

제스프리는 세계 최대의 키위 마케팅 기업이다. 2023~2024년 기준 59개국에 키위를 수출하며, 매출은 25억 달러를 넘었다. 뉴질랜드에서만 3100여 개 농장이 1만 4000헥타르에서 키위를 재배하며, 전 세계 제스프리 생산량의 83%를 책임진다. 반면 한국은 0.6%를 담당하는 소규모 생산국이다.[10]

이제 비교해보자. 한국의 대표 과수인 사과는 4만 1000농가가 3만 3000헥타르에서 재배한다. 면적으로는 뉴질랜드 키위 재배지 두 배를 훌쩍 넘는다. 그러나 연간 생산액은 1조 3000억 원으로, 뉴질랜드 키위의 절반 수준이다. 한국 사과는 가격이 높아서 수익성도 클 것 같지만, 토지 생산성만 놓고 보면 뉴질랜드 키위의 4분의 1에 불과하다.

놀라운 점은 뉴질랜드가 중국에서 들여온 키위로, 그것도 정부 지원 없이 이 같은 성과를 만들어냈다는 사실이다. 단지 품종의 우수성이 아닌 브랜드 전략, 통합된 생산 및 유통 시스템, 그리고 장기적 안목이 만든 결과다. 이것이야말로 한국 농업이 제스프리에서 배워야 할 진짜 가르침이다.

농민 통합 조직, 가능성과 한계

농식품 유통기업의 출발점은 다양하다. 협동조합에서 출발한 기업, 식품 가공과 유통을 기반으로 성장한 기업, 가족 경영에서 출발한 지역기업, 기술을 앞세운 벤처기업까지 그 형태는 달라도 공통점이 있다. 모두 농업 생산자와의 긴밀한 관계를 핵심 기반으로 삼는다는 점이다.

뉴질랜드의 폰테라Fonterra, 미국의 오션 스프레이Ocean Spray, 제스프리, 한국의 서울우유는 모두 농민 협동조합 기반의 대표적 성공 사례다. 이들은 생산자가 기업의 주인이며, 전문 경영을 통해 소비자와 시장을 연결하는 구조를 취한다. '농민의 소유 + 전문 경영'이라는 조합은 단순한 자조 조직을 넘어, 농업의 기업화를 실현하는 중요한 모델이 되어왔다.

한편, 앞서 애그로비전은 정반대의 전략을 택했다. 이 회사는 농민과의 계약이나 협동 대신 아예 생산 자체를 직접 수행한다. 페루, 멕시코, 모로코 등지에 걸쳐 2800헥타르의 농장을 운영하며, 블루베리를 연중 공급하기 위한 글로벌 거점을 확보했다. 중국 윈난성의 고산지대에도 농지를 확보해 계절을 넘나드는 생산 체계를 구축하고 있다. 애그로비전은 농민이 아닌 기업이 주체가 되는 수직 통합형 모델의 선두주자다.

이러한 모델은 단기간에 품질을 표준화하고 소비자 신뢰를 확보하기에 유리하다. 특히 블루베리처럼 새롭고 특화된 작물은 기존 농가와의 충돌도 적었다. 결과적으로 애그로비전은 농업의 산업화, 브랜드화, ESG 경영까지 아우르며 글로벌 과일 시장의 새로운 강자로 부상했다.

그러나 이 모델을 한국에서 구현할 수 있을까? 결론부터 말하면 매우 어렵다. 농민의 반발, 농지 확보의 제약, 기득권 유통 구조의 저항 등 현실은 냉정하다. 외부 기업이 직접 농업을 경영하려 하면 '농촌 수탈'이라는 비판에 직면하기 쉽고,* 법적

---

* 2016년, LG CNS는 전라북도 군산시 새만금 산업단지에 대규모 스마트팜 단지(스마트 바이오파크) 조성을 추진했으나, 농민단체의 강한 반발이 이어지면서 사업을 공식 철회했다. 2012년 동부팜한농(현재 LG화학 자회사 팜한농)이 경기 화성시에 수출용 토마토를 재배할 유리온실을 지었다가 농민 단체 반대로 사업을 접었던 사례에 이어 또 하나의 기업농업 실패 사례였다. 〈LG CNS 새만금 스마트팜 사업 철회… 농민 반대 고려해 최종 결정〉, 〈동아일보〉 2016. 9. 22.

농업은 미래산업

으로도 농지 소유와 이용이 까다롭다.

결국 한국에서는 '프랜차이즈형 농업모델'이 대안으로 자리 잡고 있다. 유통기업이 초기 투자와 시설을 주도하고, 농가는 계약 관계로 묶이는 방식이다. 겉모습은 개인 농가이지만, 속을 들여다보면 모든 권한과 수익 구조는 기업에 집중되어 있다. 이 모델은 효율적이고 농가와의 충돌도 적으며, 정부의 온정적 보조까지 결합되면 손해는 공공이, 이익은 민간이 가져가는 구조다. 심지어 '혁신'이라는 이름까지 달고.

이런 현실 속에서 우리는 다시 근본적인 질문으로 돌아가야 한다. 과연 누가 농업의 주체가 되어야 하는가?

뉴질랜드의 제스프리는 농민이 스스로 낸 자조금을 기반으로 공동출하, 품질관리, 글로벌 마케팅을 결합했다. 이 시스템은 농가 간의 협력을 전제로 했기에 가능했고, 자조금 제도도 생산자 조직이 주도했다. 반면 한국의 자조금 제도는 대부분 정부의 강한 영향력 아래 운영되고 있다. 현재 37개 품목에서 운영되고 있지만, 정작 많은 농민들은 그 존재조차 제대로 알지 못한다. 농가 간 연합과 공동 대응은 구호에 그칠 뿐, 실제로는 분절과 경쟁에 머물러 있는 실정이다.

한국이 도입한 뉴질랜드의 자조금 제도

한국은 뉴질랜드의 농업 혁신을 벤치마킹하며 다양한 제도를 도입해왔다. 그중 대표적인 것이 자조금 제도다. 뉴질랜드 사과배협회NZAPI는 우리가 닮고 싶어 한 모델이었다. 제스프리를 직접 모방하기는 어려웠지만, 자조금 운영 방식과 산업 지원 구조는 충분히 참고할 수 있다고 판단했다.

NZAPI는 회원 농가가 납부하는 자조금으로 운영되며, 생산자 권익 대변과 산업 발전을 위한 실질적인 조직이다. 협회는 정책 조율, 법률 자문, 국내 유통 관리뿐 아니라 수출 시장 개척과 농가 교육도 맡고 있다. 이는 한국에서는 주로 정부나 공공기관이 수행하는 기능이다.

특히 협회는 국립연구기관인 식물·식품 연구소에 연구비를 출연해 품종 개발을 지원해왔다. 이 같은 협력 구조는 산업 전반의 경쟁력을 끌어올리는 기반이 되었다. 실제로 2000년 이전까지만 해도 그래니 스미스Granny Smith, 델리셔서Delicious, 로열 갈라Royal Gala와 같은 전통 사과 품종이 주를 이루었지만, 이후 재즈Jazz, 엔비Envy, 퍼시픽Pacific 시리즈 등 뉴질랜드 자체 개발 품종이 등장하면서 고가 프리미엄 시장을 선도하게 되었다.[11]

한국도 1990년대부터 자조금 제도를 도입했다. 농민이 납부한 자조금에 정부가 매칭 펀드를 지원하는 방식으로, 민간 자율에 기반한 산업 고도화를 기대했다. 그러나 제도는 기대만큼 작동하지 않았다. 생산 과잉, 가격 폭락, 수출 부진 등 위기가 발생할 때마다 정부가 직접 개입해야 했고, 대중의 여론도 정부 책임론에 쏠렸다. 명목상 민간 주도였지만, 실질적으로는 권한도, 책임도 농민에게 이양되지 못했다. 제도의 형식은 따라 했지만, '민간 중심 농정'이라는 본질에는 도달하지 못한 셈이다.

한국 농업의 미래?

제주시에 자리 잡은 제스프리 프레시프루트 코리아를 방문한 뒤, 햇수로 19년째 키위를 재배해온 농가를 찾았다. 그 농가는 2018년 '썬골드' 품종으로 전환한 이후, 올해 다섯 번째 수확을 앞두고 있었다.

6500평 규모의 연동형 비닐하우스 안에는 황금빛 키위가 주렁주렁 달려 있었다. 토양은 정갈했고, 수형은 과학적으로 조정되어 있었다. 감귤을 재배하던 시절보다 수익도, 안정성도 훨씬 높아졌다고 농부는 말했다.

이어서 방문한 황금다래 영농조합법인의 패킹센터는 키위 농가들이 공동 출자한 시설이었다. 첨단 선별 설비와 냉장 시스템이 구축돼 있었고, 저장부터 포장, 출하까지 고품질 유지를 위한 공정이 체계적으로 이뤄지고 있었다. 연간 3만 주의 묘목을 생산하는 육묘장도 고도의 기술력을 자랑했다. 뉴질랜드 본사에서도 한국 조직의 기술 수준을 높이 평가하고 있다니, 적어도 기술력만큼은 우리가 뒤처졌다고 말하긴 어렵다.

기술력은 충분하다, 문제는 시스템이다

제스프리 농장에서 내가 다시금 확인한 것은, 한국 농업의 기술 수준은 결코 낮지 않다는 사실이다. 결국 문제는 시스템에 있다. 제스프리는 단순한 생산자의 모임이 아니다. 생산에서 포장, 수출까지 하나로 연결된 가치사슬을 만들고, 장기적인 브랜드 전략과 글로벌 시장 대응 능력을 갖춘 조직이다. 그들이 만든 것은 '좋은 농산물'이 아니라, '경쟁력 있는 브랜드'다.

한국 농업에는 기술력이 있지만, 시장에 반응하고 가격을 조정하며, 품질을 통제할 수 있는 중심축이 없다. 농민 스스로 만든 자율적 조직도 여전히 취약하다. 농협이 그 역할을 기대받지만, 품목이 분산된 구조에서는 집중과 전략적 대응이 어렵다. 자조금 제도도 도입됐지만, 정부 의존적 운영과 낮은 참여율로 기대에 미치지 못했다. 농민들 사이에서 자조금은 또 하나의 '지원금 통로'로 여겨지기도 한다.

책임의 부재

더 근본적으로 보면, 한국 농업이 뒤처진 이유는 누구도 책임을 지지 않기 때문이다. 정부 보호에 익숙해진 농업은 시장을 보지 않는다. 모든 사업의 출발점은 '예산'이고, 지원 없이는 시작조차 어렵다. 농정의 언어는 정책보다 보조금에 가깝고, 혁신은 관행 속에 길을 잃는다.

우리는 과거에도 비슷한 선택을 반복했다. UR 협상 당시, 우리는 쌀 시장을 철저히 막아냈다. 2015년 개방 시에도 고율 관세로 벽을 세웠다. 하지만 단립종 쌀의 세계 소비 비중은 낮았고, 우리는 우리 시장의 가치를 과대평가했을지도 모른다.

보호는 되었지만, 성장 기회는 잃었다.

지금도 수많은 공무원과 연구자, 농민들이 네덜란드를 방문하며 '선진 농업'을 배우고자 한다. 하지만 정작 우리의 진짜 경쟁자는 베트남과 캄보디아일 수 있다. 이들은 세계 쌀 시장에서 이미 무시할 수 없는 존재가 되었고, 빠르게 성장하고 있다. 네덜란드의 첨단 농업이 부러운 건 사실이지만, 우리가 속한 시장에서 누가 우위에 있는지를 직시하는 것이 더 중요하다.

한국형 제스프리, 가능한가? 가능하다. 그러나 조건이 있다.

- 농민이 스스로 조직을 만들 것
- 특정 품목에 집중할 것
- 정부 지원이 아닌 시장을 기준으로 삼을 것
- 단기 수익보다 브랜드 전략에 투자할 것
- 그리고 결정적으로, '정부가 해주길' 바라는 농업에서 '우리가 하겠다'는 농업으로 전환할 것

기술은 이미 갖춰져 있다. 하지만 그 기술이 하나의 시스템으로 작동하기 위해서는 조직과 전략, 그리고 책임지는 주체가 필요하다. 제주에서 본 황금빛 키위처럼, 한국 농업의 미래도 그처럼 빛날 수 있다. 그러나 그 열매는 기술로만 맺히지 않는다. 조직과 전략, 그리고 의지로 완성된다.

한국 농업은 성장할 것인가?

"농업은 성장산업이 될 수 있을까?"

이 오래된 질문은 단순하지 않다. 농업을 어떻게 정의하느냐에 따라 답은 달라진다. 그러나 한 가지는 분명하다. 오늘의 한국 농업은 더 이상 성장하지 않는다. 특히 국내 농지에서 생산되는 것에 한정하면, 농업 부문의 성장은 이미 멈췄다. 숫자가 이를 증명한다.

한국의 농업 GDP는 2009년 50조 원 수준에서 정체되었고, 총부가가치도 2007년 이후 큰 변화가 없다. 구조 전환이 이미 끝났다는 뜻이다.

농업이 성장하려면 두 가지가 필요하다. 농지 면적의 확장과 농산물 가격의 상승이다. 하지만 농지는 해마다 줄어들고, 농산물 가격이 물가보다 더 빨리 오르지도 않았다. 쌀 생산성은 수십 년째 헥타르당 5톤에서 정체되어 있다. 다른 작물도 마찬가지다. 뚜렷한 질적 도약은 없다.

성장이 멈춘 건 오래전부터다. 1980년대 농업 생산액의 절반을 차지하던 쌀은 이제 15% 수준으로 줄었다. 그 자리를 축산과 함께 시설원예가 메웠다. 농촌진흥청은 이를 '백색혁명'이라 불렀고, 실제로 농가소득은 한 단계 높아졌다. 하지만 그 흐름도 2000년대 중반, FTA가 본격화되며 한계에 부딪혔다. 시장은 포화되었고, 성장 동력은 꺼졌다.

이건 한국만의 일이 아니다. 대부분의 선진국이 걸어온 길이다. 하지만 세계 농업은 지금도 성장 중이다. 인구 증가와 식생활 변화가 새로운 수요를 만들고 있기 때문이다. 문제는, 그 성장이 한국을 비켜 간다는 점이다.

그렇다면 소득은 올랐을까? 그렇지도 않다. 농업 GDP가 그대로인 상태에서 농가 수가 크게 줄지 않았기 때문이다. 농가당 평균 농업소득*은 수십 년간 1200만 원 선에 머물러 있다. 그사이 농지 가격은 더 올랐다. 농가당 고정자산은 20년 새 4억 8000만 원까지 불어났다.[12] 하지만 그것은 당장 쓸 수 있는 소득이 아니다. 팔았을 때만 생기는 미래의 가치일 뿐이다.

결국 농가소득을 유지하려면 두 가지 길뿐이다. 하나는 직불금 같은 이전소득이고, 다른 하나는 농외소득이다. 한국은 이 두 길을 모두 시도해왔다. 특히 직불금은 농업소득이 아닌 정부 예산으로 농촌을 지탱하는 가장 확실한 방식이 되었다.

그렇다면 스마트팜은 새로운 희망일까?

기대와는 달리 현실은 냉정하다. 자본 투입은 늘었지만 생산성은 오히려 떨어졌다. 노동시간은 줄지 않았고, 단위면적당 산출도 제자리다. 스마트팜 채소가 더 비싸게 팔리는 것도 아니다. 기술은 투입되었으나, 시장성과 연결되지 못하면서 수익은 멈춰 있다.

이것이 바로 정부 보조에 의존하는 구조의 결과다. 기술 혁

---

* 농가소득은 농업소득, 농외소득, 이전소득으로 구성된다. 이 중 농업소득은 농산물을 판매한 수입이다.

신은 시장과 연결되어야 한다. 그렇지 않으면 아무리 많은 투자를 해도 성장하지 않는다.

귀농 정책도 비슷하다. 새로운 사람이 유입되어도 구조가 바뀌지 않으면 파이 나누기는 계속된다. 청년 농업인에게 자본을 퍼붓는다고 해결되지 않는다. 농업은 산업이고, 산업에는 규모가 필요하다.

새로운 인력이 필요 없다는 뜻은 아니다. 오히려 절실하다. 그러나 그 목적은 '농촌의 유지'가 아니라 '농업의 전환'이어야 한다. 그들은 앞으로 기후위기와 식량안보에 대비한 구조개혁의 주체가 되어야 한다.

지금 한국 농업은 기로에 서 있다. 무질서한 후퇴는 붕괴로 이어진다. 질서 있는 축소와 전환만이 해답이다. 농가 규모를 키우고, 지속 가능한 경영체로 재편해야 한다. 그래야만 한국 농업은 다시 성장이라는 단어를 입에 올릴 수 있다.

11 식량의 미래

한국 농업, 다시 성장할 수 있을까?

한국 농업은 1950년 농지개혁으로 시작된 자영농 중심의 체제를 세운 뒤 70년 넘게 그 틀을 유지해왔다. 지주제를 해체하고 농민에게 토지를 돌려준 이 개혁은 피 한 방울 흘리지 않은 혁명이었고, 산업화의 인적 기반을 마련한 역사적 성취였다. 그러나 그 승리는 머지않아 정체로 이어졌다. '농지는 농민만이 소유할 수 있다'는 경자유전의 원칙은 처음에는 이상이었지만, 시간이 흐르며 규제가 되었고, 결국 변화를 가로막는 벽이 되었다.

산업은 도시에서 진화했지만, 농업은 농촌에서 멈춰 섰다. 쌀 수매제와 시장격리, 정부 비축제도는 물가 안정을 위한 중요한 장치였지만, 동시에 농업을 '지원이 필요한 산업', '정부가 책임져야 할 영역'으로 고착화시켰다. 2000년대 이후 도입된 직접지불제도 마찬가지였다. 농업소득을 보완하기 위한 정책이었지만, 구조개혁 없이 추진되면서 직불제는 자립보다는 보조에 의존하는 체제를 강화했다.

도시는 속도를 원했고, 농촌은 기억을 원했다. 산업화가 빠르게 진행될수록 농촌은 '우리의 원형'으로 신화화되었다. 농업은 더 이상 생산의 영역이 아니라 감정의 대상이 되었고, '신토불이'와 '고향의 정서'는 현실의 문제를 가리는 안개가 되었다. 특히 1970~1980년대 농촌을 떠난 이촌향도 세대는 농촌에 대한 죄책감을 '농업은 지켜야 한다'는 신념으로 덮었고, 그 위에 정부는 예산과 규제를 쌓아 올렸다. 농업은 산업이 아닌 '보존되어야 할 유산'으로 남았다.

그러나 그 낭만 뒤에는 '부동산'이라는 현실이 자리 잡고 있었다. 도시의 팽창과 함께 농지는 투자와 투기의 대상으로 떠올랐고, 고령농의 은퇴와 맞물려 농지는 농민이 아닌 이들의 손에 하나둘 넘어가기 시작했다. 농업은 땅의 가치에 눌려 산업으로서의 정체성을 잃어갔다. 생산보다 소유가, 소득보다 시세가 더 중요한 시대. 농지는 더 이상 농민의 것이 아니라, 국민의 욕망이 투영된 대상이 되어버렸다.

이 모든 과정을 거치며 한국 농업은 '변하지 않는 것'이 아니라 '변하지 못한 것'이 되었다. 구조는 고정되었고, 제도는 묶였으며, 인식은 과거에 머물렀다. 그렇게 우리는 산업으로서의 농업을 잃었다. 농업은 아직도 존재하지만, 산업으로서의 기능은 이미 오래전에 퇴화했다.

90년대 이후의 농업 투자와 좌절

1990년대, 한국 농업은 전례 없는 국가적 투자를 받기 시작했다. 시작은 1992년 '농어촌구조개선대책'이었다. 당시 농림부 전체 예산은 5조 원 남짓이었지만, 이 대책에는 무려 10년간 42조 원이 책정되었다. 곧이어 우루과이라운드 협상 타결로 농산물 시장 개방이 불가피해지자, 정부는 농민들의 거센 반발을 달래기 위해 다시 100조 원이 넘는 대응 예산을 쏟아부었다. 당시에는 "사무관 한 명이 1조 원을 다룬다"는 말이 회자될 정도였다. 종합농어촌개발사업, 농어촌특별세 도입, 친환경농업 지원, 유통구조 개선, 농촌정주여건 개선, 농업연구개발까지 각종 사업이 쏟아지며 마치 '농업 르네상스'가 도래하는 듯한 분위기였다.

그러나 결과는 정반대였다.

농가소득은 도시 근로자 소득을 따라잡지 못했고, 격차는 해가 갈수록 더 벌어졌다. 농가부채는 늘었고, 식량자급률은 떨어졌으며, 농산물 수입은 급증했다. 1993년에는 "농촌생활이 좋다"는 응답이 절반을 넘었지만, 불과 10년도 지나지 않아 이 수치는 15% 수준으로 추락했다.[1] 농업 인구는 절반 이하로 줄었고, 농민의 고령화는 가속화되었으며, 자녀에게 농사를 물려주겠다는 농민은 3.5%에 불과했다.

100조 원을 쏟아붓고도 농업이 쇠퇴한 현실은 단순한 정책 실패를 넘어 구조적 실패였다. 산업의 생명력은 자율성과 경쟁력에서 나오지만, 한국 농업은 더 많은 예산으로 생명을 연명하는 구조에 갇혔다. 문제의 원인을 분석해 구조를 고치기보다는 더 많은 예산을 투입해 '현상 유지'를 택한 것이다. 예산은 늘었고 사업은 넘쳤지만, 미래를 견인할 전략을 찾기는 어려웠다.

이 시기는 일종의 '비효율의 총집합'이었다. 현실은 급변하고 있었지만, 정책은 과거의 그림자에서 벗어나지 못했다. 현장은 무너지고 있었지만, 정부는 사업을 늘려야 한다고 믿었다. 농민의 삶은 더 힘들어졌지만, 농업계는 '더 많은 지원'을 외쳤다. 더 많은 지원은 더 많은 법률을 낳았고, 그 전통은 지금까지 이어지고 있다.

그렇게 지난 30년은 '농업 정책의 르네상스'였지만, 동시에 '농업 상실의 시대'이기도 했다.

정책 의존성과 구조적 실패

문제는 '지원이 부족해서'가 아니었다. 오히려 지원에 '지나치게 의존하게 된 것'이 본질이었다. 그 사실을 깨닫기까지 너무 오랜 시간이 걸렸다.

많은 농민들이 더는 시장에서 경쟁하려 하지 않았다. 정부의 보조금과 지원사업을 중심으로 농사 계획을 세우고, 사업 공모 일정에 따라 연간 계획이 결정됐다. 청년농조차 농업을 자립적 산업으로 여기지 않았다. 진입의 이유도 지원이고, 지속의 조건도 지원이었다. 농업은 더 이상 '스스로 해나가는 일'이 아니라, '정부가 함께 해줘야 하는 일'이 되어버렸다.

연구자와 관료, 정치인과 농업인단체 모두 이 구조에 안주했다. "현장에 답이 있다"고 외쳤지만, 변화는 정작 그 현장에서 가장 더디게 일어났다. 실용성과는 거리가 먼 보고서, 현실에서 동떨어진 농촌지도, 결과보다 절차가 중요한 평가제도. 시스템은 움직였지만, 방향은 상실했다. 소득이 줄면 더 많은 보조금, 경쟁력이 떨어지면 더 많은 지원. 더 많은 정책과 더 많은 예산이 해답이라는 믿음이 농업계를 지배했다. 농업은 스스로 움직이기보다 끊임없이 밀어줘야 하는 산업으로 고착되었다.

그 결과, 자생력은 사라졌고 혁신은 멀어졌다. 농업 전후방 산업도 함께 쇠퇴하기 시작했다. 농기계 산업은 글로벌 기업과 격차가 더 벌어졌고, 종자·유통·가공 분야도 해외 의존이 깊어졌다. 농촌 지역의 사회·문화적 활력은 줄어들었고, 농민 스스로도 '미래를 설계하는 주체'가 아닌 '지원을 기다리는 수혜자'로 변해갔다.

우리는 지난 30년간 농업을 살리려 했다. 그러나 그 방식은 농업을 더 깊은 의존 구조로 밀어넣었다. 그리고 지금, 한국 농업은 스스로 설 수 있는 힘을 대부분 잃은 채, 더 이상 밀어줄 여력조차 부족한 시대를 맞이하고 있다.

기후위기와 세계 식량 불안정성

세계는 지금 자유무역의 시대에서 보호무역과 지정학적 충돌의 시대로 접어들고 있다. 미국과 중국의 패권 경쟁, 우크라이나 전쟁, 홍해와 대만 해협을 둘러싼 긴장, 자원 민족주의의 부상은 식량의 흐름마저 위태롭게 하고 있다. 물류가 멈추고, 계약이 끊기고, 국경이 봉쇄되는 위험은 시시각각 커지고 있다. 그 속에서 식량도 더 이상 예외가 아니다. 그리고 그보다 더 근본적인 위협이 다가온다. 바로 기후위기다.

극한 기상은 더 이상 예외적 사건이 아니다. 가뭄과 홍수, 폭염과 냉해, 해충의 대량 발생과 개화 시기의 변화까지, 농업은 점점 더 예측 불가능해지고 있다. 곡물 수확량은 해마다 널뛰고, 생산성은 평균이 아닌 '편차'에 좌우되는 시대가 되었다. 레스터 브라운은 그의 책 《가득 찬 지구, 텅 빈 접시Full Planet, Empty Plates》에서 이렇게 경고했다. "세계는 식량 풍요의 시대에서 식량 부족의 시대로 전환되고 있으며, 기후변화가 식량 생산을 위협하면서 전 세계 식량 공급 시스템이 붕괴하기 시작했다."

이 경고는 과장이 아니다. 세계 곡창지대는 하나둘씩 불안정해지고 있다. 캐나다와 미국의 밀 벨트, 중국의 동북부, 인도의 펀자브, 아르헨티나와 브라질의 대두 생산지, 이 모두가 기후변화의 충격에 직면하고 있다. 이 중 한 곳이라도 농사가 실패하면 세계 시장은 즉시 반응한다. 곡물 가격이 치솟고, 수출이 막히고, 수입국은 줄을 서야 한다.

우리는 식량의 70% 이상을 해외에 의존하고, 곡물의 자급률은 20% 남짓에 불과하다. 문제는 이것이 이제 '경제성'의 문제가 아니라 '물리적 접근성'의 문제로 바뀌고 있다는 점이다. 돈이 있어도 곡물을 살 수 없고, 계약을 했어도 운송할 수 없고, 항구가 있어도 배가 들어오지 않을 위험이 커지고 있다. 식량은 다시 안보 문제가 되었다.

더욱이 한국은 세계 곡창지대에서 가장 멀리 떨어진 나라 중 하나다. 좁은 영토, 급격한 도시화, 경지면적의 감소, 기후적 한계까지 감안하면, 이미 국내 생산만으로는 자립할 수 없는 구조에 진입했다.

즉, 식량위기의 본질은 단지 '국내 자급이 부족하다'는 데 있지 않다. 그것은 글로벌 공급망 전체가 흔들린다는 경고이며, 식량 수입 전략 그 자체가 무너질 수 있다는 위험이다. 우리는 점점 선택지가 줄어드는 세계에 살고 있다.

식량자급률에 대한 환상과 대응 전략의 부재

식량위기의 징후가 보이자 다시 자급률 논의가 고개를 들고 있다. 곡물자급률 20%, 식량자급률 45%. 언론은 이 숫자를 반복했고, 국회와 정부는 자급률 목표치를 상향 조정했다. 그러나 이 모든 논의에는 하나의 환상이 숨어 있다. '자급률이 높아지면 위기를 피할 수 있다'라는 믿음이다.

문제는 그 믿음이 현실을 반영하지 않는다는 점이다.

우선 자급률이라는 개념 자체가 모호하다. 한국은 식용 곡물, 육류를 비롯해 전체 식품을 포함하는 '식량자급률', 곡물과 대두를 포함하는 '곡물자급률', 그리고 별도의 '칼로리 자급률'을 각각 관리하지만, 일반 국민이 이 차이를 구분하기는 쉽지 않다. 쌀 생산을 주장하는 농업인단체는 곡물자급률을, 정부는 식량자급률을 강조하지만, '쌀만큼은 지켜야 한다'는 데서는 의견이 일치했고, 이는 쌀 중심 구조를 더욱 고착시켰다.[2] 문제는 자급률을 높이려면 비용이 과도하게 든다는 점이다.

게다가 자급률이라는 수치는 국가 평균일 뿐, 실제 위기 상황에서 더 중요한 건 '접근 가능한 식량의 양'과 '구매력'이다. 2022년 우크라이나 전쟁으로 곡물 가격이 급등했을 때 가장 먼저 무너진 것은 중동과 아프리카 수입국의 저소득층이었다. 한국 역시 수입 단가 상승이 생활물가로 전이되면서 서민과 취약계층의 부담이 커졌다.

그럼에도 정책은 여전히 과거의 프레임에 머물러 있다. 쌀 중심의 자급률 관리, 국산 농산물의 소비 확대, 지역 농업 보호 같은 대책은 필요하지만, 그것이 전략이 아닌 관성으로 작동한다는 점이 문제다. 기후위기와 공급망 불안정, 지정학적 충돌이라는 새로운 국면에 대응할 실질적 전략을 찾기는 어렵다. 더 큰 문제는, 농업을 여전히 산업이 아닌 '보호의 대상'으로 바라보는 시선이 지배하고 있다는 점이다.

한국 농업, 성장의 기회를 붙잡을 수 있을까

농업은 결코 사양 산업이 아니다. 기후위기, 인구 증가, 도시화, 생태계 파괴, 이 모든 위기의 교차점에서 농업은 다시 핵심 산업으로 부상하고 있다. 세계 각국의 정부와 기업들이 농업을 미래 성장산업으로 주목하면서 농업 기술Agri-tech과 바이오 경제Bio-economy, 탄소 흡수원으로서의 농업까지, 농업의 외연은 빠르게 확장하고 있다.

그러나 한국은 이 흐름에서 비켜나 있다. 이유는 농업을 여전히 '보호해야 할 전통 산업'으로 바라보고 있기 때문이다. 농업을 그렇게 규정한 순간, 농업은 혁신의 주체가 아니라 지원의 대상이 되었고, 변화는 멈췄다. 스마트팜, 농업 로봇, 종자 기술 등 잠재력 있는 씨앗은 있었지만, 통합된 산업 전략이 부재한 탓에 대부분은 실증 단계에서 멈췄다. 공공 중심의 R&D 체계는 민간 기업의 성장을 지원하기보다 오히려 기회를 빼앗았고, 자조금과 협회 역시 산업 생태계의 구심점이 되지 못했다. 혁신의 싹은 있었지만 산업으로 키워낼 토대가 없었던 것이다.

그렇다고 기회가 사라진 것은 아니다. 한국은 세계에서 가장 빠르게 산업화를 이룬 경험을 갖고 있으며, ICT, AI, 빅데이터 같은 기술 자산은 농업에도 충분히 접목될 수 있다. 세계 최고 수준의 물류 인프라와 수출 역량은 농업에서도 수직 통합 모델을 실현할 수 있는 가능성을 열어준다. 까다롭고 변화에 민감한 국내 소비자 시장은 사실상 '준準해외시장'으로, 여기서 검증된 농식품 브랜드는 곧바로 해외 경쟁력으로 이어질 수 있다.

결국, 문제는 조건이 아니라 방향이다. 우리는 충분한 자산을 가지고도 농업을 여전히 과거의 언어(지원, 규제, 보존)로 묶어두고 있다. 그러나 농업을 다시 산업으로 바라볼 때, 한국 농업은 누적된 문제를 극복하고 다시 성장의 길에 들어설 수 있다. 필요한 것은 선언이 아니라 실천이다. 마을단위 공동 농업 법인을 만들고, 수출을 전제로 한 수직 통합형 모델을 시험하며, 민간 기술기업이 주도하는 규모화된 실증 사업을 과감히 시도해야 한다.

농업 혁신의 과제들

정부 주도의 농업에서 시장 기반 농업으로

한국 농업은 한마디로 '정부 주도의 소득보전형 농업'으로 정의할 수 있다. 정부의 개입 없이는 작동하기 어려운 구조다. 한국과학기술정책연구원의 이주량 박사는 이를 줄다리기에 비유한다. 한쪽은 시장 경쟁력, 다른 한쪽은 농가 지원. 양쪽이 힘껏 당기지만, 결국 제자리에서 벗어나지 못한다.

그사이, 농업 전후방 산업은 하나둘씩 무너지고 있다. 농기계, 바이오, 종자, 첨단 농업 기술, 가공 산업까지 대부분이 활력을 잃었다. 그간 쌓아온 연구 역량과 학문적 기반마저 흔들리고 있다. 이유는 단순하다. 연구개발로 태어난 기술과 서비스가 시장에 진입하지 못하기 때문이다. 정부가 무상으로 제공하는 서비스 환경에서는 민간 기업이 설 자리가 없다. 경쟁력 있는 기업이 사라지자 대학과 연구기관도 함께 기반을 잃어간다.

OECD는 국가 간 농업 정책을 비교하기 위해 두 가지 핵심 지표를 제시한다. 생산자 지원 추정치PSE와 시장가격 지원MPS이다. PSE는 농업에 대한 전체 지원 규모를, MPS는 국내외 가격 차이를 통한 간접적 보호 수준을 나타낸다. 2022년 기준, 한국의 PSE는 46%였다. EU는 16%, 미국은 9%, 뉴질랜드는 0.7%에 불과했다. 일본은 38%로 한국과 유사한 수준이다. MPS 역시 한국 87%, 일본 81%인데 미국은 1%, EU는 16%에 그쳤다.[3]

OECD는 한국 농산물의 국내 가격이 세계 평균보다 약 70% 높다고 분석했다. 이에 따라 시장을 왜곡하는 가격지원 정책을 줄이고, 직불금 체계를 개편할 것을 권고했다.[4] 단기 보전이 아니라 지속 가능한 농업으로의 구조 전환이 필요하다는 의미다.

뉴질랜드는 1980년대 보조금을 과감히 철폐했지만, 유제품·과일·육류 수출에서 세계적 경쟁력을 확보했다. 자조금 제도, 품종 개발, 민간 주도 유통 혁신 덕분이었다. 정부의 역할은 중요하다. 하지만 정부는 직접 뛰는 '선수'가 아니라, 경기를 설계하고 규칙을 세우는 '심판'이어야 한다. 민간의 도전과 실험이 가능한 '플랫폼'을 마련하고, 공정한 경쟁이 가능하도록 환경을 조성하는 것이 본연의 역할이다.

농업용 로봇이든 스마트팜이든, 미생물 제제나 친환경 자재든, 결국 시장에서 살아남아야 진짜 혁신이다. 농업의 미래는 촘촘히 짜여진 정책에서 나오는 것이 아니라, 시장에서의 경쟁과 생존에서 나온다.

규모화와 집적화: 경쟁력 있는 농업의 첫걸음

한국 농업은 더 작아지고, 더 흩어지고 있다. 2024년 직불금 통계는 이를 명확히 보여준다. 영세 소농은 늘었고, 중대형 농가는 줄었다. 전체 농가 수는 줄었지만, 농지는 더 빠르게 사라지고 있다. 이것은 구조개혁이 아니라 구조 붕괴에 가깝다.

농업의 생산성은 단순히 넓은 면적에서 나오는 것이 아니다. 기술이 들어올 수 있는 구조, 트랙터가 돌 수 있는 여유, 로봇이 움직일 수 있는 연속된 공간이 필요하다. 그리고 농지의 집적 없는 규모화는 허상에 불과하다. 지금의 구조로는 농업의 세대교체도, 기후위기에 대응한 스마트농업 전환도, 미래 식량안보도 담보할 수 없다. 그럼에도 정책은 여전히 '작은 농업'에 머물러 있다. 소농에 대한 보호와, 소농을 늘리는 정책을 구분하지 못한 사이 현실과 동떨어진 온정주의적 농업관은 오히려 소농 중심 구조를 더욱 고착시켜왔다.

기후위기 시대, 농업의 구조 전환은 더 이상 미룰 수 없다. 규모화와 집적화를 통해 기후스마트농업으로 가기 위해 필요한 핵심 과제는 다음과 같다.

첫째, "농사는 농가가 짓는다"는 낭만적인 자급자족농 관념에서 벗어나야 한다. 이제는 "농업은 경영체가 이끈다"는 산업적 관점으로 전환해야 한다.

둘째, 인접 농지를 통합하는 경영체에 인센티브를 주고, 공공 중심의 농지 교환·조정 시스템을 도입하는 방안을 고려하자. 일본의 농지중간관리기구처럼 농지가 전업농에게 집적되도록 하는 제도의 설계가 필요하다.

셋째, 한국의 높은 농지 가격을 고려하면 매매보다 임대가 현실적이다. 임대 활성화와 거래 유인을 함께 설계하고, 전업농이나 단체경영체에 농지를 임대·매각할 경우 세제 혜택을 제공하고 유동성을 높여야 한다.

넷째, 농지 규모화와 집적을 핵심 농정 지표로 삼아야 한다. 10헥타르 이상 경영체와 이들의 집적도를 체계적으로 추적하고, 이를 위한 디지털 농지지도를 구축해야 한다. 보이는 것부터 바꾸어야 정책의 초점도 달라진다.

크게 짓고, 함께 모아 짓자. 구조가 바뀌어야 기술이 들어오고, 기술이 들어와야 미래가 열린다. 이제는 보호보다는 전환을 말해야 한다. 농업은 자급자족의 틀을 넘어, 경영체가 이끄는 산업으로 재편되어야 한다.

농지 제도의 리셋이 필요하다

10년 후, 한국 농지의 80% 이상은 도시민이 소유하게 될 것이다. '경자유전'은 헌법 조항에나 남아 있을 뿐, 현실에서는 이미 유명무실해졌다. 이제 중요한 것은 소유권이 아니라 경작권이다. 땅을 누가 갖고 있느냐가 아니라, 누가 실제로 경작하느냐가 핵심이다.

농지는 자격 있는 경영체가 효율적으로 활용해야 한다. 이를 위해 농지 소유와 거래 제도를 근본부터 다시 설계해야 한다. 자격 있는 경영체가 농지를 집적할 수 있도록 임대와 매각을 장려하고, 이에 상응하는 세제 혜택을 마련해야 한다. 이러한 변화를 이끌 수 있도록 농업인 은퇴제도와 퇴직연금제도를 도입할 수도 있을 것이다. 지역단위의 농지중간관리기구가 조정 역할을 맡아 주도적으로 추진해나가야 한다.

지금 한국 농업의 문제는 기술이나 예산이 아니다. 650조 원에 달하는 농지 자산, 그리고 그에 얽힌 이해관계와 욕망이 개혁을 가로막고 있다. 하지만 언젠가는 이 질문을 마주해야 한다.

"농지는 누구를 위한 것인가?"

이 과정에서 갈등을 피할 수는 없다. 그러나 그것이 변화를 미루는 이유가 될 수는 없다. 농지는 단순한 토지가 아니라 생산의 기초이자 식량안보의 출발점이며, 기후변화 대응과 디지털 전환의 기반이다. 이제는 '누가 갖고 있느냐'가 아니라, '누가 잘 쓰느냐'가 논의의 중심이 되어야 한다. 농지개혁은 선택이 아니라 대한민국 농업의 생존 과제다.

정부는 '지원자'에서 '촉진자'로

한국의 스마트팜 기술은 국제기구가 스터디 투어를 올 정도로 기술 수준이 높다. 그러나 정작 중요한 것이 빠졌다. 다양한 환경에서 생산성과 수익성을 유지하는 **'경영 역량'**이다. 기술은 있는데 시장에서는 통하지 않는다는 지적이 나온다. 왜 이런 모순이 생기는 걸까?

혁신이 요구되는 스타트업에서조차 '요람에서 무덤까지' 이어지는 과도한 정부 지원이 역설적으로 발목을 잡는다. 대표적인 사례가 농업 미생물 지원사업이다. 미생물 제제는 토양을 건강하게 하고 비료·농약 사용을 줄이는 친환경 기술로, 미국 농부들은 파종 시 미생물 제제를 함께 사용하는 것이 일상이다. 한국 역시 일찍부터 R&D에 투자해 농업 미생물 은행까지 설립했다. 기술력만큼은 세계 최고 수준이다.

그런데 현실은 정반대다. 한국에서는 여전히 경쟁력 있는 농업 미생물 기업이 나오지 못했다. 반면 해외 스타트업들은 한국보다 기술력이 부족해도 시장에서 두각을 나타내는 기업이 많다. 이유는 간단하다. 우리의 경우, 정부가 농업기술센터를 통해 미생물을 거의 무료로 배포하기 때문이다. 기업이 뿌리내릴 토양 자체가 없는 것이다.

초기 산업 육성에는 정부 지원이 효과적이다. 그러나 일정 수준을 넘어서면 부작용이 커진다. 정부 지원은 형평성과 분배가 우선시되며 시장의 원리는 뒷전으로 밀린다. 기업은 혁신보다 지원금 확보에 몰두하고, 실력보다 로비가 중요해진다. 진짜 경쟁력을 가진 기업일수록 설 자리가 좁아진다.

이 악순환을 깨지 못하면 한국 농업은 더 이상 앞으로 나아갈 수 없다. 정부의 역할부터 달라져야 한다. 단순한 재정 지원보다 더 중요한 것은 국가별 수요 분석, 일관된 산업 전략, 현지 협력 네트워크 구축, 그리고 농식품 ODA를 통한 현지 인력 양성같이 산업의 기반을 닦는 작업이다. 특히 한국의 거대한 농산물 수입 규모는 외교와 산업 전략을 연결할 수 있는 강력한 지렛대가 될 수 있다.

무엇보다 중요한 것은 기업의 자생력이다. 정부가 할 일은 기업이 스스로 강해질 수 있는 환경을 만드는 것이다. 정보를 제공하고, 시장을 분석하고, 네트워크를 연결하는 것이다. 그리고 직접 지원이 아니라 간접 지원, 보이는 돈이 아니라 보이지 않는 기반을 제공하는 방식이다. 사업성만 충분하다면 민간이 투자한다. 그것이 지속 가능한 경쟁력의 토대다.

정부는 '지원자'가 아닌 '촉진자'가 되어야 한다. 한국 농업의 미래는 정부가 얼마나 물러서서 기업의 '진짜 힘'을 끌어낼 수 있는가에 달려 있다.

공급망 혁신: 섬에서 허브로

한국 농업은 마치 섬처럼 고립되어 있다. 국내 생산, 국내 소비에만 매달린 채 품목별로 과잉과 부족이 반복되고, 가격은 롤러코스터를 탄다. 정부는 매번 가격 지지에 또는 안정에 급급하다. 이 악순환을 끊으려면 농업을 '생산'이 아닌 '공급망'의 관점에서 바라보아야 한다.

첫걸음은 해외로 눈을 돌리는 것이다. 국내 생산에만 의존하지 않고 해외 농업 개발과 전략적 투자를 통해 대체 산지를 확보해야 한다. 동시에 가공과 수출을 통해 시장을 다각화해야 한다. 수급 변화에 유연하게 대응할 수 있는 체계를 갖추지 못한다면, 한국 농식품 산업은 좁은 울타리 안에 갇히고 만다.

그러나 해외 의존만으로는 해법이 될 수 없다. 세계 시장에서 경쟁력 있는 수출 품목이 없다면 국내 농업은 자연스럽게 수입으로부터 안전한 몇몇 작물에만 쏠리게 된다. 그 결과 구조적으로 리스크는 더 커진다. 실제로 사과는 비관세 장벽 덕분에 수입이 차단돼 있지만, 한국의 사과 재배 면적은 이미 일본을 넘어섰다. 전국적으로 약 3만 8000 농가가 집중되어 있어, 만약 수입이 개방되면 그 충격은 돌이킬 수 없을 만큼 커질 것이다. 이는 마치 장기판에서 외통수에 몰린 형국과 다르지 않다.

이제는 더 큰 그림이 필요하다. 한국 농식품 산업이 글로벌 식량 공급망의 한 축으로 자리 잡아야 한다. 국내에는 곡물 터미널과 수출 거점을 구축하고, 아시아 농업 시장의 허브 국가를 지향해야 한다. 대체육 같은 새로운 단백질 시장도 선점해야 할 영역이다. 무엇보다 타 산업의 자본이 농식품 산업으로 자연스럽게 유입될 수 있는 생태계를 조성해야 한다. 농업의 경쟁력은 농업 내부가 아니라 전후방 연관 산업과 기업의 역량에 달려 있기 때문이다. R&D는 실험실의 첨단기술에 머물게 아니라, 현장 중심의 대규모 실증으로 옮겨가야 한다.

한국 농업은 독특한 조건을 가지고 있다. 선진국 수준의 기술을 보유했지만, 개도국형 소농 구조를 유지하고 있다. 이 모순이야말로 오히려 기회가 될 수 있다. 소농 중심 구조에서 어떻게 경쟁력을 만들 것인가? 이 질문에 답을 찾을 수 있다면 한국은 전 세계 개발도상국이 따를 수 있는 농업 혁신 모델을 제시할 수 있을 것이다.

핵심은 통합과 규모의 경제다. 다수의 소농을 하나의 경영 시스템으로 묶고, 규모화와 혁신을 동시에 추구하는 새로운 모델이 필요하다. 이런 모델이 성공한다면, 한국 농업은 단순한 생존을 넘어 세계 식량안보와 기후변화 대응에도 기여할 수 있다. 섬처럼 고립된 구조에서 벗어나 허브가 되는 것, 그것이 한국 농업이 가야 할 길이다.

에너지 전환: 농지의 새로운 가치

이제 농지에 태양광 패널이 들어서는 풍경을 마냥 낯설게 바라보지 않는다. 과거에는 농지 훼손으로 여겨졌지만, 이제는 기회로 인식하는 농민들이 늘고 있다. 문제는 이 변화를 어떻게 설계하고 어디에 연결하느냐에 달려 있다.

먼저 원칙부터 세워야 한다. 농지의 태양광 발전이 특혜가 아닌 정당한 권리가 되려면 명확한 기준과 방향을 세워야 한다. 단순히 땅을 소유한 자에게 혜택을 주는 방식이 아니라 한국 농업의 구조적 문제를 해결하는 도구로 활용해야 한다. 예컨대, 농지의 규모화와 집적화에 참여하는 경영체, 공동농업을 실천하는 마을기업에게 에너지 생산 권리를 우선적으로 부여하는 방식이다. 즉, 에너지를 구조개혁의 인센티브로 활용하는 것이다.

물론 농지는 농업을 위한 땅이다. 이 대원칙은 지켜져야 한다. 하지만 현실을 외면할 수는 없다. 농촌 인구는 빠르게 줄고 휴경지는 늘어간다. 한편으로는 탄소중립 목표를 위한 재생에너지 생산 부지는 턱없이 부족하다. 이 딜레마를 풀기 위해서는 농지를 단순한 작물 재배 공간이 아닌, 복합적 가치를 창출하는 공간으로 바라보는 발상의 전환이 필요하다.

해법 중 하나는 **영농형 태양광**이다. 농작물과 에너지를 동시에 생산하여 식량 생산은 유지하면서도 추가 수익을 창출하는 방식이다. 하지만 그 수익이 개인의 이익에 머무르지 않고 공동체 발전으로 환원될 수 있도록 설계해야 한다. 그럴 때 비로소 농업의 미래를 뒷받침할 지속 가능한 재정 구조가 열린다.

핵심은 지역 기반의 거버넌스에 바탕을 둔 규모화된 단지다. 지금까지의 태양광 사업은 난개발, 이익 독점, 지역 갈등의 부작용을 남겼다. 경관은 훼손되고, 지역 공동체는 분열되었다. 이제는 전혀 다른 모델이 필요하다. 에너지 수익이 농업 구조 개선과 농촌 활성화로 이어지는 선순환 구조, 바로 이것이 우리가 설계해야 할 새로운 농촌 에너지 체계다.

이를 위해서는 영농형 태양광을 단순히 개별 농가의 소득원으로 보는 시각에서 벗어나야 한다. 공동체와 산업 전체의 지속 가능성을 위한 전략적 인프라로 바라보고 정교하게 설계하고 공정하게 운영해야 한다. 그럴 때 비로소 영농형 태양광은 농업 구조개혁과 탄소중립이라는 두 과제를 동시에 달성할 수 있다.

농업 혁신의 두 축: 투명성과 세대교체

한국 농업이 직면한 구조적 문제를 해결하기 위해서는 그동안 쉽게 손대지 못했던 두 가지 핵심 과제를 정면으로 마주해야 한다. 바로 농업 소득의 투명성 확보와 세대교체를 위한 은퇴 제도 마련이다.

먼저, 농업 소득의 투명성이다. 한국은 세계적으로도 드물게 농업 소득에 대해 전면 비과세를 유지하고 있다. 표면적으로는 농민을 위한 혜택처럼 보이지만, 실제로는 농업을 경제 시스템의 바깥으로 밀어낸 주요 원인이기도 하다. 소득 자료가 없으니 진짜 농민과 가짜 농민을 구분하기 어렵고, 농업재해보험, 소득보장보험, 외국인 노동력 정책 등을 정밀하게 설계하기 힘들다. 지역별, 품목별 소득 통계도 부재하다 보니 데이터 기반 농업 정책 자체가 뿌리내릴 수 없다.

이제는 일정 규모 이상의 농가부터 단계적으로 소득신고 체계를 도입해야 한다. 농가의 대부분을 차지하는 영세농과 소농은 애초에 과세 대상이 아니므로 실제 부담은 거의 없다. 오히려 이러한 개편은 농업의 사회적 위상을 높이고, 공정한 지원 체계를 마련하기 위한 첫걸음이 될 것이다. 이제는 이 문제를 공론의 장에 올려야 한다.

둘째, 세대교체를 위한 은퇴 제도 마련이다. 현재 농장 경영주의 약 70%가 65세 이상이다. 이처럼 초고령 구조에서는 청년 세대의 진입이 막히고 농업의 지속 가능성도 위협받는다. 독일, 프랑스, 일본 등 주요 농업국들은 농민들의 은퇴 시점과 자산 이전을 제도화해 경영권 단절이 아닌 자연스러운 세대 이동으로 이어지도록 하고 있다.

한국에도 경영이양 직불제가 있지만, 농지를 자식에게 물려주려는 경향이 강해 활성화되지 못했다. 게다가 소농직불제나 농민수당 같은 정책은 오히려 농민들이 은퇴를 미루는 요인으로 작동한다. 향후 10년 내에 농가 수가 최대 70%까지 감소할 수 있다는 전망 앞에서 세대교체는 더 이상 미룰 수 없는 과제다.

이 두 가지 개혁 과제는 단순한 제도 손질을 넘어서 한국 농업의 미래 경쟁력을 좌우하는 결정적 열쇠다. 물론 변화에는 저항과 불안이 따를 것이다. 하지만 지금이야말로 농업의 특수성을 존중하면서도 공정성과 지속 가능성을 함께 추구할 수 있는 사회적 논의를 본격적으로 시작해야 한다. 금기를 넘어 현실을 직시할 때 한국 농업은 비로소 새로운 미래를 열 수 있다.

수출이 가능한 농업으로 체질 개선

쌀 가격 안정은 이제 국내 수급 조절만으로는 어렵다. 세계 쌀 수요는 증가세이고 가격 역시 오르고 있다. 생산비가 높더라도 품질만 확보된다면 수출 시장은 열려 있다. 캄보디아의 프가 룸두올은 톤당 1000달러 이상에 수출되고, 해남의 땅끝 친환경황토영농조합법인의 쌀도 미국 시장에서 경쟁력을 입증했다.

일본은 오랜 쌀 감산 정책을 종료하고 2030년까지 쌀 30만 톤 수출을 목표로 하는 정책으로 전환했다.[5] 자국 내 쌀 생산량의 5% 수준이다. 그러나 감산 정책의 여파로 생산 기반이 약화된 일본은 최근 '레이와 쌀 소동'이라 불리는 공급 부족 사태를 겪었다.[6] 1년 새 쌀값이 거의 두 배로 올랐고 품귀 현상으로까지 이어졌다. 이는 폐쇄형 식량 시스템의 실패를 여실히 보여주었다.

기후변화에 민감한 사과 역시 마찬가지다. 이상기후로 수확량이 출렁이면 가격은 불안정해지고 기후플레이션이 발생한다. 이를 해결하려면 수출입을 통한 수급 균형 전략이 필요하다. 그러나 전제가 있다. 수출 경쟁력이 없다면 시장 개방은 곧 국내 농업의 파괴로 이어진다.

이 닫힌 구조를 언제까지 유지할 수 있을까? 앞으로 5년은 가능할지 모른다. 하지만 10년은 장담하기 어려울 것이다. 또다시 사과 가격이 폭등한다면 소비자들은 수입 개방을 요구할 것이다. 정부가 "조금만 기다려달라"고 말하려면 명분이 필요하다. 최소한 동남아 시장에서 통할 수 있는 경쟁력이라도 있어야 하지 않을까? 이를 위해서는 경쟁력 있는 품종 개발, 스마트농업 기술의 적용, 고품질 생산 기술 확보 이 세 가지가 반드시 필요하다. 수출 경쟁력은 단순한 소득 수단이 아니라,

농업 체질을 바꾸는 출발점이기도 하다.

세대 간 지속 가능성을 높이려면

한국 농업의 미래를 짊어져야 할 청년층은 이미 붕괴 직전에 놓여 있다. 40세 이하 청년 농업인 가구는 전체 농가의 0.5% 남짓에 불과하다. 반면, 65세 이상 고령 농가는 전체의 70%에 이른다. 이대로라면 10년 내 농가 수는 30만 가구 아래로 떨어질 것이고, 그중 상당수는 실질적인 생산 능력을 잃은 고령 가구가 될 가능성이 크다. 다시 말해, 한국 농업은 인구 구조 자체가 지속 가능성을 상실해가고 있는 셈이다.

지방자치단체들은 청년 농업인을 유치하기 위해 앞다퉈 지원책을 내놓고 있지만, 구조적 현실 앞에서 곧 벽에 부딪힌다. 첫 번째 장애물은 농지다. 평당 20만 원에 달하는 땅을 1.5헥타르(약 4500평)만 사도 9억 원이 필요하다. 기계화 영농이 가능해지는 최소한의 규모조차도 청년 개인이 감당하기엔 너무 큰 부담이다.

정부는 최대 5억 원까지 장기 융자를 지원하지만, 이 역시 대부분 농지 구입에 소진된다. 초기 생계비나 시설 투자, 유통 인프라 확보에는 여력이 없다. 첫 5년간은 이자만 내도록 유예해주지만, 이후 15년간 매년 3500만 원 전후의 원리금과 이자를 상환해야 한다. 수익이 불안정한 농업의 특성상 이는 청년

이 감내하기엔 벅찬 구조다. 이상기후, 병해충, 유통망의 불안정성 등 예측 불가능한 변수들은 그 불안을 더욱 가중시킨다.

결국 많은 청년은 빚을 떠안은 채 소농으로 진입해 생존에 급급한 농업에 매달리다 중도에 포기하거나, 장기적인 사업 확장과 혁신은 꿈도 꾸지 못한 채 현상유지에 머물게 된다. 이런 구조 속에서, 과연 농업이 청년의 미래가 될 수 있을까?

자급자족이라는 낡은 관념

이제 한국에서 진정한 의미의 '자급자족농'은 거의 찾아보기 어렵다. 일부 자가소비형 소규모 농가가 남아 있지만, 이들은 실질적인 경영 주체로 보기 힘들고 그들의 활동도 취미나 여가에 가깝다.

오늘날 농업은 그 규모와 관계없이 시장을 전제로 한 상업적 활동이다. 생산된 농산물은 유통을 거쳐 판매되고, 가격 경쟁과 소비자 선택의 압력 속에서 생존 여부가 결정된다. 농업은 더 이상 가족의 끼니를 책임지는 생계형 산업이 아니다.

그럼에도 우리 사회는 여전히 자급자족 중심의 농업관에 머물러 있다. '농민은 정직하고 순박한 존재이며, 농업은 땅을 일구며 자식을 키우는 숭고한 활동'이라는 정서적 이미지가 뿌리 깊이 남아 있다. 하지만 이 이미지가 정책에 반영되는 순간, 농업은 현실과 동떨어진 이상으로 다뤄지게 된다. 정서와 윤리의 영역에 갇힌 농업은 현실 문제를 해결할 수 없다.

정책의 착시: 농가 수인가, 노동력인가

정부 정책은 여전히 '농가 수 유지'에 매달리고 있다. 하지만 진짜 위기는 '노동력의 부족'이다. 농업을 실제로 수행할 손과 발이 없는 것이다. 배추, 고추, 고구마, 대파 등 주요 노지작물은 이미 외국인 계절 노동자나 위탁 작업 없이는 수확조차 어려운 상황이다.

이제 '농가'는 더 이상 농업의 유일한 단위가 아니다. 영농조합법인, 작목반, 위탁작업단, 농기계 업체, 유통 조직 등 다양한 주체들이 하나의 농업 경영 체계를 구성한다. 그러나 지금의 농업 통계와 제도는 이러한 현실을 따라가지 못하고 있다. '농민'이라는 단어 하나로 이 모든 주체를 설명할 수 없는 시대가 왔다. 농업농촌기본법은 '농업인'이라는 용어를 통해 이를 포괄하려 하지만, 아직 제도 전반에 녹아들기엔 갈 길이 멀다.

농업 구조의 전환

오늘날 한국 농업은 여전히 '가족농 – 소농 – 상업농' 구도에 갇혀 있다.* 그러나 선진국 농업은 이미 '기업농 – 대농 – 상업농' 체계로 넘어갔다. 소수의 대규모 경영체가 전체 농지의 상당 부분을 경작하며, 생산성과 시장 대응력에서 압도적인 차

---

* 농업의 주체는 크게 세 가지 기준에 따라 구분할 수 있다. 먼저 경영 규모에 따라 소농, 중농, 대농으로 나뉜다. 다음으로 노동력의 주체에 따라 가족농과 기업농으로 구분된다. 마지막으로 생산 목적에 따라 자가소비를 위한 자급자족농과 시장 판매를 위한 상업농으로 나눌 수 있다.

이를 만든다.

　이것은 단순히 규모의 문제가 아니다. 농기계화, 외부 노동 활용, ICT 기반의 경영 시스템, 고도화된 물류망 등 모든 요소가 유기적으로 연결되어야 가능한 구조다. 한국 역시 가족농 중심의 구조가 여전히 존재하겠지만, 일부 분야에서는 기업형 법인농으로의 전환이 불가피해지고 있다. 고령화, 높은 농지 가격, 외부 노동력 의존, 기후위기와 같은 복합적인 압박 속에서 소규모 가족농만으로는 더 이상 농업의 지속 가능성을 담보하기 어렵다.

　특히 공동경영체(들녘경영체), 계약재배, 주주형 공동농업법인 등 농민이 주도하는 '단체형 기업농'은 앞으로 한국 농업의 중심축 중 하나로 자리매김할 가능성이 크다. 물론 소규모 가족농 역시 한 축을 담당할 것이다. 여기서 핵심은 변화의 흐름을 부정하거나 회피하는 것이 아니라, 다양한 농업 주체들이 어떤 방식으로 공존하고 역할을 분담할 것인가를 사회적으로 진지하게 논의하는 일이다.

청년 농업 정책, 다시 설계해야

　현행 청년농 정책은 '귀농인 수' 늘리기에 머물러 있다. 그러나 지금 필요한 것은 '농가 수를 늘리는 정책'보다, '농업 노동력과 경영 역량을 키우는 정책'이다. 청년이 빚을 내어 소농으로 진입하기보다는, 먼저 법인형 단체경영체에 고용되어 기술과 경험을 쌓고 점진적으로 독립하는 구조가 더 현실적이고 지속 가능하다.

법인 기반의 고용 모델을 통해 청년에게 안정적인 일자리를 제공하고, 그 과정에서 숙련도를 높이며, 필요 시 독립을 위한 농지 접근과 자금 지원으로 독립을 가능하게 한다. 이 과정에서 지역 농업도 활력을 되찾고 세대교체도 자연스럽게 이루어질 수 있다.

이제 질문을 바꿔야 한다. "농가 수가 줄고 있다"고 탄식할 것이 아니라, "지속 가능한 농업 경영 주체를 어떻게 만들 것인가?"를 물어야 한다. 오늘날 농업은 자급자족의 낭만이 아니라 경쟁과 경영 능력을 요구하는 산업이다.

청년이 다시 농업을 선택하게 하려면, 농업은 단순한 생계 수단이 아니라 존엄한 직업으로 인정받아야 한다. 낭만적 귀농이 아니라, 안정적인 수입과 사회적 존중이 담보되는 '전문 직업'으로서의 농업, 그것이 바로 청년 농업 정책이 나아가야 할 길이다. 농업을 산업이자 직업으로 다시 정의할 때 비로소 농업은 청년의 선택지가 될 수 있다.

새로운 농업의 시작

우리는 농민을 위해 수많은 지원 제도를 마련해왔다. 농사용 전기, 면세유, 무상 미생물 제제, 로열티 프리 종자, 수세 폐지, 쌀값 안정, 소농 직불제까지 지원은 촘촘했고, 사회도 대체로 이러한 지원에 호의적이었다. 그러나 선의가 언제나 좋은 결과를 낳는 것은 아니다. 이 과정에서 '농업 서비스는 무료'라는 왜곡된 인식이 고착되었다. 이 인식은 정밀농업 기술의 확산을 어렵게 만들었고, 농업 서비스 산업의 성장을 가로막았다. ICT 강국이라 불리는 한국에서 농업의 디지털 전환이 더디다는 사실은 OECD조차 우려할 정도다.

더 심각한 것은 구조적 왜곡이다. 지원 정책은 오히려 농업 경영체 수를 늘리고, 은퇴했어야 할 고령층의 잔류를 부추김으로써 새로운 세대의 진입을 막았다. 농업은 현상 유지에 갇혔고, 은퇴 제도 같은 구조개혁은 더욱 멀어졌다. 결국 우리는 뼈아픈 교훈을 얻었다. 제도를 설계할 때 기대한 최상의 시나리오보다 최악의 시나리오가 현실이 될 가능성이 더 크다는 것을. 앞으로 10년은 한국 농업의 운명을 가를 분기점이다. 지금 필요한 것은 과거가 아닌 미래를 향한 시각이다.

은퇴를 앞둔 베이비붐 세대는 농촌의 붕괴를 막기 위해 애쓰고 있지만, 미래 세대에게 그 붕괴는 새로운 시작일 수 있다. 낡은 구조가 무너져야 새로운 농업이 자랄 수 있다.

우리는 지금 한 시대의 종말이 아니라 새로운 시대의 문턱에 서 있다. 붕괴를 막기 위해 발버둥치기보다는 전환을 받아들이는 것이 더 현명한 선택이다. 나는 미래 세대가 만들어갈 새로운 농업에 희망을 건다. 이것은 후퇴가 아니라 다른 방향으로의 진격이다.

새로운 입법이 필요한 식량안보

공공재가 된 식량안보

전 세계가 식량을 다시 정의하고 있다. 팬데믹과 전쟁, 기후 재난을 겪으며 각국은 식량을 더 이상 단순한 상품으로 다루지 않는다. 복지와 보건, 산업과 외교, 국가안보가 교차하는 핵심 인프라로 인식하기 시작했다. 얼마나 싸게 사느냐보다 얼마나 안정적으로 확보할 수 있느냐가 중심 질문이 되었다.

영국은 연이은 위기를 거치며 식량을 '공공 시스템의 일부'로 재정의했다. 2021년 발표된 국가 식량 전략은 식품 접근성과 공급망 회복력, 지역 농업과 기후 대응까지 통합한 접근을 제안했다.[7] 미국은 보충영양지원 프로그램SNAP, 여성·영유아 보충영양 프로그램WIC, 전국학교급식제도NSLP 등 강력한 식량복지 제도를 통해 식량을 생존권으로 다루며, 연간 수십 조 원을 투입해 사회적 안전망을 구축하고 있다.[8] 프랑스는 '식량주권'을 선언하며 지역 농산물 기반의 공공조달을 제도화했다.[9] 일본은 평시와 비상을 구분한 이중 법체계를 갖췄고, 식량을 '국가 회복력'의 핵심 요소로 삼고 있다.[10]

이 흐름 속에서 한국은 여전히 쌀 중심 농정에 머물러 있다. 정책은 부처마다 흩어져 있고, 위기 대응 체계는 불분명하다. 식량자급률은 낮고, 수입 의존도는 높은데도 이를 관리할 전략은 뚜렷하지 않다.

> ### 미국의 대표적인 식량 복지 제도
>
> 미국의 식량 복지 제도는 사회적 약자의 식탁을 지키는 안전망이다. SNAP은 저소득층 가구가 식료품을 살 수 있도록 돕는 가장 큰 규모의 식량 복지 제도이고, WIC은 임산부와 영유아에게 맞춤형 영양 지원과 상담, 건강검진을 제공한다. NSLP는 학교에서 무상·저가 급식을 제공해 아동의 건강과 학업을 뒷받침한다. 지원 대상과 방식은 다르지만, 세 제도 모두 미국 내 영양 불평등을 줄이고 미래 세대의 건강을 보장한다는 공통된 목표를 지닌다.

앞으로 필요한 건 단일한 해법이 아니다. 평시의 생산과 수입, 비상시의 대응, 취약계층의 식량 접근성까지 아우르는 통합적 구조가 필요하다. 공공비축을 늘리고, 수입선을 다변화하며, 필요한 사람에게 필요한 만큼 식량이 도달할 수 있는 체계를 갖춰야 한다. 식량은 복지이자 안보이며, 산업이자 외교의 문제로 재설계해야 한다.

세계는 식량안보를 법으로 지키고 있다

식량은 이제 각 나라에서 입법의 중심으로 떠올랐다. 식량에 관한 법은 단순히 위기 대응 장치에 머물지 않는다. 식량을 어떻게 다룰지에 대한 사회적 합의이자 국가 전략이다.

일본은 '식량·농업·농촌기본법'과 '식량공급 긴급조치법'을 통해 평시와 비상시의 체계를 이원화했다. 프랑스는 '기후와 회복탄력성법' 안에 식량자급 목표를 포함시키며, 기후와 식량을 하나의 전략으로 묶었다.[11] 중국은 2024년 '식량안보보장법'을 제정하며 전 주기 식량 관리 체계를 명문화했고, 지방 정부 단위의 자급률 목표까지 설정했다.[12]

미국은 강력한 영양지원 프로그램과 농업 R&D, 식품 산업 투자까지 포괄하며 식량 시스템을 종합 전략으로 설계해왔다.[13] 브라질은 헌법에 식량권을 명시하고, 가족농 중심의 공공조달 시스템을 통해 사회정의와 식량안보를 연결했다.[14] 독일은 별도의 식량법이 아닌 국가 위기 대응 전략KRITIS에 포함시켜, 민관 협력 기반의 공급 체계를 구축했다.[15]

이제는 한국의 차례다.

식량안보, 이제는 법으로 지켜야 한다

한국도 이제 식량안보를 뒷받침할 법적 틀을 마련해야 한다. 단순한 선언에 그치는 것이 아니라 평시와 비상시를 포괄하는 실행 가능한 법체계가 필요하다. 식량안보를 실질적으로 보장하려면 위기 대응부터 복지까지 아우르는 구체적이고 실행력 있는 장치가 뒷받침되어야 한다. 이를 위해 다음과 같은 법적 접근을 고려할 수 있다.

첫째, 식량안보기본법. 평시의 가격 안정, 수급 조절, 수입선 다변화 등을 종합적으로 다루는 전략법이다. 쌀뿐 아니라 밀·

콩·사료 등 핵심 품목을 포함해야 하며, 합리적인 자급률 목표 설정, 비축 기준, 대체 공급선 확보까지 포괄해야 한다. 생산 중심에서 공급 시스템 중심으로의 전환이 핵심이다.

둘째, 비상식량공급법. 위기 발생 시 즉시 발동되는 법으로 정부가 수출 제한, 우선공급 조치, 공공비축 확대 등 실질적 수단을 갖고, 지자체와 협력해 신속하게 대응할 수 있어야 한다. 일본은 이미 1995년 이 법을 갖췄다.

셋째, 식량복지연계법. 위기는 언제나 취약한 고리에서 먼저 드러난다. 한국은 푸드뱅크, 아동급식카드, 노인 도시락 등 다양한 제도를 운영하고 있지만, 대부분 복지의 일부로 분산돼 있다. 이제는 이를 통합해 위기 대응 체계의 일부로 재설계할 필요가 있다. 미국처럼 식량을 생존권으로 보고, 체계적이고 전략적인 복지로 발전시켜야 한다.

공공비축 확대, 수입선 다각화, 취약계층 보호, 비상대응 체계 구축. 이 네 가지를 동시에 뒷받침할 법적 장치가 시급하다.

지금 우리가 해야 할 일은 '먹는 문제'를 미래로 미루지 않는 것이다.

세 번째 웨이브, 수출

농업은 금융을 제외하면 세계에서 가장 규모가 큰 산업이다. 2023년 기준, 세계 농식품 시장 규모는 약 13조 달러에 달하며, 연평균 9.4%의 성장률을 보이고 있다. 이 추세라면 2027년에는 19조 달러에 이를 것으로 전망된다.[16] 특히 아시아-태평양 지역이 가장 큰 시장 비중을 차지하고 있으며, 세계 주요 34개국의 농식품 시장도 2015년 6.3조 달러에서 2030년 9.7조 달러로 성장할 것으로 예측된다. 이 성장의 중심에는 아시아가 있다.[17]

유럽연합EU은 역내 비교우위와 활발한 교역을 바탕으로 세계 농산물 시장을 주도하고 있다. 미국, 브라질, 호주, 아르헨티나, 러시아, 캐나다, 멕시코도 주요 수출국으로 활약 중이다. 아시아에서는 인도네시아, 말레이시아, 태국이 강세를 보이며, 중국과 인도는 거대한 내수 시장을 넘어 수출국으로 부상하고 있다. 이에 비해 세계 10대 농식품 수입국 중 한국과 일본만이 순수입국이라는 사실은 중요한 시사점을 던진다.

2023년 한국의 농림수산식품 수출액은 약 91.5억 달러, 수입액은 438억 달러였다.[18] 이는 에너지 부문에 이어 두 번째로 큰 무역적자 규모다.

한국의 소농 중심 고비용 구조가 농식품 수출에 걸림돌로 작용하지만, 시야를 넓히면 이 구조를 뛰어넘을 또 다른 가능성도 보인다.

가능성을 보여준 나라, 네덜란드

네덜란드는 한국과 비슷한 농지 면적을 가지고 있지만, 연간 약 1300억 달러에 달하는 농식품을 수출한다. 주요 수출 품목은 유제품, 육류, 음료, 채소, 과일 등이며, 중계무역 비중은 35% 수준이다. 주요 수출 대상국은 독일, 프랑스 같은 EU 국가뿐 아니라 중국, 미국 등도 포함된다.

네덜란드의 성공은 EU 단일시장 접근성과 로테르담 항만이라는 뛰어난 물류 인프라에서 비롯된다. 한국 역시 동북아 주요 수입국과의 지리적 근접성과 높은 기술력을 보유하고 있지만 이를 연결해낼 수 있는 국가 전략이 부재하다. 단편적인 보조금이나 지원이 아니라, 산업 전반을 아우르는 전략적 접근이 필요하다.

최근 한국경제인협회는 한국의 식량안보가 매우 취약하다는 점을 지적하며, 농식품 산업을 국가 전략산업으로 육성해야 한다고 제안했다.[19] 현재 한국은 곡물 유통망이 매우 부족하고, 밀·대두·옥수수 등 주요 곡물의 비축기지도 제대로 갖추지 못한 상황이다.

이에 따라 한국경제인협회는 두 가지 핵심 전략을 제안했다. 첫째, 식량 공급을 안정화할 선도기업을 육성해야 한다. 둘째, 해외 곡물망을 확보하고 국가 차원의 비축 체계를 구축해야 한다. 더불어 한경협은 중국과 일본의 식량안보 법제를 면밀히 분석한 뒤, 한국 역시 관련 법률과 제도를 조속히 정비해야 한다는 결론에 이르렀다. 이는 단순히 식량을 확보하는 차원을 넘어, 글로벌 공급망의 리스크에 선제적으로 대응하기 위한 전략적 선택이다.

1000억 달러 수출은 꿈이 아니라 전략이다

나는 과학기술정책연구원의 이주량 박사, 농어업농어촌특별위원회 장태평 위원장과 함께 유튜브 방송에 출연해, "세 번째 물결, 농식품 수출 1000억 달러"를 주제로 깊이 있는 대화를 나누는 기회를 가졌다.[20]

처음엔 솔직히 망설였다. 한국의 농식품 수출액은 아직 100억 달러 수준에 머물고 있고, 그마저도 상당 부분이 담배나 외국계 주류기업의 OEM 수출이 차지한다. 이런 현실에서 1000억 달러라는 목표가 지나치게 이상적으로 들렸다.

하지만 방송을 준비하면서 생각이 달라졌다. 이 숫자는 단순한 목표치가 아니라, 농업에 대한 사고방식을 근본부터 바꾸라는 분명한 메시지였다. 만약 목표가 200억 달러였다면, 우리는 기존의 틀 안에서 조금 더 노력하는 선에서 멈췄을 것이다. 하지만 1000억 달러는 다르다. 기존 구조를 넘어서는 새로운 전략, 산업적 접근, 그리고 국가적 결단을 요구한다.

이것은 농업을 소농 중심의 생계형 산업으로 보는 시각에서 벗어나, 식품과 바이오산업까지 포괄하는 글로벌 기술 산업으로 탈바꿈시키겠다는 선언과 다름없다.

한국 농업은 분명 약점이 많다. 경작지는 좁고 생산비는 높다. 그러나 발효탱크에서 생산되는 기능성 식품 원료 산업, 공장에서 제조되는 대체 단백질 산업은 더 이상 넓은 농지를 필요로 하지 않는다. 첨단기술과 지식 집약적 산업으로 농업의 무게중심이 이동하고 있는 것이다.

만약 한국이 동북아 곡물 허브를 구축하고, 이를 식품 가공과 물류, 수출로 이어지는 시스템으로 통합한다면 경쟁력은 지금과 비교할 수 없을 만큼 높아질 것이다. 기술은 이미 갖춰져 있고, 시장도 준비되어 있다. 부족한 것은 단 하나, 상상력과 결단이다.

방송 이후, 많은 시청자들이 "농업을 전혀 다른 시각으로 보게 되었다"는 반응을 보냈다. 그것은 농업이 더 이상 좁은 땅에서 작물을 키우는 일만이 아님을 보여준다. 지금 농업은 생명공학, 대체식품, 스마트농업, 고도화된 물류, 국제 협력까지를 아우르는 복합산업으로 진화하고 있다.

이제 우리는 질문을 바꿔야 한다. "얼마나 많이 생산할 수 있는가?"가 아니라, "어떤 방식으로 세계 시장을 설득할 것인가?"로. 지금이 바로 그 새로운 질문을 던질 순간이다. 1000억 달러 수출은 꿈이 아니라, 우리가 미래를 향해 나아가기 위해 세워야 할 전략 그 자체다.

문샷 씽킹: 식품 산업의 새로운 전환점

바이오파운드리

네덜란드 농식품 수출 1위 품목은 치즈, 분유, 유청 등 유제품이다. 유제품 시장이 그만큼 크고 이미 글로벌화했음을 보여준다. 반면 한국은 신선우유를 제외하면 대부분을 수입에 의존한다. 이런 상황에서 축산업계와 사료업계는 단백질 대체 식품의 본격적인 등장을 예의 주시하고 있다. 특히 가장 먼저 대중화될 품목으로는 '대체 치즈'가 주목받고 있다. 이미 세계 대체 치즈 시장은 20억 달러를 넘어섰고, 매년 두 자릿수 성장률을 기록 중이다.

치즈 대체품은 이미 우리 생활 깊숙이 스며들어 있다. 저가 피자나 샌드위치에 흔히 사용되는 모조 치즈가 대표적이다. 많은 소비자는 그것이 원가 절감을 위해 유제품 성분을 일부 대체한 것임을 잘 알지 못한다. 한편, 미래 식품으로 주목받는 식물성 치즈는 아직 전통 치즈보다 가격이 높지만, 세계 주요 식품 기업들이 이 분야에 적극 투자하고 있다. 기술이 성숙해 맛과 가격 경쟁력을 갖추게 된다면, 치즈 산업 전반이 재편될 가능성이 크다.[21]

미국 스타트업 '뉴컬처New Culture'는 동물 없이 치즈를 만드는 기술을 개발 중이다. 발효탱크에서 유전자 조작 미생물을 이용해 유청, 카제인, 유지방을 생산하고, 이를 통해 우유와 유사한 조성을 구현한다. 기존 식물성 대체 치즈가 '유사한 맛'에 머물렀다면, 뉴컬처는 '성분 자체'를 유제품과 동일하게 재현하는 데 집중한다. CJ제일제당과 ADM 등 글로벌 기업들이 뉴컬처에 투자하고 있으며, CJ가 전략적 파트너십을 체결한 것도 이 때문이다. 뉴컬처는 이를 통해 세계 최대 규모의 정밀 발효 시설을 활용할 수 있게 되었고, 3년 안에 전통 모차렐라 치즈보다 경쟁력 있는 가격에 상품을 내놓겠다고 자신한다.

이 구조는 반도체 산업과 닮아 있다. 설계는 미국에서 하고 제조는 아시아의 파운드리에서 맡는 방식처럼, 식품의 경우에도 기술은 선진국에서 개발하고, 생산은 한국과 같은 발효·플랜트 강국에서 담당하는 것이다.[22] 한국은 이미 화학 플랜트와 정밀가공 기술로 세계적 산업 기반을 다져왔고, 화장품과 기능성 식품, 바이오 소재 분야에서도 R&D 성과를 축적해왔다. 하지만 이 잠재력이 식품 산업에 본격적으로 활용되지 못했던 이유는, 농업과 식품을 여전히 미래 산업이 아닌 전통 산업으로 바라봤기 때문이다.

발상을 바꾸면 기회가 열린다. 한국이 동북아 곡물 허브를 구축하고, 그 곡물을 활용해 바이오파운드리 단지를 조성한다면, 단순한 농식품 강국을 넘어 새로운 미래 산업의 중심지가 될 수 있다. 한국은 이미 국제 곡물 교역의 중요한 노드에 자리하고 있다. 현재의 지리적 강점과 물류 인프라를 결합하면 곡물 수출입과 가공, 그리고 단백질 전환을 아우르는 통합 산업 단지의 조성도 가능하다.

이스라엘이 물 부족 위기를 혁신의 출발점으로 삼은 것처럼, 한국의 식량안보 취약성도 역설적으로 새로운 도약의 기회가 될 수 있다. 이제는 농업과 식품을 단순한 1, 2차 산업이 아니라 미래 전략 산업으로 인식해야 한다. 수출 물류 인프라, 무역 협정의 전략적 활용, 글로벌 식품기업과의 협력 등 종합적 접근이 필요하다. 아시아에서 새롭게 형성되는 3조 달러 규모의 식품 시장은 그 기회의 장이 될 수 있다.

바이오에탄올, 뚱딴지가 아닌 가능성

한국에서 바이오에탄올을 만들자고 하면 많은 사람이 "그게 가능하겠어?" 하고 반문할지 모른다. 현실성 없는 이야기처럼 들리기 때문이다. 하지만 세계는 이미 전혀 다른 길을 걷고 있다.

바이오에탄올은 휘발유에 비해 가격 경쟁력을 점차 확보해가고 있으며, 환경에 미치는 영향도 상대적으로 작다. 사탕수수나 옥수수는 물론, 작물 부산물이나 식품 폐기물에서도 생산이 가능하다. 하지만 기술보다 중요한 것은 시장이다. 시장이 없으면 기술은 꽃피울 수 없다.

브라질은 자동차 연료의 상당 부분을 에탄올로 대체했다. 현재 연간 310억 리터를 생산하며, 10년 안에 479억 리터까지 늘릴 계획이다.[23] 미국은 자국 옥수수의 40%를 바이오에탄올로 전환하고 있고, 유럽도 자동차 연료에 에탄올 혼합 비율을 높이며 수요를 점점 확대하고 있다. 연료의 저탄소화는 온실가스 감축을 위한 필수 조건이다.[24]

세계 곡물 대국들은 가격 안정을 위해 새로운 수요처를 찾는다. 바이오에탄올은 그 해답이 될 수 있다. 또한 농촌 산업 기반을 유지하는 데도 중요한 역할을 한다.

더 주목해야 할 것은 2세대 바이오에탄올이다. 볏짚, 옥수수대 등 식물의 섬유질인 셀룰로오스를 원료로 활용하는 이 기술은 식품 폐기물을 자원으로 활용함으로써 식량과 연료의 갈등을 피한다. 에너지 산업의 판도를 바꿀 수 있는 잠재력을 지녔다. 전문가들은 이 기술의 상용화가 멀지 않았다고 본다.

문제는 한국이다. 우리는 무엇을 할 것인가? 미국은 옥수수를 수출하고 싶어 하고, 우리는 정유와 화학에 강점이 있다. 운송비 부담은 있지만, 대량 생산의 효율성과 아시아 시장의 수요를 고려하면 충분히 극복 가능한 수준이다. 옥수수는 사료로도, 식품 소재로도 활용될 수 있다. 또는 미생물 발효를 통해 고부가가치 바이오소재로 전환될 수도 있다. 이건 기술의 문제가 아니라 전략의 문제다.

브라질은 사탕수수 찌꺼기로, 중국은 옥수수대를 활용해 에탄올을 만든다. 성장하는 산업에서 기술은 혁신을 낳는다. 반면, 정체된 산업에서는 아무리 연구비를 쏟아부어도 변화가 일어나기 어렵다. 바이오에탄올은 바로 그 '성장하는 산업'이다. 한국은 늘 농업이 어렵다고 말한다. 하지만 어쩌면 그 '어려운 산업'이 기후위기, 식량위기, 에너지 전환이 교차하는 지점에서 새로운 기회의 출발점이 될지도 모른다.

농민의 농업, 산업으로서의 농업

한국 농업이 직면한 가장 큰 한계는 '농민의 농업'과 '산업으로서의 농업'을 구분하지 못했다는 데 있다. 그 결과, 농업은 오랫동안 농민의 생계를 유지하는 수단으로만 인식되어왔다.

그러나 산업으로서의 농업이 무너지면, 결국 농민의 농업도 함께 무너질 수밖에 없다. 기술이 사라지고, 기업이 떠나고, 인재가 외면하는 구조 속에서 '농민만 남은 농업'은 쇠락할 수밖에 없다. AI, 디지털, 기후 스마트농업 등 이 모든 혁신이 우리에게는 여전히 먼 이야기다.

더 큰 문제는 목표 설정 자체가 잘못되어 있다는 점이다. 농업 생산액을 단순히 양적으로 늘리는 전략은 더 이상 유효하지 않다. 네덜란드의 농업 총생산은 약 40조 원에 불과하지만, 농산물 수출액은 한국의 열 배를 넘는다. 반면 한국은 60조 원의 생산액에도 불구하고, 대부분이 내수 시장에 갇혀 있다. 토지 생산성은 이미 포화 상태에 가깝다.[25]

이제는 분명히 구분해야 한다. '농민의 농업'을 위한 사회적 안전망은 복지의 영역이고, '산업으로서의 농업'을 위한 경쟁력 강화는 산업 정책의 영역이다. 이 둘을 혼동하는 한 한국 농업의 미래는 없다.

소농, 도시와 농촌을 잇는 가교

한국 농업은 지금 대격변의 한가운데 서 있다. 인구 감소와 고령화, 농가 수 급감은 농업의 구조 자체를 뒤흔들고 있다. 규모화는 이제 거스를 수 없는 방향성이 되었다. 이미 현장은 음성적인 규모화가 활발하게 일어나고 있다. 앞으로도 상당수 농가는 소농의 형태를 유지하겠지만, 그 위상과 기능은 근본적으로 달라질 수밖에 없다.

　이제 중요한 것은 소농의 고유한 가치와 역할을 재발견하는 것이다. 소농은 단순한 생산자가 아니다. 도시와 농촌을 잇는 가교이고, 농업 생태계의 다양성을 지키는 파수꾼이며, 우리 식문화의 뿌리를 이어가는 전승자다. 지역 특산품, 로컬푸드, 소량 생산의 프리미엄 농산물, 이 모든 것이 소농의 손끝에서 탄생한다.

　그러나 시장의 논리는 냉정하다. 영세한 소농이 대규모 농가와 같은 무대에서 경쟁하는 것은 애초에 불공정한 게임이다. 생산 단가, 유통 구조, 가격 협상력 등 모든 면에서 불리한 위치에 있기 때문이다. 따라서 소농이 자신의 가치를 제대로 인정받으려면 다른 규칙이 적용되는 새로운 시장이 필요하다.

　그 대안이 바로 '농민시장Farmers' Market'이다. 한국에서는 아직 낯선 이 개념은 유럽과 북미에서 이미 도시와 농촌을 잇는 핵심 플랫폼으로 자리 잡았다. 뉴욕의 유니언 스퀘어, 런던의 버러 마켓, 도쿄의 아오야마 파머스 마켓, 이곳에서는 가격표보다 생산자의 이야기가, 효율성보다 신뢰가 거래를 이끈다. 소비자는 얼굴 있는 농부를 만나고, 농부는 자신의 작물에 정당한 가치를 매긴다.

　하지만 이런 변화는 농업 정책만으로는 불가능하다. 도시 설계 단계부터 농업을 고려해야 한다. 광장, 공원, 커뮤니티 센터는 단순한 휴식 공간을 넘어 주말이면 농민시장이 열리고, 평일에는 도시농업 교육이 진행되며, 계절마다 수확 축제가 열리는 복합 공간이 될 수 있다.

집값을 올리는 것은 대형 쇼핑몰일지 모르지만, 삶의 질을 높이는 것은 사람의 온기가 깃든 공공 공간이다. 토요일 아침 광장에 펼쳐지는 농민시장, 아이들이 흙을 만지며 배우는 텃밭, 이웃과 함께 나누는 제철 음식, 이것이 도시의 품격을 만든다.

농업의 미래는 농촌에만 있지 않다. 도시 속에서 시민과 함께 만들어가는 새로운 농업, 그것이 한국 농업이 나아갈 또 하나의 길이다. 이를 위해서는 농림축산식품부와 국토교통부의 협업, 지자체의 창의적 시도, 그리고 무엇보다 시민들의 적극적인 참여가 필요하다. 변화는 이미 시작되었다. 이제 우리가 할 일은 그 변화에 방향을 제시하는 것이다.

어떤 미래를 만들어갈 것인가?

마지막으로, 오랫동안 몸담았던 농업 R&D 시스템에 대한 생각을 덧붙이면서 이야기를 맺고자 한다. 우리가 직면한 문제를 해결하려면 새로운 지식이 필요하다. 그 지식을 현장에서 실증하고, 실패를 통해 다듬어 다시 농민에게 돌려주는 것. 그것이 연구개발의 본질적 역할이다. 기후위기 시대, 충분한 R&D가 필요하다는 데 이견은 없다. 하지만 단지 '필요하다'는 말만으로는 부족하다.

우리는 수십 년간 많은 연구를 진행했고, 예산도 적지 않게 투입했다. 녹색혁명의 시절, 우리 농업 R&D의 목표는 농업 기술의 '확산'이었다. 외국 기술을 빠르게 도입하고 농촌진흥청이 실증한 뒤 전국으로 보급했다. 다소 계몽적 방식이었으나 효과는 분명했다. 그러나 WTO 체제가 시작된 1995년 이후, 농산물 시장은 포화되었고 R&D는 더 이상 '혁신의 촉진자'가 되지 못했다. '제로섬 경쟁에서의 미세한 우위'를 쫓는 구조로 바뀌었다. 오늘날 한국 농업의 단위 면적당 생산자 보조금은 세계 최고 수준이다. 그런데도 농산물 가격은 세계에서 가장 높다. 그 오랜 기간 생산성을 높이겠다고 수많은 연구를 했지만, 생산성 향상의 대부분은 '규모화' 덕분이었고 연구의 기여도는 크지 않았다.

요람에서 무덤까지

문제는 어디에 있었을까. 정부의 농업 연구기관은 점점 '성과 지표 공장'이 되었다. 연구보다 계획이 우선했고, 현장보다 기획서가 앞섰다. 실적은 논문, 특허, 홍보 같은 숫자로 쪼개졌고, 연구자는 그 숫자에 쫓겼다. 반복되는 키워드, 기시감을 떨치기 힘든 과제, 실증은 없고 성찰은 더더욱 없었다.

지금도 뚜렷이 기억나는 말이 있다. 연구사 생활을 시작한 지 얼마 지나지 않았을 때 한 선배가 이렇게 말했다. "성과는 신경 쓰지 마. 여기선 계획이 전부야." 농담처럼 들었지만 한참 후에야 그게 농담이 아니라는 걸 깨달았다. 무엇을 하겠다는 화려한 계획은 가득했지만, 3년 뒤에 성과 보고회는 아무도 관심이 없는 듯했다. 뉴스에서 "R&D 예산을 투자해서 문제를 해결하겠다"라는 발표를 보도해도 당시 냉소에 사로잡힌 내게는 "그 문제를 해결 못할 것이다"라는 말로 들렸다. 지금 AI 붐은 다를 수 있을까?

스타트업에 몸담고 나서야 문제를 명확히 이해할 수 있었다. 기술은 있었지만, 시장은 없다는 것이 보였다. 공공기관은 스타트업이 만든 것과 유사한 서비스를 무상으로 제공했고, 공짜가 있는 시장에서 기업이 설 자리는 없었다. 종자 산업과 미생물 산업을 키우고 싶다면 먼저 관련 기관을 정비하고, 산업 기반 조성과 초기 시장 형성에 집중해야 한다. 민간이 모험할 수 있는 공간을 열어주는 것이다.

그러나 이게 말처럼 쉽지는 않다. 공공기관의 평가지표에 지원한 기업의 매출액과 생존률이 포함되어 있다고 가정해보자. 공공기관의 평가 성적이 인센티브와 기관장의 성과 평가와 연결되어 있다면, 무슨 일이 벌어질까?

"요람에서 무덤까지", 공공기관의 사업계획서에서 이 문구를 마주칠 때마다 당혹스러웠다. 가장 혁신적이어야 할 스타트업 지원 기관의 계획이라면, 이것을 어떻게 해석해야 할까. 이런 지원을 하면 망하지는 않겠지만, 의미 있는 기업으로 성장하기도 어렵다. 성장성이 없는 스타트업은 망해야 역설적으로 이 시장이 살아난다. 아무도 실패하지 않는 스타트업의 세계, 그곳이 과연 이상향일까?

뉴질랜드는 왜 달랐는가

1984년, 뉴질랜드는 전례 없는 결단을 내렸다. 농업 보조금을 전면 폐지하고 농업을 시장의 손에 맡긴 것이다. 보호의 시대는 끝났고, 경쟁과 혁신의 시대가 열렸다. 농가는 살아남기 위해 스스로 경쟁력을 키워야 했다. 정부는 물러났지만, 역할을 버리진 않았다. 대신 구조를 바꾸고 방향을 제시했다.

연구개발도 달라졌다. 크라운연구소Crown Research Institute 체제가 만들어졌고, 정부는 전체 예산의 22%만 부담했다. 나머지는 민간 투자와 품종 로열티 수입으로 충당됐다. 공공이 전면에 나서기보다는 민간과 협력해 실용성과 시장성을 최우선으로 삼았다.

혁신의 결과는 세계 시장에서 입증되었다. 낙농업 협동조합은 지속적으로 R&D에 투자했고, 과수 산업은 전략적인 품종 개발로 글로벌 품목 경쟁에서 우위를 점했다. '썬골드(키위)', '재즈(사과)', '엔비(사과)' 등 세계인이 이름을 기억하는 품종들이 그 결실이다. 작아진 정부, 커진 협업. 짧아진 계획서, 깊어진 실증. 정부가 뒤로 물러나면서 뉴질랜드의 농업 혁신은 그렇게 다시 시작됐다. 그 성과는 산업 전반으로 확산되었다. 낙농업은 전 세계 유제품 무역의 중심으로 부상했고, 사과 산업은 고품질 브랜드를 앞세워 아시아 시장을 장악했다. 원예와 채소, 와인 산업까지 세계적인 경쟁력을 확보하면서, 농업 및 그 연관 산업은 뉴질랜드 수출의 대부분을 차지하는 핵심 산업으로 자리매김했다.

일본의 개혁은 왜 한계에 부딪혔는가

일본도 변화를 시도했다. 2001년, 행정 개혁의 일환으로 국립농업연구기구NARO가 출범하면서 농업 R&D 개혁이 본격적으로 시작되었다. 농무성 산하의 연구소와 시험장은 통합·재편되어 독립 행정법인 체제로 전환되었다. 공공 주도의 연구에서 벗어나 민간 혁신을 촉진하며, 정체된 농업에 새로운 활력을 불어넣는 것을 목표로 했다.

그러나 초기에는 여전히 정부와 공공 연구기관에 과도하게 의존하는 문제가 지속되었다. 연구 방향은 정권 교체에 따라 흔들렸고, 연구자들은 단기적 성과 지표에 매몰되었다. 민간 기업과의 협력은 제한적이었으며, 종자 개발 같은 핵심 산업을 정부가 독점적으로 주도하면서 민간 기업이 자생적으로 성장할 수 있는 토양은 형성되지 못했다.

최근 들어 변화의 조짐이 나타나고 있다. 2019년부터 본격화된 '스마트농업 실증 프로젝트'는 기존의 접근 방식과는 확연히 달랐다. 실험실을 벗어나 농촌 현장에서 기업을 중심으로 실증을 진행했고, 정부는 기업들이 기술의 완성도와 현장에 대한 이해를 높일 수 있도록 지원했다. 2019년 69개 지역에서 시작된 이 사업은 2023년까지 전국 217개 지역으로 확대되었으며, 로봇 트랙터, 드론 방제, AI 기반 수확량 예측 등 다양한 기술이 실제 농가에서 검증되었다.[26]

성과가 가시적으로 나타나기 시작했다. 구보다, 얀마 같은 농기계 기업뿐만 아니라 NTT, 후지쯔 같은 IT 기업들도 적극적으로 참여하면서 농업의 디지털 전환이 가속화했다. 벼농사에서는 노동시간이 10~20% 줄고, 시설원예에서는 수확량이 15% 늘어나는 등 구체적인 성과도 확인되었다. 연구 목표도 수출 확대, 병해충 방제, 노동력 절감, 규모화 등 현장의 실질적인 문제 해결에 집중되었다. 우리나라가 여전히 연구자 중심의 과제에 머무르는 것과 비교하면 진일보한 성과다. 여기까지 오는 데 10여 년이 걸렸다.

그럼에도 여전히 과제는 남아 있다. 영세하고 고령화된 일본 농가 구조와 첨단기술 사이의 간극은 여전히 크며, 초기 투자 비용은 높은 장벽이다. 무엇보다 글로벌 시장과의 연계가 부족하다. 미국, 네덜란드, 뉴질랜드가 일찍부터 세계 시장을 겨냥한 R&D를 추진한 반면, 일본의 스마트농업은 아직 내수 중심에 머물러 있다.

결국 일본의 사례는 변화의 가능성과 한계를 동시에 보여준다. 스마트농업 실증 사업처럼 민간 주도의 현장 중심 접근은 분명 올바른 방향이지만, 농업 구조개혁, 글로벌 시장 진출 전략, 그리고 영세 농가를 위한 포용적 혁신이 병행되지 않는다면 기술 혁신만으로는 한계가 뚜렷하다. 일본 농업 R&D의 진화는 아직 진행 중이며, 그 성패는 기술 개발을 넘어 구조개혁과 얼마나 유기적으로 맞물릴 수 있는가에 달려 있다.

그럼에도 일본 농업의 변화는 한국에 중요한 시사점을 던지는 사례로 눈여겨볼 필요가 있다.

우리는 어디로 갈 것인가

이제 우리는 선택의 갈림길에 서 있다. 뉴질랜드의 길과 일본의 길, 두 나라의 농업 정책을 가른 핵심은 농업을 민간 중심 산업으로 전환했는가, 아니면 국가 주도 체제를 고수했는가에 있다.

일본은 정부 주도의 농정과 영세한 구조를 유지한 채 기술 개발로 활로를 찾고자 했다. 연구개발은 활발했지만 성과는 산업 현장으로 더디게 확산되고 있다. 정책 방향은 정권과 부처 변화에 따라 흔들렸고, 기술 혁신만으로는 구조적 한계를 넘을 수 없었다.

우리는 이미 한 차례 기회를 놓쳤다. 1990년대부터 뉴질랜드를 참고해 자조금 제도를 도입했지만, 정작 핵심인 '구조개혁'은 하지 않았다. 현재 37개의 자조금이 운영되고 있음에도 축산 분야 일부를 제외하면 여전히 정부 의존도가 높다.[27] 민간의 역량 강화와 책임 확대라는 본래 목적은 달성되지 못했다.

오늘날의 취약한 농업 구조와 국민 인식을 감안하면, 일본식의 점진적 개선이 더 현실적으로 보일 수도 있다. 만약 우리가 20년 전에 개혁을 시작했다면, 그 길을 선택할 여지도 있었을 것이다. 그러나 일본 농업이 지금에 이르기까지는 수많은 갈등과 저항이 있었고, 많은 이들이 그 구조 개편의 고통을 감내해야 했다. 이제야 비로소 그 성과가 천천히 나타나고 있을 뿐이다. 그 점진적 변화도 결코 순탄하지 않았다.

문제는 시간이다. 대외적으로는 기후변화와 글로벌 식량 공급망의 불안정성이 커지고, 대내적으로는 급격한 고령화와 인구 붕괴라는 구조적 위기가 밀려오고 있다. 네 가지 거대한 파도가 동시에 덮쳐 오는 상황에서, 더 이상 시행착오를 거듭하며 점진적 변화를 기다릴 여유가 우리에게 남아 있을까.

이제 한국 농업은 결단해야 한다. 우리는 뉴질랜드의 길을 걸을 것인가, 아니면 일본이 갔던 길을 되밟을 것인가. 어쩌면 그 둘 사이 어딘가에 한국 농업의 길이 있지 않을까.

마지막 질문

사실 우리는 어떤 선택도 하지 않을 가능성이 크다. 변화의 필요성은 누구나 공감하지만, 그 고통은 언제나 다음 정부와 다음 세대의 몫으로 미뤄졌다. 이제는 그 미루기의 시간조차 끝나가고 있다. 한국 농업의 현실은 이미 위태롭다.

최근 미국과의 통상 협상 소식이 전해졌다. 쌀과 30개월령 이상 소고기 수입은 막아냈다고 했지만, 검역 절차 간소화와 통관 개선 논의가 오갔다. 그러나 이 협상이 아니더라도 미국산 사과와 LMO 감자의 수입은 시간문제였을 것이다. 폐쇄적 식량 시스템에 기반한 전략은 이미 효용을 다했다. 지정학적 불안정성이 고조되는 시대에 개방형 식량 시스템을 안정화하는 일은 더 이상 선택이 아니라 생존이 걸린 문제다.

그럼에도 많은 이들은 여전히 환상 속에 머문다. 더 많은 보조금, 더 많은 지원, 더 많은 정부 개입이 농촌을 지켜줄 것이라 믿는다. 정치인들은 선거 때마다 익숙한 약속을 반복하고, 농민들은 그 약속에 기대고, 도시민은 향수를 소비하며 물가 걱정에 여념이 없다. 그러나 정작 문제의 본질은 아무도 묻지 않는다. 이 익숙한 순환 속에서 변화는 늘 후순위로 밀려나고 결정은 다음번으로 유예된다. 우리 세대는 어떻게든 버텨낼 수 있을지 모른다. 관성의 힘은 여전하고, 축적된 자원도 아직은 남아 있으니까. 하지만 다음 세대는 어떨까. 우리가 남겨줄 농업과 식량 시스템은 그들에게 어떤 무게로 돌아갈까. 식량안보가 더 이상 구호가 아닌 현실이 되었을 때, 우리는 무엇을 할 수 있을까.

지금도 시계는 돌아간다. 아무것도 하지 않는 것도 하나의 선택이다. 그러나 그 선택이야말로 가장 위험한 선택이다. 역사는 위기의 순간 과감하게 결단한 이들을 기억한다. 뉴질랜드가 그러했듯이 우리도 그런 용기를 낼 수 있을까. 아니면 서서히 가라앉는 배 위에서, 그저 갑판 위의 의자만 재배치하며 끝나가는 시간을 견딜 것인가.

이것이 내가 농업 R&D 현장을 떠나며 남기는 마지막 질문이다. 그 답을 우리 모두가 함께 만들어갈 수 있기를 바란다.

에필로그

예고된 변화, 예측 못한 충격

한국 농업은 지난 80년 동안 농지개혁과 녹색혁명으로 형성된 구조 속에 머물러 있었다. 변화는 멀리서 천천히 다가오는 듯했지만, 결국은 한순간에 우리 앞을 덮쳤다. 급격한 고령화와 인구 감소, 비농업인의 농지 소유 확대, 기후변화, 그리고 불안정해지는 식량안보까지 여러 위기가 겹쳐지며 더 이상 기존의 틀을 유지할 수 없게 되었다.

그동안 한국은 빠른 경제성장을 기반으로 농업을 지원하며 상대적으로 높은 농산물 가격을 감당해왔다. 그러나 이 체제는 한계에 도달했다. 농업은 더 이상 국가가 보호하는 울타리 안에 머물러 있을 수 없게 되었다. 기후변화는 글로벌 공급망을 흔들고 있으며, 익숙했던 품종과 기술조차 더는 이 위기를 벗어나는 데 유효하지 않다.

환상과 현실 사이에서

우리는 여전히 과거에 만들어진 구조에 기대며, 그것이 자연스럽게 미래로 이어질 것이라 믿고 싶어 한다. 하지만 산업 구조의 격변과 공급망의 재편을 깊이 이해하지 못한 채, 영세한 농업 기반 위에 '스마트', '청년', '스타트업' 같은 구호만 반복해왔다. 그럴듯한 포장으로 본질을 가렸다.

잘못된 해외 사례를 무비판적으로 들여오고, 겉모습만 차용한 혁신이 반복됐다. 일부 지식 장사꾼은 '혁신'이라는 이름의 상품을 팔았고, 우리는 선진국 농업과는 비교조차 어려운 현실을 가리기 위해 그 포장지로 비루한 현실을 덮었다. 우리는 포장된 '혁신'의 이미지를 단순히 소비하는 데 그치지 않고, 그들이 만든 환상 속으로 스스로 걸어 들어갔다.

이해할 수 없는 일은 아니다. 농업계에 있는 사람이라면 누구든 지금 이 상태가 지속될 수 없다는 걸 안다. 그리고 무엇을 바꿔야 할지도 어렴풋이 알고 있다. 그러나 누구도 감히 손대지 못하는 영역이 있다. 이미 형해화된 '경자유전' 원칙, 농가 지원 중심의 사업 구조, 농업보다 더 커진 공공지원 조직, 이 문제들은 금기처럼 여겨졌다.

결국 남은 것은 분칠뿐이었다. 'AI', '스마트', '빅데이터', '청년' 같은 시대의 키워드를 앞세운 R&D와 농정은 놀랄 만큼 효과적으로 보였다. 어쩌면 그렇게 믿고 싶었던 열망이 더 크게 작용했는지도 모른다.

그사이 농가 지원은 수단이 아니라 목적이 되었다. 더 많은 예산이 더 나은 농촌을 만들 것이라는 막연한 기대 속에 현상 유지에 급급한 사업에 자원이 흘러갔다. 농업과 공급망에 대한 이해조차 부족한 전문가들은 무책임한 조언을 쏟아냈고, 많은 시민은 〈6시 내 고향〉의 풍경을 농업의 전부로 착각하며 현실을 외면했다.

보이지 않는 리더십

그러나 이 모든 것보다 더 심각한 문제는, 지금 한국 농업이 어디에 서 있는지를 누구도 정확히 알지 못한다는 점이다. 한때 한국은 ICT 선진국이라 불렸지만 앞선 것은 물리적 네트워크뿐이었다. 그 안을 채우는 콘텐츠는 오래된 집처럼 낡고 허물어져가고 있다. 그런데도 그 붕괴를 문제 삼는 이는 없다. 정책 결정자들은 요약된 보고서만 훑고 국민이 실제로 마주하는 데이터는 보지 못한다.

대부분의 선진국은 미래 전략과 정책 방향을 명확히 제시하고, 공식 문서와 통계를 누구나 쉽게 접근할 수 있도록 공개한다. 일본 정부의 온라인 정보 제공 수준을 보면 이제 한국이 ICT 강국이라 말하기 어렵다. 영국 또한 식량안보 전략과 관련 데이터가 일목요연하게 정리되어 있어 큰 노력을 들이지 않고 전체 그림을 이해할 수 있다.

정보는 국민의 이해를 돕고 사회적 합의를 이끌어내기 위한 것이다. 정보가 투명하고 체계적일수록 의사결정의 시간과 비용은 줄어든다. 그러나 한국은 그 반대로 가고 있다.

시스템의 일부였던 나

하지만 비판만으로는 현실을 바꿀 수 없다. 나도 오랜 시간이 지나서야 나 역시 이 시스템의 일부였다는 사실을 깨달았다. 손가락을 뻗어 누군가를 비난할 때 나머지 네 손가락은 나를 향하고 있었다.

젊은 시절 나는 한국 농업의 큰 그림을 그리는 리더들이 어딘가에 있을 것이라고 믿었다. 정책을 설계하고, 흐름을 통찰하는 사람들이 비단 보이지 않을 뿐, 조용히 우리 농업을 움직이고 있을 것이라고 생각했다.

하지만 시간이 흘러 은퇴를 앞둔 지금까지도, 그들은 여전히 보이지 않는다. 손과 발은 보이는데, 머리는 어디에 있는가? 한국의 중요한 의사결정은 과연 어떻게 이루어지는 것일까?

이상적으로라면, 학자들이 이론을 정립하고 충분한 논의를 거쳐 정책을 설계하며, 시범사업을 통해 현장에서 검증되는 과정이 있어야 한다. 하지만 현실은 달랐다. 많은 정책은 어느 날 갑자기 하늘에서 떨어지듯 등장했다. 사람들은 어제까지 없던 계획을 마치 오랫동안 준비된 것처럼 당연하게 받아들였다. 정책의 생성과 변화가 예측 불가능한 환경에서 어떻게 예측 가능한 산업이 가능할까. 룰이 모호한 게임에서 누가 장기적인 전략을 세울 수 있을까.

나의 새로운 출발

그래서 나는 내가 할 수 있는 일을 시작했다. 부족하다고 느낀 것, 있었으면 좋겠다고 생각한 것, 반드시 필요하다고 확신했던 것을 직접 해보기로 했다. 그 결심의 결과가 바로 최준영 박사와 함께 만든 유튜브 채널 〈농업지식채널 짓다〉다. 농업 정책과 기술을 분석하고, 그것을 시민들이 이해할 수 있는 언어로 풀어내려 한다.

더 나은 미래는 저절로 오지 않는다. 시민들이 농업이라는 산업을 얼마나 깊이 이해하느냐에 따라 우리가 선택할 수 있는 미래의 대안도 달라진다. 그래서 단순한 정보 전달을 넘어, 지속 가능한 농업지식 생산 기반과 전략 체계를 만들고자 한다. 정책 대안을 함께 개발하고, 다양한 가치관과 전략에 맞는 선택지를 설계하는 작업을 동료들과 함께 시작하려 한다.

특히 나는 '농업의 경계를 넘는 협력'에 주목하고 있다. 다른 산업의 전문가들과 학제 간 논의를 이어가며, 이 책에 담긴 미완의 아이디어들을 한 단계 더 발전시키고 싶다. 혼자서는 불가능한 일이다. 경제적 지원이든, 혁신적인 아이디어든, 직접적인 참여든, 어떤 방식이든 도움이 필요하다.

그리고 무엇보다도 중요한 것은 다음 세대다. 농업에서 가능성을 엿보고 움직이는 청년들에게 농업의 새로운 지평을 열어주고 싶다. 그것이 다시 출발선에 서기로 한 이유다.

함께 만들어갈 미래

다음 세대는 국내 식량 문제의 경계를 넘어 시선을 세계로 넓힐 수 있길 바란다. 지구에는 아직 우리가 개척할 수 있는 땅, 씨앗을 틔울 수 있는 기회가 많이 남아 있다. 기술과 열정이 만나는 그 자리에서, 세계인들과 함께 새로운 식량의 미래를 만들어가는 모습을 보고 싶다.

나는 지구라는 거대한 생태계를 지속 가능하게 만들기 위해 과학자와 기업가들이 협력하는 모습을 보고 싶다. 농촌과 도시를 연결하는 혁신가들의 모임에 참여하고, 마르쉐에서 농부들이 막 가져온 신선한 채소를 고르며 일상의 기쁨을 나누는 삶을 꿈꾼다.

모든 사람이 같은 방향을 바라보지는 않을 것이다. 그러나 농업이라는 생태계가 제대로 작동하기 위해서는, 우리는 함께 움직여야 하는 공동 운명체다. 이 책의 이야기는 완전하지 않다. 모순을 품고 있을 수도 있다. 그럼에도 더 나은 농업의 미래를 향한 대화를 여는 데 보탬이 된다면 그것으로 충분하다.

더 이상 주저하지 말고 모든 금기를 깨고 말해야 할 때다. 지난 2년 동안 품어온 생각을 이제야 정리했지만 이것은 끝이 아니라 시작이다. 앞으로는 현장의 목소리를 더 깊이 듣고, 함께 실험하고 실패하며 내가 얻은 깨달음을 더욱 단단하게 다듬어갈 것이다. 그 과정을 기록하고 공유하며 더 넓은 담론의 장을 함께 만들어갈 것이다.

그 여정에 함께해주기를 진심으로 기대한다.

감사의 말씀

책을 쓰는 일은 홀로 하는 작업 같지만, 실은 많은 이들의 손과 마음이 모여야만 완성됩니다.

두 해 가까운 시간 흔들림 없이 이끌어주신 편집자 김태권 님께 깊이 감사드립니다. 원고의 방향을 함께 고민해주신 이주량 박사, 진중현 교수, 문정훈 교수, 조남준 박사, 윤영식 대표, 그리고 언제나 용기를 북돋아준 이유진 박사께도 큰 빚을 졌습니다.

가장 먼저 원고를 읽고 진심 어린 비평을 건네준 아내 안효원, 그리고 묵묵히 응원해준 두 아이 가영이와 윤석이에게 사랑과 감사를 전합니다. SNS와 일상에서 따뜻한 응원을 보내주신 지인들의 격려 역시 큰 힘이 되었습니다.

또한 언제나 고향에서 지켜주신 어머니, 그리고 지난해 먼

길을 떠나신 아버지. 두 분의 삶과 사랑이 이 책의 뿌리였습니다.

끝으로, 이 책을 읽어주시는 독자 여러분, 대한민국 식량의 미래를 함께 고민해주셔서 정말 고맙습니다.

주

프롤로그

1. Global Food Security Index (GFSI). (2024, May 30). Retrieved from https://impact.economist.com/sustainability/project/food-security-index
2. Ritchie, H. (2023). Engel's Law: Richer People Spend More Money on Food, but It Makes up a Smaller Share of Their Income. OurWorldinData.Org. Retrieved from https://ourworldindata.org/engels-law-food-spending
3. Pelkmans, L. (2021). *Implementation of Bioenergy in Brazil – 2021 Update*. IEA.
4. Ritchie, H. (2021, August 17). Smallholders produce less than half of what many headlines claim. *Our World in Data*. Retrieved from https://ourworldindata.org/smallholder-food-production
5. Schwartz, J. D. (2020). *The Reindeer Chronicles: And Other Inspiring Stories of Working with Nature to Heal the Earth*. Chelsea Green Publishing.

1 성장의 한계에서 행성의 경계까지

1. The Carboniferous Period: A Golden Age for Plants - Local Gardener. (n.d.). Retrieved from https://localgardener.org/the-carboniferous-period-a-golden-age-for-plants/
2. Evolutionary history of plants - Wikipedia. (n.d.). Retrieved from https://en.wikipedia.org/wiki/Evolutionary_history_of_plants
3. Bellwood, P. (2004). *First Farmers: The Origins of Agricultural Societies*. Blackwell Publishing.
4. 다이아몬드, 재레드. (2005).《총, 균, 쇠》. 서울: 문학사상사.
5. List of states by population in 1 CE - Wikipedia. (n.d.). Retrieved from https://en.wikipedia.org/wiki/List_of_states_by_population_in_1_CE
6. United Nations, Department of Economic and Social Affairs, Population Division. (2022). *World Population Prospects 2022: Summary of Results*. UN DESA/POP/2022/TR/NO. 3.
7. British Red Cross. (n.d.). *Africa food crisis*. Retrieved from https://www.redcross.org.uk/about-us/what-we-do/international/africa-food-crisis
8. The 1950s - American Culture & Society - History.com. (n.d.). Retrieved from https://www.history.com/articles/1950s
9. The Political Economy of High-Growth-Era Japan - About Japan: A Teacher's Resource. (n.d.). Retrieved from https://aboutjapan.japansociety.org/content.cfm/the_political_economy_of_high-growth-era_japan
10. Cornell University - BGRI. (n.d.). *Dr. Norman Borlaug*. Retrieved from https://bgri.cornell.edu/dr-norman-borlaug/
11. Post-War Economic Boom and Consumer Culture | Environmental History Class Notes - Fiveable. (n.d.). Retrieved from https://library.fiveable.me/environmental-history/unit-8/post-war-economic-boom-consumer-culture/study-guide/44QlflCBr80H1fUm
12. "Silent Spring Revisited." (1962). *The New Yorker*. https://www.newyorker.com/
13. Online Ethics Center. (n.d.). *Section VII: The Appearance of Silent*

Spring. Retrieved from https://onlineethics.org/cases/section-vii-appearance-silent-spring
14. GMWatch. (2007, May 27). *Monsanto's campaign against Rachel Carson*. Retrieved from https://www.gmwatch.org/en/news/archive/2007/4681-monsantos-campaign-against-rachel-carson
15. Seureca Veolia. (n.d.). *Overview on plastic waste in the rivers and seas of South Asia*. Retrieved from https://www.seureca.veolia.com/en/our-notable-references/overview-plastic-waste-rivers-and-seas-south-asia
16. The Club of Rome. (n.d.). *A short history of a ground-breaking publication: The Limits to Growth*. Retrieved from https://www.clubofrome.org/wp-content/uploads/2022/02/CoR-LtG-ShortHistory.pdf
17. Peccei, A. (1972). The Limits to growth: interview with the President of the Club of Rome, Aurelio Peccei. *The UNESCO Courier, 25*(4), 4-8. Retrieved from https://unesdoc.unesco.org/ark:/48223/pf0000050609
18. Meadows, D. H., Meadows, D. L., Randers, J., & Behrens III, W. W. (1972). *The Limits to Growth*. Universe Books.
19. World Commission on Environment and Development. (1987). *Our common future*. Oxford: Oxford University Press.
20. Rockström, J., Steffen, W., Noone, K., Persson, Å., Chapin III, F. S., Lambin, E. F., ... & Schellnhuber, H. J. (2009). Planetary boundaries: exploring the safe operating space for humanity. *Ecology and Society, 14*(2), 32.
21. "Six of Nine Planetary Boundaries Now Exceeded." (n.d.). Accessed October 6, 2024. https://phys.org/news/2023-09-planetary-boundaries-exceeded.html.
22. 그리니엄. (2024. 9. 25). "지구 환경 건강 지표 9개 중 6개 안전 기준 돌파… '7번째 지표도 임계점 근접'", https://greenium.kr/news/57341/.
23. Johan Rockström in Guardian interview (2023. 9. 13): "Earth 'well outside safe operating space for humanity', scientists find" and TED Talk (2023): "10 years to transform the future of humanity – or

destabilize the planet" https://www.ted.com/talks/johan_rockstrom_10_years_to_transform_the_future_of_humanity_or_destabilize_the_planet.

24. Gladwell, M. (2000). *The Tipping Point: How Little Things Can Make a Big Difference*. Little, Brown and Company.
25. Mitra, R. (2023, September 14). Bay of Bengal: Climate crisis puts people in ecologically fragile Sundarbans on the edge of poverty. *Alliance for Science*. Retrieved from https://allianceforscience.org/blog/2023/09/india-climate-crisis-putting-people-in-ecologically-fragile-sundarbans-on-the-edge-of-poverty/
26. IPCC. (2021-2023). *Sixth Assessment Report (AR6)*. Intergovernmental Panel on Climate Change. Retrieved from https://www.ipcc.ch/assessment-report/ar6/
27. BBC News. (2025, May 29). Swiss glacier collapse buries most of village of Blatten. Retrieved from https://www.bbc.com/news/articles/cnv1evn2p2vo.
28. Rockström, J. et al. (2009, 2015, 2023). *Planetary Boundaries Framework*. Stockholm Resilience Centre.

2 맹렬해진 기후위기

1. 〈조선비즈〉. (2023. 5. 16.). "지구촌이 펄펄 끓는다… 美 포틀랜드 5월 낮 기온 34도 '역대 최고'"
2. 기후변화에 관한 정부 간 협의체Intergovernmental Panel on Climate Change. 기후변화에 대한 과학적 평가를 제공하는 국제기구로, 1988년 유엔 산하의 세계기상기구와 유엔환경계획이 공동으로 설립했다.
3. Copernicus Climate Change Service. 유럽연합의 코페르니쿠스 프로그램의 일환으로 기후변화에 대한 데이터를 제공하고, 기후 대응 및 적응 정책을 지원하는 역할을 한다. 유럽 중기예보센터가 시행하며, 영국 레딩에 위치해 있다.
4. Copernicus. (n.d.). *Copernicus: May 2024 Is the 12th Consecutive Month with Record-High Temperatures*. Accessed November 15, 2024. https://climate.copernicus.eu/copernicus-may-2024-12th-

consecutive-month-record-high-temperatures.
5. Copernicus. (n.d.). *Hottest May on Record Spurs Call for Climate Action*. Accessed June 9, 2024. https://climate.copernicus.eu/hottest-may-record-spurs-call-climate-action.
6. Copernicus. (n.d.). *Copernicus: May 2024 Is the 12th Consecutive Month with Record-High Temperatures*. Accessed November 15, 2024. https://climate.copernicus.eu/copernicus-may-2024-12th-consecutive-month-record-high-temperatures.
7. Kotz, M., Levermann, A. & Wenz, L. (2024). The economic commitment of climate change. *Nature, 628*, 551–557. https://doi.org/10.1038/s41586-024-07219-0
8. Reuters. (2023, July 17). *China logs 52.2 Celsius as extreme weather rewrites records*. Retrieved from https://www.reuters.com/world/china/china-logs-522c-extreme-weather-rewrites-records-2023-07-17/
9. Red Cross Red Crescent Climate Centre. (n.d.). "It's Raining like Never before' (in Japan)." Accessed November 13, 2024. https://www.climatecentre.org/10600/its-raining-like-never-before-in-japan/.
10. NOAA. (2023). *Earth had its warmest November on record*. Retrieved from NOAA News Release.
11. Figueres, C., & Rivett-Carnac, T. (2020). *The Future We Choose: Surviving the Climate Crisis*. Manilla Press.
12. Bailey, R., & Wellesley, L. (2017, May 18). *Chokepoint Risk and Food Insecurity*. Chatham House. https://www.chathamhouse.org/2017/06/chokepoints-and-vulnerabilities-global-food-trade-0/4-chokepoint-risk-and-food-insecurity.
13. 자이한, 피터. (2023).《붕괴하는 세계와 인구학》(홍지수 옮김). 김앤김북스. (원저: Zeihan, P. (2022). *The End of the World Is Just the Beginning: Mapping the Collapse of Globalization*. Harper Business.)
14. 자이한, 피터(2023). 앞의 책.
15. World Bank. (n.d.). *Madagascar and the social impacts of drought*. World Bank Blogs. https://blogs.worldbank.org/voices/madagascar-

and-social-impacts-drought
16. Khaama Press. (2025, May 9). *Afghanistan faces food crisis amid 40% rainfall drop and rising heat: Report*. Retrieved from https://www.khaama.com/afghanistan-faces-food-crisis-amid-40-rainfall-drop-and-rising-heat-report/
17. 中国防汛抗旱. (2023). Extreme characteristics of "23·7" heavy rain in Beijing-Tianjin-Hebei and its implications for urban flood control in China. Retrieved from http://www.cfdm.cn/en/article/doi/10.16867/j.issn.1673-9264.2023381
18. Wikipedia. (2023). *Derna dam collapses*. Retrieved from https://en.wikipedia.org/wiki/Derna_dam_collapses
19. World Meteorological Organization. (2021, August 31). *Weather-Related Disasters Increase over Past 50 Years, Causing More Damage but Fewer Deaths*. https://wmo.int/media/news/weather-related-disasters-increase-over-past-50-years-causing-more-damage-fewer-deaths.
20. United Nations. (n.d.). *Water – at the Center of the Climate Crisis*. Accessed November 15, 2024. https://www.un.org/en/climatechange/science/climate-issues/water?gad_source=1&gclid=CjwKCAiA3Na5BhAZEiwAzrfagIS4p_MooLS1m6Rd7k1DFFGIfqp9WeE6pBNyi8DfrFVHGnAn-_6wRxoCjTYQAvD_BwE.
21. UN-Water. (n.d.). *Water – the United Nations*. Retrieved from https://www.un.org/en/global-issues/water
22. UN News. (n.d.). *Water – at the center of the climate crisis*. Retrieved from https://www.un.org/en/climatechange/science/climate-issues/water
23. UN News. (n.d.). *Water – at the center of the climate crisis*. Retrieved from https://www.un.org/en/climatechange/science/climate-issues/water
24. MDPI. (2020). *Observing Snow Cover and Water Resource Changes in the High Mountain Asia Region in Comparison with Global Mountain Trends over 2000–2018*. Retrieved from https://www.mdpi.com/2072-4292/12/23/3913

25. Our World in Data. (n.d.). *Agricultural water as a share of total water withdrawals*. Retrieved from https://ourworldindata.org/grapher/agricultural-water-as-a-share-of-total-water-withdrawals
26. ResearchGate. (n.d.). *The volume of water required to produce different food products varies....* Retrieved from https://www.researchgate.net/figure/The-volume-of-water-required-to-produce-different-food-products-varies-enourmously-as-do_fig3_265492178
27. World Economic Forum. (n.d.). *Why you should care about the Third Pole and its crucial role as a global water resource*.
28. Melting Himalayan Glaciers Threaten Domestic Water Resources in the Mount Everest Region, Nepal - Frontiers. (n.d.). https://www.frontiersin.org/journals/earth-science/articles/10.3389/feart.2020.00128/full
29. Glacial Lakes and Glacial Lake Outburst Floods in Nepal - HimalDoc - ICIMOD. (n.d.). https://lib.icimod.org/records/2kqn5-yrm13
30. Eyler, B. (2020, April 13). New Evidence: How China Turned Off the Tap on the Mekong River • Stimson Center. *Stimson Center*. https://www.stimson.org/2020/new-evidence-how-china-turned-off-the-mekong-tap/.
31. China's Water Shortage to Hit Danger Limit in 2030 - People's Daily Online. (n.d.). http://en.people.cn/200111/16/eng20011116_84668.shtml
32. Hiscock, G. (2012, November 14). Why Booming China Needs to Learn the Three R's. *CNN*. https://www.cnn.com/2012/11/13/opinion/china-challenges-water-security-hiscock/index.html.
33. Pacific Institute, Water Conflict Chronology. (2023). *Water Conflict – World Water*. Accessed November 15, 2024. https://www.worldwater.org/water-conflict/.
34. andey, K. (2024, March 22). Wars over Water. *Down To Earth*. https://www.downtoearth.org.in/water/wars-over-water-95195.

35. Geopolitical Monitor. (2024, October 10). *Three International Water Conflicts to Watch*. Geopolitical Monitor.
36. The Maritime Executive. (n.d.). *China Could Restrict India's Water Supply With World's Largest Dam*. Accessed November 15, 2024. https://maritime-executive.com/editorials/china-could-restrict-india-s-water-supply-with-world-s-largest-dam.
37. Stimson Center. (2021). *Mekong Dam Monitor*.
38. Moore, S. (n.d.). *of 10 Changing Tides of Egyptian Hydro-Hegemony Shawna Moore The 1929 Water Basin Agreement granted Egypt dominance over*. https://iwra.org/proceedings/congress/resource/ABSID180_ABSID180_1929_WBA_Analysis_WWC_Edits.pdf
39. The interlinkages between climate, peace and security in Iraq - Department of Political and Peacebuilding Affairs. (n.d.). https://dppa.un.org/sites/default/files/dppa_desk_study_on_the_interlinkages_between_climate_peace_and_security_in_iraq.pdf
40. UNEP Report. (2021). *Iraq Climate Vulnerability Assessment*.
41. Atlantic Council. (2023, July 7). *Iran and Afghanistan are feuding over the Helmand River. The water wars have no end in sight*. Retrieved from https://www.atlanticcouncil.org/blogs/iransource/iran-afghanistan-taliban-water-helmand/
42. MDPI. (2023, September 26). *Mapping Agricultural Land in Afghanistan's Opium Provinces Using a Generalised Deep Learning Model and Medium Resolution Satellite Imagery*. Retrieved from https://www.mdpi.com/2072-4292/15/19/4714
43. ResearchGate. (2025, May 3). *Navigating Water Politics: Afghanistan's Water Management of the Helmand River and Tension with Iran*. Retrieved from https://www.researchgate.net/publication/391370646_Navigating_Water_Politics_Afghanistan's_Water_Management_of_the_Helmand_River_and_Tension_with_Iran
44. UN-IHE. (2023, June 6). *Troubled waters between Afghanistan and Iran as border troops clash over the Helmand River*. Retrieved from https://www.un-ihe.org/troubled-waters-between-afghanistan-and-iran-border-troops-clash-over-helmand-river.

45. Steamy Relationships: How Atmospheric Water Vapor Amplifies Earth's Greenhouse Effect - NASA. (n.d.). https://science.nasa.gov/earth/climate-change/steamy-relationships-how-atmospheric-water-vapor-amplifies-earths-greenhouse-effect/
46. The Nature Conservancy. (n.d.). *Yes, Climate Change Is Raising the Risks—and Stakes—of Extreme Wildfires*. Accessed November 15, 2024. https://www.nature.org/en-us/what-we-do/our-priorities/tackle-climate-change/climate-change-stories/extreme-wildfires-are-getting-worse-with-climate-change/.
47. Copernicus. (n.d.). *Smoke over the Arctic Circle as Boreal Wildfires Intensify in Siberia and North America*. Accessed November 15, 2024. https://atmosphere.copernicus.eu/smoke-over-arctic-circle-boreal-wildfires-intensify-siberia-and-north-america.
48. 위키백과. (2025. 5. 20.). 2025년 의성-안동 산불. Retrieved from https://ko.wikipedia.org/wiki/2025년_의성_안동_산불
49. Wikipedia. (2024, November 16). *2024 Spanish floods*. Retrieved from https://en.wikipedia.org/wiki/2024_Spanish_floods
50. 〈한겨레〉. (2024. 11. 3.). "스페인 홍수 사망자 210명…시민들, 국왕·총리에 '살인자' 분개". https://www.hani.co.kr/arti/international/europe/1165596.html.
51. Wikipedia. (2022, December 16). *2022 Pakistan floods*. Retrieved from https://en.wikipedia.org/wiki/2022_Pakistan_floods
52. Inside Climate News. (2020, August 17). *China's Summer of Floods is a Preview of Climate Disasters to Come*. Retrieved from https://insideclimatenews.org/news/17082020/china-floods-climate-change-extreme-weather/
53. CTG. (2025, January 26). *Three Gorges project: An engineering marvel delivering remarkable benefits*.
54. ResearchGate. (2016, February). *A Study on the Characteristics of Summer Extreme Rainfall over South Korea in Association with Synoptic and Large-scale Circulation Anomalies*. Retrieved from https://www.researchgate.net/publication/300374950_A_Study_on_the_Characteristics_of_Summer_Extreme_Rainfall_over_South_

Korea_in_Association_with_Synoptic_and_Large-scale_Circulation_Anomalies

55. Climate Central. (n.d.). *Heavier Rainfall Rates in U.S. Cities*. Retrieved from https://www.climatecentral.org/climate-matters/heavier-rainfall-rates-in-us-cities

56. Do, H.-S., Kim, J., Cha, E.-J., Chang, E.-C., Son, S.-W., & Lee, G. (2023, June 15). Long-term Change of Summer Mean and Extreme Precipitations in Korea and East Asia. *International Journal of Climatology, 43*(7), 3476–92. https://doi.org/10.1002/joc.8039.

57. World Economic Forum. (2022, May 17). *More than 75% of the World Could Face Drought by 2050, UN Report Warns*. https://www.weforum.org/stories/2022/05/drought-2050-un-report-climate-change/.

58. Tsegai, D. et al. (2022). *DROUGHT IN NUMBERS 2022*. UNCCD. https://www.unccd.int/resources/publications/drought-numbers.

59. Earth.org. (n.d.). *Global Drought Could Impact More Than 75% of World Population by 2050: UN Report*. https://earth.org/global-drought-could-impact-more-than-75-of-world-population-by-2050/

60. MAPFRE. (2022, August 8). *Drought: the shortage of water that is spreading throughout the world*. Retrieved from https://www.mapfre.com/en/insights/sustainability/drought-global-water-scarcity/

61. Greenfield, P. (2025, January 21). A Third of the Arctic's Vast Carbon Sink Now a Source of Emissions, Study Reveals. *The Guardian*. https://www.theguardian.com/environment/2025/jan/21/third-of-arctic-carbon-sink-now-a-source-of-emissions-study.

62. Digital CSIC. (n.d.). *The Great Barrier Reef: A source of CO2 to the atmosphere*.

63. Mongabay. (n.d.). *Escalating firestorms could turn Amazon from carbon sink to source: Study*.

3 생물다양성 위기

1. WWF(World Wide Fund for Nature). (2022). *Living Planet Report 2022: Building a nature-positive society*. Almond, R.E.A., Grooten, M., Petersen, T., & Wetselaar, R. (Eds.). Gland, Switzerland: WWF International. https://www.wwf.org.uk/living-planet-report-2022
2. IPBES. (2019). *Global Assessment Report on Biodiversity and Ecosystem Services*.
3. Hannah Ritchie and Max Roser (2019) - "Land Use". Published online at OurWorldInData.org. Retrieved from: https://ourworldindata.org/land-use
4. Dinerstein, E. et al. (2019). An ecoregion-based approach to protecting half the terrestrial realm. *Science Advances*, 5(10), eaaw2869.
5. USDA. (n.d.). *Monarch Butterfly: Migration*. Retrieved from https://www.fs.usda.gov/wildflowers/pollinators/Monarch_Butterfly/migration/index.shtml
6. WS. (2023, July 7). Monarch Butterflies Emerge: A Closer Look into a Magnificent Life Cycle. Retrieved from https://www.fws.gov/story/2023-07/monarch-butterflies-emerge-closer-look-magnificent-life-cycle
7. Annual Reviews. (2016). *Neurobiology of Monarch Butterfly Migration*. Retrieved from https://www.annualreviews.org/doi/10.1146/annurev-ento-010814-020855
8. Centre, UNESCO World Heritage. (n.d.). *Monarch Butterfly Biosphere Reserve*. Accessed November 15, 2024. https://whc.unesco.org/en/list/1290/
9. IUCN. (2022, July 21). Migratory monarch butterfly now Endangered - IUCN Red List - Press release. Retrieved from https://iucn.org/press-release/202207/migratory-monarch-butterfly-now-endangered-iucn-red-list
10. Screen Daily. (2024, March 6). 'Birdman' sound designer Martin Hernandez details upcoming Netflix project "The Master Of Monarchs" | News. Retrieved from https://www.screendaily.com/

news/birdman-sound-designer-martin-hernandez-details-upcoming-netflix-project-the-master-of-monarchs/5191279. article

11. WWF. (n.d.). *Monarch Butterfly*. Retrieved from https://files.worldwildlife.org/wwfcmsprod/files/Publication/file/3n3nnh78ry_Monarch_butterfly_WWF_wildlife_and_climate_change_series.pdf
12. Topics | European Parliament. (2020, May 20). *Endangered Species in Europe: Facts and Figures (Infographic)*. https://www.europarl.europa.eu/topics/en/article/20200519STO79424/endangered-species-in-europe-facts-and-figures-infographic
13. FAO. (2018, May 20). *Why Bees Matter: The Importance of Bees and Other Pollinators for Food and Agriculture*.
14. National Agricultural Law Center. (n.d.). *Honey Bee Colony Collapse Disorder*. Retrieved from https://nationalaglawcenter.org/wp-content/uploads/assets/crs/RL33938.pdf
15. "How You Can Keep Bees from Becoming Endangered." (n.d.). Accessed May 21, 2024. https://www.osu.edu/impact/research-and-innovation/bee-population
16. National Agricultural Law Center. (n.d.). *Honey Bee Colony Collapse Disorder*. Retrieved from https://nationalaglawcenter.org/wp-content/uploads/assets/crs/RL33938.pdf
17. "How You Can Keep Bees from Becoming Endangered." (n.d.). Accessed May 21, 2024. https://www.osu.edu/impact/research-and-innovation/bee-population
18. Topics | European Parliament. (2020, May 20). *Endangered Species in Europe: Facts and Figures (Infographic)*. https://www.europarl.europa.eu/topics/en/article/20200519STO79424/endangered-species-in-europe-facts-and-figures-infographic
19. 연합뉴스. (2023. 3. 25.). "서울 벚꽃 공식 개화…1922년 이후 두 번째로 일찍". Retrieved from https://www.yna.co.kr/view/AKR20230325030500530
20. arth.com. (2023. 7. 10). Bees emerge from hibernation 6.5 days earlier for each degree of warming. Retrieved from https://www.earth.

com/news/bees-emerge-from-hibernation-6-5-days-earlier-for-each-degree-of-warming/
21. 〈중앙일보〉. (2023. 5. 28). "'이 속도면 2월 벚꽃축제'…이른 개화가 보낸 무서운 신호." https://www.joongang.co.kr/article/25150553
22. Schenk, M., Krauss, J., & Holzschuh, A. (2018, January 1). Desynchronizations in Bee-Plant Interactions Cause Severe Fitness Losses in Solitary Bees. *Journal of Animal Ecology, 87*(1), 139-49. https://doi.org/10.1111/1365-2656.12694
23. Robinson, A. (2017, 4). *Executive Summary: The Value of Neonicotinoids in North American Agriculture*. Growing Matters.
24. Beyond Pesticides Daily News Blog. (2023, November 3). States Step In to Restrict Bee-Toxic Pesticides, California the Latest in Absence of EPA Action. https://beyondpesticides.org/dailynewsblog/2023/11/states-step-in-to-restrict-bee-toxic-pesticides-california-the-latest-in-absence-of-epa-action/
25. Byju's. (n.d.). *Species, genetics & ecosystem biodiversity*. Retrieved June 2025, from https://byjus.com/free-ias-prep/ncert-notes-biodiversity/
26. Daum. (n.d.) "당신의 '취향 저격' 식품은 무엇인가요?" Retrieved from https://v.daum.net/v/9b439QRyE2?f=p
27. Cidrerie Les vergers de Kermao - The Cornouaille Cider Route. (n.d.). Retrieved from https://www.routeducidre-cornouaille.bzh/Cidrerie-Les-vergers-de-Kermao.html?lang=en
28. NSW Department of Primary Industries. (n.d.). *Breeds of pigs—Large White*. Retrieved from https://www.dpi.nsw.gov.au/__data/assets/pdf_file/0008/45566/Breeds_of_pigs-Large_White-_Primefact_62-final.pdf
29. Lincolnshire Curly Coat - Wikipedia. (n.d.). Retrieved from https://en.wikipedia.org/wiki/Lincolnshire_Curly_Coat
30. GOV.UK. (n.d.). *Native livestock breeds: reducing extinction risk*. Retrieved from https://www.gov.uk/government/publications/native-livestock-breeds-reducing-extinction-risk/native-livestock-breeds-reducing-extinction-risk

31. ResearchGate. (n.d.). *Prevalence of African Swine Fever in China, 2018-2019*. Retrieved from https://www.researchgate.net/publication/337543474_Prevalence_of_African_Swine_Fever_in_China_2018-2019
32. The Economist. (n.d.). "Britain's Native Farm Animals Can Be Rarer than Giant Pandas, Britain's Native Farm Animals Can Be Rarer than Giant Pandas." Accessed November 12, 2024. https://www.economist.com/britain/2023/11/21/britains-native-farm-animals-can-be-rarer-than-giant-pandas
33. 팜인사이트. (2020. 11. 5). "이베리코가 부럽다고요? 한국엔 '재래돼지'가 있습니다". Retrieved from https://www.farminsight.net/news/articleView.html?idxno=6915
34. Industrieverband Körperpflege- und Waschmittel. (n.d.). *Biodiversity in the cosmetics industry*. https://www.ikw.org/fileadmin/IKW_Dateien/downloads/Schoenheitspflege/Biodiversity_in_the_cosmetics_industry.pdf
35. Wikipedia contributors. (2025). International Union for the Protection of New Varieties of Plants. In *Wikipedia, The Free Encyclopedia*. Retrieved June 2025, from https://en.wikipedia.org/wiki/International_Union_for_the_Protection_of_New_Varieties_of_Plants
36. TNFD. (2023, October 27). *Guidance on the Identification and Assessment of Nature-Related Issues: The LEAP Approach – TNFD*. https://tnfd.global/publication/additional-guidance-on-assessment-of-nature-related-issues-the-leap-approach/.
37. 세계자연기금(WWF). (2024). 〈*Living Planet Report 2024*: 지구 생명의 보고서〉. WWF International. https://www.wwf.org.uk/sites/default/files/2024-10/LPR_2024.pdf
38. "Wood Wide Web: Trees' Social Networks Are Mapped." (2019, May 15). https://www.bbc.com/news/science-environment-48257315
39. SPUN | Society for the Protection of Underground Networks. (n.d.). Accessed November 12, 2024. https://www.spun.earth/
40. Taylor, L. (2023, February 13). Do Trees Communicate via a 'Wood Wide Web'? The Evidence Is Lacking. *NewScientist*. https://www.

newscientist.com/article/2359207-do-trees-communicate-via-a-wood-wide-web-the-evidence-is-lacking/

41. 셸드레이크, 멀린. (2021).《작은 것들이 만든 거대한 세계》(김은영 역). 아날로그. (원서: Sheldrake, M. (2020). *Entangled Life*).

4 기후플레이션

1. 〈한국경제〉. (2022. 6. 7.) "치솟는 먹거리 물가… 소득하위 20%, 식비로 가처분소득 42% 지출". Retrieved from https://www.hankyung.com/article/202206076245Y
2. 다음뉴스. (2024. 9. 23). "배추 한 포기 2만원 넘었다…밥상 '김치 플레이션' 비상". https://v.daum.net/v/20240923113734495
3. The National WWII Museum, New Orleans. (n.d.). *Victory Gardens: Food for the Fight*. Retrieved from https://www.nationalww2museum.org/
4. IndexMundi. (2024). *Rice, Thailand 5% Broken, Price (US Dollars per Metric Ton)*. Retrieved from https://www.indexmundi.com/commodities/?commodity=rice&months=60
5. Mason, O. (2022, June 7). Decanter World Wine Awards 2022: Results Announced. *Decanter*. https://www.decanter.com/wine-news/decanter-world-wine-awards-2022-results-announced-480910/
6. Mason, O. (2022, June 7). Decanter World Wine Awards 2022: Results Announced. *Decanter*. https://www.decanter.com/wine-news/decanter-world-wine-awards-2022-results-announced-480910/
7. Lyme Bay Winery. (2021, May 6). *A Brief History of English Wine*. https://lymebaywinery.co.uk/blog/a-brief-history-of-english-wine/
8. Olive Oil Times. (2023). *Spain will produce 680,000 t of olive oil in the 2022/23 crop year, the lowest total in a decade*.
9. Global Price of Olive Oil. (2024, October 9). https://fred.stlouisfed.org/series/POLVOILUSDM.
10. Olive Oil Times. (2020, June 1). Croatians Strike Gold at World Olive Oil Competition. *Olive Oil Times*. https://www.oliveoiltimes.com/

world/croatian-producers-strike-gold-at-world-olive-oil-competition/81879
11. Olive Oil Times. (2024, April 12). Olive Growing Starting to Take Root in Central Europe. *Olive Oil Times*. https://www.oliveoiltimes.com/production/olive-growing-starting-to-take-root-in-central-europe/130510
12. 농촌진흥청. (2011). '사과 이야기'. 〈인터러뱅〉 36호. Retrieved from https://www.nongsaro.go.kr/portal/ps/psv/psvr/psvrc/rdaInterDtl.ps?menuId=PS00063&cntntsNo=34247
13. 사과. (n.d.). In 나무위키. Retrieved from https://namu.wiki/w/사과 (검색 날짜: 2025년 5월 27일).
14. 김주희. (2022). "맛있고 재배가 쉬운 사과 품종 개발로 농업인과 소비자들에게 즐거움을 드리겠습니다" 〈그린매거진〉 *204*. https://rda.go.kr/webzine/2022/08/sub2-1.html
15. 〈경향신문〉. (2020. 10. 8). "올해 쌀 생산량 '역대급 장마·태풍'에 40년 만에 최소 전망"
16. 〈매일경제〉. (2024. 3. 4). "사과값 폭등…10kg에 '9만원' 사상 최고가 달성" https://www.mk.co.kr/news/business/10963271
17. Numbeo. (n.d.). *Cost of Living*. Accessed May 29, 2024. https://www.numbeo.com/cost-of-living/
18. 농식품부. (2024. 4. 1). "넘베오 자료 공신력 부족, 국가별 물가 비교 근거로 적절치 않아" https://www.korea.kr/briefing/actuallyView.do?newsId=148927682
19. The World Bank & FAO. (2024). *Food Prices for Nutrition database (Cost of a Healthy Diet)*. Retrieved from https://databank.worldbank.org/source/food-prices-for-nutrition
20. Wikipedia. (2025). *Effects of climate change on agriculture*. Retrieved June 2025, from Wikipedia.
21. Ritchie, H., & Roser, M. (2024, October 11). How Will Climate Change Affect Crop Yields in the Future? *Our World in Data*. https://ourworldindata.org/will-climate-change-affect-crop-yields-future
22. 이명숙 등. (2022). 〈*2020* 한국인 영양소 섭취기준〉. 한국영양학회.
23. Ritchie, H., Rosado, P., & Roser, M. (2023). *Obesity*. Our World in

Data. Retrieved from https://ourworldindata.org/obesity (Retrieved May 27, 2025).

24. Ritchie, H., Rosado, P., & Roser, M. (2023). *Meat and Dairy Production*. Our World in Data. Retrieved from https://ourworldindata.org/meat-production (Retrieved May 27, 2025).

25. Roberts, S. (2022, October 14). Feed vs. Food: How Farming Animals Fuels Hunger. *A Well-Fed World*. https://awellfedworld.org/issues/hunger/feed-vs-food/

26. Ritchie, H., & Roser, M. (n.d.). *Land Use*. OurWorldinData.org. Accessed October 13, 2024. https://ourworldindata.org/land-use

27. World Bank. (n.d.). *Moving Towards Sustainability: The Livestock Sector and the World Bank*. Accessed October 25, 2024. https://www.worldbank.org/en/topic/agriculture/brief/moving-towards-sustainability-the-livestock-sector-and-the-world-bank

28. Steinfeld, H., Gerber, P., Wassenaar, T. D., Castel, V., Rosales M., M., & de Haan, C. (2006). *Livestock's Long Shadow: Environmental Issues and Options*. Rome: Food and Agriculture Organization of the United Nations.

29. 샐러던트리포트. (2023년 7월 7일). "'왜 채식하세요?', 국내 채식주의자 10명 중 8명은 '이 이유'". https://www.saladentreport.co.kr/news/articleView.html?idxno=1769

5 다시 커지는 식량위기

1. Clapp, J. (2017). Food self-sufficiency: Making sense of it, and when it makes sense. *Food Policy*, 66, 88–96. https://doi.org/10.1016/j.foodpol.2016.12.001

2. Food and Agriculture Organization of the United Nations (FAO). (n.d.). *Food Price Index*. https://www.fao.org/worldfoodsituation/foodpricesindex/en/

3. World Food Programme (WFP). (2022). *Global Report on Food Crises 2022*. https://www.wfp.org/publications/global-report-food-crises-2022

4. WorldFoodSituation. (n.d.). *FAO Food Price Index | Food and Agriculture Organization of the United Nations*. Accessed October 25, 2024. https://www.fao.org/worldfoodsituation/foodpricesindex/en/.
5. Lagi, M., et al. (2011). *The Food Crises and Political Instability in North Africa and the Middle East*. New England Complex Systems Institute. https://arxiv.org/abs/1108.2455
6. World Food Programme (WFP). (2022). *Global Report on Food Crises 2022*. https://www.wfp.org/publications/global-report-food-crises-2022
7. Global Report on Food Crises (GRFC) 2024. (n.d.). Accessed October 25, 2024. https://www.fsinplatform.org/report/global-report-food-crises-2024
8. IPC – Integrated Food Security Phase Classification. (n.d.). Accessed October 25, 2024. https://www.ipcinfo.org/.
9. FAO. (2023). *The State of Food Security and Nutrition in the World 2023: Urbanization, agrifood systems transformation and healthy diets across the rural–urban continuum*.
10. Food Security Indicators – Latest Updates and Progress towards Ending Hunger and Ensuring Food Security. (n.d.). Accessed October 25, 2024. https://doi.org/10.4060/cc3017en
11. Global Report on Food Crises (GRFC) 2024. (n.d.). Accessed October 25, 2024. https://www.fsinplatform.org/report/global-report-food-crises-2024
12. 2024 Global Report on Food Crises | UNICEF USA. (n.d.). Accessed October 25, 2024. https://www.unicefusa.org/media-hub/reports/2024-Global-Report-Food-Crises
13. Population and Income Drive World Food Production Projections. (n.d.). Accessed November 15, 2024. http://www.ers.usda.gov/data-products/chart-gallery/gallery/chart-detail/?chartId=108060
14. Van Dijk, M., Morley, T., Rau, M. L., & Saghai, Y. (2021, July 21). A Meta-Analysis of Projected Global Food Demand and Population at Risk of Hunger for the Period 2010–2050. *Nature Food*, 2(7), 494–

501. https://doi.org/10.1038/s43016-021-00322-9
15. Ritchie, H., & Roser, M. (2024, October 11). How Will Climate Change Affect Crop Yields in the Future? *Our World in Data*. https://ourworldindata.org/will-climate-change-affect-crop-yields-future
16. Global Yield Gap Atlas (GYGA). (n.d.). *Understanding Yield Gaps*. Retrieved from https://www.yieldgap.org
17. USDA Foreign Agricultural Service. (2025년 2월 13일). *Philippines: Food Security Emergency on Rice Declared in the Philippines (GAIN Report RP20250008)*. Manila.
18. Philippine Statistics Authority. (2023). *2022 Census of Agriculture and Fisheries – Agricultural farm and parcel characteristics*.
19. USDA. (2024). *Grain: World Markets and Trade – April 2024*. United States Department of Agriculture, Foreign Agricultural Service. https://apps.fas.usda.gov/psdonline/circulars/grain-rice.pdf

6 식량의 지정학

1. National Geographic. (n.d.). *Köppen Climate Classification System*. Accessed October 15, 2024. https://education.nationalgeographic.org/resource/koppen-climate-classification-system
2. Land Use Impacts on Soil Quality. (2025). *Overview of soil formation – Hans Jenny*. Retrieved from https://www.landquality.org/soil-formation-hans-jenny
3. Worldometer. (n.d.). *World Population by Year*. Retrieved June 9, 2025, from https://www.worldometers.info/world-population/world-population-by-year/
4. Wikipedia. (2025). *Breadbasket*.
5. Dong, K., Prytherch, M., McElwee, L., Kim, P., Blanchette, J., & Hass, R. (2024, March 15). *China's Food Security: Key Challenges and Emerging Policy Responses*. https://www.csis.org/analysis/chinas-food-security-key-challenges-and-emerging-policy-responses
6. Bulletin on the National Grain Output in 2022. (n.d.). Accessed November 11, 2024. https://www.stats.gov.cn/english/

PressRelease/202212/t20221215_1891098.html.
7. Reuters. (n.d.). *China's Food Security Dream Faces Land, Soil and Water Woes.* Accessed November 11, 2024. https://www.reuters.com/world/china/chinas-food-security-dream-faces-land-soil-water-woes-2024-05-23/
8. Anand, A., Thang, E., Kondalamahanty, A., & Tang, V. (2023, August 1). *Infographic: China's food security push is fraught with formidable challenges.* https://www.spglobal.com/commodityinsights/pt/market-insights/latest-news/agriculture/080123-infographic-china-food-security-challenges-grain-imports-rise-over-decade
9. articoliereport. (2023, October 7). China struggles to achieve food self-sufficiency. *Geopolitica.info.* https://www.geopolitica.info/china-struggles-to-achieve-food-self-sufficiency/
10. USDA ERS. (n.d.). *China's Agricultural Investment Abroad Is Rising.* Accessed November 11, 2024. https://www.ers.usda.gov/amber-waves/2018/april/china-s-agricultural-investment-abroad-is-rising/
11. World Grain. (2023, August 11). *Russia, China expand agricultural trade.*
12. Dong, K., Prytherch, M., McElwee, L., Kim, P., Blanchette, J., & Hass, R. (2024, March 15). *China's Food Security: Key Challenges and Emerging Policy Responses.* https://www.csis.org/analysis/chinas-food-security-key-challenges-and-emerging-policy-responses
13. CSIS ChinaPower. (2024). *How Severe Are China's Food Security Challenges?*
14. USDA Foreign Agricultural Service. (2025, March). *Grain and Feed Update – Mexico City, Mexico.*
15. World-Grain. (2023, July 27). *Mexico continues to rely heavily on yellow corn imports.* https://www.world-grain.com/articles/19058-mexico-continues-to-rely-heavily-on-yellow-corn-imports
16. Singapore Food Agency. (n.d.). *"30 by 30" Vision.* Ministry of Sustainability and the Environment. https://www.sfa.gov.sg/food-for-thought/article/detail/a-sustainable-food-system-for-

singapore-and-beyond

17. 農林水産省. (2022). 『農業構造動態調査結果(令和3年)』. 日本政府. https://www.maff.go.jp/j/tokei/census/af_structure/index.html

18. Japan Sets New Record Low for Food Self-Sufficiency on a Production Value Basis. (2023, August 22). https://www.nippon.com/en/japan-data/h01758/.

19. 一般社団法人 日本経済団体連合会 / Keidanren. (n.d.). 経団連: 農業の成長産業化に向けた提言 *(2023-05-15)*. Accessed November 11, 2024. https://www.keidanren.or.jp/policy/2023/033_honbun.html

20. 日本経済新聞 電子版. (2024, November 4). 日本企業 売上高ランキング【日経】上場企業売上トップ200 - 日本経済新聞. https://www.nikkei.com/marketdata/ranking-jp/net-sales/.

21. MRI 三菱総合研究所. (n.d.).【提言】食料安全保障の長期ビジョン 2050年の主食をどう確保するか. Accessed November 5, 2024. https://www.mri.co.jp/knowledge/insight/policy/20230719_2.html

22. 정승호 외. (2023). 2022년 농축산물 수출입 동향 분석. 한국농촌경제연구원(KREI).

7 식량위기의 그림자

1. 유영선. (2024. 9. 12). "정부, 햅쌀 10만톤 '가축 사료화' 추진… '농업가치 내려놨다'" 〈농업인신문〉. https://www.nongupin.co.kr/news/articleView.html?idxno=201870.

2. Wageningen University & Research. (2024년 4월 18일). *Greenhouse horticulture*. https://agrofoodportal.com/SectorResultaat.aspx?subpubID=2232§orID=2240

3. Smil, V. (2019). *Growth: From Microorganisms to Megacities*. Cambridge, MA: MIT Press.

4. 정미옥. (2021). "하루 세끼, 우리는 쌀을 어떻게 소비할까?", 〈통계프리즘〉, 통계청. https://www.kostat.go.kr/portal/korea/kor_nw/2/2/6/index.board?bmode=read&aSeq=404839

5. 팜인사이트. (2024. 1. 30). "1인당 연간 육류소비량 0.9% 증가한 62.3kg" http://www.farminsight.net/news/articleView.html?idxno=11994

6. 농림수산성. (2024). 米の消費及び生産の近年の動向について.
7. 통계청. (2023. 12. 14). 〈장래인구추계: 2022~2072년〉. 보도자료.
8. 〈한국농어민신문〉. (2024. 3. 5). "농촌소멸 위기, 대한민국 10년 후의 모습" http://www.agrinet.co.kr/news/articleView.html?idxno=325569
9. 一般社団法人 日本経済団体連合会 / Keidanren. (n.d.). 経団連: 次期「食料・農業・農村基本計画」に向けた提言 *(2024-12-17)*. Accessed 2025년 1월 21일. https://www.keidanren.or.jp/policy/2024/088_honbun.html#s4.
10. 김지연, 노수정, 윤성주, 안정욱. (2022).《농업전망 2022》, 제12장 국제곡물 수급 동향과 전망. 농촌경제연구원.
11. McVeigh, T. (2025년 1월 14일). Nobel Prize Winners Call for Urgent 'Moonshot' Effort to Avert Global Hunger Catastrophe. *The Guardian*, sec Global development. https://www.theguardian.com/global-development/2025/jan/14/nobel-world-food-prize-laureates-global-hunger-open-letter-food-production.
12. FAO, IFAD, UNICEF, WFP, WHO. (2024. 7. 24). *In Brief to The State of Food Security and Nutrition in the World 2024 – Financing to End Hunger, Food Insecurity and Malnutrition in All Its Forms*. Rome. https://doi.org/10.4060/cd1276en.
13. Margulis, E. (2024. 9. 3). *World Hunger Statistics - All You Need To Know!*. https://worldanimalfoundation.org/advocate/world-hunger-statistics/.

8 토지와 농지 제도

1. World Bank Open Data. (n.d.). *Arable Land (Hectares per Person)*. Accessed November 3, 2024. https://data.worldbank.org.
2. Ritchie, H., Rosado, P., & Roser, M. (2022). *Crop Yields*. Our World in Data. https://ourworldindata.org/crop-yields.
3. Ausubel, J. H., Wernick, I. K., & Waggoner, P. E. (2013). Peak Farmland and the Prospect for Land Sparing. *Population and Development Review*, *38*(s1), 221–42.
4. Our World in Data. (2022). *Crop Yields & Production*.

5. Ausubel, J. H., Wernick, I. K., & Waggoner, P. E. (2013). Peak Farmland and the Prospect for Land Sparing. *Population and Development Review*, *38*(s1), 221-42.
6. UK Parliament. (n.d.). *Enclosing the land*. https://www.parliament.uk/about/living-heritage/transformingsociety/towncountry/landscape/overview/enclosingland/
7. 신용하. (n.d.). 소작제도(小作制度). 한국민족문화대백과사전. Academy of Korean Studies. Accessed November 4, 2024. https://encykorea.aks.ac.kr/Article/E0030257.
8. 기록으로 만나는 대한민국. (n.d.). 농지개혁. Accessed November 4, 2024. https://theme.archives.go.kr/next/koreaOfRecord/farmlandReform.do.
9. Kawagoe, T. (1999). *AGRICULTURAL LAND REFORM IN POSTWAR JAPAN: EXPERIENCES AND ISSUES*. World Bank Policy Research Working Paper, 2111.
10. Park, M. H. (2013). *Land Reform in Korea*. Knowledge Sharing Program. Ministry of Strategy and Finance (MOSF).
11. Koo, A. Y. C. (1966, March 1). Economic Consequences of Land Reform in Taiwan. *Asian Survey*, *6*(3), 150-57. https://doi.org/10.2307/2642219.
12. 홍성찬, 조석곤, 이용기, 김성보, 쇼지 슌사쿠, 쉬 스룽, 랴오 리민, 전현수, 유용태, & 떼시에, 올리비에. (2014). 《동아시아의 농지개혁과 토지혁명》. 서울대학교출판문화원.
13. Chinese History for Teachers. (n.d.). *Chinese Land Reform* (土地改革) *Overview*.
14. 중국 국무원. (2015). 중국 농업 정책 백서.
15. OECD. (2013). *Reforming Agriculture and Promoting Japan's Integration in the World Economy*. OECD Economics Department Working Papers No. 1047.
16. 農林水産省. (n.d.). (2)農業経営体. Accessed February 23, 2025. https://www.maff.go.jp/j/wpaper/w_maff/r3/r3_h/trend/part1/chap1/c1_1_02.html.
17. 農林水産省. (n.d.). 農地に関する統計. Accessed October 27, 2024.

https://www.maff.go.jp/j/tokei/sihyo/data/10.html.
18. 農林水産省. (2024, June 6). 農地中間管理機構の実績等に関する資料.
19. Damen, J. (2002). *Development of Land Consolidation in The Netherlands from Project Objective to Project Instrument*. FAO.
20. Ritchie, H., & Roser, M. (2022, July 8). Farm Size and Productivity. *Our World in Data*. https://ourworldindata.org/farm-size.
21. European Commission. (2023). *Germany – CAP Strategic Plan*. Directorate-General for Agriculture and Rural Development. https://agriculture.ec.europa.eu/cap-my-country/cap-strategic-plans/germany_en
22. Wageningen University & Research. (2022). *Denmark – a Food and Farming Country*.
23. Blanc, C. (2009). Thirty-five Years of Common Agricultural Policy. Consequences on French Agriculture. In *Issues for the New Round of Negotiations: a French Perspective*.
24. INEA & ISTAT. (2022). *The 7th Italian Agricultural Census: new directions and legacies of the past*. Firenze University Press (FUPRESS). https://books.fupress.com/isbn/9788855184524
25. Sen, A. (1962). An Aspect of Indian Agriculture. *Economic Weekly*.
26. The Inverse Relationship of Farm Size and Productivity – Dietrich Vollrath. (n.d.). Accessed November 5, 2024. https://growthecon.com/feed/2018/08/29/IFSP.html.
27. Foster, A., & Rosenzweig, M. (2017, October). Are There Too Many Farms in the World? Labor-Market Transaction Costs, Machine Capacities and Optimal Farm Size. *Journal of Political Economy*, *130*(3), 636–80.
28. MacDonald, J. M., Korb, P., & Hoppe, R. A. (2013). *Farm Size and the Organization of U.S. Crop Farming*. Economic Research Report. USDA ERS.
29. OECD. (2023). *Agricultural Nitrogen and Phosphorus Balances*.
30. 김수석, 허주녕. (2009). 〈농지유동화 실태와 정책과제〉. 한국농촌경제연구원(KREI).
31. 김홍상. (1997). 농지규모화사업에 대한 진단과 정책과제. 농촌경제, 20(2),

19-33.

32. e-나라지표. (2024, August 27). '쌀 전업농 경영면적 비중'. https://www.index.go.kr/unity/potal/main/EachDtlPageDetail.do?idx_cd=2704.
33. 박문호, 허주녕, 오정태. (2016). 〈들녘경영체 운영효과 실태조사 및 개선방안 연구〉. 농림축산식품부.
34. 김중렬 등. (2008). 〈한국농업생산통계의 새로운 추계와 그 분석: 1955-2005〉. 제주대학교.
35. Food and Agriculture Organization (FAO). (2023). *Twitter post: "To meet global food demand in 2050, agricultural production will have to increase by 60%."*
36. EU Agricultural Land Prices and Rents: Huge Contrasts. (2024, January 26). https://ec.europa.eu/eurostat/web/products-eurostat-news/w/ddn-20240126-2.
37. Natural Resources Institute Finland. (n.d.). *Purchase Prices for Agricultural Land Continued to Rise*. Accessed November 5, 2024. https://www.luke.fi/en/news/purchase-prices-for-agricultural-land-continued-to-rise
38. Eurostat. (2023). *Agricultural land prices and rents*. https://ec.europa.eu/eurostat/statistics-explained/index.php?title=Agricultural_land_prices_and_rents
39. 全国農業会議所 農地・組織対策部. (2023). 令和4年田畑売買価格等に関する調査結果(要旨). 全国農業会議所.
40. 채광석. (2019. 9. 2). 〈「농지법」상 예외적 농지소유 및 이용 실태와 개선과제〉. https://repository.krei.re.kr/handle/2018.oak/24123.
41. 〈한국농정신문〉. (2021. 5. 22). "농특위, '농지 실태조사' 다음은 '농지제도 개선' 실행" http://www.ikpnews.net/news/articleView.html?idxno=43668.

9 대한민국의 식량안보

1. 농촌용수종합정보시스템. (n.d.). Accessed May 31, 2024. https://rawris.ekr.or.kr/facilities.do?page=facilities_summary.
2. 통계청. (2024. 1. 26). '2023년 양곡소비량조사 결과 발표'.

3. 뉴스FM. (2023. 5. 20). "인류의 지속적 생존을 위해 꿀벌을 살려야 한다" https://www.newsfm.kr/news/article.html?no=9997&utm_source=chatgpt.com
4. 농촌진흥청. (2023. 5. 25). 〈꿀벌 증식 및 아카시아꿀 생산 현황〉.
5. Political Economy Research Institute (PERI), UMass. (2011). *Engel's Law Around the World 150 Years Later*.
6. UNIDO. (2009). *The Productivity Performance of Brazil: Structural Change versus Technological Change*. United Nations Industrial Development Organization.
7. 박성재, 박준기, 송주호, 채광석, 문한필. (2011). 〈농업보조금 개편 방안 연구〉. 정책연구보고서. 한국농촌경제연구원.
8. 한국농기계공업협동조합, 한국농업기계학회. (2023). 〈농업기계 산업규모 파악을 위한 연구용역 최종보고서〉. 한국농기계공업협동조합.
9. 일본 농림수산성 농림수산기술회의 사무국. (n.d.). 「スマート農業実証プロジェクト」について. 農林水産省. https://www.affrc.maff.go.jp/docs/smart_agri_pro/smart_agri_pro.htm
10. 〈조선비즈〉. (2024. 9. 10). "정부, 쌀값 폭락 선제 대응… 햅쌀 10만t 사료용 처분"

10 농업은 미래산업

1. Skyquest. (2024). *Global Seed Market*.
2. 국립종자원. (2023. 12. 27). "국내 종자·육묘 산업 8,754억 원으로 성장세 지속!" 보도자료.
3. International Seed Federation. (n.d.). *Seed Statistics*. Accessed 2024년 10월 11일. https://worldseed.org/resources/seed-statistics/.
4. 한국무역협회. (n.d.). (2024. 10. 11). "5년간 'K-종자' 육성해 수출 2배 확대한다" https://kita.net/board/totalTradeNews/totalTradeNewsDetail.do;JSESSIONID_KITA=2C78F29F297E5B08145D69287F7A01.Hyper?no=72965&siteId=1.
5. 농림축산식품부. (2023. 12. 31). 연도별 종자 수출입 물량 및 국내외 채소종자 생산량 현황. https://data.mafra.go.kr/opendata/data/indexOpenDataDetail.do?data_id=20220620000000002109.

6. 농촌진흥청 국립원예특작과학원. (2022. 2). "소비자에겐 선택권을, 농업인에겐 경쟁력을! 딸기 품종 국산화"
7. Watson, E. (2024, August 1). Superfruit Specialist Agrovision Closes $100m Round with $1bn+ Valuation after Period of 'Meteoric Growth.' *AgFunderNews*. https://agfundernews.com/superfruit-specialist-agrovision-closes-100m-round-with-1bn-valuation-after-period-of-meteoric-growth.
8. Zespri. (n.d.). *Canopy / Shares*. Accessed November 1, 2024. https://canopy.zespri.com/public/home/supply-and-operations/your-orchard-business/shares.
9. Zespri. (n.d.). *zespri-history*. Accessed November 1, 2024. https://www.zespri.com/ko-KR/zespri-history.
10. Zespri Group. (2024). *Zespri Annual Report 2023/24*.
11. Jones, G. (2021). *The New Zealand Apple and Pear Sector*. New Zealand Apples & Pears Inc.
12. 강창용. (n.d.). (2024. 10. 27) "우리 농업은 성장할 것인가? 어렵다" http://www.newsfm.kr/news/article.html?no=8048

11 식량의 미래

1. 한국농촌경제연구원. (2001–2015). 농업·농촌에 대한 국민의식 조사.
2. 〈월간조선〉. (2010. 1). "쌀 농가를 축산·화훼·채소·과실 농가로 전환해야" https://monthly.chosun.com/client/news/viw.asp?nNewsNumb=201001100133
3. OECD Publishing. (2023). *Agricultural Policy Monitoring and Evaluation 2023: Adapting Agriculture to Climate Change*. Paris. https://doi.org/10.1787/b14de474-en.
4. OECD Publishing. (2023). *Agricultural Policy Monitoring and Evaluation 2023: Adapting Agriculture to Climate Change*. Paris. https://doi.org/10.1787/b14de474-en.
5. Kyodo News. (2025, March 12). *Japan aims to increase rice exports 8fold to 350,000 tons in 2030*.
6. The Guardian. (2025년 6월 11일). *Against the grain: as prices and*

temperatures rise, can Japan learn to love imported rice?

7. UK Parliament Commons Library. (2021). *National Food Strategy and public health. Government Food Strategy*.
8. U.S. Department of Agriculture, Economic Research Service. (2024). *Federal spending on USDA food and nutrition assistance programs in fiscal year 2023*. USDA ERS.
9. European Commission & French Government. (2023). *Law on Sustainable Food Systems (EGAlim) and Food Sovereignty*.
10. 農林水産省. (1999). 『食料・農業・農村基本法』 *[Food, Agriculture and Rural Areas Basic Act]*. Japanese Government elaw database.
11. European Commission. (2021). *Law No 20211104 on the Fight Against Climate Change and Resilience (Climate and Resilience Law)*.
12. Reuters. (2024, June 1). *China food security law comes into force, aims for absolute selfsufficiency*.
13. U.S. Department of Agriculture, Economic Research Service. (2023). *Food Assistance Programs*. USDA ERS.
14. FAO. (n.d.). *BRA / The Right to Food around the Globe*. FAO 글로벌 식량권 보고서.
15. Logsign. (2023). *Complying with KRITIS: Securing German Critical Infrastructure*.
16. Seair Exim Solutions. (n.d.). *Agricultural Commodities on the Rise: Analyzing the Global Market with Agro-Product Import-Export Statistics*. Accessed November 7, 2024. https://www.seair.co.in/blog/agro-product-import-export-statistics.aspx.
17. 農林水産政策研究所. (n.d.). 世界の飲食料市場規模の推計結果について. Accessed November 5, 2024. https://www.maff.go.jp/primaff/koho/hodo/190329.html.
18. e-나라지표. (n.d.). 농림축산식품 수출입 동향. https://www.index.go.kr/unity/potal/main/EachDtlPageDetail.do?idx_cd=2743
19. 한국경제인협회. (n.d.). (2024. 11. 7.) "식량위기가 국가안보까지 위협할 수 있어" https://www.fki.or.kr.
20. 언더스탠딩(Youtube). (2024). "한국 농식품 수출이 반도체를 넘어설 겁니다" https://www.youtube.com/watch?v=wy3SqiX6pyE.

21. 뉴스웨이브. (2024년 5월 15일). "CJ제일제당, 美 비건치즈 '뉴컬처'와 전략적 파트너십" https://www.newswave.kr/news/articleView.html?idxno=512755
22. Watson, E. (2024, May 14). New Culture Strikes Strategic Partnership with CJ CheilJedang to 'unlock Commodity Pricing' for Dairy via Precision Fermentation. *AgFunderNews*. https://agfundernews.com/scaling-animal-free-dairy-new-culture-announces-strategic-partnership-with-cj-cheiljedang.
23. Brazilian Ministry of Mines and Energy / Energy Research Company (EPE). (2024, September 28). *Ethanol Supply in Brazil Could Reach 48 Billion Liters by 2034*. Braziliannr.com.
24. Renewable Fuels Association. (2023). *2023 Ethanol Industry Outlook*. https://ethanolrfa.org/file/2166/2023-ethanol-industry-outlook.pdf
25. 〈월간조선〉. (2010. 1). "쌀 농가를 축산·화훼·채소·과실 농가로 전환해야" https://monthly.chosun.com/client/news/viw.asp?nNewsNumb=201001100133
26. 농림수산기술회의 사무국. (n.d.).「スマート農業実証プロジェクト」について. 일본 농림수산성(MAFF). https://www.affrc.maff.go.jp/docs/smart_agri_pro/smart_agri_pro.htm
27. 〈농민신문〉. (2024. 9. 23). [남재작 칼럼] 자조금이 제 역할 하게 해야. https://www.nongmin.com/article/20240923500542/

화보 도판 출처

1면	러시아 KSK 곡물 터미널. Wikipedia, 2019.
2~3면	베트남 달랏 지역의 감자 재배 현장. ⓒ 남재작.
4면	(위) 한국 농촌의 트랙터. 한국정책방송원, 1973-05-12. 공공누리 제1유형. (아래) 충주비료공장. 한국정책방송원, 1970-08-30. 공공누리 제1유형.
5면	(위) 멕시코 밀 농장의 노먼 볼로그. USAID, Historical Archive 제공. 퍼블릭 도메인. (아래) 항공기로 살포되는 DDT. R.B. Pope 사진(1955). Wikimedia Commons, 2017.
6면	(위) 1840년대 아일랜드 대기근 당시를 묘사한 판화. Library of Congress, Prints & Photographs Division, LC-USZ62-103230. Frank Leslie's Illustrated Newspaper, Dec. 4, 1886. 퍼블릭 도메인. (아래) 미국 정부의 '승리의 정원' 홍보물. Wikipedia, 2024.
7면	(위) 2009년 아프가니스탄 홍수. Wikimedia Commons, 2010. (아래) 중국의 샨샤댐. Wikipedia, 2014.
8면	(위) 1994년 마라케시 협정 조약식. Wikimedia Commons, 2013. (아래) 홍콩에서 벌어진 WTO 반대 시위. Wikipedia, 2005.

9면	(위) 콤바인 수확기와 트랙터. Wikimedia Commons, 2010.
	(아래) 농장 한쪽의 태양광 패널. Wikipedia, 2023.
10면	(위) 2024년 일본 지바현의 한 슈퍼마켓 매대의 쌀 품절 공고문. Wikimedia Commons, 2024.
	(아래) 2019년, 사이클론 이후 모잠비크 구호 활동. 미국 국립기록청 제공, 퍼블릭 도메인.
11면	(위) 젖소 농장. 한국교육방송공사, 2015. 공유마당(CC BY 4.0).
	(중간) 핀란드의 돼지 사육 농장. Wikimedia Commons, 2021.
	(아래) 닭 사육장. raja j. 촬영. www.pexels.com. 무료 이미지.
12면	파나마 운하의 미라플로레스 갑문. Wikimedia Commons, 2005.
13면	(위) '프리셰첸트룸 프랑크푸르트 암 마인' 도매시장. ⓒ 남재작.
	(아래) 농부마켓. Wikimedia Commons, 2015.
14면	(위) 제스프리 키위. Wikimedia Commons, 2015.
	(아래) 경상북도 상주의 딸기 스마트팜. ⓒ 남재작.
15면	스발바르 국제 종자 저장고 입구. Wikimedia Commons, 2020.
16면	(위) 제왕나비. Wikipedia, 2017.
	(아래) 사과나무. 한국교육방송공사, 2017. 공유마당(CC BY 4.0).

찾아보기

ㄱ

가격탄력성 153~155
《가득 찬 지구, 텅 빈 접시》 367
가뭄 16, 38, 64, 67~69, 71~72, 74, 77~79, 81~83, 92, 97, 120, 122, 135~137, 167, 169, 172, 175, 187, 201, 227, 367
가족농 26, 265, 271, 277, 386~387, 392
가처분소득(처분가능소득) 20, 120, 251
감자 12, 38~39, 142, 198, 255, 279, 341, 411
개방형 식량 시스템 129, 160~165, 216, 240, 301, 411
경영이양 직불제 382
경자유전 27, 245, 259, 265~266, 280, 322, 362, 374, 414

고기 없는 월요일 150
고랭지 농업 104, 122~123, 138~139, 291
고시히카리 183, 331~336, 339
고추 38, 125, 290, 292, 386
곤살레스, 호메로 92
골든볼(사과 품종) 140
곰팡이 61, 114~116, 334
공공비축제 184, 188, 234, 337, 391, 393
공급망 리스크 10~11, 15, 24~25, 32, 60, 64, 66, 83, 119~120, 129~131, 160~162, 164, 169, 179, 187~188, 190~191, 195, 204, 207~208, 211, 214, 217, 220, 226~229, 240~241, 246~248, 282, 301, 303~304, 346, 351, 368~369, 377~378, 390, 395,

413~415
공동경영체 26, 33, 387
공동농업정책CAP 256, 270, 279~280, 316, 379, 387
과실파리 128~130
교토 의정서 49
구달, 제인 82
구테흐스, 안토니우
국립종자원 236, 337
국제건조지대농업연구소ICRISAT 42
국제미작연구소IRRI 42
국제밀옥수수연구소CIMMYT 42
국제벼유전자은행 330
국제식량정책연구소IFPR 42
국제열대농업연구소IITA 42
국제자연보전연맹IUCN 91, 96
국제종자협회ISF 328
군집 붕괴 현상 95
그랜드 에티오피아 르네상스 댐GERD 76
극한 강우 81
극한 기상 79, 122, 140, 251, 367
글리포세이트(제초제) 92, 96
급성 식량 불안정 170~172
기아 12, 17, 121, 170~172, 189, 217, 250, 327
기업농 26, 353, 386~387
기후 난민 54, 83
기후 둔감성 56
기후변화 11, 13~14, 16, 18, 28, 31, 47, 50~55, 57~59, 63~68, 73, 77, 79~80, 82~84, 92, 96~98, 102, 104~106, 112~113, 119, 122~124, 126~127, 135~138, 140, 143~145, 149, 161~162, 164, 169~170, 172, 174~175, 179, 182~185, 189, 199, 201, 212, 215, 241, 245, 249, 251, 268, 282, 292~294, 298, 344, 346~347, 367, 375, 379, 383, 410, 413
기후전쟁 70
기후플레이션 117~118, 120~121, 145, 173, 227, 383
김관석 108
김치 121~124, 133, 140
꿀벌 93~99, 101, 298~300
《꿀벌이 중요한 이유》 94

ㄴ

나고야 의정서 110~111
나일강 38, 76
남와(바나나 품종) 105
내연기관 39
네덜란드 31, 165, 223, 228~229, 235~236, 259, 270, 272, 283, 286~287, 328, 358, 394~395, 397, 402, 409
네오니코티노이드(살충제) 96, 98~99
녹색혁명 11, 13, 18, 40~43, 203, 232, 255, 281, 294, 296~297, 327, 332, 404, 413
농기계 13, 18, 30, 32, 159, 191, 236, 245, 258, 270~271, 274, 278~279, 292, 314~316, 366, 371, 386~387, 408
농림 1호 333
농림 22호 333

농민시장 125~126, 160, 403~404
농어촌발전대책 276, 282
농업 ODA 190, 377
농업 R&D 310, 324, 392, 404, 408~409, 412
농업 기반시설 11
농업농촌기본법 386
농업시장정보시스템AMIS 189, 191
농지개혁 27, 261~263, 265~267, 281, 285, 288, 362, 375, 413
농협 125, 157, 236, 290, 293, 309, 357
뉴노멀 61~62, 81, 241
뉴질랜드 31, 212, 298, 310, 312, 345, 349~352, 354~356, 372, 407, 409~412
뉴질랜드사과배협회NZAPI 345, 355
뉴컬처 398
느린 재난 53

ㄷ

다보스 포럼 13
다이쇼 쌀 소동 181
단립종 185, 358
대농 26~27, 42, 225, 273, 282, 386
대체육 150~151, 217, 378
대항해 시대 38
WTO 체제 112, 189, 234, 267, 282, 290, 295~296, 302, 310~311, 324, 405
덴마크 156, 165, 271
도열병 334~336
독일 19, 39, 41~42, 52, 59, 99, 146,
156, 165, 194, 203, 259, 271, 304, 328, 382, 392, 395
동부 아나톨리아 프로젝트GAP 77, 175
뒤영벌 98
들녘경영체 278~279, 282, 387
DDT(살충제) 42, 44~45

ㄹ

라벨 루즈(육류제품 협동조합) 156
라지 화이트(돼지 품종) 106~107
라테라이트 토양 195
레이와 쌀 소동 180~182, 184, 383
로마 제국 38, 40, 201
로마 클럽 47~49
로슬링, 한스 240
로열티 340~344, 388, 407
록스트룀, 요한 50~52
록펠러 재단 42
롱혼(소 품종) 107
루이드레퓌스LDC 212
리그닌 36~37
리비히, 유스투스 39, 203
리우 환경 회의 49, 109

ㅁ

마다가스카르 66~67
마르쉐 125~126, 418
마셜 플랜 41
마우이섬 대화재 62
마켓컬리 104
말라카 해협 211, 248
맬서스, 토머스 12~14
메도즈, 데니스 48

메도즈, 도넬라 48
메소아메리카 37
메소포타미아 37~38, 77, 200~201
메콩강 위원회 70~71, 73
멕시코 42, 90~92, 214~216, 346, 353, 394
몬산토 45
미국 16, 22, 29, 41~42, 44~45, 62, 65, 71~72, 79, 90, 95, 116, 124, 129, 132, 163, 167, 174, 194, 196~197, 204~210, 212~213, 215~216, 223, 241, 249, 273~274, 283, 298, 304, 328, 346, 352, 367, 372, 376, 383, 390~395, 398~401, 409, 411
미세플라스틱 46, 50
미얀마 54, 73
밀크위드 90, 92~93

ㅂ

비르갈라, 안나 85
바스마티 331
바이엘사 99
바이오 경제 370
바이오에탄올 22, 400~401
바이오연료 21~22, 167, 254
방글라데시 53, 75~76
배양육 217
배추 24, 121~125, 129, 133, 140, 152~154, 157, 311, 386
백색 옥수수 215~216
백색부후균 37
벌크선 204, 248

병기(곡물기업) 212, 227
베트남 54, 71, 73, 132, 205, 211, 331, 358
벨시콜(농약 제조사) 45
변동직불제 141
보조금 29~31, 305, 319, 357, 365~366, 372, 395, 405, 407, 411
보충영양지원 프로그램SNAP 390~391
보호무역 65, 367
볼로그, 노먼 42
봄바(쌀 품종) 331
부사(사과 품종) 105, 138~139, 291, 293, 344
북한 78, 105, 139, 248, 261
브라마푸트라강 75~76
브라운, 레스터 367
브렉시트 13, 135
브룬틀란 보고서 48
비르히 빙하 54
비상식량공급법 393
빅데이터 370, 414

ㅅ

《사피엔스》 146, 155
사헬 지역 16, 54, 67
산미증식계획 181
산불 55, 62, 79~80, 85, 92, 167, 227
산업혁명 13, 39~40, 84, 203, 258
삼포식 농업(삼포제) 38, 203, 257
새만금 57, 233, 353
생물다양성 13, 15, 27, 29, 43, 50, 52, 55, 87~90, 93~94, 100~105, 107~112, 114~115, 149, 160, 199,

255, 298~300, 327, 347
생물다양성협약CBD 109
생태계 다양성 101, 109
《성장의 한계》 36, 46, 48~49
세계기상기구WMO 62, 68
세계스카우트잼버리 57
세계식량가격지수 166~168
세이시, 나미카와 333
소농 11, 25~27, 31~33, 125~126, 179, 186, 227, 265, 267~269, 272, 274~275, 277, 279, 282, 284, 317, 321, 329, 373, 379, 381~382, 385~388, 394, 396, 402~403
수경재배 217
수력발전 70~73, 75~76, 212
수직농장 217
《순록 연대기》 28
슈워츠, 주디스 28
슈퍼 엘니뇨 56~57, 63, 141, 182, 227
스마트농업 30, 32~33, 69, 175, 191, 269, 294, 316, 325, 373, 383, 397, 402, 408~409
스마트팜 229, 235, 291, 343, 353, 360, 370, 373, 375
스밀, 바츨라프 237
〈스타트렉: 디스커버리〉(드라마) 116
스파클링 와인 133~135
승리의 정원 124
시기적 불일치 97~98
시장격리제 141
시진핑 208, 210, 213
식단 변화 145, 147
식량 공급망 10, 64, 119, 162, 195,
204, 207, 217, 220, 228, 240, 378
식량 불균형 40, 205
식량 불안정성 367
식량 접근권 20
식량난 77, 217, 222
식량복지연계법 393
식량안보 11, 13~16, 23~25, 27, 29, 71, 77, 94, 108, 117, 131, 133, 148, 159, 162~164, 166, 168, 170~171, 174, 176, 179~180, 186~187, 189~190, 192, 207~208, 211, 213~214, 216, 221~223, 225~226, 229, 231, 237, 239~242, 245, 249~251, 282, 287, 289, 301~305, 321, 361, 373, 375, 379, 390~392, 395, 399, 412~413, 415
식량안보기본법 392
식량안보지수GFSI 14
식량위기 14, 16, 19, 22~23, 33, 35, 42, 64~68, 83, 106, 118~121, 159, 166, 168, 170~173, 179, 184, 187, 189, 199, 214~216, 220, 222, 229, 231~232, 241, 249~251, 301~302, 305, 327, 368, 401
식량자급률 11, 15, 23, 66, 163, 208, 210, 216, 222, 237~239, 301~302, 364, 368~369, 390
식량주권 25~26, 390
식물신품종보호협약UPOV 111
신동진 332, 336~339
신토불이 282, 363
싱가포르 15, 216~221, 241

ㅇ

아랍의 봄 21, 166~167
아르라 푸드(유제품 협동조합) 156
아르보리오(쌀 품종) 331
아마존 55, 85, 195
〈아바타〉(영화) 114
IPC 단계 170
IPCC(기후변화에 관한 정부 간 협의체) 79
《2052: 미래 예측 보고서》 48
아쿠아포닉스 217
아프리카돼지열병 107
안나 카레니나 법칙 14
애그로비전 345~347, 353
액션에이드 21
양봉 94, 96, 298~300
양쯔강 37, 70, 81, 206, 212
양파 142, 153, 157, 279
ABCD(세계 4대 곡물 메이저 기업) 212, 218, 220, 227
에티오피아 67, 76, 111, 137
엔비(사과 품종) 355, 407
엥겔, 에른스트 19~21, 304
엥겔의 법칙 19
엥겔지수 19~21, 304
여성·영유아 보충영양 프로그램WIC 390~391
역교배 335
염류화 37, 196, 201
영구동토층 54~55, 85, 198
예니, 한스 194
오렌지 129, 142, 255
오션 스프레이 352
오일쇼크 22, 49, 166

옥수수 21~22, 38~39, 42, 168~169, 174~176, 189, 197, 209~210, 212, 214~216, 237, 239, 248, 254, 327, 341, 395, 400~401
올람그룹 218~221
올리브유 136~137
우드와이드웹 114~115
우루과이라운드 235, 275, 281, 294~295, 324, 364
우크라이나 전쟁 24, 166, 168, 172, 187, 222, 251, 367, 369
울진·삼척 산불 80
위탁재배 234
월마 인터내셔널 218, 220~221
유럽연합UN 94, 99~100, 189, 394
유엔 생물다양성과학기구 88
유엔 세계식량계획WFP 13, 189
유엔 식량농업기구 25, 42, 94, 166, 188~189
유엔개발계획UNDP 42
유전자편집 28~29, 217
유전적 다양성 51, 96, 101~102, 109, 111, 344
유프라테스강 76~77
육류 소비 147~149, 151, 173~174, 222, 239, 302
이브로쉐(기업) 111
이산화탄소 36, 84~85, 87, 144, 174
이스라엘 165, 248, 399
이슬람국가IS 77
이집트 38, 76, 167, 200~201, 205, 346
이탈리아 41, 47, 67, 79, 137, 201,

찾아보기 **457**

223, 272, 331, 350
이한보름 108
인공지능 315, 347
인도주의 23, 189
인디카 330~331
《인류의 진정한 부》 48
인정농업인제도 268
인클로저 운동 256~259
일본 15, 22, 27, 29~30, 41, 62, 64, 100, 109~110, 132, 142~143, 163, 180~186, 217, 219, 221~226, 233, 235, 239, 245~246, 261~263, 265, 267~269, 275, 277~278, 283~286, 301~302, 306, 312, 315~316, 318, 328, 331~336, 339, 342, 344, 372, 374, 378, 382~383, 390, 392~395, 408~411, 415

ㅈ

자연 관련 재무정보 공개 제도TNFD 112~113
자원 민족주의 169, 367
자이한, 피터 64~65
자포니카 331
장립종 185, 347~348
재래종 28~29
저율관세할당물량 234
전국학교급식제도NSLP 390~391
전업농 정책 227, 235, 276~277, 282, 299, 374
정밀농업 89, 175, 235, 274, 389
제2차 세계대전 27, 41~42, 124, 181, 217, 251, 261, 270

제스프리 349~352, 354~358
제왕나비 90~93
〈제왕나비의 수호자〉(다큐) 92
조선 왕조 259
조유현 333
조천호 63
존슨, 리드 94
종 다양성 101, 107, 109, 345
주주형 공동농업 279~280, 316, 387
중국 12, 15, 38, 50, 62, 67, 71~73, 75, 81, 107, 124, 130, 133, 169, 182, 200, 206~214, 218, 241, 246~248, 261, 263~265, 298, 331, 346, 348~349, 352~353, 367, 392, 394~395, 401
중국식량집단공사COFCO 212, 218
중세 농업혁명 40
증기기관 39
지구열탕화 56~57
지구온난화 70, 135
GMO 작물 29, 92, 209
지정학 11, 64, 66, 72, 74, 76~77, 117, 119, 121, 193, 206, 211, 221, 240~241, 249~250, 303~304, 367, 369, 411
진중현 333
질산암모늄 42
집락영농(일본) 278

ㅊ

참동진 337~338
참파벼 38
채텀하우스 64, 228~229

청년농 정책 284, 387
청정대기법 45
청정수질법 45
체르노젬 196~197, 199
《침묵의 봄》 44~46

ㅋ

카길(곡물기업) 212, 227
카슨, 레이철 44~46
카자흐스탄 197, 211
카카오 137
칼로리 자급률 369
캄보디아 71, 73, 331, 347~348, 358, 382
캐번디시(바나나 품종) 105
커피 95, 101, 111, 113, 127, 137, 204, 219, 302
케네디, 존 F. 44
코로나19 24, 217
코바프(육류 및 유제품 협동조합) 156
코브웹 이론 153~154
콜럼버스 교환 38, 40
쾨펜, 블라디미르 194
크라우더 랩 115
크라운연구소 407
키리바시 54
키위 349~352, 356, 358, 407
킹, 알렉산더 47

ㅌ

탄소순환 84, 93
탄소중립 65, 75, 84, 86, 219, 247, 380~381

태양광 65, 379~380
토마토 38, 95, 103, 106, 142, 152, 255, 272, 353
토양 생성 작용 194
토양 유실 13, 123, 175
통일벼 281, 332
〈투모로우〉(영화) 53
투발루 54
툰드라 85~86, 198
툰베리, 그레타 13
트랙터 39, 293, 314~315, 373, 408
티그리스강 76~77
티핑 포인트 53, 55, 84

ㅍ

파나마 운하 248
파라티온(살충제) 42
《파란하늘 빨간지구》 63
파리 기후 협정 49
파키스탄 67, 81
파타고니아 125
《팩트풀니스》 240
페체이, 아우렐리오 47
폐쇄형 식량 시스템 129, 160~165, 216, 240, 301, 383
포드 재단 42
포이어바흐, 루트비히 146
포츠담기후영향연구소 52, 59
폰테라 352
푸드뱅크 393
프까 룸두올 331, 347~348, 383
프랑스 41, 103~104, 111, 135, 156, 165, 223, 259, 264, 271~272, 293,

304, 328, 350, 382, 390, 392, 395
플렉시테리언 150
핀란드 283
필리핀 42, 176~179, 181, 272

ㅎ

하라리, 유발 146, 155
하버-보슈 공정 13, 39
한국경제인협회 395
해양 산성화 13, 50~52
행성경계 50~53, 55
헌법 245, 259, 266, 374, 392
헬만드강 77~78
호르고스 드라이포트 211
홍수 54, 62, 64, 67, 69~70, 72~73, 81, 120, 172, 175, 187, 201, 247, 367
환경보호청EPA 45
황색 옥수수 215
흑돼지 108
흑사병 40
희귀가축보존협회RBST 108
히말라야 빙하 70
힌두쿠시산맥 78